편의점
성공전략

편의점 창업의 모든것

편의점
성공전략

권용석 저

편의점 성공전략

2012년 11월 15일 초판 1쇄 인쇄
2012년 11월 20일 초판 1쇄 발행

지은이 권용석
펴낸이 정현철

디자인 김재경 정희철
마케팅 김종렬 장윤숙
펴낸곳 지식더미
         서울시 강서구 내발산동 718-13 선재빌딩 402호
         전화 02-534-3074~5 / 팩스 02-534-3076
         E-Mail. wisejongjin@yahoo.co.kr
         Homepage. www.sunglimbook.com
등록일자 2006년 4월 10일
등록번호 제315-2012-000045호

ISBN 978-89-97953-01-1

머리말

　　　　　　　　　　　　　필자는 대학졸업 후 잠시 직장을 다니다
가 부동산에 대한 흥미가 생겨 공인중개사 공부를 시작하였다. 1999년 자격증을
취득하여 직접 중개업소를 2년 간 운영하였다. 그 후 부동산 분양대행업이란 분야
에 몸담았다가 건설 시행 쪽으로 눈을 돌려 작은 시행사를 설립하였다. 5년이 넘
게 사업을 지속했으나 어려움에 부딪치게 되었다. 그러던 중 우연한 기회로 편의
점을 창업하게 되었다.

　물론 편의점을 시작할 때에는 모든 것을 다 잃고 아무것도 없는 신세였다. 하지
만 주변의 도움으로 최소한의 자본금을 마련하여 창업을 하였다. 현재 5년 정도
편의점을 운영하고 있다. 그러다 보니 이 업종에 대한 전반적인 것은 아니어도 조
금은 편의점의 생리를 터득하게 되었다. 이에 편의점에 대한 책을 내어 창업을 계
획하는 사람들에게 조금이나마 도움이 되고 싶었다.

　시중에서 창업에 대한 관련서적을 찾아보면 대박 점포만이 점포인양 허황된 꿈
만 꾸게 하는 내용들이 많았다. 그리고 모든 것을 상권이라는 틀 안에서 설명하다
보니 전혀 업종과는 맞지 않는 내용들이 많으며 막연하게 기술한 것이 대부분이
었다. 그래서 책을 읽고 난 후에는 별로 도움이 되는 게 없어 항상 아쉬웠다. 그런
이유로 편의점에 대한 교과서적인 책을 내는 것도 좋겠다는 생각을 하게 되었다.

　필자가 직접 편의점 운영을 하면서 자료를 수집하고 글을 쓴다는 것은 쉬운 일
이 아니었다. 하지만 틈틈이 시간을 내어 한장 한장 지면을 채우다 보니 어느새 책

이 만들어졌다. 하지만 이 책을 읽는 이들에게 큰 의미를 부여하기 위해 쓴 것은 아니다. 단지 저와 같이 지푸라기라도 잡고 싶은 심정으로 창업을 계획하시는 분들, 그리고 조금이라도 더 편의점을 이해하고 창업하려는 분들에게 도움이 되었으면 하는 바람뿐이다.

책의 전반부는 편의점이라는 업종에 대해서 일반인들이 모르고 지나갈 수 있는 것들이나 너무 쉽게 바라보는 시각이 많아 최대한 이 업종을 이해시키려고 노력했기 때문에 일반적으로 아는 얘기도 돌이켜 볼 수 있도록 썼으며 편의점의 특성을 이해하기 쉽게 현실적으로 기술하였다.

운영하는 데 있어 테크닉이나 일반적인 노하우는 운영을 하면서 스스로 터득하게 되거나 인터넷이나 주변에서 운영을 잘하시는 분들을 만나보면 얼마든지 습득할 수 있기 때문에 핵심적인 내용위주로 설명하였다.

후반부는 점포를 선정할 때 기본적으로 참고해야 할 것들과 영업방침을 특정 논문이나 서적을 전혀 참고하지 않고 순수하게 필자가 영업을 하면서 느낀 점과 노하우를 나름의 용어와 정의로서 기술하였다. 따라서 이해하는 데 어려움이 있을 수 있으나 모든 분들이 알고 있는 것을 정리한 것이기 때문에 용어가 중요한 것이 아니므로 내용의 의미만 제대로 전달된다면 충분하리라고 본다.

필자도 생전 장사는 처음 해보는 것이지만 몇 년 간 편의점을 하면서 느낀 것은 장사의 기본은 같다는 것이다. 모든 업종마다 영업적인, 입지적인 특징이 있다. 이 특징을 이해하면 업종선택도 쉽고 수익에 대한 무리한 기대치를 갖지 않고 현실적으로 접근할 수 있기 때문에 편한 마음으로 열심히 일할 수 있다.

필자는 철저히 프랜차이즈 편의점이라는 특정 업종에 국한하여 다루었으나 다른 업종을 이해하는 데도 도움이 되리라 본다.

끝으로 무슨 업종을 하더라도 이거 아니면 안 된다는 심정도 좋고 편안한 마음으로 하는 것도 좋으나 편의점을 하기로 한 이상은 너무 욕심을 내지 않고 앞만 보고 열심히 하신다면 좋은 결과가 있으리라 확신한다.

저자 **권 용 석**

추천사

　　　　　　　　　본 교재는 우리의 일상생활에서 가장 친숙하게 접하는 점포형태 중의 하나인 편의점에 대해 일반인을 상대로 알기 쉽게 체계적으로 이해할 수 있도록 기술한 것이 특징으로 사료된다.

　더구나 전문적으로 편의점을 운영하고자 하는 잠재 창업자에게도 매우 유익하며, 저자가 실제 경험하면서 터득한 편의점 운영 know-how를 담고 있을 뿐만 아니라 독창적인 연구 자세가 돋보이는 창작물로 평가된다.

　점포 입지 분석의 이론적 측면에서 보아도 의미 있는 내용들이 곳곳에서 눈에 띄는 것으로 보아서 저자가 실무뿐만 아니라 이론적인 지식도 겸비하고 있음을 엿볼 수 있다.

　특히 '편의점 입지의 이해' 소절에서 다이어그램을 사용한 편의점 입지 사례에 대한 설명은 매우 독특하고 인상적이다.

단국대학교 부동산학과 교수 **이 호 병**
주요 저서 :「부동산입지분석론 - 입지 및 상권분석의 이론과 실제」

C O N T E N T S

 1부 ## 편의점의 이해

점포 선정

점포 운영

1부

편의점의
이해

1부 편의점의 이해

■ 편의점과 편의터

■

편의터란 한자로 만들어진 일본식 표기인 편의점을 우리의 정서에 맞게 달리 표현한 말로서 편의점을 창업하는 데 있어 현재 편의점의 입지가 되거나 미래 편의점의 입지로서 가능성이 있는 자리를 말한다.

이런 편의터가 지향하는 바는 단순히 소비자들의 생활에 필요한 모든 상품을 사고 파는 서비스를 갖춘 멀티편의점의 의미를 넘어 집과 직장의 중간에 있는 또 다른 생활문화 공간의 한 축을 창출하는 데 있다.

■ 창업하기 전 이점은 반드시 집고 넘어가자

■

단순히 시간이 많아서 또는 경험을 해보고 싶어서 하시는 분도 계시겠지만 공통적인 목적은 돈을 벌고자 하는 것일 것이다. 이렇게 돈을 벌고자 하는 공통적인 목적은 같지만 창업하기 전 마음자세는 다르기 때문에 적어도 아래의 네 가지는 점검을 한 후에 창업해야 크게 실망할 일은 없을 것이다.

첫 번째는 내가 어떤 목적으로 얼마나 의지를 갖고 창업하려는지 분명해야 한다. 가장으로서 생계를 꾸려가고자 하는 것인지 아니면 생계에 보탬이 되고자 하는 것인지 명확히 해야 한다. 생계를 목적으로 하는데 의지가 부족한 분이야 없겠지만 단순히 의지정도로는 안 되고 어느 정도 절박함이 있어서 뒤로 물러설 곳이 없다는 심정으로 임해야 한다.

이 말을 잘못 이해하면 너무 전투적으로 돈을 쫓아가는 것처럼 보일 수 있으나 수익에 대한 정확한 목표는 갖되 주변에서 잘 되는 사람만 바라봐서 무리한 욕심은 내지 말고 앞만 보고 편안한 마음으로 창업에 임해야 한다는 것이다. 실제로 많은 분들이 창업한 후 만족도가 낮은 경우는 기대이상의 수익을 바라다가 그보다 훨씬 못 미치기 때문이다.

두 번째는 나의 자금 여건에 맞는 업종을 찾는 것이다. 내 자금 여건은 생각하지 않고 주변 사람들의 말만 듣고 잘 될 것 같은 업종만 찾아 무리하게 투자하여 창업을 하다보면 예상하지 못했던 일이 생길 수 있기 때문에 내가 융통할 수 있는 여유 자금이 얼마나 되는지, 대출을 받더라도 감당할 수 있는지 따져 본 후에 창업해야 좀 더 여유를 갖고 점포 영업에 매진할 수 있다.

세 번째는 내게 맞는 업종을 찾아서 그 업종을 이해해야 한다. 내게 맞는 업종이란 내가 하고 싶은 분야이며 부담 없이 가장 잘 할 수 있는 업종을 말한다. 인터넷 등 각종 매체를 통해서 알아볼 수 있는 정보를 습득한 후 본사에서 창업설명회를 들어 보며 업종을 파악하는 것도 하나의 방법이나 해당 업종에 대해 객관적이고 솔직하게 말해 줄 수 있는 사람을 만나는 것이 가장 좋다.

네 번째는 반드시 가족과의 합의를 거쳐야 한다. 가족과 합의를 거쳐 창업해야 잘 운영을 하게 된다면 가족의 기쁨은 배가 될 것이고 혹시 운영상 어려운 상황에 처하더라도 가족이 서로 돕고 위로하여 함께 위기를 극복할 수 있기 때문이다. 어떤 분은 과거의 지위를 잊지 못하고 자만심을 갖고 독단적으로 추진하다가 창업 후에 매출이 부진하여 급기야 가족 간 신뢰가 떨어지게 되어 안 좋은 결과를 초래하는 경우도 종종 있다.

개인 창업과 프랜차이즈 창업에 대한 이해

　창업을 생각한다면 크게 2가지로 생각해 보았을 것이다. 개인이 브랜드 회사의 도움 없이 스스로 차리는 개인창업과 가맹본부가 가맹점에게 특정 회사의 상호, 상표, 서비스마크, 노하우, 기타 운영방식을 사용하게 하여 제품이나 서비스를 판매할 수 있도록 운영하는 프랜차이즈 창업이 그것이다.

　일반적으로 사람들이 느끼기에 프랜차이즈 창업하면 규모도 크고 비용도 많이 든다고 생각하는 사람들이 많다. 반면 개인창업은 상대적으로 적은 비용이 들고 오픈하는 과정이 조금 더 쉬울 거라고 생각하는 경우가 많다. 그러나 현실은 매우 다양하고 다르다.

　프랜차이즈 업종은 위치선정에서 계약, 공사 등 모든 준비를 본사가 알아서 준비한다. 또한 업종에 따라 인테리어 공사비를 무상으로 해주는 경우도 있고 투자금이 적게 들기도 하며 본사의 매뉴얼에 의해 오픈을 하므로 준비기간도 짧은 편이다. 반면 개인창업은 자리선정에서부터 계약, 공사 등 모든 준비를 본인이 해야 한다. 그러므로 소자본 창업을 제외하고는 의외로 상당한 투자금을 필요로 하고 수익이 많지 않으면 투자금을 전부 날리는 경우가 많으며 오픈할 때까지 개인이 모든 것을 알아서 해야 하므로 준비기간도 훨씬 긴 것이 현실이다.

독립형 편의점과 메이저 프랜차이즈 편의점에 대한 이해

　지금 아니 앞으로는 메이저 프랜차이즈 편의점, SSM^{기업형 슈퍼마켓}, 일부 특색 있는 마트가 기존의 소매점이 장악하고 있던 상권을 대체할 것으로 예상된다. 대부분의 기존슈퍼는 경영자의 연령대가 높다. 그러므로 향후 10년 안에 다른 업종으로 바뀌거나 급격히 쇠퇴해질 것이다.

　현재 일부 개인 편의점이 성행하고 있으나 개점 후 운영기간을 보면 대기업 프랜차이즈 편의점에 비해 현저히 짧음을 볼 수 있다. 그 이유는 메이저 프랜차이즈 편의점은 체계적인 점포선정 시스템, 신속한 상품기획, 신속 정확한 물류관리, 전문화된 영업지원, 본사의 마케팅·홍보지원, 전문 건설 팀이 참여하여 점포를 개설하고 지원하지만 독립형 편의점은 그렇지 않다. 이런 것들이 독립형 편의점과 동네슈퍼와는 근본적으로 경쟁이 될 수 없다.

그나마 오래 전부터 영업해온 입지가 우월한 독립형 편의점과 저렴한 월세를 바탕으로 소일거리로 운영하는 일부 동네 구멍가게만 그 명맥을 유지할 뿐이다. 그럼에도 불구하고 일부 독립형 편의점이 개설되는 이유는 점주의 성격적 영향도 커 보인다. 실제로 독립형 편의점은 기존운영자가 창업하는 경우가 많아서 소매점의 생리를 잘 알기 때문에 같은 노력으로 수익을 나누어 준다는 것이 싫은 것이다.

회사에 따라 약간 차이는 있으나 메이저 프랜차이즈의 점주 수익 배분율은 대략적으로 점주 65~80%, 회사 35~20%의 수익배분을 보이지만 독립형 편의점은 점주 90~100%, 회사 10~0%의 배분율로 되어있다.

그렇다면 똑같은 자리에서 대기업 편의점과 독립형 편의점이 차례로 오픈한다면 과연 매출은 어떨까? 모든 환경이 같다는 전제하에 최소 10~30%의 매출차이가 나는 걸로 데이터가 나와 있다. 그 매출 상승 분[10%~30%]이 부족한 수익배분율을 채워준다고 보면 그리 억울한 일은 아닐 것이다.

■ 편의점의 유래
■

최초의 편의점[CVS]인 세븐일레븐은 1927년 미국 달라스의 사우스 랜드 제빙회사에서 비롯되어 24시간 영업하였으므로 젊은 부부, 홀로 생활하는 독신자 등 즉석구매성향이 높은 고객을 공략하여 발전하였다.

사우스 랜드사의 파산 위기에서 일본의 슈퍼마켓 체인회사인 이토요카도가 1991년 주식을 인수하면서 전세계적으로 퍼져 지금은 맥도널드보다 많은 체인점을 보유하고 있다.

이에 비해 유럽에서는 1932년 네덜란드에서 슈퍼마켓 브랜드인 스파[SPAR]가 설립되었고 미국에서 시작된 편의점[CVS]와 달리 오전 7시~밤 11시까지만 영업을 하였다.

스파는 유럽식 편의점이지만 우리나라로 치면 기업형슈퍼마켓^{홈프러스익스프레스, 롯데}
^{슈퍼 등}과 유사한 형태를 취하고 있다.

History of SPAR logo

최초의 스파

스파내부

스파내부

일본 편의점 업계의 현황

일본은 장기 불황으로 일본 경제 전반적인 상황은 나아지고 있지 않지만 편의점 업계는 선전하고 있다. 주요 고객층은 우리나라보다 다양하고 두텁지만 젊은 남성층의 비중이 높은 것은 우리나라와 다를 바가 없다.

니혼게이자이 신문에 따르면 일본의 유통점 시장 규모는 슈퍼마켓이 12조 1,024억엔이고 편의점이 9조엔, 백화점이 6조 1,525억엔으로 백화점보다는 높고 슈퍼마켓 시장과는 좁혀졌다.

2011년 기준 슈퍼마켓 체인은 매출이 감소한 반면 편의점 업계는 약 5% 증가하였다. 이런 성장세는 1997년 이후 가장 높은 수치이다.

세븐일레븐, 로손, 훼미리마트, 서클K산크스, 미니스톱 등 주요 5개 편의점 업체들의 순증점포 수_{신설된 점포 수 - 폐점된 점포 수}도 역대 최고를 기록했다. 신문은 일본의 편의점 점포수가 5만 개에 달해 시장이 포화 상태에 이르렀으나 대지진 이후 음식 문화의 변화로 외식보다 집에서 식사를 하는 분위기가 자리를 잡았다. 이에 미니 스톱은 발 빠르게 매장 내에서 도시락이나 간단한 반찬을 만들어 판매하는 홈 델리라는 서비스를 만들어 여성층, 시니어층 고객을 공략하여 먹을거리 사업을 강화하였다. 한발 더 나아가 세븐일레븐은 고객의 방문 판매에 만족하지 않고 전기 자동차로 도시락을 배달하는 서비스도 선보여 나오지 않고도 식사를 해결할 수 있도록 하였다.

일본 편의점의 특징은 경쟁사의 히트상품〈그림 A〉이 있으면 같은 제품을 선보이기보다는 다른 형태의 제품을 개발하여 성공시킴으로서 편의점마다 경쟁력을 높이고 있으며 다양한 먹을거리를 준비하고 있다. 각 편의점 업체는 자체 브랜드를 차별화하여 더 적극적으로 시장을 선점하기 위해 자체 브랜드[PB]상품을 저가형뿐 아니라 고가형 브랜드〈그림 B〉도 만들어 저렴한 인식을 탈피한 프리미엄급의 제품을 선보여 제조업체 브랜드[NB]제품과 경쟁하고 있다.

에이엠/피엠은 2009년도 특정 시간대 이용고객이 많은 점포부터 무인 셀프계산대〈그림 C〉를 도입하여 매장의 효율을 높이고 있다. 도심부에 위치한 점포의 경우 아침, 점심시간에 매출의 40~50%가 발생하므로 카운터 수가 적고 대기시간이 길면 고객은 인접 점포로 가버리는 기회로스와 인건비 등을 줄일 수 있어서 전반적으로 확산되고 있다.

로손은 기존의 편의점 이미지를 탈피한 생활슈퍼마켓 편의점인 '로손 스토어 100'〈그림 D〉을 운영하고 있다.

〈일본 편의점 업계 글로벌 순위〉

구분	편의점	총이익	영업이익	점포수
1위	세븐일레븐	5,491억엔	1,692억엔	4만 871개
2위	로손	4,413억엔	555억엔	8,917개
3위	훼미리마트	3,199억엔	382억엔	1만 7,599개
4위	서클K산크스	1,923억엔	186억엔	6,335개
계		15,026억엔	2,815억엔	7만 3,722개

출처 : 일본 프렌차이즈 체인 협회(2011년 2월 기준)

〈그림 A〉

훼미리 마트의 인기 디저트

세븐 일레븐의 극상 슈크림 빵

로손의 프리미엄 롤 케익

미니스톱의 치킨

〈그림 B〉

세븐일레븐	 골드	 프리미엄
훼미리마트	 오토나노 오야츠	 보쿠노 오야츠
미니스톱	 셀렉트	 톱 밸류
로손	 셀렉트	 딜리셔스

〈그림 C〉

셀프계산대에서 고객이 직접 계산하는 모습

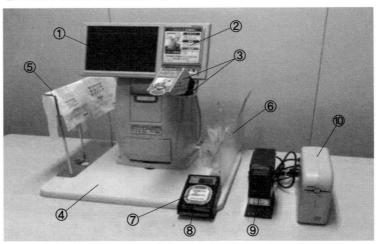

① Pos계산대 본체 ② 키 커버 ③ 스캐너 유닛 ④ Pos 계산대 받침대
⑤ 쇼핑봉투 행거 ⑥ 소포품 배치 케이스 ⑦ Pasmo단말기 ⑧ 카드 낙하방지 가이드
⑨ 네트워크 루터 ⑩ ups

출처 : http://cafe.naver.com/retailzine/456

〈그림 D〉

출처 : http://www.jhiroba.com

한국 메이저 편의점과 일본 메이저 편의점 비교

구분	한국 메이저편의점	일본 메이저편의점
편의점 연혁	1989년 ㈜코리아 세븐 설립	1973년 세븐일레븐 도입
편의점 수	약 2만 2,500개	약 4만 8200개
대표 브랜드	Cu(구 훼미리마트), GS 25시, 세븐일레븐, 미니스톱	세븐일레븐, 로손, 훼미리마트, 미니스톱, 서클케이산크스
점포 매출	2010년 기준 하루 평균매출 155만 8천원	2011년 기준 하루 평균매출 45만 엔~60만 엔
매출분포	상대적으로 심야시간대 매출이 높음	상대적으로 주간시간대 매출이 높음
매장 면적	일반적으로 15평 전후	일반적으로 30평 전후
상품 아이템	전반적으로 아이템이 골고루 있으나 패스트푸드 등 즉석조리음식은 빈약한 편임	전반적으로 상품아이템도 풍부하지만 패스트푸드 등 즉석조리음식이 매우 다양함

상품가격	전반적으로 권장소비자가로 판매하나 행사상품 등을 활용하여 탄력적으로 운용함	전반적으로 슈퍼보다 비쌈
PB상품비중	약 20%내	약 30%~ 고급 PB상품 강화
패스트푸드 및 즉석 조리식품 매출 비중	미미함	약 20~40%
매장 특징	매장여건이 허락하는 한 시식공간을 적극 활용함	매장내 시식공간 없음
대중성	접근성은 좋지만 시장규모에 비해 슈퍼의 비중도 높기 때문에 주 소비연령대가 좁은 편이다.	접근성도 좋고 상대적으로 슈퍼가 많지 않기 때문에 소비연령대가 넓은 편이다.
브랜드별 특징	4대 메이저 편의점의 브랜드별 특징이 크지 않음	브랜드별 특징이 강함
쇼핑유형	접근형이나 실속형 단품 쇼핑이 주류	마트형 쇼핑이 주류를 이루고 있으며 인터넷 판매도 확대하고 있음
소비자의 가격저항	편의점 가격 저항이 높은 편임	편의점 가격 저항이 낮은 편임
소비자 트랜드	저렴하고 맛있는 제품 선호	가격이 비싸더라도 질 좋고 맛있는 제품 선호
소비자 트랜드반영	소득수준에 비해 소비자의 수준이 높아 변화에 민감하여 빠르게 대응함	과감한 투자로 소비자의 욕구를 충족시킴
행사	한국프랜차이즈 창업박람회, 회사별 개별행사	슈퍼마켓 트레이드 쇼(A), 동경 점포개발 전시회(B), 동경 식품박람회(C) 등
중점 운영	한국시장과 매장여건에 맞게 한국형 단품관리를 통해 상품회전률을 높이고 고객의 편의성을 강조	특화 상품과 콘셉트를 통한 경쟁력 확보
해외진출	한국형 편의점 강화	자체브랜드로 아시아 등 신흥시장에 적극적으로 진출

일본의 슈퍼마켓 트레이드 쇼(A), 동경 점포개발전시회(B), 동경 식품박람회(C)

슈포마켓 트래이드쇼(A)는 일본에서 매년 2~3월 열리는 전시회로 올해로 46번째를 맞고 있다.

식품 슈퍼마켓, 편의점을 중심으로 하는 유통업계에 최신 정보를 제공하고 있다. 단순히 신상품과 즉석조리시설을 전시하는 수준을 넘어 점포입지 선정, 운영, 광고 등 전 공정에 대한 서비스를 제공하는 점포 개발 전시회(B)를 병행하여 소매업과 관련된 전방위적인 전시회로 발전하고 있다.

동경 식품박람회(C)는 일본에서 매년 2~3월 열리는 전시회로 아시아최대의 식품박람회이다.

슈포마켓 트래이드쇼(A)

(A-a) 일본 슈퍼마켓 트레이드 쇼 전시장 내부 모습

출처 : www.smts.jp 슈퍼마켓 트레이드 쇼 홈페이지

(A-b) 즉석조리시설

자동 복음밥 조리기계

군만두 자동제조기

닭요리 조리기

작성자 : HAVER RealJAPAN Tokyo(아루스) / 출처 : www:caf.naver.com/realjapan.cafe

(A-c) 제품시식 및 바이어 상담

제품시식   제품시식   바이어 상담

출처 : www.smts.jp 슈퍼마켓 트레이드 쇼 홈페이지

동경 점포개발전시회(B)

동경 점포개발전시회 내부 모습

점포선정 설명회   출처 : www.hci.co.jp/ 점포개발 전 홈페이지

동경 식품박람회(C)

동경 식품박람회 전시회 내부 모습

세계각국의 음식 전시/ 시식코너

제품 상담

출처 : www.jma.or.jp 동경 식품박람회 홈페이지

한국 프랜차이즈 편의점의 과거

업체	설립	특징
세븐일레븐	동화산업이 미국의 사우스랜드사로부터 기술을 도입하여 코리아세븐을 설립하여 1989년 5월 첫 출점하였다.	현재 롯데에서 운영 중이다.
훼미리마트	㈜보광이 일본의 세이부그룹 훼미리마트로 부터 기술도입하여 1990년 10월 첫 출점하였다.	현재 훼미리마트와 결별하고 BGF리테일이 CU로 운영 중이다.
LG25시	바이더웨이와 같이 국내독자 브랜드로 1990년 12월 첫 출점하였다.	현재 GS 25시로 운영 중이다.
미니스톱	일본의 미니스톱과 기술 제휴하여 ㈜미원이 1990년 11월 목동에 첫 출점하였다.	현재 일본 미니스톱이 운영하고 있다.
로손	메인 유통이 미국 데일리마트사와 기술제휴를 맺고 1989년 7월에 첫 출점하였다.	1999년 12월 세븐일레븐에 점포 양도
바이더웨이	국내 독자브랜드로 동양마트로 출발하여 1991년 2월에 첫 출점하였다.	세븐일레븐에 흡수 합병되었다.
서클k	㈜한양이 미국의 편의점인 서클 k로부터 기술을 도입하여 서클k코리아를 설립하였다.	현재 씨스페이스로 운영 중이다.
AMPM	일명 주유소형 편의점으로 과거 유공이 미국의 AMPM으로 부터 기술을 도입하여 출점하였다.	한국시장에서 철수했다.

한국 프랜차이즈 편의점의 현재

1) 메이저 편의점 사업력 강화

불과 얼마 전에 편의점은 CU구 훼미리마트, GS 25시, 세븐일레븐, 바이더웨이, 미니스톱 등의 5강 체제에서 현재는 CU구 훼미리마트, GS 25시, 세븐일레븐바이더웨이 흡수, 미니스톱 등의 4강 체제로 바뀌었다. 그 이유는 대기업도 편의점이 유망한 업종이라 판단하여 지속적으로 인수 합병하거나 투자를 늘려가고 있기 때문이다.

CU구 훼미리마트는 업계의 선두로서 꾸준히 점포를 늘려 2012년에 8,000점포를 목표로 하고 있고 GS 25시는 백화점 부문을 정리하고 편의점 사업부문을 강화하였고 전통적으로 유통이 강한 롯데는 바이더웨이를 인수하여 꾸준히 사업영역을 확장하고 있다.

미니스톱은 일본 미니스톱 본사의 지원으로 한국시장을 공략하고 있다. 또한 금년에는 홈플러스가 새로운 형태의 편의점으로 편의점사업에 진출하여 사업영역을 넓히고 있다.

2) 동네슈퍼, 타업종의 편의점으로의 업종변경 가속

24시간 편의점이 동네 곳곳에서 개점을 하고 있어 많은 슈퍼마켓이나 소규모 구멍가게들이 매출이 떨어져서 폐업하거나 편의점으로 전환하는 경우가 늘어나고 있다. 또한 경기침체로 영업력이 떨어진 일부 소매업소나 일반음식점 등도 편의점으로의 업종변경도 늘고 있는 추세이다.

3) 대기업의 슈퍼형 마트_{홈플러스익스프레스, 롯데슈퍼 등} 진출에 따른 매출 저하

일명 SSM이라 불리는 기업형 슈퍼마켓들이 상생유통법안 통과로 적극적인 진출에는 차질이 생겼지만 재래시장 반경 500미터 밖의 지역이나 새로이 들어선 주거 복합시설에 꾸준히 출점하고 있고 편의점이 있는 지역에 24시간 운영하는 마트도 늘어나고 있어 편의점에는 커다란 위협이 아닐 수 없다.

4) 고매출이 예상되는 지역에 신규 입점 어려움

일반인도 편의점 입지와 담배소매인지정권에 의한 중요성을 인지하고 있다. 따라서 매출이 높게 나올 것으로 예상되는 지역은 이미 엄청난 권리금이 형성되어 있거나 담배소매인지정권 확보의 어려움으로 고매출 점포가 줄어들고 있다.

5) 고정비용_{임대료, 법정최저임금, 기타 세금, 공과금}의 꾸준한 상승

경기는 어려운데도 임차료는 꾸준히 상승하고 법정최저임금도 매년 상승하여 별다른 매출 상승호재가 없는 지역의 편의점은 더 고전할 수 있다.

6) 입지적인 중요성이 가장 높은 업종

브랜드 자체만으로 매출의 차이가 있다기보다는 편의점의 점포선정 3대 요소^배
^{후, 동선, 입지}와 점주의 노력과 서비스에 따라 매출이 차이가 나기 때문에 적합한 자리
를 선점하기 위한 경쟁이 치열하다.

한국의 4대 프랜차이즈 편의점의 연혁

구분	cu(구 훼미리마트)	GS 25시	세븐일레븐 (바이더웨이포함)	미니스톱
설립년도	1990년	1990년	1988년 5월	1990년 6월
점포수	7,386	6,633	6,450	약 1,800
계열사(관계사)	BGF리테일	GS그룹	롯데그룹	일본 미니스톱

경쟁력	• 업계 1위로서
	  선도적 지위 확보
	• 사명변경으로
	  새로운 형태의
	  한국형 편의점
	  지향
		• 대기업
		• 상품경쟁력
		  적극적 육성
		• 토종브랜드로서의
		  자긍심
			• 모기업은 유통과
			  식음료 전문기업
				• 패스트푸드형
				  편의점 선도

(2012년 6월 기준)

메이저 프랜차이즈 편의점의 업종 경쟁력

모든 업종마다 장점과 단점은 있을 것이다. 편의점 또한 장점과 단점이 있지만
장점을 얼마나 잘 활용하느냐가 창업의 성패가 갈린다고 봐도 과언이 아닐 것이
다. 아래의 사항은 일반적인 편의점의 업종 경쟁력을 나열한 것으로 뒤에서 자세
히 설명할 것이다.

투자금의 안정성	가맹 계약기간을 마치면 투자금의 회수율이 약 95%이상인 유일한 업종이다.
상대적으로 적은 창업금액	보통 적게는 4,000만 원에서 2억 원이 든다.
시간의 효율성	점주 없이 근무자들이 혼자서 판매활동을 할 수 있는 거의 유일한 업종이므로 점주의 점포내적, 업무 외적 시간의 효율성이 매우 높다.

생활 밀착형 업종	집 앞이나 회사 앞에서 24시간 언제나 가장 가까이에서 고객을 맞이하기 때문에 고객과 가장 친근한 업종이다.
배후 확장	슈퍼나 동네가게의 영업력의 쇠퇴와 타업종 전환으로 배후가 확장되고 있다.
특별한 기술을 요구하지 않음	고객에 대한 서비스와 상품발주, 정리, 관리만 잘 한다면 오케이이다.
24시간 연중무휴 영업	고객이 필요로 하는 다양한 상품을 365일 24시간 고객을 맞이할 수 있다.
대형, 중형마트의 신규출점 규제	대형마트의 영업일수 제한조치와 지역 상권을 보호하기 위해 전통시장(재래시장)경계로부터 1Km이내 지역을 전통상업보존구역으로 지정해 3,000평방미터 이상 대형점포나 SSM(기업형슈퍼마켓)의 입점을 제한하고 있다. 추가로 준대형마트나 중형마트의 신규 출점과 영업을 규제하는 내용을 골자로 하는 "유통산업발전법"개정안을 준비하고 있어 마트상권은 위축되어 그 틈새시장을 선점하고 있다.
다양한 행사진행, 고객이 요구하는 상품개발, 신상품의 빠른 출하	한정된 공간에서 다양한 콘셉트와 행사로서 고객을 맞고 고객의 트렌드에 맞춰서 신상품을 출시한다.
상대적으로 높은 고객 충성형 서비스 제공	마트나 슈퍼와는 비교할 수 없는 서비스, 청결, 상품 다양성을 제공하므로 업종 경쟁력이 높다.
고객층 증가	배후 성격에 따라 차이는 있지만 주요 소비자는 10대 후반에서 40대 중반의 학생이나 직장인이 주요 고객이나 앞으로 주부나 시니어도 적극적인 소비층으로 형성될 것이다.
경기변화에 민감하지 않음	경기가 나빠지더라도 소비자와 쉽게 접할 수 있는 가장 1차적인 업종이기 때문에 매출이 크게 나빠지는 일이 없다.

일반적인 점포 가맹 유형

회사마다 조금씩 차이는 있지만 아래의 사항은 일반적인 가맹유형이므로 내게 적합한 가맹형태를 선택하자.

	가맹유형	A타입	B타입	C타입	D타입
투자	형태	점주가 직접 임대인과 계약	점주가 직접점포에 투자하지 않고 본사에 보증금예치	점주가 직접 임대인과 계약	점주가 직접점포에 투자하지 않고 본사에 보증금예치
	가입비	700만 원(부가세별도)			
	상품준비금	1,400만 원			

투자	용도품 준비금	100만원			
	보증금(회사)	–			1,500만원
	점포임대비용 (권리금포함)	점주부담	본사부담	점주부담	본사부담
	합계	2,200만원 + 점포임대비용	2,200만원 + 최소투자비	2,200만원 + 점포임대비용	최소 3,700만원
수입	매출 중 총 이익	65%~85%	65%~85%	65%~85%	40%
	계약기간	5년	5년	7~10년	1~2년
	임차료 지급	점주	회사	점주	회사
	집기 및 시설인테리어	본사 무상대여	본사 무상대여	본사 또는 가맹점주 선택	본사 무상대여
	지원제도	•전기료 50%지원 •상품발주장려금 지급	•전기료 50%지원 •상품발주장려금 지급	•전기료 50%지원 •상품발주장려금 지급 •장기운영장려금 지급 •시설운영장려금 지급	•전기료 50%지원 •상품발주장려금 지급 •24시간 영업장려금 지급
	총수입보증	연간 6,000만원 (월 단위정산)	연간 6,000만원 (월 단위정산)	연간 6,000만원 (월 단위정산)	연간 4,200만원 (월 단위정산)
	장점	점포권리 확보, 점주권리 상승	적은 자본으로 수익배분률 높임	최고시설, 다양한 지원, 점주권리 상승	수익의 안정성, 계약기간 부담 적음
	단점	점주부담 증가	점주권리 약함	계약기간부담	상대적으로 작은 수익

■ 일반적인 창업절차

■

메이저 편의점의 일반적인 창업절차를 나타낸 것이다. 약 한 달이라는 짧은 시간에 개점에 필요한 모든 것을 준비해야 하므로 세밀하고 철저한 준비를 해야 한다. 아래의 과정은 회사 시스템에 의한 준비과정이지만 이와는 별도로 점주는 지역의 특성을 분석하여 우리 매장의 경쟁력을 높일 수 있는 방법을 찾아야 하고 매장의 레이아웃을 잘 협의하여 매장을 최유효 이용할 수 있는 방법을 찾는 것은 점주의 노력과 경험에 달려있다.

순서	내용	주체	기간	점주과정
1	편의점 창업 관심 갖기	본인	일정시간	정보를 다양하게 수집하여 업종선정하기
2	편의점 정보 얻기	본인	일정시간	
3	본사 사업설명회 참석	본인	2시간	직접 눈으로 보고 들으면서 운영할 회사선정하기
4	지역 담당자 미팅	본인	일정시간	내게 맞는 점포선정하기
5	원하는 조건의 점포 소개받기	본인	일정시간	
6	조건에 맞는 점포 선정	본인	일정시간	우리 매장의 장, 단점을 분석하여 매장을 최유효이용할 수 있는 방법 찾아서 경쟁력을 극대화 할 수 있도록 하기
7	정보 공개청구	회사	약 16일	
8	가맹계약	본인		
9	가맹교육	본사		
10	공사와 레이아웃 협의	본인과 본사	약 4일	
11	공사진행	본사	약 10일	
12	근무자 모집 준비	본인	일정시간	
13	집기, 상품 입고	본사	3일	
14	총평 및 오픈 준비 완료	본인과 본사	1일	
15	오픈	본인	당일	
16	영업지원/영업	본인	총 40일 소요	

■

메이저 프랜차이즈 편의점의 강점

■

1) 투자금을 날릴 일이 거의 없다

메이저 편의점인 A사와 일반적인 독립형 편의점을 예를 들어보겠다.

예시) 보증금 5,000만원, 권리금 5,000만원, 임차료 300만원, 상품준비금 1,500만원, 가맹비 700만원^{부가세별도}, 시설, 인테리어비 약 4,000만원인 점포가 있다고 하자.

구분	A사			독립형 편의점
유형	a타입	b타입	c타입	한 가지 타입
가입비 (부가세별도)	700(개인부담)	700(개인부담)	700(개인부담)	개인부담
보증금 (투자예치금)	5,000(개인부담)	5,000(본사와 협의)	1,500(본사와 협의)	개인부담
권리금	5,000(개인부담)	본사부담	본사부담	개인부담
상품준비금	1,500(개인부담)	1,500(개인부담)	1,500(개인부담)	개인부담
시설, 인테리어	4,000(본사부담)	4,000(본사부담)	4,000(본사부담)	개인부담
임차료	300(개인부담)	300(개인부담)	본사부담	개인부담
임대차 계약서상 영업보장 명시	반드시 명시	반드시 명시	반드시 명시	반드시는 아님
총수입최저 보증금제도	있음	있음	있음	없음
투자비	12,200	7,200이상	3,700이상	16,200이상
투자비 회수율	가맹비 제외 하고 전부	가맹비 제외 하고 전부	가맹비 제외 하고 전부	시설, 권리금 등 보 장 못함

위 도표에서 보듯이 메이저 편의점의 경우는 시설비 인테리어비용에 대한 걱정이 없으며 투자금액의 많고 적음에 관계 없이 점포가맹계약이 완료되면 점포 가맹비 약 700만 원을 제외한 모든 금액을 회수할 수 있다.

반면 독립 편의점은 일반 음식점이나 개인 영업점과 마찬가지로 보증금, 권리금, 시설비, 인테리어비, 물품대금 등 모든 비용을 내가 지불해야 한다. 그러므로 장사가 되지 않으면 모든 금액을 다 포기해야 하는 경우가 생기는 것이다.

그럼에도 불구하고 독립형 편의점을 창업하는 경우는 대기업편의점의 강점^{매출의 안정성, 투자금 안정성, 수익적 안정성, 브랜드경쟁력, 시설집기의 투자 등}을 정확히 이해하지 못한 상황에서 대기업편의점과 독립형 편의점의 단순 수익 배분^{대기업 편의점의 경우 점주 : 회사가 6.5 : 3.5이고 개인 편의점의 경우 점주 : 회사가 9 : 1의 수익배분을 하고 있다.}에 중점을 두어 창업하기 때문이다.

요즘처럼 공급이 넘치고 경쟁이 치열한 환경에서 자칫 매출부진으로 투자비의 손실률이 크다면 어느 쪽을 택할 것인가?

2) 수익의 안정성

메이저 편의점은 각각의 지역마다 점포개발 팀이 있고 체계적인 점포선정 시스템에 의해 점포가 개설이 되기 때문에 점포 수익률과 점포 가맹률은 높으면서 점포를 폐점하는 경우는 많지 않다.

메이저 편의점의 경우 점포개설 후 자리 잡는 기간이 개인편의점이나 슈퍼, 다른 업종에 비해 빠르며 혹시 초기 매출이 부진해도 안정된 수익이 보장될 때까지 수익을 보장해주는 최저 수익보장제도가 있어 수익적 안정성은 단연 최고이다. 하지만 이 제도가 여유 있는 수익을 보장해 주는 것은 아니다.

점포가 자리를 잡을 때까지 최소한의 자금은 본사가 지원해 준다는 취지이므로 이 제도에 의존하는 것은 바람직하지 않고 또 이런 도움을 받는 점주도 많지 않다.

반면 개인 편의점 회사는 점포를 개발하는 체계적인 부서가 없이 소수의 인원에 의해 단순선정과정을 거치기 때문에 기존에 운영하고 있는 편의점에 과도한 권리금이나 임차료를 지급하여 점포를 개설하거나 입지적으로 열세인 지역에 입점하는 경우가 많다. 이렇게 예상매출대비 무리한 지출 등의 이유로 점포수익률이 낮거나 매출이 낮아서 점포 가맹률은 낮고 폐점률과 업종 전환률은 높은 편이다.

물론 최저수익보증제도도 없기 때문에 잘 안되면 오래 운영하기가 힘들어 진다. 이처럼 수익적 안정성이 확보되지 않는 지역에 창업한다면 개인편의점의 수익 배분율이 높은들 무슨 의미가 있겠는가?

수익 배분율은 수익의 안전성이 보장될 때 따질 일이다.

3) 운영의 편리성

편의점업종이 운영하기에 그리 어려운 점이 없다는 것은 다 아는 사실이지만 아래와 같이 일반적인 사항을 비교하여 보았다.

구분	메이저 편의점	독립형 편의점	개인슈퍼(나들가게포함)
본사경영지도	담당직원이 일주일에 2~3회 방문하여 업무지원	체계적이지 않음	없음
포스시스템 (계산대 업무 기계)	포스와 각종 발주, 재고 관리시스템을 통합관리	간단한 포스 시스템만 있음	간단한 계산업무만 가능

발주시스템 (상품주문 업무 등)	시스템에 의한 자동발주, 개인컴퓨터나 스마트폰 발주	수동적 전산시스템이나 전화 등으로 발주	유, 무선으로 발주
시장 변화에 대응	소비자의 트렌드에 맞는 상품을 개발	없음	없음
상품공급 시스템	체계적인 물류시스템에 의한 신속 정확한 배송	메이저 편의점에 비해 부족함	없음
재고관리시스템	발주, 납품이 전산화되어 오차가 없음	개별적 재고 관리로 체계적이지 않음	재고 관리에 한계가 있음
원격 서비스	포스 등의 전산 장애 시 원격으로 시스템관리	회사마다 차이가 큼	없음
새로운 시스템 개발	경쟁력 향상을 위해 꾸준히 개발함	거의 없음	없음
집기시설관리서비스 (냉장고, 냉동고 등)	시설물의 정기점검으로 시설물의 하자보수가 신속 정확함	회사마다 차이가 크고 신속하지 못함	없음
각종세금관련서비스 (종합소득세, 부가가치세, 각종 보험)	복잡한 세무, 노무업무를 소정의 비용 또는 무상으로 지원	단순 소개형태	없음
점주의 운영능력 향상을 위한 교육지원 (운영 노하우 등)	정기적으로 매출활성화를 위한 교육진행	없음	없음
정기적인 점주모임	친목을 도모하고 본사의 비전과 발전상을 제시	없음	없음
각종교육관련지원 (계산업무, 고객 서비스 등)	근무자 채용 시 무상으로 교육	없음	없음
각종채용관련홍보지원 (알바몬 등에 구인광고)	근무자 채용 시 홍보대행	없음	없음

4) 다양한 창업지원 제도

창업하고자 하는 의지만 있으면 큰돈이 필요 없이 누구나 가능하다. 회사마다 차이가 있지만 메이저 프랜차이즈는 대출알선과 저렴한 비용으로 창업할 수 있도록 다양한 창업프로그램을 준비하고 있다.

A사는 창업 시 본사에서 1,800만 원 내에서 지원가능하며 대출알선과 각종할인 혜택을 받게 되면 최소의 자금으로 창업할 수가 있다. 또한 점포에서 3개월 이상 근무한 우수 아르바이트생이 창업할 경우 창업자금을 지원하는 '커리어 창업특정 제도'는 자본은 없지만 경험과 의욕이 넘치는 젊은 창업자들이 도전해 볼만하다.

B사는 창업을 희망하는 주부나 청년을 대상으로 약 2,000만 원 정도의 저렴한 비용으로 창업을 알선해 주는 제도도 있다. 비록 큰 수익을 기대하지는 못해도 적은 비용으로 자기 사업체를 가지고 안정적으로 운영할 수 있다.

이외에 중소기업청이 지원하는 소상공인지원프로그램과 다양한 창업프로그램이 있으므로 메이저 편의점의 사업설명회를 들어보고 내게 맞는 창업지원제도를 활용하여 창업하기만 하면 된다.

5) 편의점을 이용하는 연령대 증가

현재는 편의점의 주요 고객은 10~40대 중반까지가 부담 없이 이용한다. 앞으로 몇 년 후면 편의점은 모든 연령대의 고객이 고르게 이용하는 업종으로 변할 것이다. 그 이유는 판매시장은 소매점, 중형마트, 대형마트로 나눌 수 있는데 소매점은 24시간 편의점, 동네슈퍼 _{나들가게 등}가 있으며 중형마트는 홈플러스 익스프레스, 롯데슈퍼, 독립마트 등이 있고 대형마트는 이마트, 홈플러스, 롯데마트 등이 있다.

같은 고객이라도 중형마트나 대형마트와 달리 소매점에서는 전혀 다른 구매성향 _{소비율은 낮고 내방률은 높은 편임}을 보여 주고 있기 때문에 마트형 소비와 구분할 필요가 있다.

소매점에서 발생하는 독립적인 소비 형태는 편의점과 기존소매점으로 양분되었고 차츰 편의점이 배후를 장악하여 단순 동네슈퍼는 설 자리를 잃어 편의점이나 다른 업종으로 전환되고 있는 추세이다. 그러므로 기존의 슈퍼에서 구매를 하였던 분들도 편의점을 이용할 수밖에 없는 구조가 되어 가고 있기 때문에 구매 연령대가 증가하고 있다.

또한 편의점을 이용하는 구매층은 시간이 흘러 세대가 바뀌어 가면서 어린아이도 소비 주체가 되어 가고 있고 점점 고령화 사회로 가고 있어서 경제활동 연령대가 높아지게 되므로 몇 년 후면 주요 고객층이 어린아이부터 60대까지 폭넓게 늘어날 것으로 예상된다.

일본은 편의점이 단순히 발달한 차원을 넘어 생활의 한 공간을 차지하고 있다. 일본은 우리나라와 달리 생활필수품도 편의점에서 구입하는 경우가 더 많으며 이미 소매, 도매 구분 없이 남녀노소 모두가 편안히 쇼핑을 하므로 가장 안정적인 수익모델을 갖고 있다.

6) 지역에 맞는 다양한 옷차림으로 승부한다

많은 분들은 슈퍼입지와 편의점입지를 구분하기도 하고 소매업^{편의점}입지와 도매업^{일반마트, SSM}입지로 구분하고 있지만 그것은 편의점을 제대로 이해하지 않고 있기 때문이다. 과거와 달리 편의점은 배후의 성격에 적합한 다양한 옷차림으로 승부하고 있다.

생활밀착형은 중형마트 등이 있는 입지로서 주택가의 수요가 더 많다고 예상될 때 마트 수준의 가격으로 슈퍼에서는 생각할 수도 없는 다양한 상품과 신선한 식품을 값싸고 신속하게 24시간 고객을 맞고 있다. 특히 마트가 영업을 하지 않는 야간은 더욱 적극적으로 공략할 수 있다.

카페형은 여가생활을 즐길 수 있는 입지와 통행량이 일정수준 이상인 입지에서 고객이 편의점이 아닌 카페와 같은 분위기에서 쇼핑과 여가생활을 할 수 있도록 고객을 맞고 있다.

오피스형은 주로 도심지나 오피스 시설이 많은 입지에서 사무에 필요한 특화시설 등을 추가로 보강하여 간단한 문구는 굳이 문구점에 가지 않아도 될 정도로 준비하여 고객을 맞고 있다.

패스트푸드형은 치킨 프라이, 핫바, 어묵, 베이커리, 소프트아이스크림, 디저트류 등을 전문점 못지않은 맛에 더 저렴한 가격으로 언제나 구입할 수 있기 때문에 순수 상주형^{배후가 90%이상 오피스인 경우}보다는 학생이 많은 거주형^{배후가 90%이상 주거형인 경우}이나 혼재형^{배후가 오피스와 주거가 혼합된 경우}에 적합하다. 이런 제품은 마진도 좋아 많이 팔면 팔수록 이익률이 높아진다.

베이커리 특화형은 주변에 빵집이 없다든지 지역특성을 파악한 후 입점하여 매장에서 직접 빵을 구워서 소비자에게 다가가므로 매장 경쟁력은 타 업체가 따라올 수 없다.

외국인 밀집형은 외국인이 많이 거주하는 지역에 그들의 욕구를 충족시킬 수 있는 매장 인테리어하고 상품을 준비하므로 타 소매업과 경쟁에서 우위에 있다.

산업시설형은 산업시설에 필요한 용품 등을 다양하게 준비하여 고객이 필요한 것을 즉각적으로 준비하고 있다.

외곽 로드보조형 그 동안 소외되었으나 주 5일근무제 이후 삶의 질을 보다 윤택하게 하고 생활습관이 서구화되어 감에 따라 캠핑, 교외로의 여행이 증가하여 이들의 길목에 형성되기 시작하였다. 근래는 경쟁점의 출점이 증가하여 유원지와 근접한 지역이나 특수한 지역을 제외하고는 적절한 배후를 확보하지 않고 단순 로드보조에 진입하는 것은 지양하고 있는 추세이다.

위탁형은 유원지 내에 위치한 형태이다. 행락객에 의한 매출 비중이 높기 때문에 유원지 성격에 적합한 상품과 회전율이 높은 상품위주로 준비한다.

도서(섬)형은 섬지방에서 독립적으로 운영하는 날씨와 배송문제로 소매점은 적기에 다양한 상품을 공급하기 어려워 생활편의시설이나 식품을 이용하기 가장 불편한 사각지대였다. 그러나 편의점의 진출로 지역민과 군부대, 관광객의 구매 욕구를 충족시키고 있다.

그 밖에 관광숙박 시설형, 의료시설형 등 다양한 콘셉트로 시장상황에 맞게 능동적이고 탄력적으로 대응하고 있으며 이렇게 본사의 철저한 사전조사를 통해 다양한 콘셉트로 지역에 맞게 입점하므로 최상의 조건으로 점포를 운영할 수 있을 것이다.

최근 A사는 배후 성격, 입지유형과 관계없이 차량 이동이 많은 지역의 주유소에 드라이브 쓰루^{drive-thru}형 편의점(A) 등 새로운 형태의 편의점을 오픈하고 있다.

주문 및 계산하는 곳

7) 복합 멀티샵을 지향한다

편의점은 단순히 24시간을 운영하는 소매점이 아니다. 동네슈퍼처럼 생활필수품이나 다양한 식품을 판매하는 것 외에 프라이 전문점이나 베이커리 전문점처럼 통닭이나 베이커리 제품을 즉석에서 조리하여 판매를 하고 있다.

이외에도 어묵바나 즉석 커피머신을 도입하여 분식점에서 즐길 수 있는 식품도 취급하고 있고 굳이 비싼 커피 전문점에 가지 않아도 저렴한 비용으로 즉석커피를 즐길 수 있다.

공공요금^{전기요금, 전화요금 등} 납부도 별도의 추가 비용 없이 편의점에서 납부가 가능하며 택배를 보내러 멀리 우체국에 갈 필요도 없으며 택배수화물을 받아보는 서비스나 영화, 스포츠 티켓예매나 세탁물 의뢰, 꽃 배달, 잉크충전, 복사, 팩스 서비스 등도 가능하다.

소비자가 요구하고 필요로 하는 서비스는 증가하여 최근에는 의약 외품의 판매도 추진되고 있어서 늦어도 연내에는 간단한 상비약은 24시간 편의점에서 구입할 수 있게 되었다.

일부 브랜드 편의점은 휴대폰도 판매하고 있는데 가격 표시제가 정착된다면 이는 더욱 활성화될 것이며 앞으로 편의점에서 판매할 수 있는 것은 무궁무진해질 것이다.

이렇게 편의점이 지향하는 마켓은 단순히 상품을 판매하는 것 외에 꼭 국민생활에 필요한 서비스를 도입하여 원 스톱으로 처리할 수 있기 때문에 어느 업종보다도 다양한 콘셉트로 시장을 선도해가며 개척해 가고 있으므로 소비자와 더욱 친숙해질 수밖에 없다.

8) 본사의 편의점 시설집기와 건축기술의 꾸준한 개발

해마다 점포 개발환경은 열악해지고 있다. 그 중에서 점포의 면적은 갈수록 좁아지고 있다. 흔한 말로 새로 지은 건물에 넓고 입지여건이 괜찮으며 임차료가 저렴한 점포는 거의 없다. 할 만한 입지에는 이미 편의점이 들어서 있거나 타업종으로 성행하고 있어서 새로 진입하기가 어렵고 새 건물과 매장면적이 큰 점포는 특별히 좋은 입지여건이 아님에도 불구하고 임차료가 높은 경우가 많아서 적절한 수익을 내기가 어렵다.

그래서 근래엔 매장면적이 6~7평정도밖에 되지 않거나 건물이 40년 이상 된 낡은 점포를 타깃으로 적극적으로 공략하여 좋은 수익률을 내는 점포도 많다.

이것이 가능한 이유는 효율적인 시설집기의 개발과 다양한 점포 건축기술이 개발되고 있기 때문이다. 불과 4, 5년 전의 시설, 집기와 건축기술로 가능하였을까?

예를 들어 주변을 잘 살펴보면 전에는 건물이 무너질 것 같던 점포도 어느 샌가 새로 지은 것처럼 말끔히 변신한 점포를 한 번쯤은 본 적이 있을 것이다. 또한 몇 년 전에는 편의점 면적이 15평 정도는 돼야 제대로 매장을 꾸밀 수가 있었지만 지금은 초미니형^{약 6평}과 미니형^{약 9평} 점포도 멋지게 꾸며서 많은 수익을 내는 경우가 많다.

이런 것들은 그 동안 축적된 건축 노하우로 꾸준히 맞춤형 시설을 개발하였기에 가능한 것이다. 그러므로 메이저 편의점이기에 가능한 것이고 독립형 편의점의 시스템과 자본으로는 불가능하기 때문에 직접 현장을 둘러보면 "아, 여기도 상품이 있을 건 다 있네, 여기가 6평이 맞나?" 하고 감탄할 것이다.

9) 다양한 마케팅 지원

독립형 편의점이나 동네슈퍼와 달리 상황에 따라 집에서나 이동 중에도 발주를 포함한 재고관리 등 전반적인 업무를 할 수 있으므로 반드시 점포에 가서 근무를 해야 하는 후진국형 시스템을 탈피하여 스마트폰이나 태블릿 PC로 점포관리를 할 수 있게 되었다.

현재 메이저 편의점은 유명연예인이나 스포츠 스타를 활용한 상품을 개발하여 다양한 행사와 병행하여 홍보함으로서 매출을 증진시키고 있고 매년 지방자치단체나 기업과 연계하여 1년 365일 빠짐없이 다양한 시민참여행사, 대중문화행사 등으로 고객에게 더 가까이 다가가고 있다.

이미 메이저 편의점은 통신사 등과 제휴를 맺어 다양한 제휴할인 서비스를 진행하고 있으며 한발 더 나가서 자체브랜드 카드를 개발하여 고객에게 더 많은 서비스를 제공하고 있다. 뿐만 아니라 스마트폰의 보급으로 한 모바일 결제의 증가와 다양한 할인이나 쿠폰을 제공하는 업체^{티켓몬스터, 쿠팡 등}가 생겨서 날이 갈수록 매출원이 다양화 되고 있다.

근래엔 연금복권 등 다양한 복권을 판매하여 편의점이 단순한 구매 장소가 아니라 즐거움과 이로움을 함께 구매하는 장소가 되고 있기 때문에 잘 활용한다면 먹는 재미뿐만 아니라 구매하는 재미도 배가 되어 매출이 향상될 수 있다.

매달 다른 상품으로 진행하는 할인 또는 증정행사도 체계적인 마케팅과 홍보로 늘 고객에게 새롭게 다가가므로 고객은 질리지 않고 다양하게 쇼핑을 즐길 수 있다. 이렇다 보니 최근에 동네 할머니도 할인 행사하는 상품을 찾을 정도이고 비교적 편의점에 적대적이었던 어른들도 다양한 홍보와 할인행사로 인해 저렴하고 맛있는 편의점 도시락을 드시러 방문하는 고객이 늘고 있다.

또한 본사의 적극적인 지원 하에 각종 행사날^{크리스마스, 명절, 발렌타인데이, 화이트데이, 빼빼로데이 등}을 활용하여 전면에서 고객과 함께 하고 있어서 매출이 늘어나고 있다. 근래에는 메이저 편의점이 공동으로 매달 3일에 삼각 김밥을 먹는 날로 만들어 '삼각 김밥데이'라는 행사를 진행하고 있는데 그 반응이 폭발적이다. 이러한 것은 가맹점이 수 천점이 넘는 대기업이니까 가능한 일이므로 많아야 수백에 지나지 않는 독립형 편의점에서는 상상도 할 수 없는 일이다.

♣ 참고 : 각 사의 주력 제휴할인카드 및 결제수단

구분	CU(구 훼미리마트)	GS25시	세븐일레븐	미니스톱
대표 제휴 할인카드	SK텔 텔레콤 T 멤버십 12% 할인	LG텔레콤 멤버십	KT club 15% 할인	SK텔 텔레콤 T 멤버십 10% 할인 또는 5% 적립
주력 결제수단	기프트 카드, 휴대폰 소액결제시스템인 엠틱, 바통	Pop카드(티머니, t마일리지 적립, 소득공제, 해피포인트카드 기능)	캐시비카드(티머니, 캐시비 할인, 롯데포인트)	M포인트 할인 등 강화

10) 다양한 상품개발 및 신속한 신상품 출시

편의점은 즉석 조리식품 천국이라고 해도 과언이 아닐 정도로 다양하다. 이러한 식품도 시대와 지역에 따라 다양하게 개발된다.

근래에 물가상승으로 음식점의 음식가격이 올라서 편의점에서 식사를 해결하는 분들이 늘어나고 있다. 요즘 메이저 편의점의 도시락은 업계에서도 웬만한 식사보다도 낫다는 평가를 받고 있는데 그 이유는 매달 다양하고 트렌드에 맞는 신상품을 개발하여 공급하기 때문에 소비자들이 질리지 않고 꾸준히 드실 수 있고 원산지에 대한 걱정이 없으므로 더욱 안심하고 드실 수 있다.

또한 천냥 김밥과 삼각 김밥은 종류가 다양하고 꾸준히 신상품이 나오기 때문에 제품에 대한 실증도 적어 꾸준한 사랑을 받고 있다. 이런 상품을 제공할 수 있는 이유는 메이저 편의점은 모두 자체 즉석조리식품의 개발팀이 있고 이를 즉시 조리할 수 있는 자체설비시설을 갖추고 있기 때문에 소비자의 입맛에 맞는 상품을 저렴하게 공급할 수 있는 것이다.

이렇게 편의점 자체에서 개발한 상품 외에 고객의 취향과 욕구를 충족시키고자 외식 프랜차이즈^{시즐러, 베니건스, 스테프 핫도그, 본죽 등}와 제휴한 간편 가정식^{HMR}도 꾸준히 증가하고 있다.

뿐만 아니라 선진국의 편의점은 이미 업체자체가 질 좋고 저렴한 PB제품^{유통업체가 개발한 상품을 자체 브랜드로 판매하는 상품}을 개발하여 공급하는 것이 전체의 30%이상을 차지할 정도로 높은데 우리나라도 차츰 그 비중이 증가하여 이미 A사의 경우는 PB상품이 차지하는 비중이 20%를 넘고 있으며 점차 확대되고 있는 추세이다.

이렇게 PB상품이 꾸준히 증가할 수 있는 이유는 일반 제과회사나 음료회사에서 공급받는 상품과 달리 광고비용과 제조비용 및 유통마진을 절감하여 소비자의 트렌드에 맞는 상품을 즉각 공급할 수 있기 때문이다.

그리고 편의점은 유행에 민감한 젊은이들이 가장 많이 이용하는 소비시장의 최전선에 있기 때문에 일반 제과회사나 음료회사는 신제품을 출시할 때 편의점에 제일 먼저 공급한다.

11) 꾸준히 변화를 시도한다

현재 한국의 편의점은 일본의 시장여건과 매장여건을 비교하면 차이가 있음에도 불구하고 약 20여년 간 일본의 편의점 형태와 유사한 형태로 운영되어 왔다.

그래서 메이점 편의점은 한국의 시장상황에 맞게 다양한 변화를 시도하고 있다. 그 중에서 A는 과거편의점 브랜드와 결별하고 새로운 편의공간을 제공하고자 한국형 편의점 모델을 개발하였다.

단순히 편리하게 제품을 구매하는 장소가 아니라 새로운 문화공간을 창조하는 것이다. 예를 들어 고객서비스 측면에서 매장은 단순히 진열하는 공간이 아니라 고객에게 서비스를 제공하기 위한 공간으로 변화 하고 있다.

첫 번째는 일본의 편의점에 비해 한국의 매장여건은 현저히 낮은데도 불구하고 상품의 다양성에 치중하여 진열공간의 활용도가 떨어지므로 고객을 위한 서비스 공간을 넓히고 고객이 편하고 빠르게 쇼핑할 수 있도록 바꾸고 있다.

두 번째는 신 먹거리 문화를 창조한다. 지금까지의 편의점은 말 그대로 지역에 적합하게 다양한 상품을 편하게 구매하는 공간을 지향해도 경쟁력이 있었다. 그러나 어디를 가든 편의점이 있고 더 다양하고 저렴한 상품을 갖춘 마트가 즐비하기 때문에 단순상품경쟁력으로는 경쟁하기 어려워지고 있다.

근래는 맛뿐 아니라 건강을 고려하여 제품을 개발하고 있으며 조금 더 비싸도 맛있어서 다시 구매하게끔 고객의 만족도를 높여 충성도를 높이는 방향으로 바뀌고 있다.

세 번째는 고객의 욕구충족이다. 고객이 필요로하는 상품은 꼭 있는 편의점을 지향하고 있다. 편의점의 아이템은 매장 여건과 매출에 비해 효율적이지 못하므로 정작 고객을 충족시킬 수 있는 아이템은 아쉬웠다. 예를 들어 편의점의 아이템에 비해 고객이 쉽고 편하게 사용할 수 있는 아이템이 부족하거나 너무 혼란스러워 점주는 적절한 상품을 준비하지 못하는 경우가 많았기 때문에 불필요하게 매장의 효율을 떨어뜨리는 상품은 줄이고 고객이 요구하는 상품은 적극 구비하거나 개발하여 그들이 원하는 상품은 반드시 있는 편의점으로 바뀌고 있다.

또한 수익적 기반을 튼튼히 하기 위해 여성, 어린아이, 시니어 등 다양한 연령층을 겨냥한 특화시스템을 강화하여 고객의 욕구를 충족시키고 있다.

첫 번째는 한정된 매장의 효율을 높일 수 있도록 고객의 니드상품이나 회전률이 높은 상품을 강화하여 고객의 욕구를 충족시켜 매출을 향상시킨다.

두 번째는 PB상품 등 다양한 양질의 상품을 공급하여 점주의 수익을 높인다.

세 번째는 소비자의 트렌드를 리드한다. 단순한 신상품이 아니라 소비자에게 필요한 신상품을 개발하여 고객의 욕구를 충족시킨다.

네 번째는 매장에 최적화된 시설을 개발하여 최유효 진열하므로서 매출을 극대화시킨다.

다섯 번째는 매장 시스템을 체계화하고 간소화하여 보다 쉽게 접근하고 정확한 발주, 재고관리 등을 통해 점주의 부담을 줄이고 매출을 향상시킨다.

서비스와 수익적 측면에 대해 본사는 점주와 계약적 관계가 아니라 수익적 공동체와 가족 공동체를 동시에 추구하여 각종 모임을 활성화하여 늘 함께 하고 있다.

12) 세심한 배려

매출은 정체된 상태에서 매년 물가, 임차료, 법정최저임금 등이 꾸준히 상승한다면 과연 점포 운영을 제대로 할 수 있겠는가?

이러한 현실을 감안하여 메이저 편의점은 자체 구인등록시스템을 갖추고 있다. 알바천국, 알바몬 등의 유명 구인 사이트와 제휴하여 무료로 신속히 채용할 수 있는 협력체계가 되어 있어서 적은 비용이지만 절감할 수 있다. 건물주와 임대차계약 갱신 시기엔 회사의 점포재계약 전문팀이 점주 부담을 최소화 시키도록 도와준다.

또한 법정근로임금은 상승하는데 이를 줄일 수는 없으므로 본사는 매출을 올려서 이를 보완할 수 있도록 각종지원^{매출을 증진시키기 위한 각종행사 등}을 아끼지 않는다. 그리고 점포의 매출이 안정화되기 전에 크고 작은 사건들이 생기는 경우가 있는데 본사에서는 신속하게 대응할 수 있도록 지도감독을 하므로 별로 걱정할 일이 아니다. 각종사회보험의 보장제도가 강화되어 최근에는 종업원 1인 이상 사업장은 의무적으로 4대 보험을 가입하여야 하는데 본사에서는 원활한 점포운영을 위해 각종 노무 상담과 세무 업무도 무료 또는 저렴한 비용으로 도와주므로 점주의 부담을 줄여 준다.

이렇게 외부환경 변화에 맞춰서 본사가 신속하게 대응방안을 모색해 주기 때문에 점주는 영업에 전념하면 된다.

13) 돌발 변수에 대한 탄력적이고 즉각적 대응

가령 매출을 올리려고 열심히 편의점을 운영하고 있을 때 갑자기 점포 주변에 경쟁점이 생기면 어떻게 되겠는가?

메이저 편의점은 경쟁점의 출점이 예상될 땐 즉시 점주와 대응책을 모색하여 필요한 시설물이 있으면 즉시 회사 비용으로 보강해주고 각종 행사 등을 본사비용으로 진행하여 경쟁에 적극적으로 대응한다.

갑작스런 정전사고나 외부환경의 변화로 시설물의 파손이나 보강이 필요할 때 설비업체가 즉시 출동하여 영업에 지장이 없도록 조치해 준다. 그리고 365일 24시간 운영하는 업이다 보니 간단한 전산장애가 발생해도 영업에 지장이 생기므로 전화 한 통화로 시설물업체에서 즉시 원격으로 보수하는 시스템을 구축하여 운영에 불편이 없도록 하고 있다.

그 외에 심야에 얘기치 않은 사고가 생기면 본사 대응센터나 해당 직원한테 연락하면 편안하고 신속히 대응할 수 있도록 도와준다. 이렇듯 어떠한 돌발변수가 생기더라도 본사 지원으로 one-stop서비스를 받아보면 메이저 편의점의 지원이 이런 거구나 하고 느끼게 될 것이다.

14) 공동체임을 공고히 한다

앞서 언급한 돌발변수 외에 점포를 운영하다 보면 예기치 않은 어려움이 생길 수 있다. 예를 들어 점포가 화재로 인한 물적, 인적 피해가 발생하면 점주입장에서 참으로 막막할 수 있지만 모든 일^{각종 재물과 인적 피해로 인한 보험업무와 보상처리, 점포 멸실로 인한 원상회복 등}을 전담 직원들이 알아서 신속하게 다 처리해 주기 때문에 점포의 손실을 최소화하고 빨리 정상적으로 영업할 수 있도록 도와준다.

그리고 각종 강도사고로 인한 일이 생겨도 보험이나 보상 매뉴얼에 의해 점주가 신경 쓰지 않도록 본사가 지원하기 때문에 메이저 편의점을 운영하다 보면 남이라기보다는 가족에서만 느낄 수 있는 공동체 의식을 느낄 수 있을 것이다. 뿐만 아니라 점주와 함께 할 수 있는 각종행사들이 준비되어 있다.

매년 신상품과 회사의 발전 방향을 제시하는 연례행사와 지역별로 다양한 정보를 공유하고 서로의 애로사항을 점검하여 매출을 활성화할 수 있는 자리를 마련하고 있다. 점주의 가족을 위한 다양한 프로그램^{점주자녀를 위한 백일장 등 각종 장려행사}을 준비하여 늘 회사와 함께 하고 있다는 것을 느낄 수 있을 것이다.

15) 연중무휴 24시간 열어야 하는 것은 구속이 아니라 최고의 강점이다

많은 분들이 편의점은 24시간 365일을 열어야 하므로 힘들어서 어떻게 하냐고 물어보기도 한다. 물론 24시간 365일을 내가 혼자 한다면 불가능한 일이다. 슈퍼처럼 내가 하루 종일 근무를 선다면 매우 힘들 것이다. 모든 걸 나 혼자 하겠다는 생각은 버려야 한다. 편의점은 본사의 체계적인 시스템과 지원 하에 운영이 된다. 부가적으로 점주가 시스템을 적극적으로 활용하여 근무자와 함께 노력하며 경영하는 것이다.

이외에도 서비스의 공급측면에서 생각해 보자. 수많은 업종 중에 야간에도 운영하는 업종은 얼마나 될까? 소매업 중에 야간에도 운영을 하는 업종은 어떤 것이 있을까? 일부 유흥주점이나 식당을 제외하고는 많지 않다.

그렇다면 연중무휴 고객의 가장 가까운 곳에서 먹거리부터 생필품까지 모든 것을 취급하는 편의점은 경쟁력이 있겠는가? 없겠는가? 판매가 이루어지는 수요측면에서 생각해보자. 직장인들이나 일반인들의 야간 활동 시간대는 어떨까?

치열한 사회에서 경쟁하기 위해 야근하는 시간대는 늘어나고 가정에서 재택근무하면서 사회경제 활동하는 인원이 늘어나므로 야간에 그들을 대상으로 영업한다는 건 걱정거리가 아니라 편의점만이 충족시킬 수 있는 기회의 업종인 것이다.

고정관념을 깨고 편의점을 잘 들여다보면 그 동안 단점으로 여겼던 부분들이 장점이었음을 알 수 있을 것이다. 이와 달리 독립형 편의점은 24시간 운영에 대한 정확한 규율과 통일성이 없기 때문에 점주도 야간에 운영하다가 점차 의지가 약해져서 아예 야간 영업을 포기하는 경우가 많다. 정작 많은 편의점은 주요매출이 야간에 이루어지는데도 말이다.

대기업 프랜차이즈 편의점의 취약점

1) 장기영업의 불확실성

기존의 슈퍼를 운영하시고 계시는 분들 중에는 한 곳에서 20년 이상 영업을 해온 분들이 많지만 현재는 이미 재개발, 재건축 등으로 인해 개발계획이 잡혀있거나 예정인 지역들이 많다 보니 앞으로는 한 곳에서 10년, 20년을 계획하고 장사하기가 어려운 것이 현실이다.

이러한 개발계획에 포함되지 않는다고 해도 현재의 과도한 임차료와 해마다 상승하는 고정비용^{각종 사회보험비용, 공과금, 법정근로임금 등} 때문에 전반적으로 많은 업종의 수명도 짧아지고 있다.

여기에 프랜차이즈 브랜드 간 과도한 출점 경쟁으로 비교열위에 있는 일부 입지의 편의점은 폐점률이 증가하고 있다. 그러므로 이렇듯 불명확하고 치열한 시장 상황에서는 편의점을 창업할 때 점포의 영업수명을 7년 정도로 생각하고 영업하라고 말하고 싶다.

이렇게 운영하다가 더 오래 할 수 있으면 다행이고 그렇지 않더라도 운영하는 동안 불확실한 미래에 대한 걱정도 덜어서 더욱 현실에 충실할 수 있기 때문이다.

2) 점포 바로 옆에 마트가 생길 수 있다 ^{예측하기 어려운 돌발 상황}

일반적으로 한정된 배후에서 기존 편의점이 있는 근처에 새로운 경쟁편의점이 들어오기는 쉽지 않다. 설사 입점하더라도 일정한 거리를 두고 들어오는 경우가 대부분이다. 경쟁 우위 입지에 있다면 피할 수 없는 경쟁에서 우위를 차지할 수 있을 뿐이다.

문제는 사진에서처럼 오픈한지 불과 2년도 되기 전에 배후가 한정되어 있는 고정 배후형^{배후가 한정되어 불특정행인이 적은 배후}에서 사진의 Ⓐ점포에 편의점이 있었는데도 불구하고 마트 운영의 노하우가 있는 신종 마트가 바로 옆 Ⓑ점포에 근접하여 들어온다면 정말 힘들어 진다.

이런 일은 드물지만 담배영업권과 관계없이 야채, 생필품 등을 대량으로 공급받

약 6미터 떨어져 있음

전에 편의점이 있었으나 마트진입으로
2년도 안되어 폐점하였다.

아 저가로 공략하기 때문에 거주형처럼 가족형 수요가 많고 생필품이 많이 겹치는 유형은 편의점의 매출에 타격을 줄 수밖에 없다. 실제로 사진에서처럼 Ⓑ위치에 현재의 마트가 진입하여 Ⓐ위치의 편의점은 2년도 지나지 않아 폐점한 사례가 있다.

최근에는 홈플러스가 편의점과 중형마트의 중간 형태의 편의점 사업에 진출하여 편의점 수요를 포함한 일부 마트 수요까지 흡수하고 있기 때문에 시장은 더욱 혼탁해지고 있다.

점포를 운영 중에 이런 경우가 생기면 단순히 더 열심히 노력한다고 이겨 낼 수 있는 것이 아니므로 유사한 입지에서 이와 같은 어려움을 경험하여 성공적으로 운영하신 분들을 만나 그들의 경험을 듣고 배워서 적극적으로 대응하는 자세가 필요하다.

3) 과도한 경쟁에 비해 제도적 규율이 부족

최근엔 매우 가까운 거리에도 경쟁편의점이 생기고 있다. 물론 대부분의 경우 일정 손익이 나올 거라는 예상 하에 출점을 하는 것이지만 극히 일부의 경우 경쟁점이 폐점할 것을 예상하고 출점하는 경우도 있다.

그렇다면 출점에 있어 업체 간 거리제한이나 법적인 특별한 규율은 없는가? 답은 '없다' 이다. 단지 '담배소매인지정권' 이라고 하여 50미터의 거리만 두면 되는 경우와 특정면적이상이면 50미터 이내에 있더라도 구내로 담배소매인지정권을 취득하여 담배영업과 함께 운영할 수 있기 때문에 매장여건이 협소한 점포는 더욱 고전할 수밖에 없다.

전 페이지에서 언급한 것처럼 드문 경우이지만 담배영업권 없이 입점하는 경우도 있기 때문에 현실적으로는 예상하지 못한 어려움도 생기고 있다. 이러한 현상은 편의점뿐만 아니라 다른 프랜차이즈 업체도 경쟁이 과열되다 보니 공정거래위원회는 점주의 부담을 줄여주고 건전한 상거래 문화를 위해 업종의 특성을 고려한 모범거래기준을 정하였다.

베이커리 전문점은 500미터, 치킨전문점은 800미터, 피자전문점은 1,500미터를 정하였고 커피전문점이나 편의점은 올 하반기에 제정할 예정이다.

4) 매출 성장률은 정체인데 반해 고정비용은 증가하고 편의점은 꾸준히 늘어나고 있다

한국편의점협회 자료에 따르면 편의점 업계의 2009년도 하루 평균 매출은 153만 3,000원이며 2010년도 하루 평균 매출은 155만 8,000원, 2011년도 153만 4,000원으로 큰 변화가 없다.

법정최저임금도 2010년도 4,110원 2011년도는 시간당 4,320원으로 210원 증가하였고 2012년도는 4,580원으로 전년대비 250이나 2013년도는 4,860원으로 전년대비 280원이나 상승하여 매년 상승률도 높아지고 있으며 월 단위로 합산하면 약 190,000원 정도 부담이 늘어나게 된다.

이것은 편의점 평균수익률에 비교해 보면 적지 않은 금액이며 임차료는 점포의 특수성과 계약기간 단위에 따라 다르나 일반적으로 매년 또는 2년마다 갱신 시 최소 5%이상은 상승하고 있다.

일본이나 미국기준으로 1개 점포당 약 2,300명이 되면 안정기에 접어들어 든다고 보고 있는데 우리나라는 2010년 기준으로 1개 점포당 인구수는 약 2,900명으로 2013년도를 기준으로 본다면 우리나라도 선진국과 유사한 수치가 예상된다.

이런 상황에서 홈플러스가 편의점업계에 진출하여 경쟁은 더욱 치열할 것으로 예상된다. 특히 전체 편의점의 약 55%가 수도권에 분포되어 있기 때문에 수도권은 이런 성장률에 더욱 민감하여 점주의 부담은 가중되고 있는 것이 현실이다.

편의점 창업의 이해

1) 편의점은 유망업종인가?

답은 두 가지 면에서 다르게 볼 수 있다. 상대적인 측면에서 본다면 사람에 따라 다르다. 열심히 운영을 하여 수익을 내며 잘 살고 계신 분께 여쭈어 보면 좋은 업종이라 할 것이고 그렇지 않은 분께 여쭈어 보면 차라리 회사에 다니라고 할 것이다.

비단 편의점뿐만 아니라 베이커리 전문점, 커피 전문점, 문구 전문점, 떡볶이 전문점 등도 이런 점에서 마찬가지일 것이다. 그러므로 어떤 업종이든지 업종에 대한 이해를 명확히 한 후에 그 업종마다 장점과 단점을 잘 파악하여 편의점의 장점이 나와 얼마나 잘 맞는지 내가 잘 할 수 있는 업종인지를 판단한 후 창업하여 목표한 바에 도달한다면 그것이 나에게 맞는 가장 유망한 업종인 것이다.

절대적인 측면에서 본다면 편의점의 성장 가능성은 크게 두 가지 측면에서 매우 높다. 첫 번째는 편의점 천국인 일본은 다양한 상품을 판매하는 것 이외에 우리나라의 편의점과는 비교할 수 없을 정도로 다양한 공공서비스도 제공하고 있기 때문에 작은 공공기관 역할을 하므로 이로 인한 수익도 매우 높다.

이런 것은 대기업 편의점은 다른 업종이나 개인편의점에서는 모방할 수 없는 시스템을 갖고 시간적으로 365일 24시간 항상 열려있으며 공간적으로는 고객과 가장 접근성이 좋은 위치에 있는 유일한 업종이기 때문이다.

두 번째는 하루에도 편의점은 백 개가 넘게 오픈되고 있지만 우리나라의 편의점은 안정기에 있는 일본에 비하면 단위면적당 편의점 수가 턱없이 부족한 성장기에 있음에도 불구하고 올 하반기에는 공정거래위원회의 모범거래기준 안이 마련되어 성장세는 둔화된다면 이미 운영 중인 편의점의 프리미엄은 상승할 수밖에 없다.

한편 운영기간이 오래될수록 생존율이 낮아지는 가맹시스템의 특성에도 불구하고 폐점하지 않고 사업을 유지하고 있는 점포의 비율이 1년차 99.8%, 2년차 97.4%, 3년차 92.7%, 4년차 85.6%, 5년차 78.8%에 이른다는 것을 참고할 필요가 있다.

2) 편의점을 창업하려면 돈 욕심을 버려라

편의점은 보기에 근사해 보이고 사람들도 많이 방문하기 때문에 돈을 많이 벌수 있는 업종으로 착각하는 분이 많다. 대기업 편의점의 강점을 설명하였듯이 가장 적은 투자비용으로 가장 안정적으로 운영할 수 있는 업종이기 때문에 다른 업종에 비해 수익률은 낮은 편이다.

물론 편의점을 하시는 분 중에 높은 수익을 내는 분도 계시지만 극히 일부이기 때문에 대부분은 적절한 수익_{투자회수율을 고려하여 투자자본이 5년 내에 회수할 수 있을 정도}을 목표로 운영을 한다.

또한 편의점의 특성상 인건비의 비중이 높기 때문에 더 많은 수익을 가져가기 위해서 얼마든지 인건비를 줄이고 직접 근무하는 시간을 늘리거나 점포 내에서 사용하는 각종 용도품을 절약한다면 그 차익만큼의 수익은 더 가져갈 수 있으므로 점주의 노력여하에 따라 수익은 높아 질 수 있다.

3) 누구나 편의점을 창업할 수 있다

최근엔 별다른 창업을 해보고 못한 주부나 연령대가 높은 은퇴자, 취업난으로 새로운 사업을 해보고자 하는 20~30대 청년 사업가의 창업이 부쩍 늘었다. 한국편의점협회의 자료에 의하면 20~30대의 사회 초년생의 창업이 전체의 40%를 차지한다고 한다. 이렇게 다양한 연령대에서 창업할 수 있는 이유는 특별한 기술을 필요로 하는 업종이 아니고 아래의 6가지만 잘 숙지한다면 운영할 수 있는 거의 유일한 업종이기 때문이다.

첫 번째는 서비스다. 매장을 방문하는 고객께 친절하게 인사를 잘하며 그들이 불편한 점은 없는지를 파악하여 고객의 입장에서 고민하고 실행하면 된다.

두 번째는 청결과 선도관리이다. 많은 분들이 편의점의 상품은 비싸다고 인지하면서도 편의점을 이용하는 건 매장이 청결하고 선도관리가 철저하다고 인지하고 있기 때문이다. 그러므로 이런 일은 조금만 부지런하면 얼마든지 고객을 만족시킬 수 있다.

세 번째는 발주와 진열을 잘하면 된다. 편의점 상품이라고 전부 비싼 것은 아니고 매달 진행하는 각종 신상품, 할인, 증정상품이 다양하게 있기 때문에 결품이 생기지 않도록 적극적으로 발주하고 고객이 필요로 하는 상품은 즉시 갖춰서 쇼핑하기 편리하게 진열하면 된다.

네 번째는 재고관리 등을 잘하면 된다. 아무리 철저히 관리를 한다고 해도 약간의 재고 손실은 발생하기 때문에 매가변경 송신 등 시스템적인 관리뿐 아니라 최소한의 재고관리를 하면 된다.

다섯 번째는 근무자 관리를 잘하면 된다. 24시간 365일을 오픈을 하는 업종이다 보니까 항상 점주가 근무를 설 수 있는 것이 아니다. 그러므로 근무자 개개인의 성격과 가정환경 등을 파악하여 성실히 근무할 수 있도록 지도하고 관리를 한다면 어느 업종보다도 운영하기 편리할 것이다.

여섯 번째는 건물주와의 관계는 매우 중요하다. 개별적으로 점주가 건물주와 계약을 했어도 건물주는 회사라고 생각하는 경향이 있기 때문에 임차료를 기한이 도래하면 임차료를 올리는 경향이 많다. 그러나 실제는 수익률이 그렇게 높은 업종은 아니기 때문에 열심히 운영하여 매출을 올려도 매년 또는 재계약시 과도하

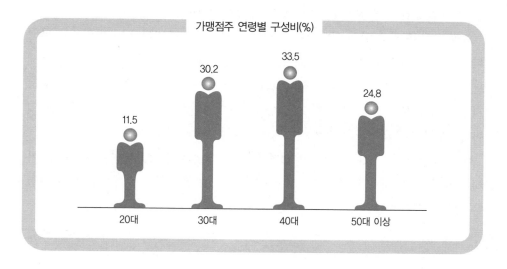

가맹점주 연령별 구성비(%)

11.5 20대
30.2 30대
33.5 40대
24.8 50대 이상

게 임차료가 상승한다면 얼마나 공허하겠는가?

위의 여섯 가지는 모든 업종에서 공통적으로 중요한 사항이지만 이 중에서도 고객에 대한 서비스만 잘 해도 편의점 운영의 반은 성공한 거나 마찬가지이다.

4) 회사가 다 알아서 해준다고 생각하면 금물이다

편의점 창업에 관심을 갖지 않던 분들에게 편의점이란 업종에 대해 물어보면 대부분은 '편의점은 다 같지 않냐' 고 한다. 그리고 편의점 창업은 회사가 다 알아서 해준다고 생각한다. 물론 회사와 가맹계약만 하면 오픈할 때까지 별 걱정이 없도록 다 알아서 해준다. 밥상을 차릴 수 있는 도구와 방법은 알려 주지만 밥상까지 차려주고 떠 먹여 주지는 않는다. 그러므로 어디까지나 최소한의 창업에 도움을 주는 정도까지이므로 모든 것을 내가 해야 한다고 생각하는 것이 맞다.

편의점에서 아르바이트를 해보신 분은 편의점을 잘 안다고 생각할 것이다. '계산 잘 하고 인사 잘하고 상품준비 잘하고 관리 잘하면 된다고….'

앞서 설명한 창업 절차를 보면 오픈 준비를 하는데 있어서 본인이 하는 것은 간단하고 그리 긴 시간을 필요로 하지 않는다는 것을 알 수 있다. 오픈 전과 오픈 후로 나누어 보면 오픈 전은 짧게는 1~2개월의 기간이 걸리고 오픈 후 에는 최소 2년~5년은 운영을 해야 한다. 편의점을 오픈 한 다음에는 고객에 대한 서비스를 충실히 하고 발주를 잘 하고 상품진열을 잘 하고 관리 잘 하면 된다. 이번 달에 부족한 점이 있다면 다음 달 또는 그 다음 달에 잘하면 된다.

그러나 오픈 전의 일은 어떠한가? 한 달 정도면 모든 준비가 끝나고 점포는 완성이 되며 다시 돌아오지 않는 시간인 것이다. 간단한 집기나 시설은 옮기거나 교체할 수 있지만 전반적인 틀은 그럴 수 없다. 그건 다른 말로 한 달의 기간에 후회하지 않도록 모든 준비_{점포의 콘셉트 설정, 시설물 레이아웃 정하기, 운영 방안설정 등}를 잘 해야 한다는 것이다. 이 부분에 대해서는 점포 선정 편에서 추가로 기술 하겠다.

처음 창업하면서 모든 것을 완벽하게 할 수는 없겠지만 처음부터 주인의식을 가지고 모든 것을 내가 해야 한다는 마음으로 점포를 준비해야 운영기간 동안 최선을 다해 운영할 수 있다.

5) 대박 점포는 꿈도 꾸지 말자

사람들은 누구나 점포를 창업하고자 한다면 대박 점포를 꿈꾼다. 필자도 그랬다. 입지가 훌륭한 점포와 그렇지 않은 점포는 편의점에 조금만 관심 있는 사람이면 누구나 알 수 있다. 그러나 길을 지나가다가 누가 봐도 좋아 보이는 점포는 이미 편의점으로 운영 중이거나 다른 업종으로 성행하고 있거나 아니면 임차료 등의 고정비용이 너무 비싸서 수익이 나지 않는 경우가 대부분이다.

그러므로 현실에서는 단순히 입지분석을 잘 하고 밤새도록 통행량을 조사한다고 이를 가려낼 수 있는 것이 아니고 점포선정의 3대요소인 배후, 동선. 입지를 토대로 눈에 보이지 않는 내재적인 요소들을 파악해야 하기 때문에 노력만으로 대박을 터뜨릴 수 있는 것도 아니다.

그래서 필자도 마음속으로 대박을 꿈꾸면서 실제로는 수익성이 매우 낮은 점포와 대박 점포의 중간에서 하고 싶은 점포를 찾아야 했기 때문에 어려움을 겪는 것이다.

대박 점포는 절대로 눈에 쉽게 보이는 것이 아니다. 아이러니하게도 대박 점포는 전문가들도 그렇게 기대를 하지 않았던 점포 중에서 종이 한 장 차이의 판단으로 선택되는 것이기 때문에 대박 점포를 찾으려고 통행량 등을 조사하며 수치를 따져봐야 별다른 해법을 찾기 어려우므로 시간을 낭비하고 마음고생하지 말아야 한다.

실제로 대박 점포를 하시는 분을 만나보면 망하지는 않겠지 하며 적절한 수익만을 바라고 점포를 선정한 분이나 편의점에 대한 정보를 충분히 습득하지는 못해도 절박한 심정으로 창업을 하시는 분이 대박을 터뜨리시는 경우가 대부분이었다. 이분들의 공통점은 큰 욕심을 갖고 점포를 선정하지 않았다는 것이다.

6) 최소한의 상도는 지키자

편의점을 하면서 무슨 상도가 있냐고 말할 수 있지만 최소한 아래의 두 가지는 지양해야 한다. 첫 번째는 드물지만 점주나 본사가 계약위반행위를 하여 어느 한쪽이 심각한 손실을 초래한 경우나 재계약을 앞둔 경쟁점에 무리한 금액을 지급하고 경쟁점을 빼앗은 경우 수익과 무관하게 해당점을 폐점시키거나 심각한 타격을 주기 위해 출점하는 경우도 있다.

대부분은 서로 다른 회사의 편의점브랜드를 사용할 뿐 최소한의 수익을 기대하며 편의점을 창업한다. 설사 이런 곳에 출점하더라도 잘 되는 경우도 드물며 해당점이 문을 닫는 경우는 더욱 드물기 때문에 점주끼리 죽고 죽이는 마음을 갖고 창업하는 것은 바람직하지 않고 또 다른 경쟁점이 생겨 더 곤란해질 뿐이다.

두 번째는 점주가 직접 점포를 선정하여 계약까지 마치고 본사와 가맹계약을 체결하는 것은 지양해야 한다. 이렇게 점주가 확신을 하고 점포를 확보하였다면 최소한의 매출은 기대되므로 본사는 가맹계약을 체결할 수 있을 것이다. 그러나 본사가 점포를 선정할 때는 신규출점 점포의 매출도 점검하지만 기존의 운영하고 있는 점포가 있다면 출점에 따른 매출도 점검하므로 기존 점이 매출하락으로 인한 손실이 클 경우 출점하지 않는다.

이렇게 본사는 두 가지 측면을 고려하여 출점하지만 대부분의 점주는 후자까지 충분히 고려하여 점포를 확보하는 경우는 드물기 때문에 기존 점의 매출하락 폭이 커서 어렵게 되는 경우도 있다.

이 경우 본인 점포의 매출도 기대 이하로 나오는 경우가 대부분이지만 본인이 선택한 것이니까 상관없더라도 매출이 떨어진 기존 점주는 무슨 죄가 있는가?

욕심을 버리고 천천히 보면 이런 곳이 아니더라도 더 좋은 곳이 많음을 알게 되겠지만 이미 엎질러진 물이다.

7) 회사를 선택하는데 있어 눈앞의 조건에 현혹되지 말아야 한다

어느 메이저 편의점이든 브랜드에 따른 매출 편차는 미미하며 기본적인 계약조건도 비슷하다. 또한 그러한 것은 지인이나 주변에서 쉽게 공개된 정보를 통해서 얼마든지 확인해 볼 수 있다. 그러나 아래의 두 가지 사항은 더욱 주의하여 회사를 선택해야 한다.

첫 번째는 요즘처럼 경쟁이 치열한 환경에서는 회사별로 무리한 점포개발로 인해 선의의 피해자가 발생하는 경우가 있으므로 유의해야 한다. 가령 일정매출이 보장되지 않음에도 불구하고 여러 가지 조건을 내세우고 예비점주를 설득하여 가맹계약을 한 후 무리하게 오픈하는 경우도 있다.

이렇게 오픈 한 후로는 계약을 지키지 못할 경우 위약금을 비롯해서 많은 손실을 볼 수 있기 때문에 가맹계약을 해지하지 못하고 울며 겨자 먹기로 운영을 하시는 분도 계신다. 본사는 여기에 그치지 않고 막대한 손실금을 지불하면서 포기하려는 점주에게 기존점 계약해지 조건을 미끼로 새로운 점포를 소개하여 새로운 가맹계약을 유도하는 경우도 있으므로 신규오픈 점주의 만족도는 어떤지 직접 발품을 팔아서 알아보고 회사를 선택해야 한다.

두 번째는 회사마다 가맹유형에 따른 수익구조를 면밀히 비교한 후에 실제로 운영하시는 분의 사례를 참고하여 판단해야 한다.

일반적으로 메이저 편의점의 이익률 24~33%는 나오지만 일부 편의점의 경우 특수한 영업 콘셉트로 인해 수익률이 현저히 낮아 상당한 매출이 나오지 않으면 기대수익에 훨씬 미치지 못하는 경우가 많다. 따라서 상품 이익률에 따른 매출과 수익을 반드시 비교하고 파악한 후에 결정해야지 단순히 경쟁점과의 경쟁을 의식한 무리한 영업 콘셉트나 눈앞의 보조금 _{점포 오픈을 조건으로 지원해주는 일정 금액}에 현혹되어 가맹계약을 체결해서는 안 된다.

8) 가까운 곳에서 편하게 정보를 습득하자

많은 사람들은 내가 잘 할 수 있는 업종을 찾아 그 업종을 정확히 이해하고 창업해야 하는데 단순히 돈을 쫓아 업종을 선택하다보니 창업문턱에서 포기하거나 실패하는 경우가 많다.

그러므로 어떤 업종이든 더욱 관심이 간다면 주변의 지인이나 동네 근처의 가까운 곳에 가서 되도록 다양한 운영자와 진솔한 대화를 해야 한다.

왜냐하면 운영을 잘 하시는 분과 대화를 하면 좋은 점만을 얘기 듣게 되고 어렵게 운영하시는 분을 만나게 되면 안 좋은 점만 듣게 되기 때문이다. 그리고 이런 분들과 대화를 하면서 가장 중요한 것은 그들의 진솔한 얘기를 듣는 것이다. 따라서 어떤 목적을 갖고 이들을 만나면 부담을 가질 수 있으므로 천천히 조금씩 이야기를 듣되 나를 낮추고 배우는 자세로 만나야 최대한 많은 정보를 들을 수 있을 것이다.

9) 편의점에서 아르바이트를 하며 이해할 수 있는 건 극히 일부일 뿐이다

직접 아르바이트를 하여 해당 업종에 대해 조금이라도 알아보는 것은 괜찮으나 반드시 그 업종을 하겠다는 마음을 갖고 아르바이트를 해라. 단순히 어떤 일인지 알아보기 위해 아르바이트를 하면 해당업종을 제대로 알아보기 전에 섣불리 판단하게 되어 그 업종과는 완전히 등을 돌리게 될 수 있기 때문이다.

"호랑이를 잡으려면 호랑이 굴에 들어가라"는 속담은 너무 잘 알 것이다. 현실에서는 어떨까? 많은 사람들은 호랑이를 잡으러 동굴에 들어가기 전에 지레 겁을 먹고 되돌아가는 경우가 많다. 일부는 호랑이를 잡으러 동굴에 들어가기는 한다. 들어가기만 하면 잡힐까? 현실은 냉정하고 단호하기 때문에 호랑이를 잡기 위해 마음자세는 어떻게 가져야 하는지, 잡으러 가기 전에 얼마나 많은 준비를 해야 하는지, 잡은 다음엔 어떻게 활용해야 할지 등을 생각하지 않으면 생존경쟁에서 살아남을 수 없다.

그럼에도 불구하고 어떤 사람이 호랑이를 잡으러 동굴에 들어가듯이 예비 창업자도 편의점을 창업하기 전에 편의점에서 아르바이트를 하면서 많은 것을 보고 배우려 할 것이다. 이들 중 대부분은 한 두 달도 안 되어 결론을 내린다.

잘 되는 점포에서 경험을 한 분은 '어 이거 괜찮네, 이거 별거 아니네.'라고 생각을 하고 창업을 서두른다. 이렇게 편의점의 일면만을 보고 전반적인 이해가 부족한 상태에서 창업을 하는 분은 실제 창업까지 하는 경우가 많지 않지만 설사 이런 분들이 창업하더라도 매출이 잘 나오면 다행이지만 그렇지 못할 경우 점포운영을 쉽게 포기하는 경우가 많기 때문에 충분히 알아본 후에 창업해야 한다.

반대로 잘 되지 않는 점포에서 경험을 한 분은 '이거 아니네, 답이 안 나오네.'라고 생각하여 모든 편의점을 똑같이 생각하고 바로 편의점 창업의 꿈을 접는 경우가 많다.

그래서 필자가 강조하고 싶은 것은 편의점 창업과정과 운영에 있어 아르바이트를 한두 달을 하면서 편의점에 대해 볼 수 있는 것은 전체의 10%에 불과하기 때문에 그것을 보고 판단한다면 아르바이트를 안 하느니만 못하므로 업종에 대해 충분히 알아보고 이해한 다음에 창업할 의지를 갖고 아르바이트를 하기를 권한다.

10) 처음 창업하는 점포가 중요하다

다른 업종에 비해 편의점을 창업하신 분은 다른 업종으로 전환하는 경우가 매우 드물다. 그 이유는 이미 다른 업을 충분히 경험하였거나 지인의 적극적인 추천으로 창업하는 사례가 많기 때문이다. 특히 이런 분들이 창업을 하여 경험을 쌓은 후에 복수점포를 운영하시기 때문에 처음 하는 점포에서 어떤 경험을 했는지가 매우 중요하다.

그래서 복수의 점포를 하기 전에 첫 번째 점포는 기본적으로 아래의 다섯 가지는 갖춰야 한다. 첫 번째는 운영하기 편리한 지역에 있어야 한다. 너무 수익적인 면에 비중을 두어 점포를 선정하다 보면 집과는 멀리 떨어진 곳까지 둘러보게 되어 급기야는 너무 먼 곳에 창업하는 경우도 있다. 물론 매출이 잘나오고 수익이 많으면 다행이지만 그렇지 않을 경우는 의욕이 떨어져 계약기간만 채울 생각으로 운영하시는 분이 많다. 집과 가까운 곳에 수익까지 잘 나오면 금상첨화겠지만 그렇지 않더라도 가까우면 심리적이 부담이 적어지고 더 자주 방문하게 되어 의욕을 갖고 운영할 수 있기 때문이다.

두 번째는 일정 시간이 지난 후에는 수익적으로 안정되어야 한다. 특별히 수익이 많지 않더라도 최소한의 기대치는 나와서 수익적으로 안정되어야 적극적으로 점포경영에 매진할 수 있다.

세 번째는 처음 창업한 점포에서 자신감이 생겨야 한다. 오픈 하자마자 저절로 매출이 올라가는 점포보다는 점주가 매출을 올리기 위한 다양한 노력을 하며 서서히 매출이 오른 점포에서 경험한 점주가 더 자신감을 갖고 영업에 매진할 수 있다.

네 번째는 무리한 투자를 피해야 한다. 많은 분은 첫 점포에서 기본적이 수익을 내도 추가로 점포를 오픈하는 경우가 많다. 그러므로 첫 번째 점포에서 내 여건보다 무리한 투자를 하여 창업하면 두 번째 점포는 더 부담이 클 수 있기 때문이다.

다섯 번째는 첫 점포는 거점점포가 되어야 한다. 많은 분들이 첫 점포를 한 후에 매장이 안정화에 접어들면 투자측면_{더 많은 수익을 기대}과 저축적인 측면_{투자금의 안전한 회수}을 고려하여 추가로 점포를 하려 한다. 이런 이유로 일부 경우를 제외하고는 추가로 점포를 하게 될 때 되도록 첫 점포와 연관하여 운영이 편리한 지역에 하는 것이 낫기 때문에 첫 점포의 수익적 안정성과 운영의 편리성이 뛰어난 지역을 거점지역으로 하여 추가로 오픈 하는 것이 향후 업체 간 경쟁구도에서 살아남고 운영면에서 유리하다.

11) 두 번째 점포부터가 진짜 중요하다

다음 페이지에서 언급하겠지만 처음부터 2개 점포를 창업할 것을 염두에 두고 창업하라고 말하지만 실제로 여러 점포를 운영할 마음으로 창업하시는 분은 거의 없다.

그러나 실제는 많은 분들이 결국 추가 점포를 하는데 보통은 아래의 3가지 경우에 창업한다.

첫 번째는 첫 점포에서 크게 잘 되지도 아주 못되지도 않은 분이 오픈한다. 이런 분이 큰 욕심을 내지 않고 비슷한 수준의 점포를 찾기 때문에 첫 점포와 크게 다르지 않는 점포를 오픈하는 경우가 많다.

두 번째는 첫 점포에서 수익적으로 매우 어려운 상황을 경험하신 분이 열심히 운영한 경험을 토대로 자신감을 쌓아 두 번째 점포를 오픈하신다. 이런 분들 중에 첫 점포의 손실을 만회하고자 성급히 접근하는 경우 또다시 실패하는 경우가 많기 때문에 큰 욕심 없이 적절한 수익을 목표로 오픈해야 좋은 결과를 기대할 수 있다.

세 번째는 첫 번째 점포에서 특별히 많은 노력을 하지 않고도 기대이상의 수익을 얻은 경우 여기에 만족하지 못하게 되어 추가로 차린다. 이 경우 점주의 자신감이 과하게 되어 두 번째 점포를 선정할 때는 본인이 전문가라고 착각하고 점포를 선정하시는 분이 많다.

뒤에 본사 점포개발 담당자들이 점포를 개발하는 과정을 설명하였듯이 하나의 점포가 오픈되기 위해서는 엄청나게 많은 노력과 본사의 회의를 거쳐 선정되기 때문에 점주의 첫 점포가 매출이 잘 나온다고 자신의 능력을 지나치게 과신하는 것은 자만심이기 때문에 이런 자세로 추가 창업하면 어려움을 겪을 확률이 높아진다.

여러 점포를 하시는 분 중에 드물지만 모든 점포가 잘 되는 점주도 있다. 그리고 그분들도 힘든 과정을 겪고 얻은 결실이므로 그저 운이 좋거나 단순히 점포선정을 잘하여 된 것은 아니다.

주변에서 여러 점포를 하시는 분 중에 모든 점포가 잘되는 경우보다는 최소한 한 점포이상은 매출이 부진하여 어려움을 겪는 분이 더 많다.

그러므로 막연한 마음으로 창업하기 보다는 전 페이지에서 언급한 것처럼 첫 점포를 하면서 가져야 하는 자세와 2개 점포를 염두에 두고 창업하는 이유를 참고하여 창업하기를 바란다.

12) 편의점에 입문하는 사람이라면 처음부터 2개 점포를 한다는 마음을 갖고 창업하라

당장 첫 점포도 잘 될지 안 될지 걱정이 앞서는데 어떻게 2개를 생각하느냐고 묻는 분도 계실 것이다. 시작도 하기 전에 두 번째 점포의 창업을 고민하라는 것이 아니다. 결국엔 한 점포에 만족하지 않고 2호점, 3호점을 차리는 분이 많기 때문에 어떤 업종이든지 업종의 특성을 이해하고 나의 여건에 맞게 장기적인 계획과 준비를 하라는 얘기다.

특히 첫 점포의 조건을 이해한 후 아래의 네 가지 측면을 참고하자. 첫 번째는 투자적 측면에서 편의점은 다른 업종에 비해 투자비가 적게 들고 창업프로그램이 다양하기 때문에 자금계획을 조금만 더 철저히 세우면 무리하지 않더라도 2개 점포를 운영할 수 있다.

두 번째는 수익적 측면에서 한 점포만 전체 근무자로 운영하고 새로운 점포에서 점주가 파트타임을 하며 운영을 해도 크게 무리가 없다. 그러면 2개 점포에서 크게 무리만 하지 않는다면 얼마든지 수익은 높아질 수 있다.

세 번째는 관리 측면에서 점포 하나를 하더라도 5명은 관리를 해야 하는데 어떻게 2개 점포를 관리 하냐고 물을 수도 있다. 반대로 생각하면 점포수가 늘어나서 근무자 수가 증가하기 때문에 한쪽 점포에서 근무자가 펑크가 나도 다른 점포의 근무자 중에서 대체 근무자를 구하기가 쉽기 때문에 오히려 근무자 로테이션 짜기는 더 수월할 것이다. 첫 점포가 집에서 가깝고 두 번째 점포가 첫 점포의 보조 점포가 되든지 너무 멀리 차리지 않는다면 시간적인 비용이 줄어들어 가장 효율적으로 운영할 수 있다.

네 번째는 경험적인 측면에서 첫 점포에서 할 수 있는 모든 노력을 다하면 자신감이 생긴다. 기대 이하의 낮은 수익이 난다고 편의점을 괜히 했다고 생각하지 말고 새로운 사람에게 전환할 생각도 하지 않아야 한다. 어차피 회사와 2년 또는 5년 가맹계약으로 시작하였으므로 현실적으로 운영 중간에 포기하기도 쉽지 않기 때문에 중간에 이런 마음을 한번이라도 먹게 되면 운영하는 내내 어려워 질 수 있다.

편의점의 매출은 가랑비에 옷이 젖듯이 서서히 올라가며 배후의 여건은 얼마든지 긍정적으로 바뀔 수 있기 때문에 인내심을 갖고 1년 동안 열심히 노력했는데도 어렵다면 그때 고민할 일이다.

실제로 이렇게 1년 간 최선을 다해서 앞만보고 노력한 분들은 수익도 증가하고 노력과 경험으로 인한 자신감도 생겨 두 번째 점포는 잘 될 확률이 높다.

13) 첫 점포는 부담이 적어야 한다

욕심을 내지 않고 편안히 운영할 수 있는 점포를 권한다.

사람에 따라 부담의 정도가 다르지만 보통은 투자비가 적고 점포가맹기간이 짧고 수익적으로 최소한 보장이 된다면 창업하기에 부담이 적을 것이다. 그렇지만 아무리 적어도 3, 4천만 원 정도는 투자해야 하고 최소한 1년 이상은 운영해야 하고 100% 안정적인 수익을 기대할 수 있는 건 아니기 때문에 기본적으로 아래의 사항을 점검하여 점포를 선정하자.

첫 번째는 가맹형태 중에서 본사가 임차료를 지급하는 유형이다. 이 형태는 대체로 임차료가 높은 편이지만 기대 매출도 높은 편이다. 또한 전적으로 본사가 임차료를 지급하는 형태이므로 수익 배분율은 낮지만 회사와 가맹 약정기간도 1~2년으로 짧은 편이기 때문에 처음 창업하시는 분 중에 운영기간의 부담도 적어서 성격이 소극적인 분에게 적합하다.

두 번째는 점주가 임차료를 지급하는 형태이다. 이중에서 큰 매출은 기대하지 못하더라도 경쟁점이 진입하기 어려운 지역에 임차료가 너무 높지 않은 곳에서 하는 것이다. 처음 하시는 분이 너무 무리한 비용이 들어가는 점포나 고수익을 바라고 투자한다면 의외로 고전할 수 있기 때문에 큰 수익을 기대할 수는 없어도 비교적 임차료가 저렴하고 경쟁점과 경합이 덜 한 지역이 바람직하다.

세 번째로 가맹형태와 무관하게 경쟁점의 매출을 토대로 적절한 위치를 선정하여 입점하는 경우이다. 쉽게 말해서 다 차려진 밥상에 밥그릇을 하나 더 올리는 격으로 보통은 고 매출이 나오는 점포들만 있는 지역이기 때문에 출점 시 예상매출을 파악하기가 쉬워서 투자의 효율적인 측면만 고려하여 입점하면 크게 무리가 없다. 주의해야 할 것은 어떤 지역도 100% 매출을 장담할 수는 없으므로 비교적 임차료는 낮아야 한다. 이런 지역은 경쟁점과의 경합이 심한 편이기 때문에 처음 창업하시는 분이더라도 비교적 성격이 적극적인 분이 하기에 더 적합하다.

14) 가능한 첫 점포는 집과 가까운 곳에서 하자

어디서 하든지 돈만 많이 벌 수 있다면 하는 마음으로 멀어도 상관없다고 생각하기 쉽다. 그러나 아래의 세 가지 측면을 냉철히 고민하지 않고 창업한다면 나중에 후회할 수가 있다.

첫 번째는 심리적인 측면에서 오픈 점포에 대한 수익적인 부분은 쉽게 예측할 수 가 없고 오픈 초기는 매출이 안정화에 접어들기 전까지 대체로 매출이 낮기 때문에 집과 너무 멀리 있으면 점포를 이동하면서 심리적으로 위축되어 점포운영에 최선을 다 할 수 없게 된다. 그러므로 점포와의 거리가 시간적으로 30분 전후 정도이면 이동에 따른 부담감이 줄어 점포의 운영에 최선을 다 할 수 있다.

두 번째는 비용적인 측면에서 어떤 점포든지 차량으로 이동하지 않고 집에서 도보로 다니면서 운영할 수 있는 경우는 매우 드물다. 그렇기 때문에 자가용을 이용할 경우의 차량 유지비나 이동하는 시간이 길어서 발생하는 시간비용은 점포를 운영하면서 반드시 줄여야 하는 비용이다. 운이 좋아서 매출이 잘 나와서 수익이 높으면 괜찮지만 보통의 경우는 최대한 비용을 줄여서 수익적 기반을 다져야 하므로 반드시 집고 넘어가야 한다.

세 번째는 운영적인 측면에서 집에서 가까우면 점포에서 근무를 하더라도 부담이 적으며 운영하다 보면 수시로 점포에 들러서 처리해야 할 일들이 생길 수도 있고 근무자가 처리하기가 곤란한 일이 생기더라도 신속하게 가서 처리할 수 있다. 근무자를 채용할 경우 근무자 면접을 보기 위해 수시로 와야 하므로 멀리 있으면 여가시간을 제대로 즐길 수 없기 때문에 의욕이 떨어져서 업무 능률이 더 떨어질 수 있다.

또한 시간이 지날수록 부지런해지기보다는 게을러지기 쉽기 때문에 거리가 멀면 두 번 나올 일도 한 번나오게 되고 오늘 할 일도 내일로 미루게 된다.

운 좋게 매출이 잘 나오면 다행이지만 이런 매출이 꾸준히 잘 나올 거라고 보장할 수 없기 때문에 경쟁점 진입 등의 이유로 매출이 하락할 경우 집이 멀면 발걸음이 더욱 무거워져서 더 적극적으로 운영하기가 어려워진다.

15) 특별한 경우를 제외하고는 기존의 점주가 운영하던 점포 말고 새로 점포를 오픈하라

이미 운영 중인 점포가 매물로 나와서 새로운 점주를 찾는 경우는 크게 세 가지 이유이다. 첫 번째는 수익이 많지 않아 점주의 요청에 의해 나오는 경우가 있는데 아주 수익이 나쁘지 않은 상황이라면 그 정도의 수익을 원하는 점주도 있을 것이다. 두 번째는 수익은 괜찮은데 점주가 운영을 게을리하여 나오는 경우가 있는데 이런 경우는 새로운 점주가 더 많은 노력을 한다면 훨씬 높은 수익을 기대할 수 있을 것이다. 세 번째는 수익과 관계 없이 점주의 사정으로 계약이 종료되어 새로운 주인으로 전환하는 경우이다.

위와 같은 전환점의 공통점은 이미 운영을 하고 있던 점포이므로 새로운 사람이 운영을 해도 과거와 현재의 매출을 토대로 운영을 하기 때문에 부담감이 적을 것이다. 그래서 일부 점주는 신규점은 매출이 잘 나올지 불안하니까 이미 영업 중인 편의점을 운영하고 싶어 한다.

그러나 두 번째, 세 번째를 제외하면 이미 영업 중인 점포 중에 그리 좋은 점포가 나오는 경우는 흔치 않다. 잘 되는데 나온다면 뭔가 하자가 있기 때문에 더 많은 노력을 할 각오는 해야 한다.

이렇게 기존 점포는 과거 매출을 토대로 좀 더 나은 점포로 만드는 노력을 하는 것이지만 신규 점포는 매출의 불확실성을 갖고 점포를 선정해서 매출이 낮을 때부터 매출이 안정기에 진입할 때까지 수많은 산을 넘어서 만들어 가야 한다.

요즘처럼 점포의 외부환경이 언제 바뀔지 모르는 상황에서 기존 점포를 인수하여 운영하는 점주는 외부환경변화에 적절히 대응하지 못해 어려움을 겪는 경우가 많으나 신규 점포를 운영해본 점주는 매출이 제로인 상태에서 시작하여 매출이 안정적으로 나올 때까지 많은 노력을 하므로 외부환경 변화에 대응할 수 있는 적응력이 생겨서 어려움이 생기더라도 슬기롭게 극복할 수 있다.

그러므로 점포를 한 두 해 하고 그만 둘 거 아니라면 한 1년 예방주사 맞는 샘치고 신규 점포를 열심히 운영하면서 다양한 경험을 쌓아서 자신감을 갖고 두 번째 점포, 세 번째 점포도 욕심을 내지 않고 늘려 간다면 어떠한 장애물도 넘을 수 있을 것이다.

16) 점포는 하면 할수록 배우는 자세로 임해야 한다(3개 이상 점포를 계획한다면 자만심과 조급함을 없애라)

사업하는 데 있어 반드시 갖추어야 하는 것은 다양한 경험에 따른 철저한 계획과 추진력이고 반드시 버려야 하는 건 자만심과 조급함이다. 3개의 점포를 창업하고 잘 운영하기 위해서는 이미 여러분은 훌륭한 사업가가 되어 있어야 한다. 실제 첫 점포가 잘 되더라도 두 번째, 세 번째 점포까지 잘 되리라는 보장은 없다. 오히려 자만심과 조급함을 없애고 창업하지 않는 한 본인의 의지와 달리 점포를 추가로 할수록 실패할 확률은 더 높아진다.

그렇기 때문에 이러한 현실을 잊고 두 번째 점포까지 잘 되어도 세 번째 점포에서 좋지 않은 결과가 생긴다면 세 번째 점포는 안 하느니만 못한 결과를 낳을 수 있다. 그런데 많은 분들은 첫 번째 점포에서 성공하면 조금 더 욕심을 내게 되어 두 번째 점포 개설을 서두르는 경향이 있다. 흔히 첫 번째 점포를 하면서 잘 되면 초반에는 안도감이 생기다가 차츰 자만심으로 바뀌기 때문에 두 번째 점포를 할 때는 이것저것 체크하면서도 지나치게 자신의 판단에 의존하는 경향이 있다. 그렇게 선정한 점포는 대부분 기대와 다른 결과가 나오기 때문에 객관적이고 냉철한 판단을 하기 위해서 첫 번째 점포를 선정하던 마음을 갖고 배우는 자세로 지역의 담당 본사직원이나 지인에게 다양한 의견을 들어본 후 결정해야 한다.

그러나 큰 어려움 없이 두 번째 점포까지 하면서 좋은 결과가 생겼다면 그러한 자신감은 세 번째 점포를 선정할 때는 두 번째 점포를 선정할 때보다 더 서두르게 되고 더 자신의 판단에 의존하게 된다.

그런 상황에서 세 번째 점포를 하면 수익을 장담할 수 없거나 기존점의 매출이 하락하여 어려운 상황에 처하는 경우가 많다. 반면 두 번째 점포를 운영하면서 기대 이하의 결과가 나오면 더 열심히 하여 매출을 극대화하려고 노력하기보다 첫 번째 두 번째 점포의 수익을 만회하기 위해 세 번째 점포를 하려는 분들이 계신다.

두 번째 점포가 잘 되었을 때의 조급함이 욕심에서 비롯된 것이라면 이 경우는 첫 번째 점포를 할 때의 수익에 집착하여 냉정함을 잃은 경우이므로 이렇게 창업하면 더욱 큰 어려움에 부딪칠 수 있으므로 두 번째 점포의 운영에 최선을 다해서 매출이 안정화가 될 때까지는 절대로 만회하고자 무리하게 추진해서는 안 된다. 필자가 감히 이런 말을 할 수 있는 건 필자도 사업을 하다가 커다란 실패를 경험한 이후 이러한 점을 편의점을 운영하면서 더욱 가슴에 새기면서 운영을 한 경험자이기 때문이다.

17) 매출이 높다고 다 좋은 것이 아니다

많은 분들이 장사를 한다면 매출이 무조건 높아야 한다고 생각하고 접근하는 경향이 있다. 그러다 보니 통행량이 많은 도로변이나 시내에서 매출이 높게 나올 점포만을 찾는 분이 많다. 물론 이들 지역에 매출이 높게 나오는 점포가 많이 있지만 그에 따른 임차료와 경쟁도 치열해서 기대했던 것 보다 낮은 수익률이 나는 경우가 많다.

일반 음식점이나 기타 업종 중에는 음식이 맛있거나 특별한 아이템이 있다면 지역에 큰 상관없이 고 매출이 나오는 경우가 있다. 그러나 편의점은 정해진 틀 예를 들어 지리적인 여건과 한정된 배후와 통행인에 의해서 매출이 발생하기 때문에 매출이 올라가는 것도 한계가 있으며 매출상승도 조금씩 발생하므로 배후가 더 늘어난다든지 갑자기 통행인이 많아지지 않는 이상 기대치를 훌쩍 넘기는 일은 거의 없다. 결국은 기타 제반 여건_{임차료, 권리금, 관리비, 경쟁률 등}과 매출을 비교하여 수익이 얼마나 나는지 판단을 해야 하는데 이중에서 가장 중요하게 비교하며 파악해야 할 것이 월 임차료이다.

예를 들어 편의점에서 일일 평균매출이 200만 원 정도 나온다면 상당한 고 매출로 보는데 어떤 점포가 일일 평균매출이 200만 원이 나올 거라 예상되는 곳에 임차료가 약500만 원이고 경쟁점이 여러 개가 있는 경우와 일일 평균매출이 150만

원이 나올 거라 예상되는 곳에 임차료가 약 100만 원이고 경쟁점이 한 곳만 있다면 여러분은 어떤 점포를 하겠는가?

이렇게 매출만 놓고 본다면 전자를 택할 수 있지만 임차료, 경쟁률 등을 동시에 비교하여 판단한다면 매출이 낮더라도 후자를 선택하는 분이 많지 않겠는가?

이처럼 종합적으로 고려해서 점포를 선택해야 하므로 무조건 매출이 높은 곳만 찾는 것은 무의미하다.

18) 투자금액이 높다고 무조건 매출이 높은 건 아니다

타 업종에 대해 언급하기는 어렵지만 요즘처럼 업종 간 경쟁이 치열한 환경에서는 일부 맛으로 승부하는 음식점이나 특수한 아이템이 있는 업종을 제외하고는 규모의 경제 원칙으로 인해 사람들은 거리가 조금 더 멀더라도 규모가 크고 현대식 시설을 갖춘 음식점, 피씨방, 사우나, 노래방, 베이커리전문점, 커피숍 등으로 몰리는 경향이 있다.

그러나 편의점은 흔히 접할 수 있는 생활필수품이나 식품들을 취급하기 때문에 배후, 동선, 입지 등의 문제이지 매장이 크고 투자금액이 높다고 하여 무조건 매출이 높을 것을 기대할 수 있는 업종이 아니다.

편의점은 배후의 범위와 입지가 정해져 있기 때문에 투자금액이 많다고 이런 것들이 넓어지거나 달라지지 않고 멀리 있는 사람이 가까운 곳을 두고 굳이 먼 곳으로 가지 않기 때문에 적절한 투자로 적절한 수익을 올리면 그것으로 훌륭한 것이다.

일반적으로 편의점 운영은 특수한 경우를 제외하고는 투자금액이 3억 원을 넘어서는 경우는 많지 않다. 서울을 예로 들면 강북권은 1억 원 전후의 투자금으로 창업을 하는 경우 일일 평균 150만 원 전후의 매출을 예상하고 강남권은 2억 원 전후로 창업을 하는 경우 일일 평균 200만 원 전후의 매출을 기대하여 비용 대비하여 얼마나 수익성이 있는지를 판단해야 한다. 10억 원을 투자한다고 하여 일일 평균 매출을 1,000만 원을 기대할 수 있는 것은 아니다.

19) 매장이 넓다고 매출이 높은 건 아니다

슈퍼마켓이나 마트는 배후의 규모에 따라 그에 맞는 상품을 준비해야 경쟁력이 있기 때문에 배후의 범위에 따른 매장 면적이 받쳐줘야 경쟁력이 있다. 그러나 편의점은 매장이 넓다고 매출이 증가하는 것이 아니고 오히려 일부 지역은 아래의 네 가지 이유로 효율성이 떨어질 수 있다.

첫 번째는 예상매출 대비 적절한 임차료여야 한다. 가령 30평인 매장의 임차료가 300만 원인 경우 보다 15평인 매장의 임차료가 150만 원이 경우가 훨씬 효율적이다.

두 번째는 일부 거주형 입지를 제외하고는 부피가 큰 마트형 상품의 비중이 높지 않기 때문에 편의점 상품으로 매장의 진열공간을 효율적으로 채우는 데 한계가 있다.

세 번째는 편의점 근무 특성상 여러 명이 근무하지 않기 때문에 매장이 너무 넓으면 고객과의 대면력이 떨어지므로 근무자의 불필요한 이동이 많아져 근무효율이 떨어질 수 있다.

네 번째는 편의점은 24시간 운영을 하므로 매장이 너무 넓으면 전기를 사용하는 각종 시설물이 늘어나고 특히 여름과 겨울 냉난방기의 사용량이 증가하여 의외로 과도한 전기료가 발생한다.

그러나 고정 배후형에서 동네슈퍼나 마트와 경쟁률이 높은 지역은 두 가지 측면에서 매장이 넓어야 경쟁력이 있다.

첫 번째는 마트는 다양한 상품과 가격경쟁력이 높기 때문에 단순히 상품으로 승부걸기보다는 매장의 경쟁력을 극대화시키기 위해 특화시설^{베이커리 특화시설, 문구특화시설, 분식특화시설, 후라이 특화시설, 수입품 특화시설, 와인특화시설, 커피차 특화시설 등}을 적극 활용할 필요가 있다. 이런 시설은 최소 2~3평의 공간은 확보가 되어야 설치할 수 있으므로 매장이 넓어야 한다.

두 번째는 마트는 매장 내부의 특성상 다양한 상품을 준비하는 것 외에 고객을 위한 공간을 확보하는 경우가 드물지만 편의점은 매장을 카페화하여 고객의 만남의 장소로 활용할 수 있고 즉석에서 즐길 수 있는 먹거리가 풍부하기 때문에 휴게공간을 활용한 매출을 기대할 수 있다.

20) 보기 좋은 떡이 맛있을 거라는 고정관념을 버리자

새로운 사람을 만날 때 그 사람의 겉모습보다는 마음을 봐야 하듯이 점포를 선정할 때도 점포의 현재 겉모습보다는 앞으로의 배후 변화와 주변여건이 얼마나 실속 있는지를 살펴봐야 한다. 왜냐하면 너무 점포 외적인 부분에 치중하여 살피다 보면 대학가, 시내중심가, 역세권, 대로변의 큰 빌딩에 있는 점포만을 찾아서 눈앞에 보이는 통행량에 치중하여 관찰하다 보니 정작 관찰해야 할 것을 못하는 경우가 많기 때문이다.

특히 이런 지역은 눈에 보이는 것만으로 판단하여 잘 될것이라고 생각하시는 분이 많다. 그러나 회사는 수익성이 좋지 않더라도 회사브랜드의 홍보차원에서 운영하는 안테나숍이나 권리금, 임차료가 과도하게 높아 수익성이 낮은 점포가 많다.

그리고 대체로 이런 점포들은 운영하기에도 까다로운 점이 많고 경쟁점의 진입에 따른 대처를 적절히 하지 못해서 처음 운영하시는 분은 점포를 운영하는 노하우나 근무자를 관리하는 노하우가 부족하기 때문에 더 고전할 수 있다.

반면에 눈에는 잘 띄지 않는 이면도로에 있거나 건물이 허름하고 통행량이 많지 않은 배후 내에 있는 점포 중에 비용 대비하여 매출이 좋아서 수익성이 좋은 점포가 의외로 많기 때문에 점포를 선정할 때는 고정관념을 버리고 넓은 시야를 갖고 선정해야 한다.

21) 조금 부족한 듯 한 점포를 하자

세상에 완벽한 점포는 절대 없다. 점포를 선정하다 보면 어떤 점포는 전반적인 입지는 괜찮은데 통행량이 부족해 보여서 못하고 어떤 점포는 다 괜찮은데 면적이 너무 작아서 못하고 어떤 점포는 통행량도 많아 보이고 면적도 넓은데 임차료가 너무 비싸서 못한다. 이렇듯 어떤 점포를 관찰하다 보면 꼭 한 두 가지 이상은 아쉬워 보인다. 그러나 나중에 다시 방문했을 때 누군가가 오픈하여 잘 운영하고 있는 것을 보면 남의 떡이 커 보이는지 전에 보았던 아쉬웠던 점포의 모습은 없고 오히려 더 근사해 보이는 경우가 많다.

흔한 말로 내가 하려고 보는 점포는 단점만 찾게 되고 나중에 다른 사람이 한 후 다시 보면 장점만 보인다. 그래서 점포를 선정할 때는 최대한 침착하고 객관적으로 살펴봐야 위와 같은 실수를 하지 않는다.

초반부에 설명하였듯이 유형별 상황에 따라 차이가 있지만 점포를 선정하기 위해서는 배후, 동선, 입지가 가장 중요하다. 그 다음에 통행량, 매장여건을 부가적으로 봐야 하는데 거꾸로 보다 보니 자꾸 단점만 찾게 되는 것이다.

그렇다면 단점을 찾지 말라는 말이냐고 반문할 수도 있다. 단점을 찾지 말자는 것이 아니라 단점을 찾듯이 장점도 찾아서 그 단점을 어떻게 보완할 수 있는지 단점에 비해서 장점은 얼마나 비중이 큰지 따지자는 것이다.

단점을 찾는 것은 점포를 하지 말자는 고민이 아니라 장점을 최대한 활용하여 단점을 커버하고 보완해서 어떻게 해야 점포를 잘 할 수 있는지를 고민 하는데 의미가 있다. 여러분들이 점포 앞에서 통행량이나 조사하며 다른 점포는 얼마나 잘 되는지 관찰하는 동안 어떤 사람은 점포를 어떻게 운영을 할지를 고민하고 있을 것이다.

22) 주변 발전성을 너무 멀리 보고 선정하지 말자

10년이면 강산이 변한다고 한다. 그러나 편의점은 5년이면 주변 환경이 엄청나게 달라진다. 외적인 측면에서 보면 5년이면 도시계획에 따른 재건축, 재개발 등의 개발이 진행되거나 새로운 업종들이 생기기도 하고 없어지기도 한다. 매년 법정최저임금과 1~2년마다 임차료도 인상되며 경쟁점들도 생긴다. 그러므로 이런 불확실한 경쟁 환경에서 점포의 미래를 5년 이상을 바라보고 입점을 한다는 건 현실이지 못하다. 내적인 측면에서 보면 일반적으로 점주와 회사와의 점포가맹계약은 5년을 기준으로 가맹계약을 맺는다.

이 말은 한 점포의 수명이 짧게는 5년부터 시작하여 재계약시까지 별다른 변화가 없다면 기존 점주가 재계약하거나 새로운 점주가 인수하거나 회사가 직영점의 형태로 운영을 한다. 그러므로 5년 동안 영업을 한다고 가정하면 첫해는 자리를 잡는 기간으로 보고 2년 차부터 수익적 기반이 완성되어야 하는 것이다. 어떤 경우는 자리를 잡는 기간이 더 길어질 수도 있고 수익이 안정적으로 나올 때 경쟁점이 진입하여 매출이 하락하는 경우도 있다.

그렇기 때문에 점포 주변 발전성을 2, 3년 후를 바라보고 운영을 하다 보면 예기치 않는 어려움에 부딪쳐서 고전할 수 있으므로 특별한 경우를 제외하고는 현시점에서 적절한 기간^{약 오픈 후 6개월 안의 기간}내에 수익적 기반이 갖춰질 수 있는지를 따져서 입점 여부를 판단하는 것이 바람직하다.

23) 권리금을 받고 나올 생각으로 점포를 선정하지 말자

어떤 이는 편의점이 잘 되지 않을 경우 권리금을 챙기고 나올 것을 생각하고 점포를 선정하기도 한다. 그러나 어떤 업종이든지 장사가 잘 되지 않는데 다른 업종이 들어오더라도 높은 권리금을 주고 들어올 리가 없으므로 이런 마음은 갖지 않는 것이 낫다.

편의점 입지의 이해편에서 설명하겠지만 편의점은 유동인구에 민감한 지역이 있을 뿐 유동인구에 민감한 업종이 아니고 다른 업종과 연계성도 일부 유형을 제외하고는 크지 않다. 편의점은 배후 성격과 배후 유형, 입지유형이 다양하므로 편의점만 운영될 수 있는 입지도 있고 다른 업종까지 잘 될 수 있는 입지도 있다.

편의점이 잘 된다고 다른 업종도 잘 될 거라는 보장이 없고 편의점이 잘 되지 않는다고 다른 업종이 잘 되지 않을 거라고 장담할 수 없기 때문에 권리금을 염두에 두고 창업하는 것은 어리석은 일이다. 예외적으로 편의점이 잘 되어 편의점으로 매도하는 경우도 있지만 그런 점포를 또 한다는 보장도 없기 때문에 쉽게 넘길 일이 아니다.

24) 직접 점포를 구하러 다니지 말자

메이저 편의점의 경우 점포를 개발하는 담당자는 회사에서 엄격한 선발을 거쳐 체계적인 교육을 받고 수년간 개발 경험을 바탕으로 실전에 나선다. 그들이 선택한 점포는 개발위원회의 심도 깊은 회의를 거쳐서 지역 개발팀장의 냉철한 판단으로 선택되어 영업부서와 긴밀한 협의와 부장회의, 임원회의를 거쳐서 매출에 대한 객관적인 검증을 한 후 점포 오픈을 추진한다. 내 건물에 자리가 비어서 내가 하고 싶다고 할 수 있는 것이 아니라는 얘기다.

일부 독립형 편의점의 점포개발은 점포 숫자를 늘리기 위해 부동산중개업소에 들러 단순히 중개 형태로 추진하거나 길거리에 임대공고 표시가 나온 점포나 기존 영업점에 과도한 권리금을 주고 최소한의 절차만 거쳐서 오픈하는 경우가 많다. 그러나 메이저 편의점의 경우는 투자비에 따른 수익성을 분석하여 타당하다고 판단될 때 그들의 타깃이 된 점포는 끊임없이 임차인과 임대인을 설득하여 점포를 확보하기 때문에 오픈하기 전까지 짧게는 6개월에서 길게는 2, 3년이 걸린다. 이렇게 점포가 탄생하기 때문에 우리는 그들이 소개하는 점포를 신뢰하고 내여건에 맞으며 가장 잘 할 수 있을 것 같은 점포를 선정하면 된다.

일부 관련 계통의 일을 하여 점포를 선정하는 능력이 탁월한 점주는 제외하더라도 내가 직접 좋은 점포를 찾는답시고 부동산중개업소 등에 들러서 이미 모두에게 공개된 점포에서 옥석을 찾고자 애쓰지 말자.

본사 전문가들도 점포 성패를 100% 확신을 못하며 점포 하나를 오픈하기 위해서 엄청난 노력을 하여 선정을 하는데 점주가 직접 물건을 들고 본사에 의뢰한다면 어떤 마음으로 점주와 상담하겠는가? 설사 이렇게 가맹계약을 맺어 오픈하면 잘 되는 경우보다는 오픈도 하기 전에 예상하지 못한 변수가 생기거나 매출도 만족스럽지 못한 결과가 나오는 경우가 많기 때문에 나 자신의 안목을 너무 과대평가하는 것은 금물이다.

그러므로 가장 가까이 있는 점포부터 방문하여 과거와 현재의 입지, 매장여건, 임차료 등을 토대로 매출을 파악해보며 수익성을 분석해보는 것이 훨씬 유익할 것이다. 우리에게 점포개발은 본사의 개발담당자가 선정한 점포 중에 내게 맞는 점포를 신중하게 선택하는 것임을 잊지 말자.

25) 회사의 점포개발 담당직원과는 초보자의 자세로 대화하자

점포 선정 시 점포를 보는 시야를 넓히는 것도 중요하지만 그전에 점포를 개발하는 담당자와의 커뮤니케이션도 그에 못지않게 중요하다. 회사마다 차이는 있으나 일반적으로 한 지역구에 한 명씩 점포개발 전담 직원이 있다.

그들은 안정적인 수익이 나는 점포를 찾기 위해 점포를 방문하다 보면 심할 때는 문전박대를 당하는 경우도 있으며 그렇지 않더라도 수십 번 방문하여 점포의 임차권을 확보하기 위해 끊임없이 설득한다. 이렇게 노력을 해도 보통 한 지역구에서 한 해에 적게는 3개에서 많게는 12개 정도 오픈한다.

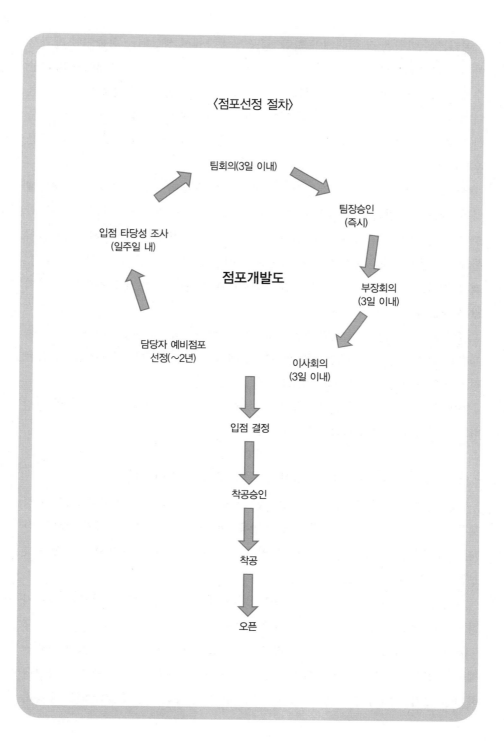

〈점포선정 절차〉

점포개발도

팀회의(3일 이내)

팀장승인
(즉시)

부장회의
(3일 이내)

이사회의
(3일 이내)

입점 타당성 조사
(일주일 내)

담당자 예비점포
선정(~2년)

입점 결정

착공승인

착공

오픈

여러분은 이점을 잘 이해해야 한다. 점포는 공장에서 생산되는 상품이나 재화가 아니기 때문에 항상 예비점포가 있는 것이 아니다. 어느 달에는 예비점포가 없을 수도 있고 어느 달엔 여러 개 있을 수도 있다. 앞서 언급했듯이 점포 하나를 개발하기 위해 그들에게 타깃이 된 점포는 짧게는 6개월에서 길게는 2, 3년 이상 방문하고 관리하다가 하나의 점포가 탄생하기 때문에 그들이 수익이 안 나는 점포를 우격다짐으로 오픈하는 경우는 절대 없다.

왜냐하면 그들도 수천만 원을 들여서 인테리어를 무상으로 투자를 하며 점포에 따라 작게는 삼천만 원에서 많게는 수억 원의 권리금을 지불하기 때문에 혹시라도 그들이 개발한 점포가 매출 부진으로 이어지면 개발을 담당한 직원은 패널티를 받게 되어 회사 내에서 입지가 좁아지기 때문에 점포를 선정할 때부터 심도 깊게 선정하고 오픈 후에도 꾸준히 모니터링하여 매출이 안정기에 접어들 때까지 많은 지도와 관심을 갖는다.

이렇게 하나의 점포를 개발하면서 엄청난 노력과 시간과 비용이 들어간 점포는 개발 담당자가 불특정 점주에게 점포를 소개시켜주기 때문에 만약 조금 더 나은 점포가 있다면 누구에게 먼저 점포를 소개시켜 주겠는가?

아마도 편의점 경험의 유무와 관계없이 초보자로서의 자세를 갖고 열심히 운영하려는 분들에게 더 노력하지 않겠는가?

26) 좋은 점포를 선정하는 능력이 있는 것이 다가 아니다

좋은 점포를 볼 수 있는 능력이 있으면 그 점포를 내가 할 수 있어야 하고 그 점포를 하게 되면 열심히 노력해서 잘 운영을 해야 한다. 이렇게 3박자가 맞아야 한다. 점포운영을 오래 하신 분들 중에 일부는 자신만의 프라이드가 높으며 점포를 보는 식견도 대단하신 분들이 있다.

이런 분은 다른 사람들에게 소개하면 그런 점포마다 매출도 잘 나오는 경우가 많으나 정작 본인이 하는 점포는 그렇지 못하다.

물론 좋은 점포임을 알면서도 본인의 사정으로 못하게 된 경우도 있겠지만 전 페이지에서 언급했듯이 점포선정과정에서 자신만의 틀에 갇혀서 냉정한 판단을 하지 못했거나 이미 경험한 점주로서 가질 수 있는 자만심과 조급함 때문에 못하게 되는 경우가 많다.

이렇게 다른 사람에게 점포를 소개해 줄 때는 냉정하고 평정심을 갖고 보게 되지만 정작 본인이 하려는 점포는 그렇지 못한 경우가 많다. 그렇다면 좋은 점포를 하게 되었다면 어떨까? 아무리 좋은 점포를 하더라도 극히 일부의 경우를 제외하고는 점주가 얼마나 많은 노력을 하고 어떻게 운영하는지에 따라 매출이 올라가기 때문에 매출이 조금 잘 나온다고 점포운영에 게을리 하면 안 된다. 열심히 운영하여 매출을 올린 점주는 차후에 추가로 점포를 개설하게 되도 잘 하지만 운 좋게 좋은 점포를 하게 되어 많은 노력을 하지 않는데도 기대이상의 수익이 나오면 많은 점주는 처음 오픈할 때의 마음에서 멀어져 점차 운영을 하지 않게 하거나 운영의 노하우가 생기기 전에 바로 추가로 점포를 개설하여 매장관리를 소홀히 하게 되고 매출이 잘 나오던 점포도 매출이 떨어지거나 경쟁점이 진입할 수 있는 환경이 조성되어 운영에 어려움을 겪게 된다.

시장 환경이 그렇게 녹녹하지 않으므로 시작과 끝이 한결같지 않으면 좋은 점포를 하게 되도 좋지 못한 결과를 초래할 수 있기 때문에 한결같은 마음으로 열심히 운영하는 데 매진해야 한다.

■

편의점 입지의 이해

■

1) 소비자와 가장 가까운 곳에 있는 업종이다 _{편의점입지는 모든 업종의 기본이다}

편의점은 대형 마트의 축소판이며 동네슈퍼의 계량화된 업종으로 사람들의 가장 가까이에서 먹고 사용하는 기본 생활에 꼭 필요한 상품을 판매하는 1차 소매업이며 365일 쉬는 날 없이 어느 지역을 가든지 만나 볼 수 있다. 그래서 실생활에서 가장 자주 가장 가까이에서 만날 수 있는 업종으로 두 가지 측면에서 더욱 눈에 띤다.

첫 번째는 입지적인 측면에서 편의점은 매우 까다로운 업종이다. 어디를 가도 편의점이 있다 보니 아무 곳에 차려도 될것이라 생각할 수 있으나 실제로는 입지적으로 가장 과학적인 데이터와 경험을 토대로 선정하여 치열한 경쟁에서도 살아

남을 수 있는 곳에 오픈을 하기 때문에 어느 업종보다도 입지적인 중요성이 높다.

특히 5가지 이상의 배후성격, 8가지 이상의 배후유형, 23가지 이상의 입지유형으로 나누면서 편의점은 1차 소매업종으로서 고객과 가장 가까운 곳에서 치열한 경쟁을 해야하기 때문에 편의점 입지는 모든 업종의 기본이다.

두 번째는 운영적인 측면에서 고객은 서비스와 청결, 안심 먹거리, 질 좋은 상품의 다양성 등 많은 것을 요구한다. 예를 들어 같은 고객이 담배 하나를 사더라도 슈퍼에서 구입할 때는 별다른 요구 없이 구입하지만 편의점에서는 질 좋은 서비스를 경험하고 싶어 한다. 슈퍼에서는 조금 청결하지 않은 점이 있더라도 별다른 말을 하지 않지만 편의점을 이용할 때는 꼭 한마디씩 지적하고 간다. 간혹 슈퍼에서 유통기한이 지난 상품을 구입했더라도 별다른 불평 없이 환불하거나 교환을 하지만 편의점에서 이런 일이 생기면 본사를 찾고 고발하겠다고 엄포를 한다. 슈퍼에서 구입하고자 하는 상품이 떨어져도 별다른 불평 없이 다른 상품을 구입하지만 편의점에서는 갖은 불평을 하고 간다.

이렇게 사람들은 같은 상품을 구입하더라도 편의점에서는 특별한 서비스와 완벽함을 요구하다 보니 편의점 운영이 어려운 것이다.

2) 편의점은 배후, 동선, 입지를 파악하는 것이 가장 중요하다

편의점이 들어설 수 있는 곳은 네 가지이다. 배후가 뛰어나게 좋은 곳, 동선이 뛰어나게 좋은 곳, 입지가 뛰어나게 좋은 곳, 이 세 가지가 적절하게 조화를 이루고 있는 곳이다. 이 세 가지를 점포선정의 3대 요소라고 한다.

배후는 사람에게 밥그릇과 같은 것이고 그 배후에서 매출을 일으키는 소비자는 밥그릇의 밥과 같은 것이다. 그러므로 크고 잘 만들어진 밥그릇에 질 좋은 밥이 많이 들어야 좋듯이 배후도 넓은 지역에 많은 배후민이 거주하거나 상주하며 배후민의 판매 변화율_{소비율,구매율, 내방률, 친화률, 이익률}이 높으면 좋은 배후인 것이다.

점포 선정편에서 설명하겠지만 배후_{페이지}는 배후민의 성격에 따라 거주형, 상주형, 혼재형, 특수 혼재형, 소비형_{완전 소비형, 불완전 소비형}이 있고 상시 직접적으로 매출이 일어나는 범위에 따라 근접 1차 배후, 1차 배후, 2차 배후로 나누며 상행위가 미치는 범위를 구분하는 것으로 매우 중요한 요소이다.

이처럼 배후는 매우 다양하고 유동적이므로 틀에 정해진 것이 아니고 수도권과 비수도권, 광역시와 지방 중소도시 등의 지역과 각각의 입지유형과 배후민의 성격에 따라 매우 다양한 결과가 나오므로 배후를 판단함에 있어 배후 자체에 한정지어 판단하기 보다는 동선과 입지 등을 함께 고려해서 봐야 한다.

동선^{페이지}은 배후민의 성격에 따라 주배후민이 다니는 현재의 동선은 물론이고 가상의 동선을 말한다. 점포 선정편에서 자세히 기술하겠으나 편의점에 있어서 동선은 접근성에 따라 주동선, 1차동선, 2차동선으로 구분하며 이동 목적에 따라 출퇴근동선, 여가동선, 거주동선, 상주동선, 소비동선, 식사동선 등으로 구분할 수 있으며 배후의 성격과 유형에 따라 성격이 다르다.

동선이 좋은 곳은 사람들이 많이 다니는 곳이고 사람들이 많이 다니는 곳은 좋은 입지이기 때문에 동선은 입지와 별개의 개념이 아니다.

입지는 편의점이 있는 배후의 지형과 모양과 위치를 말한다. 위에서 설명하였듯이 지역에 따라 배후의 지형적인 모양과 위치도 매우 다양하기 때문에 편의점의 위치도 그런 배후에서 가장 매출을 극대화 할 수 있는 곳에 있어야 편의점 하기에 좋은 입지라고 말할 수 있다. 그래서 배후는 괜찮아도 편의점이 입점하기 어려운 건 입지여건이 나쁘기 때문인 경우가 많다.

배후는 상황에 따라 건물 증축, 신축, 공실률 해소 등으로 배후여건이 좋아질 수 있다. 그러나 입지는 도로변에 없던 건널목이 쉽게 생길 리가 없고, 없던 도로가 새로 생길 리가 없기 때문에 입지여건이 바뀌는 경우는 매우 드물다. 그렇기 때문에 처음부터 좋은 입지에 들어가야 하는 것이다.

3) 상권은 배후의 한 일부로 보되 생활소비시설이 발달한 곳은 상권으로 보지 말자

점포 선정편에서 구체적으로 상권을 구분하였지만 상권은 사전적 의미로는 일정한 지역을 중심으로 상행위가 이루어지는 권역을 말하고 많은 책에서는 교통과 업무, 소비가 형성되어 있는 정도에 따라 지역을 구분하여 명동상권, 강남역상권 등으로 구분하기도 한다. 그러나 이처럼 지역별, 업종별, 소비군별로 구분하는 것은 너무 포괄적이므로 통계자료로 활용할 수 있을 뿐 실전에서 일반인들이 점포를 선정할 수 있는 요소가 되지는 못한다.

그럼에도 불구하고 많은 분들이 창업을 하기 위해 인터넷 상이나 책을 보고 각종 컨설팅 사무소 등을 방문해도 어디를 가든 이런 상권만 언급하고 상가시설이 발달하지 않은 곳은 점포를 열 수 없는 곳으로 언급하기도 하여 점포선정은 곧 상권분석이라는 고정관념을 갖게 되었다.

그래서 대학가, 시내중심가, 역세권 등 사람들이 많이 다니는 곳을 중심으로 업종현황과 통행량 등을 수치로 구분하여 개설여부를 판단하게 하고 있다. 그러나 이렇게 단순 수치에 따라 개설할 경우 그러한 데이터에 비례하여 매출이 나오는 경우도 있지만 실전에서 이런 상권분석으로 개설여부를 판단하기에는 현실과 거리가 멀고 막상 창업하려 해도 확신이 서지 않아 창업하기가 만만치 않았을 것이다.

그러므로 필자는 편의점 창업에 있어서 상권의 의미는 '특정점포를 선정하기 위해 우리가 하고자 하는 업종을 중심으로 우리 점포 이 외의 업종 발달 정도에 따라 상시 직접적인 매출이 발생하는 범위'로 한정하였고 상권 발달도는 '상권의 크기와 관계없이 단위 면적당 상가시설의 완성률로 매출의 활성화를 파악할 수 있는 정도'라고 구분하였다.

따라서 필자는 점포를 선정하기 위해 두 가지 측면에서 상권을 강조하고 싶다. 첫 번째는 점포선정에 있어 상권은 검토사항 중의 일부분이다. 현실은 통행량도 많지 않고 주택만 있는 거주형인 배후형에서 상가시설이 없어도 매출이 잘 나오는 경우도 많고 시내 중심가에서 통행량이 많은 순수 유동형 입지에서 상가시설이 발달하지 않아도 매출이 잘 나오는 경우도 많다. 소비형처럼 일부 유형에서만 매출이 차지하는 비중이 높을 뿐이고 다른 유형에서는 배후의 한 부분으로 파악해야 한다.

예를 들어 소비시설에 의한 매출이 높은 완전 소비형_{소비시설의 종사자나 지역에 방문하는 불특정인에 의한 매출이 90% 이상 발생하는 유형}은 소비시설의 성격이 의류나, 액세서리, 가구 등 판매시설에 의한 상권과 먹을 거리, 마실 거리, 주점 등 유흥시설에 의한 상권과 추가로 문화공간이 어우러진 복합 상권 등을 배후로 하고 있다. 막상 이런 상권이 발달한 곳을 가보면 배후가 넓다 보니 잘 되는 곳도 있고 어려운 곳도 있는데 이것은 상권이 독자적으로 매출과 연계된 것이 아니기 때문이다. 아무리 상권이 발달해도 그 수요를 얼마나 흡수할 수 있는지 배후, 동선, 입지를 어떻게 파악하느냐에 달려 있기 때문에 너무 상권에 치중해서 보지 말아야 한다.

또한 미용실, 철물점, 문구점, 세탁소, 중개업소, 정육점 등 생활소비시설이 발달한 곳은 연계매출이 적기 때문에 상권으로 보지 말고 배후민의 동선과 연관하여 판단해야 한다.

두 번째는 매출에 따른 수익의 상대성을 이해해야 한다. 뒤에 유동형 입지에 대해 언급하지만 통행량이 많다고 무조건 매출이 높은 것이 아니다. 통행량이 많은 곳은 임차료는 높은데 비해 소비율_{소비하고자 하는 욕구에 따른 경제적인 능력으로 객단가라고 표현한다}과 통방률_{편의점을 지나가는 사람이 얼마나 방문하는지를 나타냄}이 낮기 때문에 매출에 따른 임차료는 적절한지 파악하는 것이 가장 중요하다. 그러나 많은 분들은 이런 점을 생각하기 전에 상권이 발달하고 매출이 높게 나올 것 같은 자리만 찾기 때문에 원점에서 다시 고민하게 되는 것이다.

4) 편의점은 유동인구에 민감한 지역이 있을 뿐 유동인구에 민감한 업종은 아니다

많은 분들이 편의점은 유동인구에 민감한 업종이라고 알고 있다. 뒤에서 자세히 기술하겠지만 이것은 편의점 점포선정의 3요소_{배후, 동선, 입지}를 이해하지 못하고 그에 따른 상대적인 매출과 고정비용을 전혀 고려하지 못했기 때문이다.

그렇다면 종로나 강남역 일대처럼 통행량이 많은 편의점만 다 수익이 많게 나올까? 일반적으로 통행량이 많은 도심권이나 부도심권은 임차료는 높고 그들의 소비율을 나타내는 객단가는 매우 낮아서 엄청나게 많은 고객이 들어오지 않고서는 적절한 수익을 낼 수가 없다.

예를 들어 통행량이 눈에 띄게 많지 않는 배후형은 목적구매비중이 높아 소비율이 높은 편이며 통방률이 높기 때문에 100명 지나갈 때 10명 들어온다면 유동형 지역은 비목적 구매나 비구매가 많아 소비율이 낮은 편이며 통방률이 낮기 때문에 100명 지나갈 때 3명이 들어온다.

전자는 통행량은 많지 않아도 유효고객이 많이 방문하여 수익성이 좋은 경우가 많고 후자는 통행량은 꾸준한데 비해 유효고객이 많지 않아 수익성이 떨어지는 경우가 많기 때문에 통행량이 엄청나게 많지 않고서는 적절한 수익을 내기도 어렵다. 설사 고객이 끊이지 않고 들어와서 매출이 높을지라도 수익에 비해 노동과 비용이 많이 들어서 운영의 효율성이 떨어지는 경우가 많은 편이다.

또한 유동형 입지는 계절과 날씨에 민감하여 여름철과 겨울철, 맑은 날과 비가 오는 날에 따른 매출의 편차가 매우 크기 때문에 수익도 불규칙하다.

이렇게 통행량에 의존하는 지역은 유동인구가 엄청나게 많지 않고서는 적절한 수익을 내기 어렵기 때문에 유효수요는 얼마나 되는지, 안정적인 근접 1차 배후는 확보하고 있는지, 고객의 구매욕구는 어떤지, 편의점 친화적인 수요는 얼마나 되는 지, 그에 따른 고정비용이 얼마나 합리적인 수준인지 등 수많은 요소들을 종합적으로 고려한 후 창업 여부를 결정해야 한다.

5) 편의점은 타업종과의 연계성이 민감한 업종이 아니다

편의점은 24시간 열려있는 작은 백화점이다. 가정과 오피스에서 먹고 마시고 사용하는 거의 모든 물건을 취급한다. 조금이라도 연계성이 있는 업종이 많으면 좋겠지만 극히 일부 배후 유형에 한정되어 있으므로 점포를 선정하는 데 있어 너무 상권발달도에 치중하여 보지말자.

예를 들어 유흥가처럼 술집과 노래방이 많은 지역은 담배가 많이 팔리고 드링크류나 강장제, 담배가 더 많이 팔리기도 하지만 그 외의 상품은 상대적으로 판매가 부진하고 대학가 앞은 휴게음식점이나 주점이 많아서 밤늦게까지 통행량이 많지만 담배 판매비중이 높거나 소비율이 낮아서 이익률이 떨어지기도 한다. 특히 여대 앞은 액세서리 등 여성용품점이나 뷰티샵이나 헤어샵이 많고 통행량이 많아서 방문객수도 많지만 유제품류 같은 간단음료만 구입하는 고객이 많기 때문에 소비율은 매우 낮아 업무의 효율성이 매우 낮은 경우도 있다.

또한 이들 지역은 통행량이 매우 많은 편이고 상가시설이 발달하여 수익성에 비해 임차료가 높은 편인데 반해 이들 지역의 이면에 상가시설의 발달도가 낮고 임차료가 저렴한 지역이 수익성이 좋은 곳이 더 많다.

반면 주택가 밀집지역이면서 상업시설이 발달되어 있지 않는 지역은 어떨까?

배후에 다른 상업시설이 없이 편의점만 있는 지역은 갈 곳이 없기 때문에 의외로 매출이 잘 나온다. 그 이유는 많은 편의점의 주 매출은 주변 영업점과 연계해서 일어나기보다는 배후의 소비에서 일어나므로 비교적 독립적인 개념의 업종에 가깝기 때문이다.

상권은 배후의 일부분일 뿐이며 편의점은 배후만 탄탄하다면 주변 상권이 쇠퇴기에 있는 입지라도 독자생존이 가능한 업종이므로 상권에 너무 연연하지 말자. 오히려 편의점 입점으로 주변 상권의 발달을 가져오므로 연계성은 부가적인 매출이 될 것이다.

6) 매장의 여건은 안 좋아도 얼굴은 보여야 한다

매장이 못생겨도 입지여건만 괜찮으면 효율적으로 운영할 수 있다. 그러나 매장이 못생겨도 매장의 출입문이 밝은 모습을 보여야 소비자를 맞을 수 있다.

예를 들어 일부 독립시설물^{한 시설물 내에서의 매출로도 일정 수익을 담보하는 시설물}의 구내에 있는 편의점을 제외하고 일반매장의 출입문이 건축물의 건물면에 수직으로 되어있지 않고 건물에서 안쪽으로 들어가 출입문을 두 번 거쳐야 하는 경우가 있다.

(A)사진은 건물 내에 출입문이 비스듬히 있어 매장 내 모습이 보이지 않지만 외부에 간판은 인지하기 쉽도록 되어있고 (B)사진은 전적으로 외부 간판에 의존하여 편의점을 인식시키고 있다.

편의점 창업의 이해편에서 설명하였듯이 근무자가 밝은 모습을 하여야 다시 방문하고 싶듯이 매장도 밝고 훤한 모습을 보이고 있어야 방문하고 싶어진다. 특히 주변에 경쟁점과 경쟁률이 높은 지역이나 유동형 입지인 경우는 더욱 주의해서 입점해야 한다.

편의점을 이용하는 소비자의 속성상 인지하기 쉽고 더 출입이 편한 곳에 방문하기 때문이다.

(A) 우측면에서 바라본 모습

(B) 출입구 모습

우측면에서 바라본 모습

건너편에서 바라본 모습

7) 배후가 넓다고 좋아할 일만은 아니다

어떤 지역은 배후가 적당해서 편의점이 하나만 있는 것이 적당한 지역이 있고 어떤 지역은 배후가 넓은 데도 불구하고 편의점이 하나 뿐인 곳이 있다. 어떤 지역은 편의점 하나도 유지하기에 힘든 지역도 있다. 점포 선정편에서 다시 언급하겠지만 배후 소화율이란 어떤 지역에서 배후 내에 구매력 있는 가망 배후민을 얼마나 흡수하여 매출이 발생하는지를 나타내는 것이다.

예를 들면 첫 번째는 어떤 배후가 100일 때 각종 변화율이 높아 배후의 한계매출에 근접하여 매출이 나오는 경우 소화율이 높다고 한다. 배후가 넓고 소화율이 높은 경우는 경쟁우위의 입지에 있기 때문에 경쟁점이 진입하더라도 경쟁력이 있지만 배후가 넓은 경우가 아닐 때는 소화율이 높아도 경쟁우위에 있지 않을 경우 경쟁점 진입으로 고전할 수 있다.

두 번째는 어떤 배후가 100일 때 각종 변화율^{구매 변화율 입지변화율 등}이 낮아 배후의 한 계매출에 훨씬 못 미치게 매출이 나올 때 소화율이 낮다고 한다. 배후가 넓은데 소화율이 낮은 경우는 시기의 문제일 뿐 언젠가는 경쟁점이 진입할 가능성이 높기 때문에 성급히 C급 입지에 들어가는 것은 좋지 않다.

그러므로 배후가 넓지 않고 소화율까지 낮은 지역에 경쟁점이 진입한다면 더욱 고전할 수 있기 때문에 배후가 한정되어 넓지 않을 땐 다음의 세 가지 중 하나의 조건은 갖춰야 경쟁력이 있다.

첫 번째는 입지의 4요소를 충족하여 배후민 이외의 불특정고객의 방문이 늘어 부족한 배후의 매출을 메울 수 있다.

두 번째는 배후의 밀도율과 응집률이 높고 배후민의 판매 변화율^{구매율, 소비율, 친화율, 이익률, 내방률}이 높을 때 경쟁력이 있다.

세 번째는 24시간 독점입지에 가까워서 배후 독점률이 높아 배후 소화율이 높아야 매출을 극대화할 수 있다. 요즘처럼 경쟁이 치열한 적자생존의 시장 환경에서는 적절한 배후에 적절한 매출을 기대하기도 어렵기 때문에 아무리 배후가 넓어도 배후 수요를 흡수할 수 없다면 무의미하다.

8) 배후에 적절한 방어점포^{담배소매인지정권이 있는 경쟁점으로의 전환이 이루어지기 쉽지 않은 점포}가 있는 것은 괜찮다

배후를 둘러 보면 흔히 말하는 구멍가게 또는 경쟁력이 떨어지는 슈퍼마켓^{작은 매장평수, 불리한 입지, 운영자의 마인드 등}이나 경쟁력이 높은 슈퍼마켓이 곳곳에서 영업하고 있는 것을 볼 수 있다. 그러나 여러분이 그 일대에 입점 후보점을 소개 받아 관찰한다면 그런 점포들이 어떻게 보일까?

많은 분들은 이 구멍가게에서 매출을 빼앗고 저 슈퍼마켓에서 매출을 잡아먹으면 후보점이 될까 하고 고민할 것이다. 아래의 사진에서 보듯이 후보점을 중심으로 2차 배후를 포함하여 반경 200미터를 넘지 않는 곳에 기존 슈퍼 4곳, 마트 1곳이 성행하고 있어 경쟁점의 진입을 막아주고 있다. 그러므로 아래의 두 가지 이유로 그런 점포들이 적절히 있는 것은 필요하다.

첫 번째는 그런 점포들이 경쟁점의 진입을 막는 방어역할을 한다. 경쟁점이 들어오고 싶어도 담배소매인지정권이 있는 점포 덕에 배후 내에 들어올 수 없는 것이다.

물론 방어점포가 제 역할을 못해주는 경우도 있다. 가령 방어점포가 너무 많으면 공급초과로 입점하기 어려울 수 있고 방어점포의 배후 소화율이 낮거나 입지여건은 좋은데도 단순한 운영상의 문제로 경쟁력이 떨어지는 것이라면 우리점포가 오픈함으로써 방어점포가 더욱 경영상 어려움에 처하게 되어 경쟁회사가 진입하기가 유리해 질 수 있다.

특히 경쟁력 있는 마트가 없으면서 소비율이 높은 지역에서 매출을 올리기 위한 욕심에 무리하게 방어점포를 폐점시키려고 운영하다가 오히려 경쟁 편의점이나 SSM같은 기업형 슈퍼마켓처럼 더 큰 경쟁점이 들어와 더 어려워질 수 있으므로 너무 무리한 욕심은 금물이다.

두 번째는 적절한 경쟁은 배후민의 만족도를 높일 수 있다. 슈퍼나 마트가 전혀 없으면 배후민은 다른 상품 또는 같은 상품도 다른 곳에서 구매하고 싶은 심리가 있고 새로운 서비스를 바라는 사람도 있기 때문에 결국은 새로운 공급자에 대한 열망이 커질 수 있다. 예를 들어 경쟁력 있는 슈퍼나 마트가 있는 경우는 마트 소비와 편의점 소비에 만족하여 새로운 공급자를 기대하지 않기 때문에 잘 차려진 방어점포가 있다고 부정적으로 봐서는 안 된다.

이렇게 대부분의 경우 회사의 점포개발팀은 방어점포에 대해 위와 같은 상황까지 경우의 수를 두어 매출을 산정하여 점포를 오픈하는 것이기 때문에 너무 민감하게 방어점포 때문에 점포를 하고 안하고 고민하지 말고 우리 동네 주변의 편의점부터 살펴보자.

아마 그 편의점 주변에도 이런 점포들이 있는데도 불구하고 운영을 잘 하고 있는지를 확인해 보면 방어점포가 있는 배후를 보는 시야가 넓어질 것이다.

| 후보점 | 슈퍼(방어점포) | 마트(방어점포) |

9) 보조 점포를 하기 위해서는 세 가지 조건이 전제 되어야 한다

보조 점포란 점주의 거점 점포를 기준으로 주변의 방어점포를 겸한 2차 점포를 말한다. 그러므로 보조 점포의 진입으로 거점점포의 매출이 20%이상 하락하거나 적절한 수익이 보장되지 않는다면 적절한 보조 점포라고 할 수 없다.

보통 점주는 다음과 같은 두 가지 이유로 보조점포를 오픈한다.

첫 번째는 내가 어떤 지역에 점포를 하면서 매출이 안정적으로 나오는 경우 방어점포가 제 역할을 하지 못하여 경쟁점으로 전환될 확률이 높을 때이다. 예를 들어 우리 점포가 입점하여 방어점포 역할을 하는 동네 소매점의 매출이 현저히 떨어져 운영상 어려움에 처할 경우 이때 경쟁회사가 편의점으로 전환을 유도하면 전환될 확률이 높기 때문에 점주는 급한 마음으로 주변에 추가로 오픈하는 경우가 있다.

두 번째는 오픈한지 얼마 되지 않아 기대이상의 매출이 나오는 경우 본사 담당자는 주변에 보조점포를 오픈하기를 권하기도 한다. 이렇게 자의나 타의에 의해 보조 점포를 오픈하더라도 매출이 잘 나오고 자금여건이 있어 보조 점포를 하는 것은 문제가 되지 않지만 최소한 아래의 세 가지 조건은 갖춰야 보조 점포로서의 의미가 있다.

첫 번째로 보조 점포도 적절한 수익이 기대되어야 한다. 기존 점포 매출하락을 걱정하여 오픈하더라도 적절한 수익이 보장되지 않는다면 경쟁점 또한 진입하기 어려운 곳이므로 불필요한 비용만 증가하여 효율적인 운영을 할 수가 없다.

두 번째는 방어점포로서의 역할을 할 수 있어야 한다. 보조 점포를 오픈하였는데도 경쟁점이 진입할 수 있다면 적합한 위치에 오픈한 것이 아니기 때문에 보조 점포뿐 아니라 기존점도 매출이 하락하여 두 개 점포 모두 고전할 수 있기 때문이다.

세 번째는 보조 점포를 오픈해도 거점점포의 매출이 크게 하락하지 않고 적절한 수익은 보장되어야 한다.

네 번째는 점주의 마음자세이다. 처음 점포를 하는 것처럼 초심을 잃지 말아야 한다. 보조 점포마저 잘 되면 좋겠지만 기대에 못 미칠 경우 점주는 실망이 앞설 수 있다.그러므로 처음 오픈하는 마음으로 점주의 근무시간도 늘리고 적극적으로 매장업무에 매진하는 자세가 중요하다.

10) 24시간 편의점이 아닌 방어점포를 오픈하는 사례도 있다

앞서 방어점포와 거점점포, 보조점포에 대해 설명하였지만 거점점포를 기준으로 보조점포를 하는 경우는 많지만 순수하게 기존점의 매출을 방어할 목적으로 오픈하는 경우는 많지 않고 바람직하지도 않다.

그러나 근래는 그림에서처럼 한정된 배후에서 매출이 안정적으로 나오고 있는

데 경쟁점의 진입으로 매출에 심각한 타격을 받게 될 경우 a포인트에 24시간 운영하지 않는 방어점포를 오픈하는 사례도 늘어나고 있다.

방어점포를 24시간 편의점으로 오픈하는 경우 기존점의 매출하락으로 방어점포의 수익과 상계되어 비용적 부담과 운영적인 부담만 더 커지므로 큰 의미가 없으므로 최소한 4가지 조건에 맞아야 한다.

첫 번째는 방어점포는 너무 매출이 높게 나오지 않아야 한다. 방어점포의 매출이 높을수록 기존점의 매출은 하락하기 때문에 이런 경우는 방어점포의 운영시간, 취급 품목 등을 조정하여 기존 점의 매출 변동폭을 최소화해야 한다.

두 번째는 임차료가 저렴해야 한다. 방어점포를 오픈한 후 어떤 변수가 생길지 모르므로 너무 임차료와 권리금 등이 높으면 대응할 수 있는 방법이 줄어든다.

세 번째는 12시간 운영하거나 일반 마트로 오픈해도 손해는 보지 않아야 한다. 아무리 방어할 목적으로 오픈하더라도 손해를 보고 오픈하는 것은 바람직하지 않다.

네 번째는 반드시 담배소매인지정권을 취득할 수 있는 점포여야 한다. 이런 방어점포를 선정하여 경쟁점 진입에 대비하고자 하는 것은 점주의 경영능력도 중요하지만 여간 어려운 일이 아니므로 점주 혼자 판단하여 추진하기 보다는 본사 개

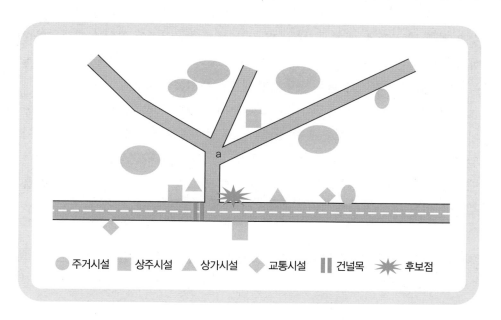

⬤ 주거시설　　◼ 상주시설　　▲ 상가시설　　◆ 교통시설　　❚❚ 건널목　　✸ 후보점

발담당자와 긴밀한 협의 하에 진행해야 안정적인 방어점포를 성공적으로 오픈할 수 있다.

11) 담배소배인지정권 없이 운영이 가능한 입지도 있다

소비자들은 담배를 판매하지 않는 편의점을 본적이 별로 없을 것이다. 그러나 극히 일부이지만 담배판매권 없이 영업할 수 있는 경우도 있다.

첫 번째는 배후형에서 독점률이 높고 경쟁률이 낮은 곳에서 가능하다. 안정된 배후 없이 단순히 통행량만 많은 곳은 소비율이 매우 낮기 때문에 안정된 매출을 기대하기 어렵다. 그러므로 구매율과 소비율이 높고 비교적 임차료가 저렴한 배후형에서 주동선상 독점률은 높고 경쟁률이 낮다면 얼마든지 담배판매권 없이도 안정된 수익을 기대할 수 있다.

그러나 담배의 판매마진은 낮지만 다른 상품을 함께 구매하는 동반 매출이 발생하기 때문에 담배를 판매하는 소매점이 가능한 멀리 떨어져 있거나 주동선상에 담배를 파는 소매점이 없어야 한다.

두 번째는 유동형 입지에서 같은 동선 상에 경쟁점이 없는 곳에서 가능하다. 이런 입지는 도심이나 부도심의 오피스 거리나 소비형 배후에 있기 때문에 주변에 담배를 판매하는 소매점이나 가판대가 산재해 있는 편이다. 그러나 담배판매권을 갖고 경쟁 외 상품을 파는 매장이라면 같은 동선에 근접하여 있어도 고객유입효과가 있어 득이 되는 경우도 있으나 매장규모와 관계없이 담배판매권을 갖고 식음료를 파는 소매점이 같은 동선에 있는 경우는 주의해야 한다.

그 이유는 유동형은 통행량이 많더라도 간단 식품이나 필수소비품의 판매비중이 높고 소비율이 낮기 때문에 전 소매점에서 먼저 수요를 흡수할 경우 경쟁력이 떨어진다. 그래서 단순히 통행량이 많기 보다는 적절한 배후 시설을 확보하면서 담배영업권이 있는 곳보다 입지적으로 우위에 있으면서 소비자의 1차 구매를 흡수할 수 있는 동선의 전환 포인트에 있어야 한다.

12) 점포를 오픈할 때 담배소매인지정권만큼은 직접 확인하자

편의점은 오픈만 하면 당연히 담배소매인지정권을 취득하는 것이 아니라 일정

거리를 확보하고 자격요건만 맞으면 누구나 추첨에 참여할 수 있기 때문에 간혹 후보점을 오픈하기 전에 주변의 담배소매인지정권에 관한 정보를 정확히 파악하지 않아 불이익을 겪는 경우가 있으므로 최소한 아래의 다섯 가지는 확인하기를 바란다.

첫 번째는 후보점과 최단거리에 있는 담배소매인지정권과 오차 범위^{약 45~55미터}에 있는 경우 예상하지 못한 변수가 생길 수 있으므로 임의적으로 해석하는 것은 금물이다.

가령 A사진에서처럼 공공 주차구획은 곧장 지나칠 수 없기 때문에 돌아서 측정하므로 점포 앞에 있던 구획이 지워져서 보지 못하다가 구청직원이 실사하면서 이를 발견하여 불이익을 받을 수 있고 점포 앞 도로의 개념을 어떻게 해석하느냐에 따라 거리가 달라질 수 있어서 해당 지자체 직원마다 조금씩 해석의 차이가 있을 수 있기 때문에 임의적으로 판단하는 것은 금물이다.

두 번째는 후보점포를 오픈한 후에 해당 지자체에 담배소매인 지정신청을 할 때 주변 50미터 이내에 있는 상가에서 실제는 담배영업을 하고 있지 않지만 담배소매인지정권을 획득하고 있는 점포를 뒤늦게 발견하는 경우도 있다.

이럴 경우 먼저 폐업을 시킨 후 다시 신청을 해야 하므로 시간적, 금전적인 부담은 더 늘어날 수 있으므로 사전에 지자체의 지역경제과에서 조사해야 한다.

세 번째는 후보점 주변에서 담배영업을 하고 있는 가설물이 50미터를 넘는 거리에서 영업을 하고 있더라도 실제 담배소매인지정권을 취득한 곳은 후보점과 50미터 안쪽에 있다면 지자체에서 실사를 할 땐 실제 담배소매인지정권을 취득한 곳에서부터 거리를 측정하기 때문에 실사에서 탈락할 수 있다.

이와는 반대로 B사진에서처럼 마트와 후보점은 b위치에 담배소매인지정권이 있어 담배소매인지정권을 취득하지 못하였지만 b위치의 담배소매인지정권이 폐업신청을 하더라도 마트는 담배영업 표시판을 달고 영업하는 간이시설물을 두고 약 40미터 거리에 있기 때문에 담배소매인 신청을 할 수 없다고 판단하고 오픈하였다. 뒤 늦게 실제 담배소매인지정권은 간이시설물에서 확보한 것이 아니라 마트와 55미터 거리에 있는 a위치에서 확보한 것이어서 마트와 후보점이 모두 담배소매인지정권을 신청하여 추첨하는 상황까지 간 사례도 있으므로 이와 같은 간이

〈사진 A〉

출입문에서 주차구획을 돌아서 거리를 측정한다.

보통은 매장의 외벽 끝선에서 측정을 한다.

시설물에서 실제 담배소매인지정권을 확보한 것인지 반드시 확인해야 한다.

네 번째는 구내로 담배소매인지정권을 취득하는 경우 지자체마다 해석의 차이가 크다. 매장면적으로 취득하는 경우 실제 사용하는 매장면적이 일정면적^{100평방미터}을 넘어야 하는데 공사 중에 면적이 줄어들 수 있으므로 철저히 점검해야 한다.

점포가 있는 건물이 엘리베이터가 있는 건물로 연면적이 2,000평방미터 이상이며 일정 층수 이상^{6층 이상}이면 되지만 건물 내 상주민의 입주율에 따라 발급 기준이 다를 수 있기 때문에 사전에 허가 사항을 확인할 필요가 있다.

다섯 번째는 매장에 불법으로 사용하는 면적이 없어야 한다. 실제는 매장으로 사용하고 있더라도 주차장 등을 불법으로 사용하거나, 매장으로 사용하는 건축물의 바닥 면적이 건폐율을 초과한 경우나, 공용면적이나 도로 등을 점유하여 매장을 꾸민 경우 지정취소 사유가 될 수 있기 때문에 건축물대장상 면적과 실제 사용하는 면적을 살펴봐야 한다.

특히 오래된 건물이나 영업을 오래한 건물은 이런 상황에서 취득하는 사례가 많기 때문에 더욱 주의 깊게 살펴봐야 한다.

〈사진 B〉

실제담배소매인지정권을
확보하고 있는 a점포

담배소매인지정권 없이 담배영업을
하고 있는 가설 건축물

담배소매인지정권을
확보하고 있는 b건물

마트와의 거리 약 55미터

가설건축물과의 거리 약 40미터

13) 입지와 관계 없이 경쟁점 점주에 대해 파악하는 것도 중요하다

점포를 선정하는 데 있어 경쟁점 입지는 파악해도 경쟁점 점주에 대해 파악해본 적은 많지 않을 것이다. 경쟁점 점주에 대한 기본적인 사항을 파악해보는 이유는 운영을 잘하는 점주인 경우 입점 판단을 유보하기 위해서가 아니라 상대를 알고 준비하여 경쟁하자는 얘기이다.

또한 지역에 따라 입지보다도 더 중요한 경쟁력이 되기도 하기 때문에 최소한 아래의 다섯 가지는 반드시 확인할 필요가 있다.

첫 번째는 경쟁점 점주의 운영능력을 파악해야 한다. 경쟁점주의 경영능력에 따라 목표매출에 빨리 도달할 수도 있고 늦을 수도 있으며 경영이 어려울 수도 있고 쉬울 수도 있다. 그러므로 최대한 빨리 안정권에 접어들려면 경쟁점과 경쟁할 수 있도록 그에 맞게 대책을 세워서 매장경쟁력을 높이도록 마음을 굳게 먹어야 한다. 주의해야 할 것은 경쟁점의 입지 여건이 좋은 데도 불구하고 경쟁점 점주의 운영능력이 현저히 낮은 경우라면 운영을 잘하는 점주로 바뀌면 고전할 수 있기 때문에 현재 경영능력이 떨어진다고 무시할 일만은 아니다.

두 번째는 경쟁점 점주의 근무 경력이나 나이를 파악해야 한다. 단순히 근무경력이 오래되었다고 경영능력이 뛰어난 것이 아니고 단순히 나이가 많다고 경영능력이 떨어지는 것도 아니기 때문에 섣부른 판단을 해서는 안 된다.

세 번째는 경쟁점 점주의 경제력을 파악해야 한다. 단순히 돈이 많고 적음이 아니고 점주의 성향이 공격적인 분은 경쟁점이 생기면 추가로 점포를 개설하여 더욱 공격적으로 오픈을 하기도 하기 때문이다. 그러나 이런 경우는 드물기 때문에 너무 걱정할 필요는 없다.

네 번째는 경쟁점 점주의 운영 점포수를 파악해야 한다. 단순히 점포수가 많다고 운영능력이 높은 것이 아니다. 오히려 이런 점포의 점주보다 점포 하나를 운영하더라도 그 점포에서 목숨 걸고 열심히 하는 분이 더 무섭다.

다섯 번째는 경쟁점 점주의 성향을 파악해야 한다. 드문 경우이지만 경쟁점이 폐점할 것을 예상하고 후보점을 오픈하기도 한다. 그러나 경쟁점이 예상외로 선전하거나 점주의 경제적 여유와 관계없이 소일거리로 운영하는 경우도 있고 아무리 매출이 떨어져도 자존심 때문에 끝까지 운영하는 경우도 있기 때문에 경쟁점의 폐점을 기대하고 입점하는 건 바람직하지 않다.

14) 같은 사람이 마트에 갈 때 있고 편의점에 갈 때 있다

많은 분들이 예비점포를 보면서 유독 많이 눈여겨 보고 가장 두려워 하는 부분이 주변에 중형 마트나 대형 마트가 있는 입지이다.

일반적으로 배후 내에 1~3개의 중형 마트가 성행하고 있다는 것은 배후가 넓고 수요층이 두텁다는 얘기다. 그러므로 적극적으로 알아봐야 하는 것은 마트가 얼마나 잘 되는지, 어떤 소비층이 주 고객인지, 주요 매출 시간대는 언제인지, 몇 시까지 영업하는지, 마트와 비교하여 주 배후 접근성은 어떤지를 파악하는 것이 중요하지 "마트가 있는데 되겠어!" 하고 쉽게 판단할 일이 아니다.

왜냐하면 전혀 경쟁점이 없는 곳은 없기 때문에 이런 시야로 다른 지역에 가서 편의점을 알아봐도 경쟁 편의점, 슈퍼, 마트 등만 눈에 들어와서 결국에 다시 원점에서 고민하게 될 것이다. 그러므로 배후 내에 마트가 곳곳에 포진해 있다면 배후의 규모에 비해 너무 많은 건 아닌지 점포 운영 시 지출^{임차료 등}요소는 너무 과한 건 아닌지를 면밀히 비교하는 것이 중요하다.

회사의 점포개발팀은 마트나 경쟁시설이 있는 현 상황에서 매출과 수익성을 가늠하여 입점 여부를 판단하는 것이지 여러분이 마트와 경쟁하는 구도로 입점을 추진하지 않는다. 단지 여러분이 매출에 욕심이 있다면 그들과 차별화할 수 있는 매출전략을 세우고 노력해서 좀 더 많은 고객을 끌어들이는 것은 여러분의 의지와 노력에 달려 있는 것이고 결정은 여러분의 몫이다.

15) 후보점보다 규모가 큰 마트가 바로 옆에 있는 경우 더욱 주의해서 살피자

전 페이지에서 언급했듯이 한 사람이 마트에 갈 때 있고 편의점에 갈 때가 있다. 이 말의 전제 조건은 배후가 넓거나 통행량이 많아야 하지만 마트와 불과 몇 미터 간격으로 있는 경우 후보점이 입지적으로 우위에 있음에도 특별히 아래의 사항은 주의해서 살펴야 안정적인 매출을 기대할 수 있다.

첫 번째는 비교적 배후는 넓어야 한다. 배후가 그리 넓지 않거나 통행량이 적은 지역은 배후민이 오랜 기간 동네 마트에 익숙해져 있어서 편의점으로 유도하기가 쉽지 않기 때문에 배후민을 충분히 확보해야 편의점 이용률을 높일 수 있다.

두 번째는 배후민의 성향이 편의점 친화율이 높아야 한다. 젊은 고객은 마트보다 편의점에서 소비하고 싶어 하는 경향이 강하지만 연세 드신 분은 편의점보다는 마트에 익숙해져 있기 때문에 쉽게 이들의 방문을 유도하기가 어렵기 때문이다.

세 번째는 기본적인 상품구색을 갖출 수 있는 정도의 면적은 되어야 한다. 가령 후보점의 매장이 미니형이고 마트의 매장이 넓을 경우 상품경쟁력에서 절대적으로 열세이기 때문에 대량 구매하는 고객은 흡수하기 어렵고 상품의 다양성도 충분히 확보할 수 없기 때문이다. 특히 거주형인 배후형에서 첫 번째, 두 번째, 세 번째의 조건을 갖추지 않으면 더욱 고전할 수 있으므로 점포운영에 자신 없는 분은 심사숙고하여 입점할 필요가 있다.

네 번째는 주 배후민의 접근성이 우위에 있어야 한다. 한정된 배후이므로 마트에 가는 경우와 후보점에 가는 경우가 따로 있지만 접근성이 좋으면 중복된 상품을 구매하는 경우 먼저 고객의 구매심리를 유도하여 마트에 가던 손님의 구매를 이끌 수 있다. 또한 초기 경합에서는 고전할 수 있지만 시간이 지날수록 입지적인 우위에 따른 경쟁력은 높아질 것이다.

다섯 번째는 마트의 운영시간이 짧아야 한다. 편의점의 최고 강점은 24시간 영업하는 것인데 바로 옆에서 마트가 일찍 열고 늦은 시간까지 영업한다면 편의점이 있는 것과 마찬가지이므로 주의해야 한다. 또한 늦게까지 영업하는 마트는 운영력도 좋은 편이기 때문에 후보점은 더욱 고전할 수 있다.

여섯 번째는 마트에 대한 지역민의 평가를 알아보자. 특히 장사가 잘 되고 고객관리를 잘하는 마트는 더욱 유심히 살펴야 한다.

가령 거주형의 배후형인 경우 지역민들과 술자리를 잘 만들어 친목이 두텁거나 소비형인 경우 업소를 단골로 확보하기 위해 간단한 식품도 월말 결제로 운영하는 경우는 각종 민원과 지역 텃세로 매출이 매우 더디게 오를 수 있고 신규상권이 아닌 이상 마트 거래고객을 유치하는 데 한계가 있다.

일곱 번째는 임차료가 너무 높으면 안 된다. 이런 지역은 경쟁률도 높기 때문에 장기적인 관점에서 운영해야 하는데 임차료가 부담스러울 정도라면 매장업무에 전념하기가 어렵다.

16) 마트 수요율이 높은 지역은 조심하자

편의점 할 입지를 찾으면서 눈 여겨 봐야 하는 것 중 하나가 경쟁 마트의 유무이다. 물론 마트가 없는 배후형은 마트수요를 흡수하여 비교적 높은 매출을 기대할 수 있다. 앞서 언급했듯이 마트가 근접하여 있는 경우도 주의해야 하지만 마트가 없는 지역 중에 신종 마트나 SSM 같은 마트가 상생법의 규제를 피해 입점할 수 있는 지역도 주의해야 한다. 대체로 마트 수요는 소비율이 높은 편이지만 두 가지 지역으로 분류할 수 있다.

다세대 주택 등으로 이루어져 소득수준이 높지 않은 지역과 고급주택들로 형성된 소득수준이 높은 지역이다. 보통은 전자 (A)의 지역에 편의점이 더 적극적으로 진입하지만 소득수준이 낮아 편의점 소비보다는 마트 소비를 선호하므로 소비율이 낮은 편이다. 이런 지역에 오픈 후 마트가 생기면 가뜩이나 소비율이 낮은 편인데 마트 수요까지 빼앗길 경우 더욱 고전할 수 있다.

그러므로 배후형에 있는 경우 입지적으로 우위에 있고 매장여건이 좋아야 경쟁력이 있으며 같은 배후에 있어도 흡입률이 떨어지는 입지에 있는 경우 더욱 고전할 수 있다.

후자처럼 소득수준이 높은 지역은 집들이 넓고 도보보다는 차량이동이 많으므로 통행량이 매우 적은 편이다. 이런 지역은 일반 통행인이 적고 내방객수에 비해 소비율이 높기 때문에 고객의존도가 높다. 일정 매출은 기대하더라도 마트에 수요를 빼앗기면 전자의 지역보다 더 고전할 수 있기 때문에 순수한 배후형보다 다양한 배후를 확보하고 있거나 입지적으로 우위에 있으면서 매장여건이 좋아야 한다.

그러므로 편의점 수요보다 마트 수요가 더 높은 지역에서 오픈하기 전에는 마트가 입점할 만한 배후를 갖추었는지 후보점에 근접하여 마트가 입점할 수 있는 여건의 매장이 있는지 마트가 진입하더라도 편의점 친화율이 높은 배후민은 얼마나 되는지 파악하여 입지적으로 경쟁력이 있는 지역을 선점해야 하므로 섣불리 결정해서는 안 된다.

(A)

A 편의점과 마트거리
약 120미터

마트

차후에 마트가 진입

B 편의점과 마트거리
약 100미터

17) 개인편의점이나 개인슈퍼가 공략할 수 있는 틈새배후도 소홀히 봐서 는 안 된다

대부분 창업하시는 분은 단순히 인터넷상의 정보만을 보고 창업하기보다는 업종에 대해 많은 것을 공부한 후 지인의 도움으로 창업하는 경우가 많다.

특히 메이저 편의점은 개인편의점이나 개인슈퍼보다 배후를 넓게 보는 편이므로 편의점 입지에 대해 공부를 많이 한 분은 경쟁점 입점 가능성을 예상하기가 수월하기 때문에 내가 오픈하고자 하는 지역에 또 다른 경쟁점의 진입가능 여부를 미리 판단한 후에 창업한다.

그러나 대부분의 개인편의점이나 개인슈퍼는 메이저 편의점처럼 배후를 넓게 보고 입점하지 않기 때문에 주변여건이 떨어져도 진입하는 경우가 많다.

예를 들어 개인편의점이나 슈퍼는 배후가 넓지 않아도 도로변입지에서 건널목이나 교통시설과 근접해 있거나 면적이 적더라도 월 임차료가 저렴하다면 오픈하는 경우가 있기 때문에 경쟁 편의점의 입점가능 여부만 따져 볼 것이 아니라 경쟁 편의점이 진입하기 어려운 배후의 틈새에 개인편의점이나 개인슈퍼가 입점할 경

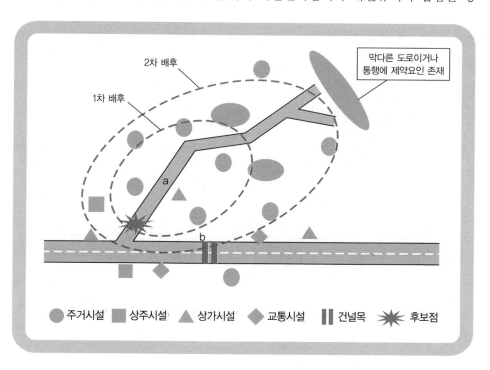

우 의외로 매출하락폭이 클 수 있으므로 너무 방심하지 말고 주의 깊게 살펴봐야
한다.

특히 a포인트처럼 배후의 규모가 크지 않은 지역에서 흐름을 끊는 곳에 입점하
거나 b포인트처럼 동선의 1차 수요를 먼저 흡수할 수 있는 곳에 입점할 경우 의
외로 고전할 수 있다.

18) 마트가 진입할 수 있는 포괄배후근접 1차 배후가 부족하지만 전반적인 배후는 넓은 배후 주 의하자

전 페이지에서 언급한 경우는 배후가 적절하거나 넓지 않은 배후에서 소화율이
높을 경우 주의해야 할 사항이지만 여기는 배후를 넓게 보고 들어가서 배후의 소
화율이 낮을 수 있는 경우를 말한다. 배후가 넓다고 무조건 경쟁 편의점이 진입할
수 있는 것은 아니다. 그러나 배후 성격이 거주형이나 거주시설의 비중이 높은 혼
재형에서 배후의 수요를 충족할 만한 마트가 없다면 주의해야 한다. 이들은 일반

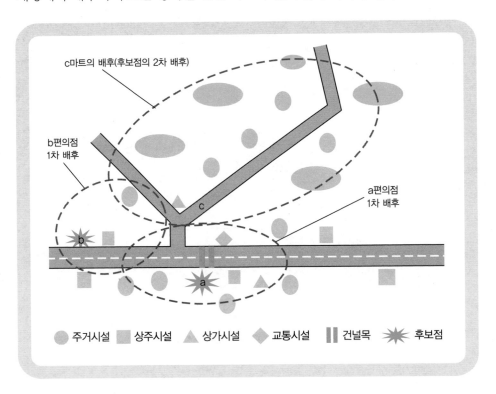

적인 편의점과 달리 입지적으로 열세에 있어도 수요만 충분하다면 얼마든지 진입하기 때문이다.

특히 후보점이 a포인트처럼 도로를 사이에 두고 주배후를 마주보고 있는 경우나 b포인트처럼 주배후와 접근성이 떨어지는 곳에 편의점이 있는 경우 c포인트처럼 배후의 흐름을 끊는 곳에 마트가 진입할 경우 안정적인 주배후를 확보하지 못한 편의점은 매우 고전할 수 있다.

19) 기존에 영업하던 소매점의 매출이 너무 낮다고 불안해 할 필요 없다

기존 슈퍼나 마트를 편의점으로 전환할 경우 예상매출을 산정할 때 보통은 과거의 매출을 토대로 산정한다. 그러나 기존 슈퍼의 매출이 적정매출이상 나오는 경우와 매출이 현저히 낮은 경우가 있다.

전자의 경우 대부분 기존 매출을 토대로 오픈을 한 후에 보면 예상대로 기대매출이 나오지만 의외로 매출이 부진한 경우도 있다. 이런 경우는 배후민의 성향과 기존슈퍼의 매출에 대한 분석을 정확히 하지 않아서 생기는 경우가 많다. 예를 들어 기존 슈퍼에서는 편의점에서 잘 취급하지 않는 상품^{마트형 채소류나 생선, 수입상품 등}의 매출이 높았을 경우 배후민이 편의점상품의 가격과 상품에 만족하지 못하는 경우도 있다. 기존 슈퍼의 영업시간이 18시간 이상일 경우 편의점으로 전환하여 24시간 영업을 하더라도 기대 이하의 매출이 나올 수 있다.

후자의 경우 매출이 너무 낮아 불안해 할 수도 있으나 기존슈퍼가 가지고 있던 매장의 경쟁력이 입지적인 장점을 살리지 못해서 매출이 부진한 경우도 많다. 예를 들어 입지적으로 우위에 있어도 사방에 편의점이 있을 경우 기존 슈퍼나 마트로서는 경쟁력이 떨어져 매출이 낮지만 대기업 편의점으로 전환될 경우 경쟁력이 생겨서 입지적인 장점을 극대화해서 경쟁 편의점의 매출을 흡수하여 기대이상의 매출이 나오기도 한다. 편의점이 없는 배후인 경우 슈퍼나 마트가 편의점으로 전환될 경우 편의점 친화적인 배후민의 구매 욕구를 충족시켜 기대이상의 매출이 나오는 경우가 많기 때문에 기존 슈퍼의 매출만으로 판단하기보다는 배후의 성격 등 다양한 요인을 면밀히 비교하여 매출을 분석해야 한다.

20) 주말 매출과 야간 매출이 중요하다

주말은 7일 중에 2일이나 차지하고 야간시간은 하루의 반나절을 차지하는데도 편의점 입지에 따른 매출을 파악하면서 정작 유심히 보지 않고 지나칠 수 있는 부분이 주말 이틀간의 매출과 야간 매출을 파악하는 것이다.

실제로는 주 5일 근무제로 인해 특수입지를 제외하고는 상주형에서는 오피스 인원의 유출로 인해 주말 매출이 현저히 떨어져서 평균 수익률이 낮아졌으며 거주형은 거주민의 유입으로 상대적으로 주말 매출이 올라가서 평균 수익률이 높아졌고 소비형은 지역 인지도에 따라 상권의 확장성이 달라지므로 주말매출의 편차가 크다.

그러므로 주말 이틀간의 매출이 어떠냐에 따라 점포의 평균수익률은 높아질 수도 있고 낮아 질 수도 있기 때문에 상주형에서는 주말매출 하락폭이 얼마나 될지 따져서 평일의 매출과 비교하여 적정평균매출이 나오는지를 파악해야 한다. 거주형과 소비형은 대체로 주말매출이 평일 매출보다 높기 때문에 이날의 매출이 얼마나 높게 나오느냐에 따라 평균매출이 높아질 수 있기 때문에 유심히 살펴봐야 한다.

상주형에서는 주간 시간대의 매출이 주 매출이지만 야간 시간대 매출이 얼마나 잘 받쳐 주는지에 따라 안정적인 매출을 기대할 수 있으므로 야간시간대의 배후민의 활동성을 잘 파악해야 한다.

거주형에서는 야간 시간대 매출이 주간 시간대 매출과 비교하여 차지하는 비중이 작게는 65:35에서 많게는 80:20 정도로 월등히 높기 때문에 야간 시간대 동선을 철저히 분석해야 한다.

소비형은 대체로 임차료가 비싸고 이익률이 낮은 편이므로 야간 시간대 매출이 거주형보다 두텁지 않으면 기대 이하의 수익이 나올 수 있으므로 지역적 인지도가 높고 인지도가 있는 업소들이 근접해 있어야 상권이 활성화될 수 있다.

결론적으로 보면 상주형은 평일 주간 시간대 매출을 중점적으로 파악한 후 부수적으로 평일 야간과 주말 매출을 파악해야 하고 거주형과 소비형은 평일 야간과 주말의 매출을 중점적으로 파악한 후 부수적으로 평일 주간 시간대의 매출을 파악해야 한다.

21) 배후유형에 따라 계절과 날씨의 변화에 의한 매출 차가 심하다.

유동형 입지처럼 불특정 통행량이 많은 입지는 가장 사람들이 많이 활동하는 여름에 매출이 높은 반면 겨울엔 추위로 인해 사람들의 활동이 더욱 위축 되므로 다른 유형보다도 매출하락 폭이 더욱 크다.

이런 입지는 날씨에도 민감해서 날씨가 좋은 날에는 사람들이 더 많이 활동하므로 매출이 높고 비가 오거나 눈이 오는 날에는 통행인이 반 이상으로 줄어들기 때문에 매출이 매우 부진하다.

동선 배후형은 A그림처럼 동선의 초입에 있어 거주지에 들어가는 길이나 회사로 가는 길에 반드시 거쳐야 하므로 여름에도 일정매출을 기대할 수 있고 겨울에도 배후로 진입하는 통행인들이 반드시 지나가야 하는 길에 있으므로 다른 입지에 비해서 상대적으로 매출이 덜 떨어진다.

날씨가 좋을 때는 배후민의 활동이 많아지므로 매출이 눈에 띄게 늘고 날씨가 나쁘면 배후민이 나오는데 제한적일 수밖에 없으므로 매출이 부진할 수밖에 없지만 배후의 구심점에 있어서 통행은 꾸준하므로 상대적으로 다른 입지에 비해 매출이 덜 떨어진다.

배후형 중에서도 우물형은 B그림처럼 배후민의 출퇴근 동선으로 인한 매출보다는 거주, 상주, 여가동선으로 인한 매출 비중이 더 높기 때문에 여름에는 배후민의 활동성이 높아 모이는 형이므로 매출이 높지만 겨울에는 추위로 인해 활동성이 떨어지므로 배후에서 나오는데 제한적일 수 있으므로 상대적으로 매출이 부진하다.

또한 다른 유형에 비해 소비율이 높은 편이므로 배후민의 활동이 줄어들면 매출하락폭이 클 수 있기 때문에 최대한 안정적인 매출을 유지하기 위해서는 배후가 넓고 안정된 근접 1차 배후를 확보한 입지여야 한다.

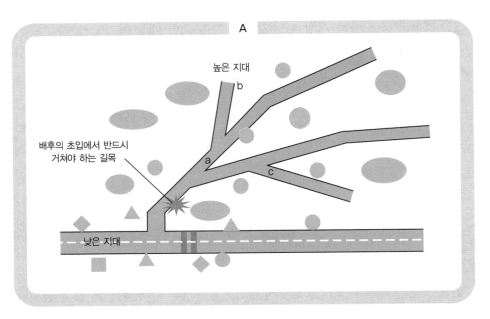

A

높은 지대

b

배후의 초입에서 반드시
거쳐야 하는 길목

a

c

낮은 지대

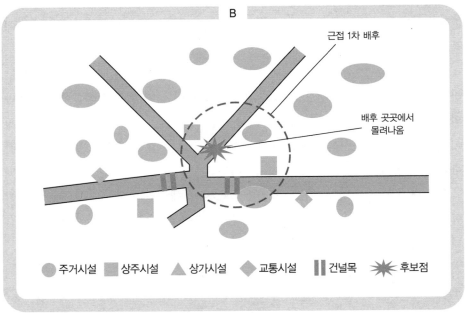

B

근접 1차 배후

배후 곳곳에서
몰려나옴

● 주거시설　■ 상주시설　▲ 상가시설　◆ 교통시설　▌▌건널목　✳ 후보점

22) 배후민의 성향도 매출에 상당한 영향을 미친다 _{소득수준 보다는 배후민의 구매성향이 중요하다}

과거에는 경쟁점과의 거리가 상당히 떨어져 있어서 충분한 배후를 확보할 수 있기 때문에 배후민의 성향까지 파악할 필요는 없었다. 그러나 요즘은 경쟁이 치열하다 보니 이전보다 배후의 범위가 줄어들어서 안정된 매출이 나올 거라고 담보할 수 없기 때문에 지역에 따라 또는 내가 하고자 하는 점포의 배후민의 성향을 파악하는 것이 매우 중요해졌다.

예를 들어 어떤 지역은 배후가 그렇게 넓어 보이지 않는데 기대이상의 매출이 나오는 경우가 있고 어떤 지역은 배후가 충분히 넓은데도 불구하고 의외로 기대이하의 매출이 나오는 경우도 있는데 가장 큰 이유는 배후민의 성향이 편의점 친화적이거나 반 편의점적이기 때문이다.

거주형에서 가장 편의점 친화적인 배후민은 가격저항이 적고 독립가구 형태로 생활하는 젊은 직장인과 학생 등이다. 젊은 직장인은 늦은 야간 시간대에도 수시로 구매를 하며 소비율과 구매율이 높은 편이며 학생 등은 소비율은 낮아도 구매율이 높기 때문에 거주지에서 식사를 해결하기보다는 편의점에서 간단한 먹거리를 해결하는 경우가 많다.

반대로 반 편의점적인 배후민은 주로 배후민의 소득이 높지 않은 지역에 사시는 연세 드신 분이나 가족단위 거주형태의 주택이 많거나 고급주거시설이 많은 곳은 재래시장이나 대형마트에서 대량으로 구입하고 가끔씩 필요에 따라서 편의점을 이용하기 때문에 구매율이 매우 낮은 편이다.

그렇다면 소득수준과의 연관성은 어떨까? 무조건 소득수준이 높다고 좋은 것이 아니고 소득수준이 낮다고 나쁜 것도 아니다. 소득수준이 높아도 대가족형태의 고급빌라나 단독주택단지의 배후민은 편의점 친화율이 낮기 때문에 내방률이 현저히 낮은 편이다.

반면 소득수준이 낮아도 독립가구형태의 시설이 많은 지역처럼 편의점 친화율이 높은 배후민이 많은 지역이라면 소비율은 낮을지라도 구매율이 높은 편이기 때문에 매출이 기대이상으로 나오는 경우가 많다.

상주형에서 편의점 친화적인 배후민은 대체로 벤처기업형의 직장인이나 대기업직장인들이 업무환경이 자유스러운 직장인이기 때문에 내방률과 구매율이 높은 편이고 반 편의점적인 공기업이나 관공서직원들은 업무환경이 틀에 갇혀 있는 편이기 때문에 내방률도 낮고 구매율도 낮은 편이다.

소비형에서 편의점 친화적인 배후민은 유흥소비형 중에서 주점 등의 종사자와 판매소비형 중에서 유행에 민감한 의류, 액세서리 업종의 종사자가 구매율이 높은 편이고 이곳을 이용하는 소비자는 일회성 소비가 많기 때문에 소비율은 낮지만 구매율이 높은 편이다.

23) 주간의 통행량에 너무 현혹되지 말고 야간의 통행량에 실망하지 마라

최소한의 통행량이 다니는 것은 중요하지만 점포 선정편에서 논할 통행인의 정의를 보면 일부 입지를 제외하고는 상시 직접적인 매출에 영향을 주는 통행인은 불특정 통행인이 아니고 배후민의 통행이다. 배후민은 늘 이동하는 것이 아니고 필요에 따라 잠깐씩 이동을 하기 때문에 배후가 매우 넓지 않는 이상 이들의 통행량은 눈에 띠지 않는다.

이것도 거주형과 상주형에 따라 차이가 있는데 거주형에서는 일부 입지유형을 제외하고는 낮 시간대엔 통행인이 적은 편이고 그나마 다니는 통행인도 소비율과 구매율이 낮은 불특정 통행인이 대부분이다. 그러므로 이런 통행량이 많다고 현혹 되서는 안 되며 저녁 시간대 이후 통행인은 일부 입지유형을 제외하고는 배후민의 퇴근 동선과 거주 동선 상에서 주요매출이 발생하기 때문에 통행량이 많지 않지만 구매율과 소비율이 높은 편이므로 이 시간대 이후의 통행량이 적다고 실망할 필요가 없다.

상주형은 거주형보다는 통행량이 많은 편이지만 일부 상권이 발달한 유동형 입지나 교통시설이 발달한 입지에 있는 것이 아닌 이상 생각보다 통행량이 많지 않다. 이런 입지는 불특정 통행인의 비중이 많으며 이들이 많이 다닐수록 임차료는 비례하여 현저히 높기 때문에 기대 이하의 수익성이 나오는 경우가 많다. 특히 야간은 일부 상가시설이 발달한 지역을 제외하고는 공동화 현상^{도심 오피스가 인구가 거주지로 이동한 후 비어있는 상태}으로 인해 매출이 현저히 떨어지므로 낮 시간대의 매출이 상주형의 매출을 결정한다고 봐도 무방하므로 낮 시간대에 실질적으로 매출을 일으키는 출근 동선과 상주 동선상의 통행량을 파악하는 것은 매우 중요하다.

반면에 시내 중심가나 대학가 등의 유동형 입지에서는 소비율과 구매율이 낮은 배후 방문 통행인이나 불특정 통행인^{단순 통과형 통행인 등}이 많아서 내방률과 통방률이 낮기 때문에 얼마나 많은 통행량이 있어야 매출이 오를지 판단해 볼 수 있을 것이다.

결론적으로 구매목적과 무관한 통행이 잦다면 눈으로 보기에는 좋아도 실속이 없는 경우가 많고 통행량이 많지 않아도 실제 소비로 이어지는 배후민의 통행량이 많다면 눈으로 보기에는 부족해도 언제나 매출에 영향을 줄 수 있는 통행인이므로 실망할 필요가 없다.

▪ 편의점 운영의 이해
▪

1) 편의점은 편의점다워야 한다

이미 언급했듯이 편의점은 지역의 특성에 맞게 다양한 옷차림으로 승부한다. 그러나 카페형이라고 카페와 같을 순 없다. 단지 카페형 상품이나 테이블에서 발생하는 매출은 소비율과 회전율이 낮기 때문에 주요 매출원이 될 수 없으므로 경쟁력을 높일 수 있을 뿐이다.

생활밀착형은 거주형인 배후형에서 슈퍼와 경쟁하기에 가장 적합하지만 경쟁률이 높다고 매장을 경쟁슈퍼와 차별화하지 않고 실속형 상품^{생활필수품 중에 마트처럼 가격이 저렴한 상품} 위주로 운영한다면 전체적인 이익률이 떨어져 슈퍼끼리의 경쟁이 가중될 뿐이다. 그러므로 지역과 상황에 맞는 매장 콘셉트를 정하더라도 아래와 같이 편의점으로서의 기본 틀을 유지하면서 운영하는 것이 가장 효과적이다.

첫 번째는 영업면에서 늘 오픈되어 있어야 한다. 편의점은 365일 24시간 고객을 맞기 때문에 '문이 있어도 문이 없는 업종'이다. 그러므로 항상 고객을 맞을 준비를 하고 있어야 하므로 늘 출입구는 깨끗하고 밝아야 한다.

두 번째는 서비스 면에서 고객이 제일이어야 한다. 같은 상품을 구입해도 편의점을 이용하는 이유는 남다른 서비스 때문인데 편의점은 유통업이기보다 서비스를 파는 업종이기 때문이다.

세 번째는 주력 품목인 즉석조리식품과 각종 할인, 행사상품을 적극 활용하자.

편의점의 즉석조리식품은 식사대용 상품이 아니라 식사용 상품이다. 음식점 소비를 유도할 수 있는 상품이므로 맛과 신선도가 좋을 수밖에 없고 각종할인이나 행사상품은 편의점의 고정관념을 깨서 저렴하게 구입할 수 있는 상품이므로 적극 활용한다면 가격 때문에 경쟁력이 떨어질 일은 없을 것이다.

네 번째는 시설 면에서 편의점은 최신시설을 갖춰야 한다. 한정된 매장에서 수많은 상품과 신선식품을 보관하기 위해서는 일반적인 시설집기로는 해결이 안 되기 때문에 늘 새로운 시설이 개발되고 있다.

다섯 번째는 상품은 새롭고 신선해야 한다. 소비자의 트렌드를 선도하는 업종이다 보니 신상품은 편의점을 통해 가장 빨리 출시되는데 이런 상품을 늦게 갖춰서 소비자가 먼저 요구하는 곳은 편의점이 아니다. 또한 유제품은 물론이고 과일이나 야채를 비롯한 각종 신선식품은 편의점이 슈퍼와 경쟁할 수 있는 훌륭한 무기이므로 유통기한을 철저히 점검하고 신선도를 유지하기 위한 노력을 게을리 해서는 안 된다.

여섯 번째는 진열 면에서 편의점은 매출을 극대화하기 위해 깔끔하고 세련되어야 한다. 오픈 초기에 상품의 다양성을 중요시하더라도 차츰 매장여건에 맞게 상품구색을 정하여 고객이 보기 쉽고 고르기 쉽도록 진열해야 한다. 이런 진열을 토대로 각종할인이나 행사상품 등을 세련되게 진열해야 동반구매나 충동구매를 유도할 수 있다.

일곱 번째는 늘 밝고 깨끗해야 한다. 24시간 열려 있는데 매장이 어둡거나 청결하지 못하면 편의점이 아니다.

여덟 번째는 짧고 길게 영업해야 한다. 슈퍼처럼 점주가 종일 근무하는 업종이 아니다. 편의점은 24시간 운영하지만 근무자에 의해 돌아가고 있기 때문에 너무 서두르거나 일시적으로 튀는 방식보다는 장기적인 관점에서 본사의 매뉴얼에 의해 꾸준히 운영하는 것이 편의점의 경쟁력이다.

아홉 번째는 준법적이어야 한다. 각종 세금이나 사회보험을 잘 내고 분리수거는 철저히 하고 절대로 미성년자에게 술, 담배 같은 유해품을 팔지 말아야 한다. 21세기는 모든 것이 투명하고 법의 테두리 내에서 모든 경제활동이 이루어지는 사회이므로 이를 편의점이 선도하고 있다.

열 번째는 앞으로 편의점은 단순한 편의점이 아니다. 고객은 늘고 편의점은 변하고 있다. 그러므로 점주는 이런 변화에 능동적이고 적극적으로 동참하여 새로운 편의점 문화를 만들어가야 한다.

2) 모든 점포는 자기하기 나름이다

전국에 수만 개의 편의점이 있다. 메이저 편의점은 A사$^{약\,7,300점}$, B사$^{약\,6,800점}$, C사$^{약\,6,600점}$, D사$^{약\,2,000점}$ 이고 중소 편의점 브랜드까지 합하면 20여 가지의 브랜드가 있다. 그 많은 편의점 중에서 같은 여건에 같은 매출과 같은 수익이 나는 편의점은 없다.

같은 입지의 편의점이라도 어떤 브랜드인지 어떤 성격의 점주가 운영하는지에 따라 결과도 천차만별이다. 모든 회사가 이윤을 추구하는 바는 같지만 그 과정은 회사마다 약간씩 다른 부분도 있다.

예를 들어 어떤 회사는 점포수도 부족하고 브랜드인지도가 낮다 보니 점주와 점포계약을 늘리기 위해 점주의 고객에 대한 서비스는 신경 쓰지 못하는 것은 물론이고 상품개발이나 시설집기의 개발도 뒷전에 두기도 한다. 어떤 회사는 업계에서 수위를 차지하기 위해 더 공격적인 점포개설을 하다 보니 수익적 기반이 불확실함에도 불구하고 점주를 설득해서 무리하게 입점하는 경우가 많다.

이렇게 회사마다 조금씩 차이가 있지만 같은 점포라도 어떤 점포는 점주가 죽기 아니면 살기로 열심히 운영하고 어떤 점주는 여유가 있어서 적당히 수익만 나오면 느긋하게 운영하는 점주도 있다. 이런 경우 매장여건에 따라 다르겠지만 같은 점포도 누가 운영하느냐에 따라 최소 10~30%의 매출차이가 난다.

그러므로 편의점을 창업하기 전에 어떤 회사를 선택하고 어떤 점포를 선택하여 어떻게 운영하느냐에 따라 그 결과는 천차만별이기 때문에 최선을 다해 선택하고 운영해야 한다.

3) 사공은 한 사람이어야 한다

편의점을 하기로 마음먹기 전에 점포선정과정에서 오픈 후 결과에 이르기까지 모든 결과는 운영자인 내 책임임을 명심하자. 대부분 여유로운 분이 창업하기보다는 어려운 환경에서 창업하게 되다 보니 가족이 합의를 하여 창업하는 경우 매출이 기대 이하로 나오더라도 서로 힘을 모아 열심히 운영하면 위기를 극복해 나갈 수 있다.

그러나 사공이 여러 명이면 배가 방향을 못 잡듯이 가족간이라도 어느 한 사람이 확실한 구심점을 가지고 이끌어 가야 한다. 아무리 부부간이라도 또는 한 가족이라도 어느 한 사람이 확실한 구심점이 되어 책임감과 의무감을 갖고 리드해가면서 점포운영에 매진해야만 결과가 좋다면 좋은 대로 나쁘다면 나쁜 대로 발전시켜 나갈 수 있는 것이다.

대표로서 또는 가장으로서 의무와 책임감을 갖고 시작한 이상 매출이 기대보다 못 미치더라도 또는 기대이상의 매출이 나오더라도 내가 선택하고 내가 책임져야 할 부분이므로 앞만 보고 나아가야 한다.

이렇게 앞만 보고 모든 열정을 쏟아 부어야 잘 되던 점포는 더 잘 될 수가 있고 그렇지 않던 점포는 더 나아질 수가 있는 것이다.

4) 점포운영에 특별한 노하우가 있는 것이 아니다

여러분도 학창시절 공부를 해 봐서 잘 알 것이다. 부모님이 멀리 떨어져 있는 좋은 학원을 선정하여 보내준다고 모두 공부를 잘 하는 것이 아니지 않는가? 시간 낭비하며 멀리 있는 학원을 다닐 것이 아니라 내가 열심히 하려는 의지를 갖고 가까운 학원에 다니더라도 모르는 것이 있다면 주변의 가까운 친구나 선생님께 물어 보면서 효율적으로 하는 학생이 공부를 잘 한다.

앞에서 얘기했듯이 편의점 운영도 특별한 기술을 요하는 것도 아니고 강철 같은 체력을 요하는 업종도 아니다. 그러므로 공부하는 것과 마찬가지로 열심히 운영하려는 의지를 갖고 내가 열심히 노력하다가 부족한 점이 있다면 주변의 가까운 점포에 들러 필요한 것을 관찰하며 배우고 회사의 관계자와 대화하면서 노력하다 보면 해결 하지 못할 것이 없다. 그래서 너무 먼 곳에 가서 어떤 특별한 노하우가 있는 것 마냥 그것을 파악하기 위해 애쓰면서 시간을 낭비하지 말자.

의외로 정답은 가까운 곳에 있기 때문에 점포운영도 끈기를 갖고 차근차근히 열심히 하다 보면 하나씩 스스로 터득하게 될 것이다.

5) 부지런해야 한다

24시간 운영을 하기 때문에 부지런해야 하는 건 아니다. 아래와 같이 점주가 해야 할 일은 미루지 말고 실천해야 한다는 말이다. 첫 번째는 편의점은 일반적으로 하루 3교대로 운영되기 때문에 어느 한 근무자에게 관심을 덜 가지게 되면 예기치 않은 일이 일어날 수 있으므로 수시로 점검하는 자세가 필요하다. 그러나 많은 점주는 근무자에게 지나치게 의존하여 점주의 손이 거쳐야 할 일도 안 거치게 되고 근무자에게 맡기거나 의지하는 경우가 있다. 이렇게 운영하는 데 길들여진 점주는 차츰 게을러지게 되어 해야 할 일을 제때 못하고 지나치다가 결국엔 매출하락이나 재고 손실로 이어지게 된다.

두 번째는 고객과 소통을 하면서 그들의 요구사항을 수시로 점검하고 시정하여야 하는데 근무자들이 여기까지 신경을 쓰지 않기 때문에 고객은 발길을 돌릴 수 있다.

세 번째는 고객이 편의점을 이용하는 이유 중에 하나가 깨끗하고 신선한 식품을 안심하고 구입할 수 있기 때문이다. 작은 매장이지만 수 천 가지의 상품과 식품이 있기 때문에 그것의 유통기한이나 신선도를 정확히 점검하지 않다가 손님이 구입이라도 하는 경우가 생기면 고객은 편의점을 이용할 이유가 없어지므로 그들은 발길을 돌릴 것이다.

네 번째는 상품의 가격이 수시로 오르는 건 아니지만 일주일에 한두 번씩은 판매가격이 오른 것을 본사 컴퓨터 시스템으로 확인하고 가격을 수정해 주어야 하는데 이런 것을 게을리 하다가 누락되면 오른 금액만큼의 점포손실이 생긴다.

다섯 번째는 반품해야 할 상품들을 제때 하지 않아 팔수도 없는 상품이 되어 못 쓰게 되어서 손실을 보게 되는 경우가 있다.

여섯 번째는 점주가 점포에 자주 있지 않는 점포는 사기꾼이나 물건을 훔치러 다니는 사람들의 표적이 되기 때문에 재고 손실이 생길 수 있고 일부이지만 근무자들의 불성실한 행동으로 재고 손실이 생길 수 있다.

일곱 번째는 점주도 영업외 영업을 해야 한다. 매장에서만 있지 말고 주변 상인이나 중개업소 등도 방문하면서 정보도 교환하며 잠재고객도 확보하고 주변의 돌아가는 상황도 파악하여 얘기치 않을 일을 대비해야 한다. 뒤에서 언급하겠지만 임대인과의 관계도 소홀히 해서는 안 된다.

위와 같은 경우 외에도 많은 것들을 점검하고 관리해야 하는데 부지런하지 않고서는 제대로 운영을 할 수 없다. 잠 덜자고 일찍 일어나는 것이 부지런한 거라고 생각할 수 있겠지만 편의점 운영은 잠은 충분히 자고 정말 움직여야 할 일이 있을 때 미루지 말고 실천할 때 진정한 편의점맨이 될 수 있다.

6) 자기 관리는 기본이다

생업인 편의점 운영을 열심히 하지 않는 사람은 없다. 그러나 아무리 열심히 해도 건강을 등한시하며 일하는 것은 바람직하지 않다. 어차피 1, 2년하고 말 것이 아니라면 장기전이다.

매출이 잘 오르지 않는다고 모든 비용을 줄이기 위해 점주 혼자 근무를 하다가 건강을 등한시하여 더 나쁜 결과를 초래할 수 있기 때문이다. 잘되면 잘 되는대로 잘 되지 않으면 안 되는대로 나름의 스트레스는 있기 마련이다. 너무 스트레스를 받으면 건강은 물론이고 업무의 부담도 가중되기 때문에 잘 풀릴 일도 그렇지 못하게 될 수 있다. 어떤 일을 해도 스트레스가 적은 일은 없다.

어차피 많은 돈을 버는 업은 아니기 때문에 자신만의 스트레스 해소법을 찾아 즐겁게 운영할 수 있는 방법을 찾아보자. 잘 되는 점포나 잘 될 점포의 점주의 얼굴을 보면 그들만의 미소를 볼 수 있을 것이다.

7) 효율적으로 운영을 하자

점주가 매장에 오래 있는 다고 무조건 매장이 잘 돌아가는 건 아니다. 일반적으로 점주가 매장에 오래 머물면서 좋은 점이 있다면 첫 번째는 매장 정리는 더 잘 될 것이다. 아무리 정리정돈을 싫어하는 점주도 가끔씩은 정리를 하게 되며 근무자들도 점주가 옆에 있으면 움직일 수밖에 없기 때문이다. 두 번째는 근무자의 불성실한 행동을 예방할 수 있을 것이다. 좁은 매장에 점주가 함께 근무하는데 별다른 생각을 할 리가 없다. 세 번째는 고객을 위한 서비스를 더 향상시킬 수 있을 것이다. 근무자도 점주가 있는 상황에서 불친절할 일이 줄어 들 것이다.

매장에 오래 머물러서 좋지 않은 점이 있다면 첫 번째는 점주의 성격에 따라 다르겠지만 근무자에 대한 요구가 많아질 수 있다. 근무자도 7시간 이상 서서 일만 할 수 없으므로 식사도 하고 조금씩 쉬면서 해야 하는데 근무시간 내내 점주가 옆에 있으면 불편해 할 수 있기 때문에 오래 일하려던 근무자도 근무기간이 짧아 질 수 있다.

두 번째는 점포업무 외에 다른 업무를 볼 시간이 줄어들어 점주의 시야가 좁아지게 된다. 전 페이지에서 얘기했듯이 점포 내에만 있게 되면 '우물 안의 개구리'가 되기 때문에 잘 되는 점포나 그렇지 않은 점포에서 배울 점과 고칠 점을 가려서 우리 매장에 적용을 하고 다양한 정보를 습득하여 외부환경변화에 대응해야 하는데 그렇지 못할 수 있다.

세 번째는 점주의 업무의 능률이 떨어질 수 있다. 비록 24시간 운영하는 업종이지만 점주가 모든 시간을 열정적으로 근무할 수는 없으므로 업무시간을 체계적으로 짜서 효율적으로 일을 해야 한다. 업무의 능률을 높이기 위해서 틈틈이 체력을 증진시켜야 늘 한결 같은 자세로 고객을 대할 수 있고 매장의 업무에 몰두할 수 있다. 또한 단골 고객이나 근무자들이 특정 시간에는 점주가 늘 있다는 인식이 들도록 늘 정해진 시간에 근무를 하며 필요할 때마다 추가 업무를 한다면 점주도 수월하고 근무자도 편안히 근무할 수 있으며 고객도 점주가 근무하는 시간을 인식하면 불편한 사항이 줄어들 것이다.

그러므로 점주가 하루 종일 근무하지 않더라도 점주가 한 파트타임만 근무하면 얼마든지 보완할 수 있으므로 하루 종일 점포에 머물러 체력을 소진하지 말고 효율적으로 운영하자.

8) 편의점에 적합한 단품관리를 해야 한다

단품관리란 상품 하나하나의 움직임을 파악하여 관리하는 것으로써 단순감각에 의존하지 않는 통계수치에 의한 과학적인 상품관리 활동이다. 통계수치란 점포에서 사용하는 POS또는 EOB에서 발생한 데이터를 단품별로 파악할 수 있게 한 가공한 자료를 말한다.

이는 이미 본사차원에서 시스템을 보강하고 있지만 한국의 편의점 특성에 맞게 꾸준히 진화해야 한다.

편의점은 마트보다 상품구색이 낮은 편이며 업체 간 경쟁이 치열하다 보니 최근 개설하는 점포의 면적이 좁아지고 있다. 이런 상황에서 현재의 편의점 아이템을 완벽하게 소화하기에는 무리가 있기 때문에 팔리지 않는 상품에 연연하지 말고 팔리는 상품은 선별하여 더 많이 팔 수 있도록 하는 것이다.

점포 선정편에서 언급할 때 오픈 초기 다양성을 언급하면서 최대한 다양한 상품을 진열하는 이유는 지역 상황에 맞는 소비자의 니드를 파악하고 매장여건에 맞게 경쟁력을 높이기 위함이지만 이런 방식으로 꾸준히 할 수는 없다.

실제 매장이 자리를 잡고 매출이 안정기에 접어들어 상품의 판매 데이터를 점검해 보면 1,000가지 상품을 진열하여 하루 100만원을 판다고 가정하면 실제 매출의 90%는 절반에도 미치지 못하는 아이템임을 알 수 있다.

그러므로 무조건 많은 상품을 진열해서 무리한 재고를 가지고 가기보다는 매장여건에 맞게 안정된 재고를 확보하여 재고 손실률을 줄이고 판매 기회 손실을 방지해야 하며 종업원의 업무의 효율을 높일 수 있도록 해야 한다.

이렇게 편의점 특성에 맞는 단품관리로 상품의 회전률을 높이고 고객의 니드상품은 적극 도입하여 고객이 요구하는 상품은 반드시 구비한 점포를 만들어 점포의 이익을 극대화하자.

9) 점포에 출근하면 이것 먼저 하는 습관을 들여라

많은 분들은 점포에 출근한 후에 가장 먼저 하는 일이 매출 데이터를 확인하거나 발주기계를 들고 발주를 하기에 급급해 한다. 그렇기 때문에 근무자들의 눈에는 점주에게 가장 중요한 건 매출과 발주를 하는 것으로 인식하게 되어 점포에 비치되어 있는 근무일지는 급여를 책정하는 자료나 근무자들 끼리 형식적으로 점검하는 업무가 되어 버리기 쉽다.

회사에서도 회의를 한 후 하루 업무를 시작하듯이 이렇게 거창하지는 않더라도 하루 일과를 생각하며 점포에 가서는 제일 먼저 근무일지와 재고대장, 인수인계 사항 등은 잘 되었는지 전날 특이사항은 없었는지 확인하고 시정해야 할 것은 바로 잡은 후 점주업무를 시작해야 한다.

그래야 근무자도 점주가 관리에 신경 쓰는 점포로 인식되어 실수를 줄이고 긴장하면서 근무를 설 것이다. 특히 신규로 오픈한 점포는 근무자관리나 재고관리에 소홀할 수 있다.

그러므로 단 5분이라도 근무일지를 먼저 점검하는 습관을 들이면 이러한 것들을 예방할 수 있다.

10) 영업계획서를 짜보자

작은 동네 편의점이라고 생각하지 말고 나름대로 영업계획서를 짜보자. 영업계획서를 작성하지 않는다고 해서 단기적으로 매출에 큰 지장을 주는 것은 아니다.

그러나 영업계획을 수립해야 하는 이유는 매출을 극대화하기 위해서 점포의 영업방향에 대한 정확한 목표를 갖고 오픈 초기에 매장의 완성도를 높이고 어떻게 준비하느냐에 따라 장기적인 발전성을 기대할 수 있기 때문이다.

별다른 창업을 해보지 않은 분이나 창업을 해보았더라도 실패를 경험한 분이라면 아마 오픈 후 1개월 간을 잘 기억하고 있을 것이다. 점포를 방문하는 고객을 상대하는 것도 버거워서 계산하는 것 외에는 다른 것은 신경도 못쓰고 정신없이 시간을 보냈을 것이다. 이런 상황에서 점주가 고객을 위한 서비스의 극대화와 고객 요구사항을 제때 반영할 수 있겠는가?

뭐든지 처음 한 두 달이 제일 중요한데 이렇게 우왕좌왕하다 보면 서비스는 물론이고 고객의 요구사항을 즉각 반영할 수가 없고 근무자의 관리체계도 갖추는데 늦어질 것이고 상품준비와 매장 진열 정리 같은 것들은 엄두도 낼 수가 없을 것이다.

영업 전략은 나 자신과 점포의 부족한 점을 체크하여 준비하는 과정이기 때문에 거창할 필요는 없다. 우선 오픈 전부터 나의 부족한 점을 파악하여 시정하면서 계산이나 발주는 최대한 익히자. 배후의 특성을 파악하여 매장의 경쟁력을 최상으로 만들어서 고객을 위한 서비스를 극대화하기 위해서 무엇을 해야 하는지 생각해 보자.

11) 오픈 일 주일 전부터 오픈 후 3개월이 가장 중요하다

뭐든지 기초가 튼튼해야 하듯이 창업도 마찬가지다. 앞서 창업절차에서 보듯이 오픈 전에 준비하는 기간은 1개월 정도밖에 되지 않지만 매장의 기본 틀이 갖춰지는 때이므로 아래의 사항을 주의하며 지역여건에 맞게 철저히 준비해서 매장을 꾸며야 한다.

첫 번째는 매장의 콘셉트를 정하는 일이다. 어떤 형태로 운영할지에 따라 매장의 구조와 시설이 달라지기 때문에 초기에 정확한 시장조사를 통해 가장 적합한 콘셉트를 정하는 일은 매우 중요하다.

두 번째는 매장면적을 극대화하여 가장 효율적인 레이아웃을 만드는 것이다. 조금이라도 넓힐 수 있는 부분이 있다면 넓힌 후 쇼핑 동선을 고려해 각종 시설물의 위치를 정한다. 이 업무는 본사 전문 디자인팀에서 최상의 점포 디자인을 창출하지만 무조건 본사 직원의 의견을 따르기보다는 점주도 여러 점포의 사례를 참고하여 어떻게 운영할 지를 고민한 후 의견이 있다면 적극적으로 제시하여 협의하는 자세가 필요하다.

이렇게 점주의 관심과 노력이 반영된 점포는 완성 후 보면 어디가 달라도 다르기 마련이다. 오픈하기 전에는 노력하여 완벽한 무기를 만들었다면 오픈 후 3개월 간은 무형의 노력으로 전략을 잘 세워서 초기 3개월 간은 앞만 보며 체계적으로 운영여 그 지역에서 가장 적합하고 경쟁력 있는 매장으로 만들어야 한다.

이 시기는 점포의 이미지와 존재감이 결정되는 시기이므로 이 시기를 놓치고 대충 지나쳐 버리면 자리를 잡는 데 더 많은 노력과 시간이 걸린다. 그러므로 오픈 후 3개월의 중요성은 아무리 강조해도 지나치지 않기 때문에 메이저 편의점은 초기 3개월 간은 별도의 영업 지원 부서에서 최대한 빨리 안정이 되도록 도움을 주고 있으며 필자도 점포 선정편에서 1개월, 2개월, 3개월 차의 운영방안을 구분하여 기술하였다.

운이 좋아 오픈하자마자 매출이 높게 나오는 경우도 있지만 대부분은 서서히 매출이 오르기 때문에 오픈 전부터 그 시기에 맞게 차근차근 준비한다면 좋은 결과가 있을 것이다.

12) 편의점 운영은 작은 회사를 경영하는 것과 같다

어떤 분은 편의점이 변형된 동네슈퍼 정도로 생각하여 별다른 일을 하지 않고 계산만 하면 되는 거라 생각하는 분도 계실 것이다. 그러나 실제로는 아래의 다섯 가지 측면에서 편의점 경영은 회사를 경영하는 것과 다를 바가 없다.

첫 번째는 다수의 근무자를 두어야 하므로 근무자 관리에 소홀히 하면 안 된다. 점주의 의지대로 독단적으로 운영하기 보다는 근무자들과 영업적인 대화 외에도 근무자 개개인에게 관심을 갖고 그들의 애로사항 등을 들어가며 함께 있는 동안은 가족적인 분위기로 일할 수 있도록 해야 한다. 이는 전적으로 근무자에 의해서 운영이 되므로 근무자의 책임감과 성실성이 매출과 직결되기 때문이다.

두 번째는 수익창출측면에서 단순히 계산만 하면 되는 것이 아니라 얼마나 노력하느냐에 따라 매출이 올라가기 때문에 입지적인 특성에 맞게 매장을 최유효 이용할 수 있도록 해야 한다. 매출이 부진할 때는 그 원인을 파악하여 상승시킬 수 있는 방안을 찾아야 하고 매출이 좋으면 언제든지 경쟁점 진입에 대비해 현실에 안주하지 말고 더욱 노력하며 매장의 경쟁력을 높여야 한다.

세 번째는 재고 관리 측면에서 작은 매장이지만 상품은 수천 가지가 넘고 수 천만원이 넘는 상품을 준비한다. 매일 100여만 원이 넘는 상품을 판매하고 수백만원의 상품이 들어오므로 판매를 극대화하기 위한 발주도 중요하지만 상품을 잃어버리지 않도록 매일 재고를 체크하는 것도 매우 중요하다. 하루에도 수 백 명이 방문하므로 그 중에서 좋지 못한 행동을 하는 고객이 있을 수 있고 근무자들도 계산을 하다가 실수를 하는 경우가 있기 때문에 평소에 재고관리 대장을 만들어 체계적으로 관리해야 한다.

네 번째는 각종 세무관리 측면에서 편의점 업무는 매출이 투명하게 오픈되며 각종 사회보험^{국민연금, 건강보험, 고용보험, 산재보험}은 모든 근무자를 대상으로 가입해야 한다. 세금 관련 업무는 일부 개인사업자처럼 매출을 누락시킬 수가 없기 때문에 세금을 절감하기 위해서는 전담 세무사의 도움을 받아 평소에 관심을 가지고 준비해야 한다.

13) 점포 하나만 운영한다면 반드시 한 타임 정도는 근무하라

회사는 사장이 자리를 비워도 시스템과 체계로 움직이지만 편의점은 한정된 공간에서 한정된 시간에 한정된 인원이 돌아가며 근무를 한다. 그러므로 근무자에 대한 비중이 절대적인 업종이기 때문에 반드시 점주가 최소한 한 타임 정도는 근무하기를 권한다. 되도록 많은 시간을 근무하면 좋겠지만 그렇지 못하더라도 업무를 효율적으로 하기 위해서 배후의 성격에 따라 거주형에서는 오후, 저녁 타임에 주 고객이 많으므로 그 시간대 근무를 권하고 상주형에서는 오전, 오후타임에 주 고객이 많으므로 그 시간대에 근무하기를 권한다.

이렇게 점주가 직접 근무해야 하는 이유를 크게 다섯 가지만 본다면 다음과 같다.

첫 번째로 수익적 측면에서 한 타임이라도 근무하면 비용을 줄일 수가 있다. 일반적으로 편의점은 평일 근무^{주 5일}와 주말 근무^{토요일, 일요일}로 구분하여 근무자를 구한다. 일일 3교대로 오전, 오후 2개 파트타임과 야간 1개 파트타임으로 나누어 운영하고 있고 오전, 오후 파트타임 법정시급이 4,580원이고 7시간 기준으로 평일 근무를 한다고 가정하면 평일 근무자 파트 타임료는 약 700,000원이 든다. 점주가 한 파트만 근무해도 이 금액은 줄일 수 있다. 야간파트는 보통 10시간 근무하며 주간파트보다 시급이 높기 때문에 이 시간대 근무를 한다면 더욱 많은 비용을 줄일 수 있다.

두 번째로 서비스 측면에서 점주가 서비스의 맨 앞에서 늘 고객을 맞이해야 고객이 요구하는 것이 있으면 즉시 수용할 수 있고 고객이 필요한 사항이 있을 때 즉시 반영할 수 있다. 이렇게 하다 보면 단골 고객은 늘어날 것이고 새로운 고객에게 더욱 친절히 한다면 신규 고객도 늘어날 것이다. 고객은 다양한 서비스를 원하고 항상 새로운 것을 추구하기 때문에 점주가 상주하면서 그 자리에 있어야 이러한 요구를 즉시 수용할 수 있고 주변 환경변화에 빠르게 대응할 수 있다.

세 번째로 재고관리 측면에서 점주가 늘 점포에 있다 보면 혹시 모를 불미스러운 일도 예방할 수 있고 외부인이 저지를 수 있는 부정행위를 사전에 방지할 수 있다. 근무자들도 점주가 관리하는 모습을 보면 긴장하고 매장 일에 더 신경을 쓰게 된다.

네 번째로 운영적인 측면에서 점주가 늘 또는 많은 시간 점포에 머물 일을 하다 보면 근무자들이 부지런할 수밖에 없고 점주가 신경을 쓰면 쓸수록 근무자들의 체계가 잡혀지기 때문에 운영이 훨씬 수월해 진다.

다섯 번째로 간혹 편의점을 대상으로 사기를 치는 사람들은 초보근무자들을 타 깃으로 사기를 저지르기 때문에 점주가 늘 점포에 상주하는 점포는 이들의 대상 에서도 멀어질 것이다.

14) 두 번째 점포는 되도록 1년 이후에 하라

편의점을 한두 해 하고 그만할 것이 아니라면 첫 점포에서 기대이상의 수익이 나오더라도 성급하게 추가 점포를 하지 말아야 한다. 최소 1년간은 아래의 네 가 지 측면을 완전히 이해하고 경험한 후에 차려도 늦지 않기 때문이다.

첫 번째는 비용적 측면에서 1년에 한 번씩 종합소득세 등 기타 세금을 내야하고 3개월에 한 번 각종 사회 보험비용도 내야하고 매월 전기세, 수도세 등 다양한 공 과금을 내야 한다. 비용을 줄이기 위한 특별한 비법은 없으나 약간의 절세를 할 수 있는 방법을 알기 위해서는 최소한 이러한 지출을 챙기면서 1년 간 운영하면서 한 번쯤은 경험해야 몸소 느낄 수 있을 것이다.

두 번째는 운영적 측면에서 점포를 운영하다 보면 다양한 경험을 많이 하게 된 다. 매출이 부진하면 매출을 높이기 위해서 다양한 노력을 하고 매출이 잘 나오면 더 잘 나오도록 노력을 하게 되고 경쟁점이 생기게 되면 그들과의 경쟁에서 살아 남기 위해서 다양한 노력을 하게 되고 주변인과의 소소한 민원사항이나 고객의 불평불만 같은 클레임이 생기면 적절히 대처하는 방법 등을 터득하며 다양한 경 험을 하게 된다. 일정 매출까지는 시간이 지나면 저절로 올라오지만 그 이상의 기 대치까지는 점주의 노력과 경험이 있어야 가능하다.

세 번째는 관리적 측면에서 고용자로서 근무자관리로 인한 다양한 애로사항을 겪고 상품 재고 로스로 인한 손실 등의 원인을 찾다 보면 예방할 수 있는 방법 등 을 터득하게 된다.

네 번째는 경쟁적 측면은 비교적 빠른 시간 안에 매출이 안정권에 접어들면 그 러한 점포는 경쟁회사에서 예의주시하면서 주변에 입점 가능한 점포를 개설하기 위해 노력하기 때문에 매장이 완전히 자리 잡기 전에 이런 일이 생기면 매우 고전할 수 있다. 그러므로 주변 상황을 예의주시하며 경쟁점이 진입가능여부 등을 파악하여 매장이 안정적으로 운영이 가능할 때 추가로 오픈해도 늦지 않다. 이 경우 경쟁점이 진입하기 전에 적절한 수익을 기대할 수 있는 보조점포를 개설 하는 것도 하나의 방법일 수 있다.

이렇게 여러 가지 시행착오를 겪으면서 1년 간 열심히 운영하다 보면 다음해부터는 더욱 나은 결과가 나올 것이고 두 번째 점포를 할 때는 더욱 철저히 준비하여 발전시켜 나갈 수 있을 것이다. 흔한 말로 경험이 부족한 상태에서 첫 점포를 운좋게 성공하였다고 그러한 성공사례만 믿고 성급히 두 번째 점포를 창업하는 것은 은연중의 자만심과 조바심으로 인해 어려움을 겪는 경우가 많다. 그러므로 추가로 점포를 하고자 할 때의 마음이 첫 점포를 할 때와 같은 마음인지 돌이켜 본 다음 고민하자.

15) 2개 점포 운영 방향

두 번째 점포 운영을 위해 앞서 언급한 네 가지 측면에서 비용적 측면과 관리적 측면을 더 강조하고자 한다.

비용적 측면에서 점주가 두 번째 점포에서 파트타임을 한다고 가정하면 첫 번째 점포는 파트타임 비용이 추가로 들게 되므로 추가비용을 보전하기 위해 점내 비용_{종량제 봉투, 쓰레기봉투, 래프킨 등}과 각종 전기 전화요금 등을 줄여서 비용을 상계시켜야 수익적으로 무리가 없다.

점포 관리적 측면에서 두 번째 점포에서 근무서는 시간이 길어지므로 상대적으로 첫 번째 점포는 관리할 시간이 줄어들기 때문에 짧은 시간 머물더라도 오전에 한 번 오후에 한 번 방문하여 하루에 두 번 방문하는 스케줄을 짜야 한다.

점주가 새로 하는 점포에만 신경 쓰다 보면 아무 문제없던 점포도 고객 클레임이나 재고손실 등의 일이 생기게 되므로 두 번째 점포에서 수익이 나더라도 첫 번째 점포에서 관리에 하자가 생긴다면 추가로 한다는 것은 무의미하기 때문에 하루에 3명의 파트 타이머 중에 2명만 매일 마주쳐도 재고 로스로 인한 손실은 거의 없을 것이다.

첫 번째 점포에서 점주가 상주할 때와 같이 동일한 점내 분위기를 유지하기 위해서는 최대한 오래 상주하여 근무하는 것이 가장 좋지만 그렇지 못할 경우 더 머무는 시간을 줄이더라도 더 자주 방문하는 스케줄을 짜야 한다. 또한 반드시 한 번은 방문하되 그렇지 못한 날이 생길 경우 항상 근무자와 가까이 있다는 것을 인식시키기 위해서 근무자들과 잦은 전화통화로 근무상황을 수시로 점검해야 한다.

이렇게 비용적 측면에서 두 번째 점포가 안정화되기 전까지는 최대한 비용을 줄여야 하며 점포 관리적 측면에서 소홀히 하지 않고 재고손실을 줄여야 추가로 점포를 내더라도 의미가 있기 때문에 점주는 하나의 점포를 운영할 때보다 두 배 더 부지런히 움직여야 함을 잊어서는 안 된다.

16) 3개 점포 운영 방향

두 번째 점포까지 안정화에 접어들고 3번째 점포를 내고자 한다면 기존의 방법보다 좀 더 특별한 관리가 필요하다. 첫 번째는 근무자 운영적인 측면에서 세 번째 점포를 할 땐 앞서 언급한 것처럼 두 번째 점포운영 노하우를 갖고 점주의 여건에 따라 고용 점장을 채용하던지 선임 근무자를 두어 시스템에 의해 효율적으로 운영해야 한다.

점포의 규모와 여건에 따라 다르지만 3개 이상의 점포를 할 때는 장사마인드처럼 너무 비용적으로 줄이고자 점주 혼자서 관리/운영하고자 한다면 매출신장을 위해 노력해야 할 시간에 너무 관리에 치중한 나머지 점주의 부담이 가중되어 기대 이하의 수익이 날 수 있기 때문에 일정비용을 추가로 지출하더라도 사업적 마인드를 갖고 좀 더 멀리보고 운영해야 한다.

예를 들어 3개 점포의 근무자를 모두 합하면 최소 18명 이상은 되므로 이미 자리가 잡힌 매장 중에 점주가 효율적으로 운영하기에 좋은 매장을 선정하여 한 명의 고용 점장이나 선임 근무자를 두어 책임과 의무를 부여하고 최소한 한 점포는 책임지게 한다. 그래야 점주 부담의 가중으로 매출, 재고 관리 등 자칫 소홀할 수 있는 부분을 채울 수 있다.

여기서 주의해야 할 것은 고용 점장이 성실히 맡은 업무를 수행하더라도 직접 점주가 발주업무 등을 하는 것보다 나은 경우는 많지 않다. 그러므로 이런 고용 점장에게 점주는 완전히 발주업무 등을 맡기기보다 점주가 한 주에 하루, 이틀은 교차 발주를 하여 점장 발주업무 등을 점검하고 부족한 부분이 있으면 시정한다면 점장의 업무 집중도를 높일 수 있을 것이다.

또한 3개 점포를 운영하려면 근무자 로테이션이 안정적이어야 하므로 근무자 운용에 있어 유기적으로 대처할 수 있도록 평소에 관리를 잘 해야 한다. 예를 들어 근무자 개개인의 근무시간 외 여유 있는 시간대, 거주 지역, 근무자의 금전적 필요도 등을 파악하고 평소 근무자 간 유대감을 형성하여 서로 근무를 보충할 수 있는 분위기를 조성^{단체회식 등}하여 어느 점포에서건 대체 근무자가 필요할 때 적재적시에 대처할 수 있도록 해야 한다.

두 번째는 재고 관리측면에서 점주가 점포당 머무는 시간이 줄어들기 때문에 매출이 높은 점포일수록 재고 관리에 한계가 있다. 그렇다고 재고 관리는 소홀히 하면 바로 티가 나기 때문에 매출이 높은 점포를 선정하여 근무자들이 관리할 수 있게끔 하자. 예를 들어 담배, 주류, 식품, 비식품을 구분하여 일정 부분씩 재고를 관리할 수 있게끔 책임과 부담을 주고 재고 결과에 따른 인센티브를 준다면 별다른 불평 없이 운영할 수 있을 것이다.

세 번째는 매장정리 측면에서 점포가 3개 이상이 되면 시간적으로 점주의 손이 덜 가기 때문에 두 개 점포를 할 때보다 매장정리에 더 신경을 써야 한다. 그러기 위해서 여러 점포 중에서 특별히 매출이 높거나 점주의 손이 덜 가는 점포는 근무 교대시간에 약 1~2시간 정도 교차근무를 시행하여 매장정리나 잔돈 교환 등 후임 근무자가 원활히 근무를 할 수 있도록 시행한다면 근무자의 업무 부담이 줄어들 수 있으므로 비용대비 매우 효율적인 운영방법이 될 것이다.

네 번째는 재정지출 측면에서 그 점포에서 발생하는 비용은 그 점포에서 마무리 지어야 한다. 그 점포에서 부족한 지출금이 생겼을 때 다른 점포에서 메우다 보면 그런 점이 습관화되어 체계적인 지출관리를 할 수 없고 부족한 점포의 매출을 신장시키기 위한 노력을 게을리 할 수가 있다. 그러므로 반드시 부족한 점포는 그 점포에서 책임지고 더 나은 점포의 이익금은 철저히 계획적인 지출을 함으로서 불필요한 지출을 줄여야 한다.

또한 매출에 따른 수익이 많다고 한 명이 근무해도 되는데 편하게 운영하고자 2

명의 근무자를 둔 다던지, 근무자가 각종비용_{점내 용도품 비용, 전기세, 전화세, 상품폐기비용 등}을 무분별하게 사용하지 않도록 관리해야 한다.

위와 같은 운영의 효율성은 서비스의 질을 높이고 잘 되지 않는 점포는 매출을 올리도록 더욱 노력해야 하고 잘 되는 점포는 더 관리를 잘 하고자 함이다.

- 교차근무 : 근무교대시간을 일정시간 중복되게 하여 매출이 높거나 근무교대시간 전후 상품이 입고될 때 후임근무자의 업무 부담을 덜어 주고자 시행

- 교차발주 : 점주가 다점포를 운영하는 경우 고용 점장이나 선임근무자에게 맡기더라도 점주가 특정일을 정하여 전반적인 발주현황을 조사할 수 있는 발주로 점장의 부족한 부분을 보완하는 발주

17) 운영 중에 경쟁점이 생기더라도 조급해하지 말자

조금이라도 매출이 잘 나오는 곳은 단지 시기의 문제 일뿐 언젠가는 경쟁점이 진입하기 때문에 늘 경쟁점의 진입에 대비해야 하고 실제 경쟁점이 진입할 경우는 너무 조급해 하지 말고 침착하게 대응하자.

특히 오픈 초기에 경쟁점이 진입하는 경우와 자리 잡은 후 경쟁점이 진입하는 경우가 다른데 1년 이내 경쟁점이 생기는 경우는 완전히 매출이 잡힌 시점이 아니고 오르는 때이므로 매출이 떨어지더라도 추가 상승여력이 있기 때문에 일정 시간이 지난 후부터 서서히 본래의 매출로 복귀된다. 특히 이런 경우는 점주의 경영능력에 따라 그 시기가 더욱 빨라질 수 있다.

1년 후에 경쟁점이 생기는 경우는 대부분은 매출이 잡힌 시점이므로 매출이 떨어지면 추가 상승여력이 낮기 때문에 단순히 시간이 지난다고 매출이 만회되는 것이 아니므로 배후의 유형에 따른 적절한 전략을 세워야 한다.

배후형인 경우는 한정된 배후민을 상대하므로 경쟁점에 고객유출을 최대한 줄여서 소비율을 높일 수 있는 전략을 세워야 떨어진 매출을 만회할 수 있다.

유동형은 배후민을 상대로는 서비스를 더욱 강화하며 불특정 통행인이 많은 입지일수록 시간이 지나면서 더욱 통행량이 많아지고 상권이 더욱 활성화 되어야

하므로 매장의 시계성을 높여 매장 외적인 면에 치중하여 장기적인 관점에서 접근해야 경쟁력을 높일 수 있다.

경쟁점이 개인편의점인 경우 경쟁 점주의 노하우와 노력에 따라 경쟁력의 차이가 매우 크며 오픈할 때는 일부 신상품이 반영되지만 운영하는 기간이 길어질수록 신상품반영이나 소비자 트렌드에 맞추지 못하고 뒤쳐지기 때문에 경쟁력이 떨어진다. 그러므로 장기적인 관점에서 운영한다면 크게 걱정할 필요는 없다.

위와 같이 1년을 기준으로 나눈 이유는 매출이 안정기에 접어드는 기준으로 세웠을 뿐 오픈 시점의 계절과 경쟁점의 경쟁력에 따라 차이는 생길 수 있다. 특히 배후 소화율이 낮고 매출이 높은 배후형이나 경쟁률이 낮은 유동형 입지일수록 매출 회복속도가 빠르며 점주가 얼마나 초기 대응을 잘하고 끊기를 갖고 운영하는지에 따라 얼마든지 달라질 수 있다.

18) 근접 경합일수록 아래의 다섯 가지는 더욱 신경 쓰자

첫 번째는 경쟁점의 영업방향을 읽어야 한다. 어떤 점포는 상품의 다양성에 중점을 두기도 하고 어떤 점포는 가격 경쟁력을 우선으로 하기도 한다.

일부 배후가 넓어서 소화율이 낮은 지역이나 순수 유동형 지역을 제외하고 근접하여 경쟁하면서 아무런 전략 없이 운영하는 것은 바람직하지 않다. 대부분은 한정된 배후이므로 한 명의 배후민이라도 더 흡수하기 위해서는 영업방향을 갖고 경쟁에 탄력적으로 대응해야 한다. 이점을 무시하고 운영하면 자리 잡는 기간이 의외로 길어지는 경우가 많다.

두 번째는 우리 점포만의 무기를 만들어야 한다. 설사 근접 경합이 아니더라도 우리 점포만의 강력한 무기는 있어야 한다. 예를 들어 어떤 매장이든지 단순히 가격으로 승부하는 것은 1차원적인 대응방법이므로 경쟁과열로 출혈만 커질 수 있기 때문에 경쟁점이 담배판매권이 없다든지 경쟁점보다 매장이 넓어 각종 편의점 특화시설을 활용한다든지 나만의 고객 편의시설을 갖출 수 있는 영업 전략을 세워 장기적인 관점에서 대응해야 경쟁력이 있다.

특히 배후형에서 늦은 시간까지 영업하는 슈퍼와 경합하는 경우 슈퍼의 고객을 뺏지 않고서는 만족할 만한 매출을 기대할 수 없기 때문에 편의점의 주력^{즉석조리식품}^등상품을 강화하고 행사상품을 활용하여 한 차원 높은 서비스를 제공해야 한다.

세 번째는 경쟁점보다 매장내부를 최대한 밝고 흰하게 보이게 하자. 매장이 어두우면 심리적으로 들어오기가 꺼려진다. 이런 매장은 멀리서 볼 때는 더욱 어두워 보이므로 각종 포스터나 홍보물을 부착할 때 상단보다는 하단에 부착하여 내부 조명이 가리지 않도록 하고 출입문 주변도 부착물을 최소화하여 입구를 밝게 하자. 특히 외부 천막은 고객의 안락한 휴식공간을 제공하여 훌륭한 아웃테리어가 되기도 하지만 매장을 어둡게 하기 때문에 직사광선이 점포내부를 비추는 시간 외에는 걷어서 매장이 밝아 보이게 하자.

네 번째는 대표 생필품은 경쟁점보다 저렴하게 판다는 인상을 주자. 같은 콘셉트의 편의점끼리 경쟁하더라도 대표행사상품은 저렴하게 판매한다는 인상을 줄 필요가 있고 운영력이 뛰어난 슈퍼와 경쟁하는 지역일 경우 더 적극적으로 시행해야 한다. 특히 거주형인 배후형은 지방색이 강한 편이고 편의점 상품에 대한 거부감이 있기 때문에 의외로 많은 분들은 간단한 물품을 구입하려 해도 편의점 가격은 부담스러워 방문하지 않는 경우가 많다.

그러나 슈퍼의 단골 고객을 유치하지 않으면 매출상승에 한계가 있기 때문에 이들의 수요를 흡수하도록 노력해야 한다. 특히 진열에 있어서 경쟁점과 겹치는 대표생필품을 선정하여 고객의 눈에 강한 인상을 심어주도록 진열하자.

매장이 좁은 경우는 외부진열대를 활용하여 홍보하고 매장이 넓은 경우는 카운터 주변에 배치하여 고객이 계산을 하면서 볼 수 있도록 진열하여 고객에게 강한 인상을 남기자.

다섯 번째는 고객의 소비를 리드해야 한다. 고객이 신상품을 찾기 전에 신상품이 나오면 먼저 진열하여 고객의 호기심과 구매를 자극하자. 그러나 상품에 대한 이해가 부족한 점주는 늦게 발주하여 고객에게 끌려 다닐 수 있기 때문에 평소에 경쟁점이나 마트에 다니면서 신상품코너가 있으면 한 번쯤 둘러볼 필요가 있고 본사의 홍보책자도 꼼꼼히 점검하자. 또한 이런 상품은 적합한 진열을 해야 효과가 있으므로 신상품은 늘 고객의 눈높이에 맞는 곳에 진열하거나 포인트 진열을 하여 고객의 눈에 쉽게 띄게 해야 한다.

19) 매장의 장점을 극대화해라

창업의 이해편에서 언급했듯이 세상에 완벽한 점포는 없다. 그러므로 조금 아쉬운 점포를 선정해서 단점을 보완하고 장점을 최대한 살릴 수 있는 점주가 잘하는 것이다.

요즘은 어디를 가든 편의점이 없고 경쟁점이 없는 곳이 없다 보니 나 혼자 편히 운영할 수 있는 곳은 많지 않다. 그러므로 점포를 오픈하기 전에 전략적으로 중점을 둘 것을 준비하여 적극적으로 운영해야 한다.

예를 들어 입지여건에 비해 매장이 좁은 지역은 최대한 내·외부 공간을 효율적이고 적극적으로 활용하여 상품의 진열을 보강하고 테이블 매출이 기대되는 곳은 테이블을 최대한 활용하여 매출을 극대화해야 한다.

매장이 넓더라도 상품의 다양성을 강조하는 것이 유리한 지역은 쇼핑동선을 고려하여 진열을 극대화해야 하고 경쟁상황과 소비자의 니드를 고려하여 즉석조리 시설이나 내부 시식공간을 활용하는 것이 유리하면 적절한 공간에 설치하여 경쟁력을 높여야 한다.

이처럼 매장의 장점을 극대화하는 것은 매우 당연하고 막연한 얘기일 수 있고 모든 점주가 시행하고 있다고 생각할 수 있으나 실전에서는 이러한 장점을 찾아 극대화하는 점주는 많지 않다. 그러므로 다양한 점포의 사례를 둘러보고 점주가 매출을 올리기 위해 모든 노력을 다할 때 그 빛을 바랄 수 있다.

20) 이익률이 낮은 상품일지라도 적극 갖추어라

이익률이 낮은 품목을 예로 들면 종량제 봉투, 교통카드, 문화상품권, 게임머니, 핸드폰 충전, 택배, 대행 수납 업무 등은 당장의 매출에는 크게 도움이 되지 않는다. 그럼에도 불구하고 강조하는 것은 편의점 매출과 수익은 가랑비에 옷이 젖듯이 서서히 올라가기 때문에 수익이 낮은 고객이 오더라도 서비스에 충실해야 한다.

일반적으로 종량제봉투는 주부나 회사의 관리직원들이 구입하므로 그들의 마음을 산다면 다른 매출도 덩달아 상승하게 되며 교통카드 등은 학생이나 회사원이 많이 사용하므로 충전을 하기 위해 자주 방문하다 보면 간단한 식음료라도 추가 구입하는 효과가 있다. 특히 게임머니 아이템과 문화상품권 같은 경우는 편의점에서 등한시 하거나 자주 결품이 생기는 경우가 많은데 늘 비치하고 있으면 경쟁점으로 다니던 고객을 우리 고객으로 유도할 수 있는 절호의 기회이므로 이들을 단골 고객으로 확보한다면 매출에 적잖은 도움이 될 것이다. 다른 서비스 품목과 달리 이런 고객은 꾸준히 방문하며 게임아이템 구매와 함께 다른 식음료도 함께 구매하는 경우가 많기 때문이다.

극히 일부 점포를 제외한 대부분의 점포는 매출이 서서히 올라가기 때문에 당장의 매출과 수익에 급급하지 말고 인내심을 갖고 노력하다 보면 언젠가는 훌륭한 점포가 될 것이다.

21) 진열의 고정관념을 깨자

편의점은 상품을 다양하게 준비하는 것이 매우 중요하다. 매장이 넓으면 상관없지만 좁은 경우와 매출이 저조한 경우 상품의 다양성을 유지하며 진열하기가 어렵기 때문에 아래의 세 가지 진열방법을 잘 활용한다면 효율적인 진열이 가능하리라 본다.

첫 번째는 다양성도 유지하면서 폐기 등으로 인한 손실을 줄일 수 있는 방법은 대체진열(참조 : 284p)을 하는 것이다. 예를 들어 대용량 우유를 진열할 경우 매출이 저조하다고 A사 우유만 진열하기에 다양성이 떨어지고 고객의 입맛이 다르기 때문에 발주 수량을 줄여서 B사, C사 우유 등도 함께 진열을 한다. 이런 상품은 대체구매율이 높기 때문에 다양성을 유지하면서 폐기로 인한 손실도 줄일 수 있다.

두 번째는 단품 진열을 하는 것이다. 진열공간이 부족하므로 수량을 높이기보다는 다양성을 높이기 위해서 과자류, 음료류, 비식품은 단품별로 소량으로 진열한다. 그러나 이러한 진열은 판매 비중이 높은 상품은 늘리고 판매율이 현저히 낮은 상품은 줄여서 진열위치나 수량을 바꿔서 효율적으로 운영해야 하므로 부지런해야 한다.

세 번째는 교차진열을 하는 것이다. 매장이 좁으면 음료 냉장고도 미니형 워킹쿨러^{생수, 음료, 두류 등을 진열하는 냉장고}를 설치하는데 이런 경우 단품 진열을 하더라도 상품 구색을 갖추기에는 부족하므로 잘나가지 않는 상품이나 신상품은 하나씩 교차로 진열하여 고객이 필요할 때 언제든지 제공할 수 있도록 하자. 단 이런 방식은 판매 회전율이 낮은 상품 중에서 선정해야 하고 많은 수량을 선정하거나 부피가 작은 상품은 오히려 어수선하여 구매 욕구를 떨어뜨릴 수 있으므로 대용량 맥주나 우유 등 몇몇 종류에 한정하여 시행해야 한다.

작은 매장은 틀에 박힌 진열로는 상품의 다양성을 확보할 수 없으므로 위와 같은 방법을 활용하여 조금만 부지런하게 움직이면 얼마든지 효율적으로 진열할 수 있다.

22) 본사의 행사상품을 어떻게 진열하느냐가 중요하다

슈퍼는 특정회사의 상품을 편중하여 주문하는 경우가 많기 때문에 다양성이 떨어지며 각종 행사도 점주 스스로 기획해야 하므로 체계적으로 운영하기가 매우 힘들다.

개인편의점은 오픈초기는 상품의 다양성을 유지하나 점차 운영하면 할수록 점주의 손이 많이 가야 하므로 여간 부지런하지 않고서는 상품의 다양성과 신상품의 공급을 제 때 하기가 어렵다. 그러므로 슈퍼와 마찬가지로 각종 행사를 점주 스스로 기획해야 하므로 운영에 특별한 노하우가 있거나 입지적으로 우수한 지역이 아니면 경쟁력이 떨어진다.

그러나 대기업 편의점은 전문 상품기획팀이 트렌드에 맞는 신상품을 컨택하고 꾸준히 PB상품을 기획, 출시하므로 상품의 다양성이 매우 높고 월별 다양한 행사상품을 기획하므로 점주는 우리 지역에 맞는 상품을 선정하여 적합한 진열을 하면 된다.

특히 이런 행사상품은 편의점 상품은 전부 비싸다는 인식을 깰 수 있는 유일한 상품이다. 그러나 이런 좋은 상품도 잘 활용하지 않으면 무용지물이므로 나름의 영업 콘셉트를 정하여 다음 세 가지 진열방법을 매장여건에 맞게 적절히 활용한다면 매출을 극대화 할 수 있을 것이다.

첫 번째는 본사에서 진행하는 거의 모든 행사상품을 선정하여 쇼핑 시 눈에 잘 띄도록 연계진열(참조 : 284p)을 하는 것이다. 주의해야 할 것은 고객의 시야가 너무 분산되게 진열하면 어수선하여 오히려 역효과가 날 수 있으므로 비슷한 상품끼리 연계진열하여 쇼핑의 흐름을 연장시켜 구매 욕구를 향상시켜야 한다. 예를 들어 행사상품이 치약인 경우 다음으로 시야에 들어오는 상품이 칫솔이나 구강청결제라면 고객의 시선이 오래 머물러 구매할 확률이 높아지지만 전혀 연관성이 없는 상품으로 연결되거나 너무 분산되게 진열하면 목적구매가 아닌 이상 구매 욕구를 자극할 수 없다.

두 번째는 매출을 향상시킬 수 있는 상품을 선별하여 특정위치에 모아서 포인트 진열(참조 : 284p)하자. 이런 진열은 점포의 영업 전략에 맞게 탄력적으로 할 필요가 있다. 가령 골드존 같은 곳은 고객의 시선이 집중되기 때문에 무엇을 두어도 잘 팔리지만 사각지대나 보조공간에 진열된 상품은 외면 받을 수 있으므로 역으로 이런 공간에 눈에 띄게 포인트 진열을 하여 공간 활용도를 높일 수 있다. 또한 매장이 넓어 다양한 행사진열대를 활용할 수 있는 곳은 잘 정돈되지 않아도 고객의 시선을 끌 수 있고 부담 없이 구입할 수 있는 상품이어야 하므로 과자류나 행사상품 중에 비교적 부피가 큰 생필품이 적절하다.

세 번째는 고객이 쇼핑을 하면서 지루하지 않고 매장에 오래 머물 수 있도록 디자인 진열(참조 : 284p)을 하자. 매장 면적이 넓을수록 행사상품 진열에 신경 쓰지 않으면 지나치는 경우가 많기 때문에 특정위치를 선정하여 보기 좋게 진열을 하여 상품의 호기심을 증대 시키자. 이런 진열은 비식품류 중에서 단가가 높은 신상품이나 계절상품을 선정해서 잘 진열한다면 세련돼 보이고 판매 소비율도 높일 수 있다.

이상의 진열방법은 공통적으로 일반적인 성인키의 허리 부분에서 머리 부분까지 진열해야 극대화 되지만 부피가 큰 상품은 진열대 하단이나 유휴공간에 진열하여도 무방하다.

23) 매장이 작을수록 다양한 진열법을 활용해야 한다

매장이 작으면 일반적인 진열을 고집할 경우 어디다 무엇을 진열해야 할지 고민이 쌓인다. 너무 보기 좋은 진열을 고집하면 효율성이 떨어질 수 있으므로 좀 더 융통성을 발휘하여 진열할 필요가 있다.

왜냐하면 매장이 작은 경우는 레이아웃이 단순하므로 너무 보이기에 치중하면 공간의 효율성을 극대화할 수 없으므로 다음과 같은 진열을 활용하자.

첫 번째는 관찰진열(참조 : 285p)이다. 이러한 진열은 오픈을 한 후 가망고객이 들어오면 그들의 모습을 일일이 관찰하여 고객이 쇼핑하기에 쉬운 방향으로 진열하는 것이다. 그러므로 특별한 진열법이 아니라 꾸준히 고객의 움직임을 관찰해야 한다. 쇼핑을 하는 동선은 불편하진 않는지 찾으려는 상품은 적절한 장소에 진열되어 있는지 등을 파악하여 고객의 동선에 맞게 즉각 바꾸어 놓아야 한다. 흔히 매장이 작으면 고객이 찾고자 하는 상품이 눈에 잘 띌 거라고 생각하지만 사실은 그렇지 않다. 왜냐하면 적당히 떨어진 거리에서 봐야 진열된 상품을 찾아보기가 쉬운데 미니형 매장은 통로가 좁아서 진열된 상품이 한눈에 들어오지 않기 때문에 더 찾기 어려운 것이다. 그래서 작은 매장은 매출에 가장 큰 영향을 미치는 상품부터 가장 작게 영향을 미치는 상품까지 쇼핑동선과 진열을 최적화해서 그 지역의 고객이 가장 잘 찾는 상품과 그렇지 않은 상품을 잘 선별하여 효율적으로 다양하게 진열해야 매출을 극대화 할 수 있는 것이다. 그래서 초기 1~2개월 동안은 고객의 입장에서 그들의 일거수일투족을 관찰해야 한다.

두 번째는 맨투맨 진열(참조 : 285p)이다. 8평 이하의 작은 매장에서 단순히 쇼핑동선을 확보하고자 상품의 다양성도 줄이고 상품의 양을 줄여도 쇼핑동선을 일반매장처럼 확보할 수는 없다. 그렇다고 동선을 고려하지 않고 무조건 다양하게 많은 상품을 진열하면 동선이 없어져서 고객은 짜증을 내기 쉬우며 경쟁점이 있을 땐 그곳으로 발길을 돌릴 것이다. 실제로 8평 이하의 작은 매장을 운영하다 보면 가망고객이 방문했다가 한번 둘러보고 그냥 가는 경우를 흔히 볼 수 있다. 이럴 때 그러려니 하고 지나쳐 버리면 그들은 다시 방문하지 않을 수 있다. 경쟁점의 고객을 유인하지 못하더라도 최소한 가까이 있는 고객은 빼앗기면 안 된다. 그러므로 판매비율은 높지 않아도 꼭 갖춰야 하는 상품이나 부피가 작은 상품은 한 곳에 모아두어 근무자가 고객이 요구하는 상품을 직접 안내하는 방식으로 운영하는 것이다. 매장이 넓지는 않아도 필요한 상품을 갖추면서 맨투맨으로 판매하니 서비스도 향상되고 일식이조가 될 수 있다.

세 번째는 효율적인 진열을 해야 한다. 전 페이지에서 언급했듯이 상품의 선택과 그에 따른 공간 활용을 해야 하므로 대체진열, 단품진열, 교차진열(참조 : 284p)

을 적절히 활용해야 한다.

매장이 작은데 비슷한 종류의 상품을 진열하는 것은 욕심이기 때문에 꼭 필요한 상품이 아니면 대체상품은 줄여서 잘 나가는 상품의 공간을 넓히는 것이 더욱 효율적이다.

네 번째는 포인트 진열(참조 : 285p), 연계진열을 활용해야 한다. 메인 공간은 상품이 잘 보이므로 다양성을 강조하여 진열하되 매출이 극대화 될 수 있게 비교적 잘 나가는 고가의 품목을 선별하여 진열하는 것이 바람직하다. 보조 공간은 잘 보이지도 않기 때문에 많이 나가지 않는 상품을 진열하면 공간과 상품이 함께 죽기 때문에 묶음단위의 상품이나 부피가 큰 상품 중에 비교적 잘 나가는 상품을 선별하여 진열을 하고 잘 나가지는 않지만 꼭 비치해야 하는 상품은 그러한 상품군별로 연계진열을 하여 한군데로 모아서 강렬한 인상을 주도록 진열해야 한다.

다섯 번째는 관리진열(참조 : 285p)이다. 매장이 좁은데도 불구하고 매출이 안정적으로 나오는 지역은 판매비중이 높은 시간대에 의외로 재고손실로 인한 피해가 커질 수 있다.그러므로 고가의 상품이나 매출이 빈번할 것으로 예상되는 상품 중에 부피가 작은 상품은 근무자의 시야확보가 잘 되는 곳에 두어야 손실을 줄일 수 있다.

위와 같은 진열을 토대로 인기 상품부터 비인기 상품까지 진열공간 배분을 얼마나 잘하느냐에 따라 매장의 효율을 높여 매출을 극대화 할 수 있는 것이기 때문에 영업을 하면서 고객동선과 판매 사항을 면밀히 관찰해야만 가능한 것이다.

24) 매장이 넓을수록 매장활용도를 높여야 한다

매장 면적이 25평이 넘는다면 어떨까? 매장이 넓으면 매장의 대표적인 콘셉트를 만들고 고객의 쉼터와 쇼핑의 편리함과 매출을 극대화 할 수 있는 진열을 함께 고려해야 한다.

매장이 넓다고 너무 안이하게 진열하면 고객은 지루할 수가 있기 때문에 쇼핑의 질을 높일 수 있도록 아래의 네 가지 사항을 고려하여 진열해야 한다.

첫 번째는 어떤 경쟁점이 있더라도 이길 수 있는 콘셉트를 만들어야 한다. 가령 생활밀착형, 카페형 등을 주력으로 하여 부수적인 특화시설베이커리, 즉석간편조리식, 와인특화, 외국상품특화, 문구특화, 음료특화, 식품특화, 생활필수품 특화 등을 도입하여 우리 편의점에서만 가능한 먹을거리, 쇼핑거리를 만드는 것이다. 이런 것들은 매장이 넓을 때는 가장 중요한 부분이다.

두 번째는 쇼핑동선과 진열을 기본에 충실하게 진열해야 한다. 비식품과 식품공간을 정확히 구분하여 쇼핑의 단순함을 지키는 것이다. 비식품은 여성신변용품, 남성용품, 주방용품, 생활용품, 문구류 등을 보기 쉽게 구분하여 쇼핑을 하면서 목적 구매상품 이 외의 상품을 추가로 구매할 수 있게끔 진열하는 것이다. 식품은 냉장식품과 냉동식품을 같은 동선에 놓고 과자류와 식사류를 구분하여 진열한다. 이런 진열은 매우 단순한 것 같지만 매장의 모양과 크기가 일률적이지 않기 때문에 의외로 까다로우므로 잘 진열되어 있는 점포를 가보면 어딘가 다른 점을 발견할 수 있을 것이다.

세 번째는 쇼핑을 재미있게 만드는 것이다. 사실 편의점에서 고객이 장시간 머무르게 만드는 것은 쉽지만은 않다. 그러나 편의점의 할인이나 증정행사 상품을 활용한다면 가능하다. 무조건 상품을 많이 진열하다 보면 보기에도 지루해서 고객은 필요한 것만 사고 곧바로 가버린다. 그래서 매장의 메인 공간이나 쇼핑하다가 동선의 전환 포인트가 되는 곳은 이벤트 진열이나 디자인 진열을 해서 쇼핑의 재미를 더하여 고객의 구매 욕구를 높이고 유휴공간이나 넓은 벽면은 각종 홍보물이나 볼거리를 진열하여 고객이 매장에 머무르는 시간을 늘리다 보면 차츰 구매량이 늘어나게 된다.

매장이 넓을수록 쇼핑동선을 무시하거나 잘못 진열하면 매우 지루하고 산만해 보일 수 있기 때문에 공간의 효율성을 살려서 진열하는 것은 작은 매장 못지않게 중요하고 어려운 일이다.

네 번째는 고객 휴식공간을 만드는 것이다. 고객이 간식거리를 드실 수 있는 공간을 활용하여 매장의 여유로움을 연출하자. 휴식공간이 꼭 좌식대가 있을 필요는 없지만 가능하다면 2대 정도의 좌식 테이블을 설치하여 이용회전율을 높여서 다양한 매출원을 만들어 가자.

다섯 번째는 관리진열을 해야 한다. 위의 네 가지는 매출을 올리기 위한 진열이라면 이것은 재고손실을 최소화할 수 있는 진열이다. 매장이 넓기 때문에 카운터에서 고객의 움직임을 볼 수 있도록 진열대는 너무 높지 않은 것으로 준비하고 진열대와 카운터는 수평진열을 지양하고 되도록 수직진열을 한다. 그 다음은 고가의 제품이나 재고손실이 빈번할 것으로 예상되는 상품은 카운터에서 관리가 가능한 곳에 진열하자.

그러나 처음부터 너무 관리에 치중하여 진열할 경우 전반적인 레이아웃이 흐트러질 수 있기 때문에 한 번의 진열로 마감하지 말고 매출과 점포여건을 파악한 후에 운영하면서 서서히 바꾸어 나간다.

25) 매출이 오르지 않는다고 너무 조급해 하지 마라

어느 업종에서든 안정기에 접어들기 전에 최소 3개월에서 6개월은 적자를 감수하면서 영업을 해야 한다. 첫 번째 해에 자리 잡고 두 번째 해부터 돈을 번다고 생각하면 맞다. 첫 달부터 수익을 내고자 너무 조급히 하다 보면 6개월이란 시간이 너무도 길고 지겨울 것이다. 그렇게 조급함에 하루하루를 지내다 보면 점주입장으로서는 극단적인 생각을 할 수도 있을 것이다.

가령 더 이상 못하겠다고 생각하고 회사에 전환을 요청하거나 손해를 감수하고 점포를 처분할 생각을 하는 것인데 이런 생각은 한 번이라도 하게 되면 점포의 영업에 매진할 수 없고 사기도 꺾이기 때문에 시간이 흐르면 정상적인 매출이 나올 점포도 그렇지 않게 되므로 점포운영에 최선을 다한 후에 생각해도 늦지 않다.

왜냐하면 편의점은 그 어느 업종보다도 많은 인내와 노력이 필요하기 때문이다. 그 이유는 20평도 안 되는 매장에서 먹을거리, 생활필수품 등 수천 가지의 상품을 준비해서 고객이 그때그때 필요한 것만 소량으로 구입하기 때문에 음식업이나 마트와 달리 상대적으로 소비율이 낮다.

심지어 매일 상품을 발주 하다가 보면 어떤 상품은 매일 판매가 되고 어떤 상품은 일주일에 한 두 개만 판매가 되고 또 어떤 상품은 한 달에 한 두 번 아니 아예 팔아본 적이 없는 상품도 있을 것이다. 이렇듯 수천 가지가 넘는 상품을 취급하다 보니 판매실적이 눈에 띄지 않아 매출이 늘어나는 것을 피부로 느끼지 못할 수 있다. 모든 것이 그렇겠지만 '한 장 한 장 쌓여 두터운 한지'가 되듯이 매출이 올라가는 것은 눈에 쉽게 띄지 않으므로 너무 매출 데이터만 바라보고 한숨을 쉬지 말

았으면 한다.

일주일에 2명만 추가로 고객을 확보한다면 한 달이면 8명 1년이면 약 100여 명의 고객이 늘어난다. 일주일에 2명씩 늘어나는 건 잘 보이지 않는다. 객단가가 3,500원이라고 가정하여 100명이 늘어나면 하루에 약 350,000원이라는 매출이 상승한다. 그러므로 끈기를 갖고 1년만 열심히 해보자.

저 수익 품목도 무시하지 말고 작은 매출을 일으키는 고객에게도 관심을 갖고 부족한 것이 있으면 찾아서 보충하고 고객의 목소리에 귀를 기울여 꾸준히 점포를 변화시켜 나가다 보면 어느 순간 매출이 올라 온 것을 실감할 수 있을 것이다.

26) 매출을 올리기 위한 모든 노력을 다해 보자

본인은 2008년 2월 9평도 되지 않는 점포를 오픈하였다. 주변에서는 거기에 편의점을 오픈할지는 생각도 못했다는 말을 들을 정도의 점포였다.

아니나 다를까 다 지어놓고 오픈도 하기 전에 전기시설의 문제로 인해 50일이 지난 후에야 영업을 할 수 있었다. 어렵게 오픈한 만큼 더욱 노력해야겠다고 생각하며 첫날을 맞았다. 그런데 첫날의 정산금은 ○○만원, 둘째 날도 ○○만원, 일주일이 지나도 00만원, 한 달 간은 지켜보며 열심히 운영했지만 크게 달라지지 않았다.

점포의 배후는 충분히 가능성이 있다고 보고 입점을 한 것이기 때문에 매장 내적인 문제 때문에 매출이 부진할 수 있다고 판단하고 상품구색부터 시작하여 매장내부를 여러 가지 방안을 갖고 바꾸어 보았다.

일반매장보다도 더 다양하게 상품도 진열해보고 쇼핑동선을 확보하기 위해 미니형 진열대로 바꾸어 보기도 하고 매장의 벽면을 모두 활용하며 중앙 진열대는 일렬로 바꾸어보기도 하는 등 한 달에도 수 차례 며칠씩 영업을 포기하며 리뉴얼만 하다 보니 고객의 불평불만이 쏟아지기 시작했다. 오픈하고 약 3개월 간 이런 크고 작은 리뉴얼을 10여 차례나 하다 보니 손님들이 이 가게는 공사만 하냐는 것이다.

사실 더 나은 매장을 만들어 고객에게 보답하고자 했지만 이런 식으로 반복만 하는 건 점포의 매출향상에도 도움이 되지 않고 클레임도 늘어 오던 고객도 이탈

할 수 있다고 생각하고 다른 방법을 찾아보았다. 매장이 좁아서 내부를 활용하는 데는 한계가 있어서 이제부터는 외적인 문제도 찾아보기 시작했다.

본 건물은 바닥면적 20평의 3층 건물로 외벽은 어두운 녹색으로 페인트가 바래져서 벗겨져 있었고, 우리 점포 옆 칸은 여러 가지 잡동사니가 꽉 찬 채로 비어 있었다. 2, 3층은 병원으로 운영하다가 폐업한지 4년이 지난 상태였고 건물주는 1층의 뒤 칸 방에서 생활하였다. 건물 바로 옆은 빈 공터로 있고 주변은 통행량이 많지 않은 휑한 상태였다.

이런 상황에서는 우선 건물이 살지 않으면 매장이 살 수 없다고 생각하고 건물주에게 다음과 같은 제안을 하였다. 부분 구조 변경을 하여 건물의 가치도 올리고 점포를 활성화 시키자고 제안을 하였다. 우선은 많은 돈을 들여 리모델링하지 말고 건물외벽에 페인트만 새로 칠해도 분위기가 달라질 것이라고 설득하여 핑크빛이 나는 색을 선정하여 도색을 하였더니 건물주도 만족해하고 실제로 건물도 밝아 보여서 지나가던 사람들의 시선을 사로잡기 시작했다.

그 다음은 건물의 활용에 대해 건물주에게 제안을 하였다. 1층은 샷시만 달고 청소를 해두면 임대를 놓기에 수월할 것이며 2층은 작은 병실이 8개가 있으니까 이걸 활용할 수 있는 업종을 넣자고 하여 최소비용으로 리모델링을 할 것을 설득하였다.

추가로 우리매장의 워킹쿨러 뒤에 기둥이 있는데 이것만 철거를 해주면 워킹쿨러 만큼의 면적이 늘어나므로 매장운영에 많은 도움이 될 것이라고 설득하여 약 3개월 간 리모델링을 진행하였다.

마지막으로 고객에게 욕먹을 것을 각오하고 약 보름 간 영업을 포기하며 매장도 재공사를 하였다. 워킹쿨러 바닥만큼 넓어진 공간에 일렬로 진열하여 동선을 확보하고 불편함을 최소화하였고 공간을 최대한 활용하여 상품을 다양하게 넣었다. 이렇게 하여 재오픈을 하니 다음 날부터 조금씩 분위기가 달라지고 있음을 느낄 수가 있었고 매출도 조금씩 올라가게 되었다.

리모델링이 끝나고 나서는 공인중개사로서 근무했던 경험을 살려서 2층은 고시원으로 입점하게 하고, 1층은 커피숍으로 입점을 시키고 나니 모든 것이 갖춰진 상태였다.

그때부터는 고객에 대한 서비스와 고객 하나하나의 의견을 경청하여 매장의 살을 부쳐가기 시작하였다. 어쩌다가 한 분이 찾는 물건도 준비하면서 고객에 대한 서비스에 충실하다 보니 어느덧 점포 주변도 활기를 띄게 되었고 7개월 차때 매출을 보며 지난 6개월을 되돌아보니 웃음이 나왔다.

이렇게 포기하지 않고 열심히 앞만보고 운영하다 보니 어려웠던 점포도 주변의 긍정적인 요인들이 생겨서 지금도 안정적인 매출이 나오고 있다.

2층 고시원

1층 커피숍

27) 매출의 20%는 점주가 스스로 만들어 가는 것이다

편의점의 점포선정 3대 요소는 배후, 동선, 입지이다. 그러나 이 3대요소도 점주의 노력이 있는 가정 하에 존재하는 것임을 잊지 말자. 3가지 조건에 완벽하게 맞는 점포는 어느 누가 운영을 하더라도 많은 수익이 날 것이다. 여기에 점주가 만족하지 않고 더욱 노력한다면 훨씬 많은 수익을 낼 수 있을 것이다.

그러나 아쉽게도 현실은 3대 요소가 완벽하게 부합하는 점포는 매우 드물다. 어느 하나가 조금 아쉽던지 다른 취약점이 있게 마련이다. 그러므로 점주는 그 부족분을 노력으로서 채워야 하는 것이다. 실제로 어떤 점포는 점주가 운영을 소홀히 하다가 매출이 저조하여 새로운 점주로 바뀌어서 그 점주가 열심히 운영하니까 매출이 2배 가까이 나오는 경우도 있다.

이런 특별한 경우가 아니더라도 어떤 점포의 손익분기점이 일일 평균매출 90만 원일 때 평균매출이 100만 원 나온다고 가정하면 그저 그런 매장이 될 수밖에 없다. 그러나 점주의 노력으로 100만 원의 20%인 20만 원만큼 매출이 상승한다면 어떨까?

일반적으로 매출이 10만 원당 약 50~60만원의 수익증가가 있기 때문에 20만원 상승하면 100만원이 넘는 수익을 더 올려서 완전히 다른 점포로 탄생하는 것이다. 이렇게 점주의 경영능력과 노력여하에 따라 적어도 매출의 10~20%까지는 올라가므로 점포 만들기에 최선을 다해야 한다.

또한 현재는 입지조건이 좋아서 매출이 잘 나오는 점포도 너무 입지조건만 믿고 게을리 운영을 하다가 경쟁점이 진입하면 입지의 유리함을 살리지 못하고 언제든지 평범한 입지의 점포가 될 수 있으므로 현실에 안주하지 말고 노력해야 한다.

28) 매출과 수익이 늘어날수록 더욱 겸손해지자

우리는 편의점 소매업 점주이다. 기업 오너가 아니다. 노력에 의해 매출이 올라가건 운이 좋아 매출이 올라가건 하는 점포 마다 잘 될지라도 편의점 소매업의 점주임을 잊지 말자.

소위 말하는 대박 점포를 운이 좋아서 하게 된다든지 두 번째 세 번째 점포도 수익이 잘 나오면 일부는 샴페인을 터뜨리듯이 주변 환경고급차 구매, 무리한 재투자을 바꾸고 고용 점장을 두어 점포엔 얼굴도 내비치지 않는 경우가 있다. 그 점주는 거기가 정상인 것이다. 점주의 개인적인 능력이 있어서 그러는 건 별게이지만 이런 점포는 대체로 매출이 훨씬 많이 오를 수 있는데도 더 노력하지 않아서 매출이 정체되는 경우가 많으며 경쟁점의 진입이 쉬워져 점포방어 능력도 떨어진다. 자기건물에서 하지 않는 이상 요즘같이 지역개발 환경^{재개발, 재건축, 도로개설, 확장}이나 점포개발 환경^{임차료의 상승, 경쟁점의 진입 등}의 변화가 빠르게 변하는 시대엔 한 점포에서 10년 이상을 운영하기는 쉽지 않다. 10년 이상 꾸준히 좋은 매출이 나오기는 더욱 어려운 것이다. 다음에 또 그런 점포를 할 수 있다는 보장은 더욱 없기 때문에 몇 년만하고 그만할 것이 아니라면 초심을 잃지 말고 겸손하게 운영해야 한다.

특히 근무자들은 너무 근엄한 점주를 좋아하지 않기 때문에 꾸준히 근무자들과 대화를 해야 하고 평소에 지역주민들과도 인사왕래도 하여 신뢰를 쌓아야 한다. '돈' 은 근무자들이 벌어 주는 것이고 '돈' 은 돈 앞에 겸손한 사람에게 조금이라도 더 다가오기 때문이다.

29) 조금 잘 될 때 더욱 서비스의 질을 높여라 그래야 현 상태라도 유지할 수 있다

오픈 후 수 개월이 지나서도 창업 초기의 마음을 꾸준히 갖는다는 것은 쉽지 않다. 많은 분들이 빨리 매출이 올라 수익적 기반이 안정화되면 시간이 지나면서 점차 점포에서 근무하는 시간이 줄어들고 오늘 해야 할 일을 미루는 일이 많아지면서 차츰 좋지 않은 매너리즘에 빠지게 된다.

가령 공공요금 납부고객이나 상품권, 티머니 충전고객처럼 점포수익에 크게 도움이 되지 않는 고객이 오면 퉁명스럽게 대하여 발길을 돌리게 하거나 점포운영을 게을리 하여 발주도 매일 매일 오전에 점포에서 상품을 보면서 해야 하지만 전날에 대충하거나 며칠 분을 미리 하는 방법을 사용해서 결품이 생기기 시작한다. 그러다 보면 서서히 매출이 떨어지는 것이다. 언제까지 잘 될지는 아무도 모른다.

분명한 건 매년 고정비용^{공공요금, 법정근로임금, 임차료 등}은 상승하고 있으며 매출이 높은 편의점 주변에는 언제든지 경쟁점이 치고 들어올 수 있기 때문에 한번 떨어진 매출은 다시 복구하기는 두 배 세 배 힘이 든다. 그래서 잘 된다고 게을리 하지 말고 더욱 서비스에 충실하고 점포의 매출신장에 노력해야 현 상태라도 유지할 수 있는 것이다.

운이 좋아 점포 주변에 경쟁점이 진입하지 않는다면 좋겠지만 시기의 문제일 뿐 언젠가는 들어온다. 그러나 진입하더라도 평소에 열심히 운영하신 분들은 빠른 기간 내에 매출을 회복하지만 평소에 열심히 하지 않던 분들은 주변 환경변화에 대한 대응력이 약해져 점포의 경쟁력은 더 떨어지고 만다.

30) 불평이 많고 자주 오지 않는 고객일수록 더욱 친절히 해라

지역 색이 강한 곳일수록 연세 드신 분들이 많이 계시거나 상품 가격에 민감한 고객이 많다. 그런 분들은 편의점에서 파는 건 무조건 비싸다고 생각하기 때문에 1년이 지나도록 한 번도 방문하지 않는 분도 계시지만 호기심에 한 번쯤은 오시거나 또는 자주 가는 곳이 문을 닫을 때 한 번쯤은 방문하게 된다. 이때 다음에 또 방문하시도록 최대한 친절하고 편하게 접객하여야 한다. 물론 이분들은 편의점에 자주 들리시지도 않고 많은 상품을 구매하지 않는다. 그러나 이분들의 입소문으로 좀 더 다양한 고객이 방문할 수는 있기 때문에 서비스만큼은 최상으로 하자.

이렇게 차츰 매장에 방문하는 고객이 늘다 보면 객층도 다양해지고 요구사항도 많아지게 된다. 물론 요구사항이 많고 불만이 많은 고객은 구매력도 낮은 경우가 많지만 무시하지 말고 그들에게는 더욱 친절하게 대해야 한다. 이런 고객은 말도 많아서 우리 편의점에 방문하려는 주변 고객까지 안 좋은 영향을 주는 경우가 많기 때문이다.

점포를 운영하다 보면 가끔 오는 고객도 있고 거의 본 적이 없는 고객도 있을 것이다. 이런 고객한테는 무의식적으로 소홀해질 수 있는데 더욱 친절히 하여야 한다. 그분들이 다시 오지 않더라도 다른 사람에게 홍보를 해 주기 때문이다.

31) 앞으로 벌고 뒤로 까먹는다

편의점을 운영하면서 한 번쯤 느낄 수 있는 말일 것이다. 이 말은 매출과 수익은 그렇게 나쁜 편은 아닌데 매달 정산하여 내 통장에 들어오는 돈을 보면 기대 이하로 들어 왔다는 얘기이다.

예를 들어 점포를 한 달 간 열심히 운영하면 본사는 다음 달 특정일에 점주가 운영하면서 지출한 비용^{전기료, 용도품비, 상품폐기 등}등을 차감하고 점주의 통장에 이득금이 송금된다. 그러나 어떤 분은 그 이득금이 예상했던 그대로 다 나오고 어떤 분은 이득금이 반으로 줄어 나오는 경우도 있다.

이렇게 이득금이 반으로 줄어들어 나오는 이유는 관리를 잘 하지 못해서 생긴 비용 때문인데 아래의 일곱 가지가 대표적인 예이므로 평소에 잘 관리한다면 이런 일은 줄일 수 있을 것이다.

첫 번째는 상품재고를 잘 관리하지 못하여 나쁜 손님들이 점포의 관리가 소홀한 틈을 타서 점포내의 물건을 가져가서 생기는 것과 근무자 중에 좋지 못한 행동을 하여 손실이 생긴다.

두 번째는 샌드위치, 김밥 등과 같은 즉석조리식품과 유제품처럼 유통기간이 지나면 폐기하여 점주의 비용처리를 하는 상품을 적절히 발주하지 못하여 폐기가 과하게 나서 생기는 손실이다.

세 번째는 점포 내에서 사용하는 용도품^{종량제봉투, 냅킨, 스트롱, 비닐봉투 등}을 절약하지 않고 너무 무분별하게 사용하여 생기는 손실이다.

네 번째는 전기나 전화료가 과하게 나오는 경우인데 편의점은 사방이 전기를 사용하는 기계들이기 때문에 여름과 겨울 냉난방기를 적절히 조절하여 사용하지 않으면 의외로 많은 손실이 생기며 특히 매장이 넓을 때는 더욱 그렇다. 매장에 비치되어 있는 전화기는 업무적인 용도 외에는 사용을 자제해야 하지만 근무자가 시외전화나 국제전화를 사용하는 경우 의외로 많은 손실이 생길 수 있으므로 평소에 점검할 필요가 있다.

다섯 번째는 본사의 판매가가 오른 상품을 제 때 판매가를 변경하여 포스 판매 데이터에 보내야 하는데 누락시키면 판매한 상품에 대해 인상된 가격만큼의 손실이 생긴다.

여섯 번째는 점주가 점내에서 일부 품목의 상품가격을 낮췄을 때 해당 상품의 판매가가 변경된 줄도 모르고 계속 예전의 가격을 기준으로 판매가를 낮춰서 팔 때 그 차이만큼의 손실이 생긴다.

일곱 번째는 매입전표를 제 때 반영하여 전산에 올리지 않거나 종합소득세나 각종 공과금을 내기 전에 각종 서류나 비용처리를 제대로 하지 못해서 불필요한 손실이 생기기도 한다.

실제 운영하다 보면 위의 7가지를 조금만 등한시해도 불필요한 손실이 생기는 경우가 많기 때문에 너무 매출을 올리는 데만 신경을 쓸 것이 아니라 점포 내적인 관리를 하는 데도 많은 관심과 노력이 필요하다.

32) 점주에 대한 본사의 '운영사항 점검제'는 구속이 아니다

점포를 하루 이틀 하다가 마는 것이 아니고 최소 5년 이상 또는 10년 이상을 바라보고 하는데 점주의 마음이 늘 창업초기 때와 같을 수는 없다. 그것을 바로 잡는 데 도움을 주기 위해 메이저 회사에서는 개별 점포에 대한 '운영 사항 점검제'라는 시스템을 도입하고 있다.

고객에 대한 친절, 서비스, 점포환경 등을 종합적으로 점검하여 잘 되고 있는 부분과 그렇지 않은 부분을 가려서 좀 더 효율적이고 적극적으로 점포를 운영하는 데 도움을 주는 것이다.

본인도 도입 초기에는 그런 것들이 잘 하고 있는 점포에 대한 트집 잡기나 점포 영업환경 현실을 무시한 지적으로 여겼고 나중에 그로 인해 회사 전담직원에게 화를 내기도하고 스트레스를 받기도 했다.

그러다 어느 순간 진정으로 내가 열심히 하려 했는지, 근무자에게 급여를 주며 일은 제대로 시키고 있었는지, 그런 지적들이 매출증대에 도움을 주는지, 왜 회사는 많은 비용을 지불하면서까지 이런 시스템을 운용하는지 등 곰곰이 생각하다가 무작정 회사가 지적하고 미진하다고 판단되는 부분을 고치려 노력을 해 보았다.

당장은 매출에 별 영향을 주지 않더라도 서서히 매출증대에 기여하는 것 같은 결과를 보았다.

그렇다면 '운영사항 점검제'는 매출증대에만 영향을 끼치는 것일까? 더 중요한 변화는 점포의 전반적인 분위기가 바뀌는 것이다. 근무자들도 운영사항 점검에 신경을 쓰면서 점수가 좋지 못했을 때는 미안해하고 점수가 좋을 땐 안도의 한숨을 쉬며 웃는 모습을 보면 평가결과와 관계없이 다음 평가를 기대하게 되고 그때 내 자신을 돌이켜 보며 점포운영에 충실히 하려는 모습에 다시 힘을 내게 된다.

비록 기대 이상의 매출이 나오지 않더라도 실망하지 않고 더 열심히 할 수 있었던 것은 열심히 하려는 내 자신에 대한 믿음과 책임감 때문인 것이다. 이것은 구속이 아니라 진정으로 회사가 바라는 '운영사항 점검제'의 목적이 아닌가 생각해 본다.

33) 근무자 면접은 마음을 열고 보자

일반적으로 사람들은 아르바이트 하면 떠오르는 이미지가 잠깐 하는 일정도로 생각하는 경향이 많다. 짧게는 2개월에서 길게는 1년까지 일을 하지만 보통은 2~4개월 간은 근무한다. 사실 3개월이 짧다면 짧지만 점주는 이런 기간과 관계없이 근무자가 얼마나 고객에 대한 서비스를 충실히 하며 성실하게 근무하는지를 더욱 중요하게 봐야 한다. 그래서 면접을 볼 때 책임감과 성실성을 강조하고 또 그렇게 하려고 하는 사람인지를 봐야 한다.

점주가 각종 구직사이트에 구인광고를 올리면 구직자가 전화로 일할 의사가 있음을 알리는데 점주는 이런 전화통화에서 무심코 얘기 하지 말고 대화하는 중에도 한 번 1차 면접을 본다는 마음으로 통화를 하자. 전화 목소리로 그들의 의지를 파악하여 점주는 매장의 기본적인 업무를 얘기하여 의지 없이 일하러 오는 사람과 쉽게 일하려는 사람은 가려낸다. 그리고 통과하면 2차 면접을 보자. 필요서류를 가지고 왔는지 전화상 면접과 비교하여 느낌은 어떻게 차이가 나는지 등을 파악하여 근무자를 선별하자.

이렇게 근무자와 면접을 보는 동안에 점주는 근무자가 아르바이트라 일하는 기간이 짧더라도 식구임을 강조하여 공동체에 있음을 인지시키고 그들에게 호감을 주자. 면접은 점주만 보는 것이 아니라 그들도 점주를 면접 본다고 생각하고 딱딱한 이미지를 주지 않으면서 서로 마음을 열고 대화를 하여 점포에 친근감을 주자.

이런 과정에서 그들이 여러 점포 중에서 우리 점포를 선정하여 일하게 된다면 최소한 근무하는 기간은 충실히 할 것이며 짧게 일하려던 근무자도 장기적으로 하는 경우가 많다. 또 점주는 그런 능력을 길러야 한다. 또한 채용하기로 결정하고 해당 근무시간에 오기로 하고 오지 않는 경우도 있고 근무 실습기간에 말도 없이 나오지 않는 경우도 있으므로 해당파트타임 근무자를 채용하여 맡은 책임을 다

할 수 있을 때까지는 구인전화가 와도 바로 구했다고 말하지 말고 채용할 수 있는 여지를 두어 만에 하나 생길지 모르는 일에 대비해야 한다.

매출과 고객에 대한 서비스만 신경 쓸 것이 아니고 근무자 로테이션에 대한 안정성이 확보되어야 점주도 더욱 매장 일에 노력하고 발전시켜 나갈 수 있는 것이다.

34) 근무자를 채용하기 전 이런 사람은 가려내자

편의점을 운영하다가 근무자를 구하지 못해 어려움을 겪은 경험이 한 번씩은 있을 것이다. 아무리 채용하기 힘들어도 아래의 경우는 더욱 조심하여 채용하자.

첫 번째는 신분이 명확해야 한다. 면접을 보러 오기 전에 필요서류를 준비해 오라고 전했는데도 불구하고 주민등록등본, 신분증사본 등을 준비해오지 않는 경우가 있다. 특히 이런 사람 중에 당장 일을 하고 싶다고 말하는 사람이 있다면 반드시 필요서류를 제출받은 후에 교육시키도록 해야 한다. 그렇지 않고 급한 마음에 서둘러 교육시키다가 불미스런 일을 당하는 경우가 더러 있기 때문이다.

두 번째는 이력서를 자세히 살펴볼 필요가 있다. 극히 일부는 처음부터 사기를 칠 마음으로 오는 경우가 있기 때문에 이력서 내용과 다른 경우가 많다. 이 경우 외모나 이력서상 학력에 비해 필체가 뛰어난 사람은 자필이 아닌 경우가 많은데 이런 사람은 범죄 경력이 있거나 문제가 있는 사람일 확률이 높다. 특히 이런 사람과 면접을 볼 때 이력서를 건성으로 보지 말고 사진, 주민번호, 전화번호, 주소, 근무경력 등을 살펴보며 기재되어 있지 않는 사항도 물어보며 점검한다면 해당 점포에 대한 경계심이 생겨 근무할 생각을 하지 않게 되어 사전에 예방할 수 있다.

세 번째는 공중전화로 문의하는 근무자는 더욱 위와 같은 사항을 더욱 철저히 점검해야 한다. 일부 나이가 많지 않은 근무자인 경우 사정이 있어 휴대폰으로 전화를 걸지 못하는 경우도 있지만 대부분은 금전적으로 쫓기는 사람이기 때문에 주의해야 한다. 특히 나이가 많은 사람 중에 휴대전화가 없는 경우나 처음부터 가불을 얘기하며 금전적으로 쫓기는 모습을 보이는 사람은 채용하지 않는 것이 바람직하다.

네 번째는 시간 약속을 지키지 못하는 사람은 주의하자. 약속 시간을 훨씬 초과

했는데도 불구하고 전화도 없이 20분 이상 늦는 사람은 뒤끝이 안 좋거나 언급한 기간만큼 근무를 하지 못하는 경우가 많으므로 신뢰가 떨어진다.

다섯 번째는 기본적인 예의가 있어야 한다. 한밤 중에 전화하여 근무내용을 물어보거나 전화가 아니고 문자를 보내는 사람은 불특정 점주에게 보내기 때문에 특별히 근무하고 싶은 곳이 있는 것도 아니고 성의가 없고 책임감이 떨어지므로 특별한 경우가 아닌 이상 채용하지 않는 것이 바람직하다.

여섯 번째는 미성년자 채용은 지양하자. 일부는 성실히 일을 하는 학생도 있지만 아무리 의지가 있어도 미성년자는 책임감이 적고 쉽게 판단하기 때문에 근무 중 실수도 많은 편이다. 간혹 전화상으로 채용을 거절해도 "한 번만 보고 판단해 주세요."라며 적극성을 보이는 학생도 있지만 말이 앞서는 경우가 더 많다.

일곱 번째는 복장이나 몸 상태가 너무 불결하면 채용해서는 안 된다. 면접 볼 때 슬리퍼 차림으로 오거나 손톱이 청결하지 않거나 냄새가 심하게 나는 사람은 채용하지 말아야 한다. 설사 이런 사람은 채용하더라도 말을 해도 쉽게 고쳐지지 않기 때문에 늘 청결해야 하는 편의점 환경과는 맞지 않다.

35) 오픈하는 초기에는 점주의 부족한 점을 채울 수 있는 근무자를 채용하자

점주가 과거에 서비스에 친숙한 사업을 했거나 고객과 잘 소통할 수 있는 성격이 아닌 이상 연세가 많은 남성 점주는 고객에 대한 서비스나 말투가 어색해서 잘 나오지 않는다. 그래서 신규로 오픈하는 점포는 점주가 남성일 때는 매장 분위기를 환하게 보여 줄 수 있는 상냥한 성격의 여성을 채용하라고 권하고 싶다.

그 이유는 편의점은 어느 업종보다 매장이 깨끗하고 산뜻한 분위기가 중요하고 젊은 층의 고객이 많기 때문에 그런 분위기에 맞게 상냥한 목소리로 친숙하게 고객을 맞이하는 것이 중요하다. 특히 점주가 상냥함이 부족한 남성점주라면 이 점을 중점적으로 보완할 수 있는 근무자를 채용하여 서비스를 충실히 하다 보면 오픈 초기 편의점의 분위기를 상승시킬 수 있다.

반대로 점주가 여성인 경우는 이런 우려가 적기 때문에 점주가 직접 상냥하게 서비스에 충실하면 되지만 오픈 초기에는 상품들을 충분히 진열하기 위해 물건이 많이 들어오기도 하고 남성근무자의 도움이 필요한 일이 있으므로 평일 근무자 중에서 최소한 한 명 이상은 이러한 점을 고려해서 채용을 하여 여성점주의 부족한 부분을 보완할 수 있도록 하자.

36) 매장이 자리 잡힌 이후로는 고객에 대한 서비스를 최우선으로 근무자를 채용하자

신규로 오픈한 점포는 초반에 상냥함에 초점을 맞추어 채용하였다면 매장이 자리 잡은 이후로는 매장에 충실히 할 수 있고 고객에게 친숙하게 다가갈 수 있는 사람을 채용해야 한다.

이제부터는 다른 경쟁점과 경쟁을 하면서 단골 고객을 확보하며 새로운 고객을 늘려나가야 하는데 단순히 서비스만 잘하고 매장만 잘 정리한다고 해도 고객을 늘리는 데는 한계가 있다.

일부 입지를 제외하고는 배후의 한정된 고객만을 상대하다 보니까 시간이 지나고 기다린다고 무조건 고객이 늘어나는 것이 아니기 때문이다. 결국은 고객의 유출은 줄이고 고객의 유입은 늘려야 하는데 그러기 위해서는 근무자의 한 차원 높은 서비스가 필요하다.

단순히 접객용어만 잘 사용하고 서비스를 하기보다는 그때그때 상황에 맞는 대화를 하면서 고객과 친숙해져야 한다. 가령 젊은 사람에게는 자식을 대하는 마음으로 하고 비슷한 연배인 고객께는 친구처럼 좀 더 친근한 대화를 하며 나이가 많은 분께는 어른을 공경하는 마음으로 대해야 하는데 이런 접객을 할 수 있는 근무자는 사회경험이 많은 직장인이나 주부, 가장이 잘 한다.

그래서 주간 직원은 주부나 젊은 여성을 채용하고 야간에는 남성가장이나 주부를 채용하기를 권한다. 이러한 서비스는 점주가 가장 잘 하겠지만 24시간 할 수 없으니 매장 현황에 맞게 적절한 근무자를 채용하는 것은 매우 중요한 것이다.

37) 각각 점포 특성에 맞게 근무자 매뉴얼을 만들자

한 점포에도 근무자가 적게는 3명에서 많게는 6, 7명이 근무한다. 이들이 모두 장기간 근무한다면 상관없지만 대부분은 6개월을 넘기지 않으며 각자 근무시간과 근무내용이 다르기 때문에 점포마다 특성에 맞게 기본적인 근무 매뉴얼은 정하여 운영해야 수월하다.

예를 들어 오전, 오후, 야간은 시간대에 맞는 업무분담과 매장 내 청소구역을 정하여 정해진 일자와 시간에 할 수 있도록 하고 모든 근무자가 기본적으로 해야 할 일 등을 정한다. 신규로 채용되는 근무자도 해당업무에 빨리 적응할 수 있도록 한다.

여러 명의 근무자가 있지만 일반적인 근무사항은 선임근무자를 정하여 지시를 한다. 그 이유는 업무일지는 근무자 간 전달력이 떨어지고 그날그날 숙지해야 하거나 알아두어야 할 사항을 점주가 매일 여러 명의 근무자에게 지시하는 건 잔소리로 들릴 수도 있고 여간 힘든 일이 아니기 때문이다.

그렇지만 특별한 사항은 점주가 모든 근무자에게 직접 강조할 필요가 있다. 가령 최근 발생한 사건사고 사례나 매출이나 서비스와 관계된 중요한 사항은 점주가 직접 전달하여 중요성을 인식시키자.

만약 고용점장을 둔 점포라면 반드시 고용점장의 권한에 맞는 권한을 부여하여 그에 맞는 지휘체계를 만들어야 한다. 간혹 고용점장이 있는 데도 불구하고 점주가 고용점장의 역할을 하다 보면 근무자는 작은 일에도 고용점장을 무시하고 점주에게 말하게 되어 고용점장의 역할은 작아져서 업무의 효율은 떨어지고 점주의 부담은 증가하게 된다.

특히 고용 점장보다 나이가 많은 근무자가 있거나 편의점 업무를 쉽게 보는 근무자가 있는 경우 고용점장의 지시를 잘 따르지 않을 수 있다. 점주와 근무자 간에 보이지 않는 거리감이 생길 수 있기 때문에 이럴수록 고용점장에 대한 신뢰를 주어 점주의 부족한 부분을 채울 수 있도록 하자.

38) 고용 점장은 너무 먼 곳에서 찾지 말자

어떤 집단에서건 근무자의 첫 번째 조건은 정직과 성실성일 것이다. 일반적으로 편의점 업무의 특성상 고임금을 주고 고용 점장을 채용하는 경우는 많지 않기 때문에 적합한 고용 점장을 채용하는 데 어려움이 있다.

그렇다고 하더라도 고용 점장은 장기적인 관점에서 채용해야 하는데 어떤 점주는 근무자의 정직성과 자질보다 단순히 근무자 중에서 조금 더 오래 일할 수 있는 사람^{주부 등}이나 점장으로 쉽게 채용할 수 있는 사람^{휴학생, 복학생 등}을 선택하는 경우가 많다. 이러다 보면 고용 점장의 업무의 완성도가 부족하거나 수시로 교체하는 경우가 생기는데 이런 방식으로는 여러 점포를 운영하기에는 적합하지 않다.

어떤 업종이든 고용이 안정화 되어야 점주가 점포의 매출신장이나 점포관리에 집중할 수가 있다. 그러나 편의점에서 고용 점장을 뽑은 후 2년 이상을 근무하면서 별 탈 없이 운영하는 모습을 보기는 흔치 않다. 특히 공채형식으로 뽑은 경우는 더욱 그렇다. 회사와 같이 여러 직원이 근무하는 환경에서 한 명이 빠진다고 회사 운영이 큰 어려움이 생기지는 않는데 편의점은 각각 파트타이머에 의해 운영되기 때문에 고용 점장이 불시에 그만두는 일이 생기면 근무자 로테이션의 문제 외에 여러 가지 운영상의 어려움이 생긴다.

그래서 고용 점장의 근무안정성^{정직성, 성실성, 장기근무}은 매우 중요하기 때문에 그 사람의 기본 됨됨이만 보고 뽑되 되도록이면 점포에서 근무하는 사람 중에서 유심히 보다가 가능성^{업무는 미숙해도 정직한 근무자} 있는 사람을 선정하여 조금씩 가르치면서 고용 점장으로 만들어 가자.

처음부터 잘하는 사람은 없다. 처음부터 잘하는 사람은 요구사항도 많고 언제든지 이직할 수 있는 사람이므로 조금 부족한 사람 아니 많이 부족하더라도 정직하게 살려는 사람을 선정해야 한다. 점포를 만들어 가는 과정과 같이 사람도 인내를 갖고 천천히 만들어 가자. 그러나 여기엔 중요한 전제 조건이 있다. 점주는 점포관리 외에 점장까지 관리해야 하는 업무가 생긴 것이기 때문에 점주의 육체적인 부담은 줄더라도 점포의 내적 관리는 더욱 신경 써야 한다.

39) 임대인과의 관계를 소홀히 하지 말자

많은 분들은 임대인에게 월세만 잘 주면 되지 않냐고 생각하고 편의점 업무만 잘하면 되지 않냐고 한다. 그러나 이런 사고방식은 과거에 자영업이 활성화되지 않은 시대에 통했던 말이다. 지금처럼 임차료 등 고정비용이 높고 꾸준히 상승하고 업종별 경쟁이 심화된 사회에서는 통하지 않는다.

편의점을 운영하면서 노력해야 할 것들이 많이 있다.

첫 번째는 매출을 올리기 위한 노력, 두 번째는 근무자 관리, 세 번째는 재고관리, 네 번째는 각종 세금과 공과금을 관리하는 것이다. 그러나 이와 같은 노력을 하여 매출이 안정적으로 유지된다 하더라도 해마다 임차료가 얼마나 상승할 지, 언제 까지 재계약을 할 수 있을지 모르며 경쟁점의 진입으로 매출이 하락할 경우 임대인이 이런 것을 감안해 임차료를 조정해 줄 수도 있지만 대부분은 이와는 무관하게 임차료가 인상되어 수익은 더 나빠질 수도 있다. 이렇게 열심히 운영하여 매출이 활성화되어 돌아오는 결과가 임차료 인상이라면 얼마나 공허하겠는가? 그러므로 점주는 임대인과의 관계를 다시 생각해야 할 필요가 있다.

임대인과는 제 때 임차료만 주는 계약적 관계가 아니라 임차인은 임대인이 한 가족이라는 마음으로 점포를 운영하고 임대인은 임차인이 매출이 떨어져 어렵지 않은지 걱정해주는 관계가 정착되어 본사와 점주, 임대인이 하나의 가족이 된다면 임대인도 그런 임차인과 오래 함께 하기 원할 것이다.

40) 각종 사회보장제도에 적용해야 한다.

과거의 편의점은 단순근무자관리, 재고관리를 토대로 매출을 올리기 위한 노력만 잘하면 됐다. 그러나 근래는 정부의 시책에 따라 각종 사회보장제도가 정착되고 있는 시기이므로 그런 제도를 이해하고 올바르게 준비해야 한다.

크게 사용자의 의무와 권익차원에서 두 가지로 구분할 수 있다.

첫 번째는 사업자가 반드시 가입해야 하는 4대 사회보험은 국민연금, 건강보험, 고용보험, 산재보험으로 이들은 2011년 1월부터 국민건강보험에서 통합적으로 징수하고 있다.

모든 점포가 산재보험이나 고용보험은 반드시 가입해야 하지만 현실적으로 국민연금이나 건강보험은 고용자와 사용자의 인식부족과 현실적인 어려움으로 인해 가입률이 높지 않다. 그러나 사회보장제도에 동참하는 측면에서 피해갈 수 없는 현실이라면 점주는 이런 제도를 이해하고 가입하여 불필요한 오해나 미가입으로 인한 불이익을 받지 않도록 해야 한다.

두 번째는 근무자의 급여 등 기타 권익과 관계된 것은 노동부에서 관리하고 있다. 제도의 성격이 노동자의 권익을 보호하자는 취지에 있는 것이므로 점주는 최대한 법의 취지를 이해하고 해당 기관의 점검 시에 적절히 대응할 수 있도록 평소에 근무관계 서류를 준비해야 한다. 해당지역의 노동부직원은 일 년에 수 차례 점포를 지도방문하기로 되어 있기 때문에 어떤 근무자를 채용하더라도 반드시 근로자 표준계약서를 작성하여야 하고 사업주는 임금대장을 만들어 급여 관리를 철저히 해야 한다.

이러한 제도는 감독과 통제를 하기 위한 것이 아니고 짧게는 고용의 안정성과 길게는 사회보장제도의 확립차원에서 해야 하기 때문에 점주가 평소에 조금만 관심을 가지고 준비하면 점주와 근로자 모두에게 이익이 되는 제도가 될 것이다.

2부

점포 선정

2부 점포 선정

■
점포선정 3대 요소 _{배후지, 동선, 입지}
■

1) 배후(지)

배후는 점포선정의 제1요소로서 사전적 의미로는 '어떤 대상의 등 뒤'를 말하지만 창업에 있어서 배후는 '배후지의 줄임말로 사람들이 모여 있는 지역에서 경제적 활동이 일어나는 범위에 드는 주변지역'으로 이곳에서 고정 배후민과 불특정 통행인에 의한 매출이 발생하는 권역을 말한다.

이것은 사람에 비유한다면 밥그릇과 같은 것으로 그 배후에서 매출을 일으키는 소비자는 밥그릇의 밥과 같은 것이다. 그러므로 크고 잘 만들어진 밥그릇에 질 좋은 밥이 많이 들어 있어야 하듯이 좋은 배후는 배후민이 새어나가는 길이 적고 넓은 지역에 그들의 구매율, 소비율, 친화율, 내방률이 좋아야 한다.

이런 배후도 각각 배후의 성격과 유형별로 특징이 다르며 상시 직접적인 매출이 발생하는 범위에 따라 근접 1차 배후, 1차 배후, 2차 배후로 나눌 수 있다.

더 좁게는 1차 배후에서 주배후와 보조배후로 구분할 수 있는데 주배후는 1차 배후에서 입지에 따른 매출이 발생하는 범위가 가장 큰 배후를 말하고 보조배후는 1차 배후에서 배후의 성격과 관계없이 주배후 이 외의 지역에서 분산된 매출이 발생하는 배후를 말한다.

그러나 이런 배후도 각종 개발이나 경쟁점의 개점이나 폐점으로 넓어지기도 하고 좁아지기도 하기 때문에 다소 유동적이다. 또한 실제 배후민이 얼마나 되는지 그들의 구매력은 어떤지, 편의점에 친근한 배후민이 얼마나 되는지 등 각종 변화율을 파악하여 매출을 예상해야 하므로 점포를 선정할 때 가장 중요하고 어렵기 때문에 배후를 제대로 파악하지 않고 동선, 입지, 매장여건들을 따져 보는 것은 무의미하다.

가. 배후의 성격

① 거주형

1차 배후 내에 거주시설이 90%이상 차지하는 배후로 실제 배후민이 거주하느냐 상주하느냐에 관계없이 거주시설로서 지어진 건물들이 있는 지역을 말한다. 이들 지역 내에 있는 배후민의 접근성과 상시 직접접인 매출이 일어나는 범위에 따라 아래와 같이 구분한다.

근접 1차 배후	경쟁점과의 경합 없이 근거리에서 독점적인 소비가 이루어지는 배후이다. 예를 들어 편의점이 오피스텔 안에 있다면 쉽게 내려와서 소비를 할 수 있으므로 근접 1차 배후인 것이다. 이와 같이 배후민의 소비가 부담 없는 편한 위치와 거리에 있으면서 독립성과 접근성을 갖춘 배후가 얼마나 넓은지에 따라 수익의 안정화가 빠르며 경쟁점과의 경합에서 유리하게 대처할 수 있으므로 매우 중요한 요소이다.
1차 배후 (매출의 70~90%를 차지한다)	경쟁점없이 배후가 가시권에 들면서 상시 직접적인 매출이 발생하는 범위에 있거나 경쟁점과 비교하여 시간/공간 거리의 중간 안에 있으면서 동선상 우위에 위치하여 상시 직접적인 매출이 발생하는 배후를 말한다. 특히 순수 거주형은 독점률과 경쟁 우위에 있는 배후의 범위가 얼마나 넓은지가 가장 중요하다.
2차 배후 (매출의 10~30%를 차지한다)	경쟁점과 겹치는 부분과 그렇지 않은 부분으로 나누어 볼 수 있다 겹치는 2차 배후는 우리점포에서 경쟁점과의 2/3지점까지 배후를 말하는데 경쟁점과는 운영력에 따라 고객은 늘어날 수 있으나 편의점의 특성상(근거리구매, 메이저 편의점 이용심리)으로 인해 2차 배후에서의 매출증가는 한계가 있다. 겹치지 않는 2차 배후는 경쟁점이 없이 멀리 떨어져 있는 배후로 접근성에 특별한 제약요인(공사로 인하여 보행이 불편하거나 방범시설의 미비로 인해 통행이 적은 경우 등)이 없는 한 도보로 약15~20분 정도의 거리의 배후를 말한다. 이렇게 시간이 걸리더라도 이용하는 건 거주민의 시간적 구속력이 낮기 때문이지만 주로 매출이 심야에 발생하므로 배후민의 성향과 구매욕구에 따라 배후의 범위는 더 좁아질 수도 있고 넓어질 수 있다.

② 상주형

1차 배후 내에 상주시설이 90%이상 차지하는 배후로 배후민이 실제 거주하느냐 상주하느냐에 관계없이 배후가 거주시설 이 외의 형태로 되어 있는 지역을 말한다. 그러므로 상주배후는 상가, 오피스빌딩, 병원, 학원시설, 학교시설, 호텔, 공공시설 등 상주 성격이 다르고 매우 다양한 시설물로 이루어져 있기 때문에 시설물의 성격과 입지에 따라 매출변화가 크다. 이들 지역에 있는 배후민과의 접근성과 상시 직접적인 매출이 발생하는 범위에 따라 아래와 같이 구분한다.

근접 1차 배후	경쟁점과 경합 없이 근거리에서 독점적인 소비가 이루어지는 배후이다. 거주형과 마찬가지로 편의점이 오피스빌딩 내에 있거나 매우 근접하여 있다면 근접 1차 배후 인 것이다. 단지배후의 특성상 유동형입지나 상가시설이 발달한 지역에 많은 편이므로 경쟁점 진입에 취약하기 때문에 최대한 많은 근접 1차배후를 확보하기 위해서는 근접시설의 규모가 커야 한다.
1차 배후 (매출의 70~90% 를 차지한다)	경쟁점 없이 배후가 가시권에 들며 상시 직접적인 매출이 발생하는 범위에 드는 배후와 경쟁점과 비교하여 시간/공간 거리의 중간 안에 있으면서 동선상 우위에 위치하여 상시 직접적인 매출이 발생하는 배후를 말한다. 거주형과 다른 것은 상주형은 직장에서 나와 편의점에서 볼 일을 보고 다시 직장으로 들어가야 하므로 시간적으로 크게 무리가 가지 않는 범위(도보로 약 3~5분)에 있어야 하므로 배후의 범위가 더 좁은 편이다. 그러므로 독립성과 접근성을 확보한 배후가 많아야 하므로 밀도율과 응집률이 높아야 한다. 그리고 출근동선으로 인한 매출 비중이 매우 높기 때문에 조금 거리가 떨어져 있어도 동선상 경쟁점이 없다면 1차 배후로 본다.
2차 배후 (매출의 10~30% 를 차지한다)	경쟁점과 겹치는 부분과 그렇지 않은 부분으로 나누어 볼 수 있다. 겹치는 2차 배후는 우리 점포에서 경쟁점의 2/3지점까지 배후를 말하는데 경쟁점과는 운영력에 따라 고객이 늘어날 수 있으나 거주형 보다 더 근거리구매에 민감하기 때문에 2차 배후에서의 매출증가는 더욱 한계가 있다. 겹치지 않는 2차 배후는 경쟁점이 없이 멀리 떨어져 있는 배후로 접근성에 특별한 제약요인(공사로 인하여 보행이 불편하거나 방범시설의 미비로 인하여 통행이 적은 경우 등)이 없는 한 도보로 약 6~10분 정도의 거리에 드는 배후를 말한다. 이렇게 거주형 보다 짧은 이유는 상주형의 특성상 직장에서 나와 외부에서 오랜 시간 머물지 못하기 때문에 개인 소비보다는 단체 소비가 많은 편이다. 이렇게 거주형보다 시간, 공간 거리에 더욱 민감하므로 1차 배후의 중요성은 더욱 크다.

③ 혼재형

혼재형은 거주형과 상주형을 혼합해 놓은 것이다.

④ 특수 혼재형

관광숙박시설, 의료시설 주변, 대학가, 대형학원가 등의 특수시설이 1차 배후

내에 있으면서 매출의 약 20%이상을 차지하는 경우를 말한다. 이런 유형은 특수시설의 매출 비중이 높으면 경쟁점이 진입할 경우 매출이 현저히 떨어지는 취약점이 있다. 그러므로 거주시설이나 상주시설이 주배후이고 특수시설이 보조배후로 고루 분포되어 있는 것이 가장 안정적이다.

근접 1차 배후	경쟁점과 경합 없이 근거리에서 독점적인 소비가 이루어지는 배후이다. 가장 이상적인 특수 혼재형은 근접 1차 배후 내에 특수시설이 있는 경우로 특수시설의 규모가 클수록 안정적인 매출이 기대된다.
1차 배후 (매출의 70~90%를 차지한다)	경쟁점 없이 배후가 가시권에 들며 상시 직접적인 매출이 발생하는 범위에 있는 경우와 경쟁점과 비교하여 시간/공간 거리의 중간 안에 있으면서 동선상 우위에 위치하여 상시 직접적인 매출이 발생하는 범위에 드는 배후를 말한다. 1차 배후 내에 거주시설이 있는 경우는 야간 시간대와 주말매출이 안정적이며 상주시설이 있는 경우는 낮 시간대 매출이 안정적일 수 있으나 야간과 주말 매출이 낮아질 수 있다. 유흥 소비시설이 있는 경우는 야간 시간대 매출이 안정적이고 판매 소비시설은 주간 시간대 매출이 안정적이므로 특수시설에서 발생하는 매출이 절대적인 비중을 차지하는 경우를 제외하고는 거주시설, 상주시설, 소비시설이 적절히 혼재되어 있는 것이 가장 이상적이다.
2차 배후 (매출의 10~30%를 차지한다)	경쟁점과 겹치는 부분과 그렇지 않은 부분으로 나누어 볼 수 있다. 겹치는 2차 배후는 우리 점포에서 경쟁점의 2/3지점까지 배후를 말하는데 경쟁점과는 운영력에 따라 고객이 늘어날 수 있으나 편의점의 특성(근거리구매, 메이저 편의점이용 심리)으로 인해 2차 배후에서의 매출 증가는 한계가 있다. 겹치지 않는 2차 배후는 경쟁점이 없이 멀리 떨어져 있는 배후로 접근성에 특별한 제약요인(공사로 인하여 보행이 불편하거나 방범시설의 미비로 통행이 적은 경우 등)이 없는 한 거주형은 도보로 약 15~20분 정도이고 상주형은 도보로 약6~10분 정도의 거리에 드는 배후를 말한다. 특히 특수시설이 도심이나 부도심에 있을 때는 2차 배후의 범위가 좁은 경우가 많으므로 1차 배후의 중요성이 더욱 높다.

⑤ 소비형

주요 매출이 소비시설과 이곳에 방문하는 불특정 통행인에 의해 발생하는 유형으로 상권발달도와 배후의 범위가 매우 중요한 유형으로 완전소비형과 불완전소비형으로 구분하며 소비시설의 성격에 따라 유흥소비시설과 판매소비시설로 나눌 수 있다.

■ 완전 소비형

소비시설^{유흥소비시설, 판매소비시설}이 1차 배후^{1차 상권}에서 주배후로 있으며 사이드배후^{주배후와 성격이 다른 배후. 거주시설, 상주시설}배후의 매출이 전체매출에서 약 20%미만을 차지하는 배후로 주로 도심이나 부도심의 유동형이나 우물 유동형에 있다. 이런 지역은 상권발달도가 1차 배후^{1차 상권}뿐 아니라 2차 배후^{2차 상권}도 높은 편이고 인지도가 있는 상권이기 때문에 경쟁시설이 산재해 있고 통행량에 의한 매출이 높기 때문에 입지적 요소와 동선적인 요소가 매우 중요하다.

근접 1차 배후	경쟁점과 경합 없이 근거리에서 독점적인 소비가 이루어지는 배후이다. 일반적으로 완전 소비형 배후는 보조배후(거주시설, 상주시설)의 매출보다는 통행량에 의한 매출이 높은 편이기 때문에 유동형 입지나 우물 유동형 입지에 많이 있는 편이며 상권발달도가 매우 높아 근접 1차 배후에 대한 의존도가 다른 배후유형에 비해 떨어지지만 배후 특성상 편의점 경쟁률은 높고 독점률이 낮기 때문에 입지적으로 우위에서 동선의 중심에 있어야 한다.
1차 배후 (1차 상권 포함)	완전 소비형은 통상적인 1차 배후의 개념과 달리 배후의 범위에 대한 중요성이 가장 낮으며 사이드배후(거주시설, 상주시설)에 대한 의존도가 매우 낮으므로 밀도율과 응집률이 높은 곳에서 상권 발달도가 높아야 한다. 반면 1차 배후가 넓으면 고매출이 기대되지만 월 임차료 또한 높기 때문에 입지적인 요소와 동선적인 요소로 인해 배후민의 흡입률이 높고 불특정인의 통방률을 높일 수 있어야 경쟁력이 있다.
2차 배후 (2차 상권 포함)	완전 소비형 배후는 1차 배후(1차 상권)가 발달해 있지만 2차 배후(2차 상권)도 넓고 상권 발달도가 높기 때문에 통행량이 많아서 곳곳에 경쟁점이 산재해 있는 경우가 많으므로 특별히 2차 배후를 구분하는 것이 무의미 할 수 있다. 또한 이런 곳은 지역의 랜드 마크 상권인 경우가 많기 때문에 고객이 365일 끊임없이 유입되므로 상권도 확대되는 경향이 있다. 그러므로 이들이 한번쯤 지나칠 수 있는 위치에 있어야 다른 유형에 비해 상대적으로 적은 배후를 보완할 수 있다.

■ 불완전 소비형

소비시설이 1차 배후^{1차 상권포함}에 있으면서 사이드배후^{거주시설, 상주시설}의 매출이 전체의 30~60%정도 차지하는 배후이며 상권의존도가 높은 편이지만 완전 소비형보다는 낮기 때문에 좀 더 많은 소비자들을 유입시키기 위해서는 2차 배후^{2차 상권}의 발달도가 높아야 더욱 안정적인 매출을 기대할 수 있다.

근접 1차 배후	경쟁점과 경합 없이 근거리에서 독점적인 소비가 이루어지는 배후이다. 완전소비형 보다는 배후가 넓기 때문에 보조배후가 얼마나 넓은지가 중요하다. 일반적으로 불완전 소비형 배후는 사이드배후(거주시설, 상주시설)의 매출이 전체의 30~60%정도이며 유동형 입지나 우물 유동형 입지에 많이 있는 편이지만 상권발달도가 완전소비형보다는 낮기 때문에 근접 1차 배후를 안정적으로 확보하고 있어야 안정적인 매출을 기대할 수 있다.
1차 배후 (1차 상권 포함)	경쟁점 없이 배후가 가시권에 들며 상시 직접적인 매출이 발생하는 범위에 드는 배후와 경쟁점과 비교하여 시간/공간 거리의 중간 안에 있으면서 동선상 우위에 위치하여 상시 직접적인 매출이 발생하는 배후를 말한다. 상권발달도가 완전 소비형 배후보다 낮기 때문에 소비시설 자체의 매출로는 안정적인 매출을 기대할 수 없으므로 입지의 4요소에 부합하거나 사이드배후(거주시설, 상주시설)를 충분히 확보하여야 안정적인 매출을 기대할 수 있다. 특히 보조배후가 상주시설인 경우는 비교적 상권발달도가 높은 편이어서 경쟁점이 산재해 있기 때문에 1차 배후의 범위가 좁은 경우가 많고 거주시설인 경우는 상권발달도가 낮은 편이기 때문에 비교적 1차 배후가 넓어야 한다.

2차 배후 (2차 상권 포함)	2차 배후가 사이드배후로 형성되어 있는 경우와 소비시설로 형성되어 있는 경우가 있는데 전자는 보조배후가 상주시설인 경우는 유동형 입지나 도심이나 부도심에 있기 때문에 곳곳에 경쟁점이 산재해 있는 경우가 많아서 통행량에 의한 매출 비중이 높으므로 2차 배후의 범위는 좁은 편이다. 반면에 사이드배후가 거주시설인 경우는 1차 상권의 발달도가 낮은 편이기 때문에 2차 상권 발달도가 높아서 인지도가 있거나 2차 배후가 넓어야 좀더 많은 소비자를 유입시켜서 더욱 안정적인 매출을 기대할 수 있다.후자처럼 2차 배후가 소비시설로 형성되어 있는 경우는 대체로 인지도가 높은 지역이기 때문에 더 많은 통행량이 증가하지만 이들을 흡입할 수 있는 요소(입지의 4요소에 있거나 집객유도시설이나 주변이 특색이 있는 콘셉트)가 없다면 무의미하다.

나. 입지에 따른 배후의 3대 유형

편의점은 어떤 유형이든 공통적으로 배후, 동선, 입지가 좌우한다고 봐도 무방하지만 실전에서 이를 제대로 파악하기가 쉽지만은 않다. 뭐든지 시작할 때 첫 단추를 잘 끼워야 하듯이 이 중에서도 배후는 점포를 선정하는 데 가장 중요하고 기초가 되는 것이기 때문에 막연하게 파악하기보다는 해당 배후가 어떤 유형으로 매출이 발생하는지 밑그림을 그린 후 기타요소들을 관찰을 해야 한다.

구분		내용	특징
배후형	고정배후형	매출이 배후의 규모와 배후민의 성향에 의해 좌우된다.	주로 상권이 발달하지 않은 거주형이나 혼재형에 있다. 배후민의 명확한 주동선이 없고 입지의 4요소에 충족하지는 않지만 경쟁점 또한 진입하기에 적합한 자리가 많지 않다. 주 매출이 배후에서 발생하므로 배후 내에 경쟁력 있는 마트나 경쟁점이 없이 주배후를 확보하면서 독점률이 높고 경쟁률이 낮아야 매출을 극대화 할 수 있다.그러므로 다른 유형보다 경쟁점 진입에 민감하여 임차료가 높을 경우 경쟁점이 진입한 배후만큼 매출이 하락하므로 임차료가 높은 지역은 지양해야 한다. 또한 거주형은 소매점이 산재해 있을수록 이들에 익숙해져 있는 배후민이 많기 때문에 편의점이 신규로 진출할 경우 이들의 욕구를 충족시킬 수 있도록 매장여건이 우위에 있는 마트형 콘셉트로 운영해야 경쟁력이 있다.
	동선배후형	매출이 배후에 따른 배후민의 동선에 의해 좌우된다.	주로 거주형이나 혼재형에서 배후의 초입이나 배후의 중심지에서 1차동선이나 주동선상에 있으면서 매출이 발생하기 때문에 배후가 넓고 주배후 진입 접근성이 좋아야 한다. 배후가 넓을 경우 초입은 상가 시설이 발달한 경우가 많으므로 되도록 마트와 차별화된 콘셉트나 일정거리를 두어 입점하는 것이 유리하다.
	우물형	매출이 배후에 눈에 띄게 보이지는 않아도 다양한 배후에서 배후민이나 불특정인이 물이 흘러 내려오듯이 모이면서 일어난다.	우물에 물이 고이듯이 비교적 배후가 넓고 여러 배후에서 배후민이나 불특정인이 자연스럽게 모이는 입지로서 배후에서 거주하거나 상주하다가 수시로 방문하면서 주 매출이 일어나므로 배후민의 흐름을 끊는 곳에 경쟁점이 없어야 하므로 독점률이 높고 배후 접근성이 좋아야 한다. 그러므로 거주형에서는 배후 내에 있기 때문에 배후의 통행량이 눈에 띄게 많은 편이 아니므로 눈앞의 통행량에 너무 민감할 필요는 없다.

	고정 우물형	매출이 배후민의 친화율과 내방률에 의해 좌우된다.	우물형보다는 배후가 좁기 때문에 배후의 밀도율과 응집률이 높은 상주형이나 혼재형에서 많은 편이다. 대부분 교통시설로부터 떨어져 독립배후 형태로 갇혀 있기 때문에 배후민의 통행량이 한정되어 있으므로 접근성이 좋아 내방률이 높고 친화율이 높은 배후민이 많아야 한다.
유동형	유동형	매출이 배후민을 포함하여 불특정인의 통행에 의해 좌우된다.	주로 도심이나 부도심의 상주형이나 소비형에서 교통의 요지에 있거나 상권 발달도가 높고 인지도가 높은 지역에 있다. 이들 지역은 대체로 임차료가 높은 편이므로 입지적으로 우위에 있는 지역이나 사이드 배후를 확보한 유동형에 있거나 통행인이 꾸준히 유입 되어야 안정적인 매출을 기대할 수 있다.
	우물 유동형	매출이 배후민을 포함하여 소비시설의 방문객에 의해 일어난다.	유동형 입지에 있지만 방문객의 체류시간이 긴 편이므로 편의점에 방문할 확률이 높지만 내방률이 높아야 한다. 그러나 완전 소비형 입지에서 일부 지역은 특정 시간대에 한정되어 매출이 발생되기 때문에 전반적인 매출은 기대에 못 미칠 수 있다.특히 유흥 소비형 상권에서 고정 우물형의 성격이 있는 곳은 방문객의 소비시설 밖으로 이동이 활발하지 않아 매출이 활성화되지 않는 경우가 있으므로 안정된 사이드배후를 확보하지 않으면 의외로 고전할 수 있다.
입지형		매출이 접근성에 따른 입지적인 요소와 동선에 의해 좌우된다.	배후형이나 유동형도 입지적인 중요성을 요하지만 특히 입지형은 입지의 4요소에 충족하여 배후민의 흡입률과 불특정 통행인의 통방률이 높아 비목적구매(충동구매)가 가장 높다. 배후나 같은 동선에 경쟁점이 진입해도 다른 유형보다 매출 회복력이 가장 높다. 특히 도로변이나 인지도가 있는 지역에서 매장 여건까지 좋다면 입지적인 장점은 배가 될 것이다.

다. 상권구분

편의점 입지의 이해편에서 설명하였듯이 광의의 상권은 일정한 지역을 중심으로 상행위가 이루어지는 권역을 의미한다. 이것도 관점에 따라 다양하게 해석할 수 있으나 점포를 선정할 때는 상권은 배후의 일부이므로 편의점 창업에 있어 상권은 '점포를 선정하기 위해 우리가 하고자 하는 업종을 중심으로 우리 점포 이외의 업종 발달 정도에 의해 매출이 발생하는 범위'로 한정하자.

그러므로 이런 상권의 범위를 파악하고자 아래와 같이 상권의 성격과 유형에 따라 구분하였지만 아무리 상권이 발달해 있어도 그 수요를 흡수하지 못하면 무의미하다.

구분			내용	특징
상권의 성격(배후 밀도에 따른 구분)	수평상권(A)		배후의 유흥시설이나 판매시설이 저층(1~3층)으로 형성되어 건물의 밀도률이 낮게 형성되어 있는 상권	비교적 인지도가 있는 지역에서 소비시설이 넓게 발달한 편이므로 그렇지 않은 지역이라면 경쟁력이 떨어진다. 통행인의 시선이 끊임없이 연결되어야 하므로 배후 응집률이 좋아야 경쟁력이 있다.
	수직상권(B)		배후의 유흥시설이나 판매시설이 저층보다 중층이나 고층건물로 영업시설이 형성되어 있는 상권	수직으로 높게 상권이 발달해 있기 때문에 주로 도심이나 대학가의 상업지역에 발달해 있다. 밀도율과 응집률이 높기 때문에 근접경합이 많은 편이지만 입지적인 성격이 다른 경우가 많아 각각 독립적인 배후를 형성하고 있다. 보통은 기존점이 입지적으로 우위인 지역에 선점해 있거나 임차료나 권리금이 높게 형성되어 있어 신규상권이 아닌 이상 추가로 진입하기가 매우 어렵다.
	밀집상권(C)		수평, 수직에 관계없이 배후시설이 밀도 있게 응집되어 있는 상권	통행량도 많아야 하므로 비교적 인지도가 있는 상권이나 시내중심가의 유흥소비형에 많이 있다.2차 상권이 넓어도 전체적으로 밀집되어 있는 경우는 드물고 곳곳에 독립적인 1차 상권이 형성되어 있다.
상권의 유형(상권의 활동성에 따른 구분)	고정형 상권(D)		한정된 배후민에 의해 형성된 상권	주로 배후형에서 1차 소비시설로 이루어졌으며 상권이 발달한 편은 아니다.
	확장형 상권(고객의 꾸준한 유입으로 발달한 상권)	확장배후형 상권(E)	주로 역세권의 배후형이나 상주형의 이면도로에서 포괄배후에 의해 형성된 상권	거주형인 경우 1차 소비시설이 발달해 있고 상주형인 경우 유흥소비시설이 발달한 경우가 많다.배후의 성격과 역세권의 활성화 정도에 따라 상권발달도 천차만별이므로 입지에 따른 매출도 천차만별이다.
		우물유동형 상권(F)	배후민 보다는 배후 방문인이나 불특정 통행인에 의해 형성된 상권으로 1차상권뿐 아니라 2차 상권도 발달해 있으므로 독립상권이 발달해 있다.	주로 소비형 배후에 있으며 인지도가 있는 상권이므로 확장성이 높고 전면도로 보다는 이면도로에서 발달한 편이다. 특히 소비시설이 활성화되는 시간대는 유동형처럼 단순 통과 통행인보다 방문자가 늘어나므로 더욱 활성화 된다.
		확장유동형 상권(G)	주로 상주배후민과 불특정 통행인에 의해 형성된 상권	주로 도심의 상주형이나 도심의 소비형 배후에 있으며 전면도로에 많이 있기 때문에 역 출구, 횡단보도, 버스정류장 등이 함께 연결되어 있다. 단순히 상주형이 발달한 도심보다는 보다 인지도가 높은 상권이 함께 형성된 곳이 확장성이 높다.

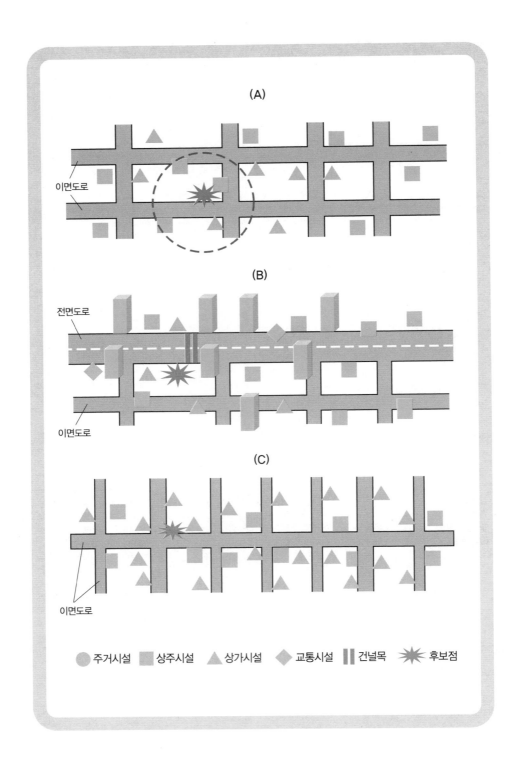

(A)

이면도로

(B)

전면도로

이면도로

(C)

이면도로

● 주거시설　■ 상주시설　▲ 상가시설　◆ 교통시설　▌▌ 건널목　✹ 후보점

(A) 홍대 일대의 수평상권

(B) 강남역 일대의 수직상권

(C) 이태원 곳곳의 밀집상권

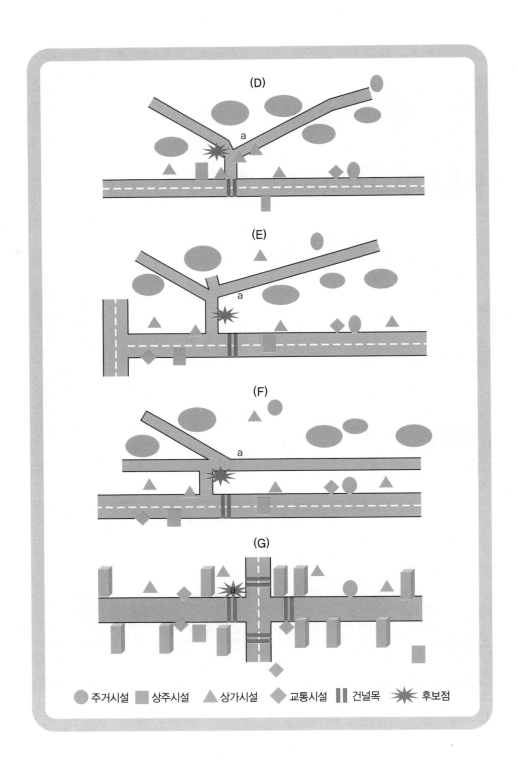

(D)

(E)

(F)

(G)

●주거시설 ■상주시설 ▲상가시설 ◆교통시설 ‖건널목 ✳후보점

(D) 고정 배후형 상권

a. 도로변에 접한 고정 배후형 상권

b. 도로변과 떨어진 고정 배후형 상권

(E) 확장 배후형 상권

a. 도로변을 향한 모습

b. 배후를 향한 모습

(F) 우물 유동형 상권

a. 명동일대 이면도로

b. 홍대일대 이면도로

(G) 유동형 상권

a. 역세권 유동형 상권(영등포역 일대)

b. 상주 유동형 상권(공덕오거리일대)

라. 배후 통행인에 따른 구분

배후에 있는 사람들의 구성성향과 통행인의 목적에 따라 소비율과 구매율이 다르기 때문에 단순히 통행량만 관찰하는 것은 무의미 하므로 통행인의 성격에 따라 구분할 필요가 있다.

구분	거주형
배후 통행인	배후에 거주하는 사람들의 통행을 말한다. 이런 통행인이 목적구매비중이 높고 꾸준히 방문하기 때문에 이들의 통행이 잦은 곳이 가장 좋은 형태이다. 그러나 막상 배후를 관찰하다 보면 일부 입지유형을 제외하고는 통행이 눈에 띄게 많지 않다. 가족형 거주지는 출퇴근 시간대 외에는 통행이 잦지 않으며 직주형 또는 원룸형 거주지는 출퇴근의 틀이 정해져 있지 않고 수시로 통행하는 사람들이 많으므로 가장 이상적인 거주형이다.주의해서 봐야 할 것은 출근시간대 통행이 가장 눈에 띄지만 비목적구매나 단순 통과형 성격이 강하기 때문에 소비율과 구매률이 낮으며 퇴근 시간대 이후는 목적 구매형의 성격이 강하므로 소비율과 구매률이 높은 편이다.
배후 방문 통행인	택배기사, 우유나 신문 등의 배달원,공공수납기관의 방문자 등이 있다. 이들은 주로 낮 시간대에 통행을 하지만 단순 통과형 통행인의 성격이 강하며 목적구매를 하더라도 소비율과 구매률이 매우 낮으므로 매출에 별다른 영향을 주지 않는다.
불특정 통행인	단순 통과형 통행인(의미상 통행으로 배후민이 단순히 지나가는 것도 포함한다), ,이동식 차량판매업자(과일,야채 등),운전기사나 단순 차량운전자 등이 있다. 거주형은 주로 배후형에 있으므로 불특정통행인이 많지 않으며 도로변 입지에서는 야간에 단순 차량통행으로 인한 매출을 기대할 수 있는 반면에 배후와 거주동선에 따른 접근성은 떨어질 수가 있고 이면도로에 접한 경우는 야간에 단순 차량통행으로 인한 매출은 기대할 수는 없지만 거주동선에 따른 배후 접근성은 높다.

구분	상주형
배후 통행인	배후에 상주하는 사람들의 통행을 말한다. 상주형은 직장에서 낮과 오후 시간대 상주하면서 수시로 이동하기 때문에 거주형에 비해 통행이 잦을 수밖에 없다. 목적구매는 출근동선과 상주동선에서 많으므로 구매율이 높은 반면 퇴근 동선에서는 단순 통과형 통행인의 성격이 강하므로 소비율과 구매율이 낮은 편이다. 대체로 대기업과 엔터테인먼트기업, 벤처기업 등에 근무하는 상주민이 구매율과 내방률이 높은 편이고 관공서나 공기업형은 직장 내에서 업무환경이 자유스럽지 않으므로 내방률이 매우 낮고 구내에 매점 등의 판매시설이 있거나 구매성향이 낮아서 구매율도 낮다. 이처럼 상주민의 직장에 따라 구매율과 내방률에 따른 매출 차이가 크기 때문에 상주민의 구성을 잘 살펴봐야 한다.
배후 방문 통행인	상주시설에 방문하는 거래처 직원이나 관련 방문객, 택배기사, 음식점 등의 배달원 등이 있다. 상주시설에 방문하는 거래처 직원이나 관련 방문객이 많은 경우 외에는 매출에서 차지하는 비중이 매우 낮다. 이들의 구매 성향은 방문목적에 따라 다르나 대체로 음료선물세트를 구입하는 경우가 많아 소비율은 높으나 구매율은 낮다. 택배기사나, 우유, 신문, 음식점 배달원, 공공수납기관의 방문자의 경우는 단순 통과형 통행인의 성격이 강해 간단한 음료나 기호품정도 구입하므로 소비율과 구매율이 매우 낮다.

불특정 통행인	단순 통과형 통행인(의미상 통행으로 배후민이 단순히 지나가는 것도 포함한다), 이동식 차량판매업자(과일, 야채 등),운전기사나 단순 차량운전자 등이 있다. 단순 통과형 통행인이 많은 유동형 입지에서는 불특정 통행인에 의한 매출 비중이 높은 편이며 일부 소비시설과 연계된 입지를 제외하고는 야간 통행량이 매우 낮아 하루 중 매출 편차가 큰 편이고 도로변 입지에 있는 곳은 구매율은 낮지만 단순 차량통행으로 인한 부가적인 매출을 기대할 수 있다.

구분	혼재형, 특수 혼재형
배후 통행인	혼재형은 거주형과 상주형의 혼합형이다. 특수 혼재형은 배후민은 관광숙박시설, 대학교, 대형학원, 종합의료시설의 직원, 학생 등 이곳에 방문하는 사람들로 이루어져있다. 관광숙박시설은 숙박시설이므로 거주형의 성격에 가까우며 외국인 중에서 일본인 관광객들의 매출은 소비율과 구매율이 높은 편이다. 대학교나 대형학원가, 종합의료시설은 상주형의 성격에 가깝기 때문에 통방률과 내방률이 중요하고 대학가나 학원가 주변지역은 원룸, 고시텔 등이 발달하였으므로 주간은 상주형과 비슷하고 야간과 주말은 거주형의 매출이 일어난다. 대체로 종합의료시설은 구내에 매점 등의 시설이 있어서 의료시설 자체로 인한 매출이 높지 않기 때문에 사이드배후와 적절히 갖춰져 있어야 안정적인 매출을 기대할 수 있다.
배후 방문 통행인	혼재형은 거주형과 상주형의 배후를 혼합한 것이다.특수혼재형은 거래처 직원, 택배기사, 우유, 신문, 음식점 등의 배달원,공공수납기관의 방문자 등이 있으나 주변배후가 거주형이냐 상주형이냐에 따라 방문자가 줄어들기도 하고 늘어날 수도 있으나 이들은 주로 낮 시간대에 통행을 하며 단순 통과형 통행인의 성격이 강하므로 소비율이 낮아 매출에 별다른 영향을 주지 않는다.
불특정 통행인	단순 통과형 통행인(의미상 통행으로 배후민이 단순히 지나가는 것도 포함한다), 이동식 차량판매업자(과일, 야채 등), 택배기사나 단순 차량운전자 등이 있다. 유동형 입지에서는 매출에서 차지하는 비중이 높은 편이며 차량통행으로 인한 매출은 도로변 입지여건에 따라 편차가 매우 크다. 관광숙박시설은 상주형을 기반으로 형성되어 있는 곳은 낮 시간대 불특정 통행인이 많은 편이고 소비형을 기반으로 형성되어 있는 곳은 야간 시간대 불특정 통행인이 많은 편이다. 대학가는 입지여건에 따라 차이가 많고 대형학원가는 혼재형을 기반으로 형성되어 있는 곳이 많아 주간 시간대와 야간 시간대 고르게 형성되어 있고 종합의료시설은 입지여건과 규모에 따라 다양하게 형성되어 있다.

마. 소비 율에 따른 구분

어떤 점포는 내방객수는 부족해도 매출이 높기도 하고 어떤 점포는 내방객수가 많아도 매출이 낮은 경우가 있다. 이것은 고객의 소비율(소비하고자 하는 욕구에 따른 경제적인 능력으로 흔히 객단가라고 표현한다) 때문이므로 구매하고자 하는 욕구에 따라 비교하여 구분하였다.

구분		내용
목적구매	소비율이 높은 경우	배후성격(거주형, 상주형 등)과 입지유형에 따라 약간씩 차이가 있으나 배후민이 구매하고자 하는 의지가 높고 마트 같은 도매시설과 떨어져 있을수록 소비율이 높은 편이다. 일반적으로 거주형에서 퇴근동선과 거주동선에서 야간에 대량 구매하는 경우가 많아 소비율이 높은 편이고 상주형에서는 회의나 다과 목적으로 구매하는 경우가 소비율이 높은 편이다. 특수 혼재형에서는 일본인 관광객이 많은 관광숙박시설입지에서 숙박시설에 들어가기 전의 구매와 소비율이 높은 편이다.
	소비율이 낮은 경우	거주형에서는 출근, 여가동선에서 소비율이 낮고 상주형에서는 구매율은 높지만 모든 이동 동선(출퇴근, 식사, 상주동선)에서 소비율이 낮은 편이다. 또한 어떤 배후냐에 관계없이 단순히 통과하다가 구매하는 경우와 유동형에서는 간단히 식품이나 기호품을 구입하므로 소비율이 낮은 편이다. 특히 배후형은 비교적 통행량이 적기 때문에 배후민의 목적구매마저 소비율이 낮을 경우 의외로 고전할 수 있으므로 주의해야 한다.
비목적구매 (충동구매)	소비율이 낮은 경우	구입하고자 하는 의지가 없이 지나가다가 충동구매 하므로 소비율이 매우 낮은 편이고 어떤 배후냐에 관계없이 단순히 통과할 경우 일어나는 구매방식이므로 특히 유동형과 도로변의 입지형에 많은 편이다.

바. 배후/입지 구분

　배후를 아래와 같이 구분하는 것은 건축하는 것과 마찬가지로 각각의 용도지역(주거지역, 상업지역, 공업지역 등)에 따른 입지를 파악하여 가장 적합한 용도(주택, 주거복합시설, 상업시설, 오피스시설, 병원시설, 학교시설 등)를 선택하여어떻게 하면 최유효 이용할 수 있을지 고민하는 것과 같기 때문에 내가 하고자 하는 점포의 배후유형, 성격, 입지유형 등을 정확히 구분해야 가장 적절한 콘셉트를 찾아서 매장을 꾸밀 수 있기 때문이다.

배후유형	배후성격	배후시설	입지유형	배후구성형태별	특징
배후형 (고정배후형, 동선배후형, 우물형, 고정우물형) 유동형 (유동형, 우물유동형)	거주형(1차 배후 내에 거주목적의 시설물이 90% 이상 차지하는 배후)	거주시설	23개 유형	오피스텔, 원룸형	소비율과 구매율, 내방률이 높아서 거주형에서 가장 선호 하는 입지이다.
				다가구, 다세대형	일반적인 가구의 형태로서 지역별 구매력의 차이는 있으나 비교적 편의점에 친화적인 젊은 층의 거주가 많아야 유리하다.
				아파트형, 단독주택형	아파트나 단독주택을 주배후로 보는 입지는 그들의 구매력의 특성상 소비율이 높은 편이지만 평균 내방률이 매우 낮으므로 배후가 넓고 최대한 독점률이 높아야 한다.
				복합형	소비율과 구매율이 높은 거주형태(오피스텔, 원룸)가 얼마나 차지하느냐에 따라 매출이 결정된다.
	상주형(1차 배후 내에 거주목적이 아닌 시설물이 90%이상을 차지하는 배후)	상주시설 (오피스)		대기업형	소비율, 구매율, 내방률이 높은 편이나 단체 소비율은 회사마다 많이 다르다.
				벤처기업형	소비율, 구매율, 내방률이 높은 편이며 단체 소비율도 높은 편이다.
				중소기업형	일반적으로 소비율은 보통이고 단체 구매율도 낮은 편이다.
				소기업형	대체로 출근시간대 외엔 방문 횟수도 제한되어 있고 구매율도 높은 편이 아니다.
				공기업형	관공서나 공기업은 소비율과 구매율이 가장 낮기 때문에 입지적으로 우수한 지역이 아닌 이상 독립적으로 안정적인 매출을 기대하기는 힘들고 거주형이나 상주형 등과 연계된 경우가 많다.

배후유형	배후성격	배후시설	입지유형	배후구성형태별	특징
배후형 (고정배후형, 동선배후형, 우물형, 고정우물형) 유동형 (유동형, 우물유동형)	혼재형 (1차 배후 내에 거주목적 시설물과 그렇지 않은 시설물이 적절히 조화를 이루고 있음)	거주시설과 상주시설(오피스) 7:3비율	23개 유형	오피스텔이나 원룸, 대기업, 벤처형	소비율이 가장 높은 거주시설과 내방률이 가장 높은 상주시설의 조화이다.
				오피스텔이나 원룸, 소기업형	소비율이 높은 거주시설이므로 야간 매출은 좋을 것으로 기대되며 낮 시간대 매출에 따라 안정적인 매출이 기대된다.
		거주시설과 상주시설(오피스) 5:5비율		다가구, 다세대, 대기업, 벤처형	오피스텔이 원룸형보다는 소비율이 낮기 때문에 배후가 넓어서 야간 매출이 좋다면 낮 시간대 매출과 함께 기대해도 좋은 매출이 예상된다.
				다가구, 다세대, 소기업형	일반적으로 가장 많은 형태이다. 배후의 범위와 입지에 따라 매출의 차이가 크다.
		거주시설과 상주시설(오피스) 3:7비율		아파트, 대기업, 벤처형	일반적으로 아파트거주민은 편의점 이용이 많지 않아 매출이 크게 기대되지는 않는다. 그러므로 .낮 시간대 상주시설의 매출에 따라 수익률이 좌우된다고 볼 수 있겠다.
				아파트, 소기업형	가장 구매력이 떨어지는 조합이다.
	특수혼재형(특수시설의 매출비중이 약20% 이상일 때)	관광숙박시설		특수시설, 거주시설	거주형과 함께 있으므로 야간 시간대 매출은 안정적이고 주간시간대의 매출이 어떠냐에 따라 매출이 결정된다.
		대학가, 학원가		특수시설, 상주시설	거주하는 시설이 없으므로 야간 시간대 매출은 상대적으로 낮을 것으로 예상되지만 입지적으로 우세한 지역에 있다면 낮 시간대의 매출로도 충분히 고매출이 나올 수 있다.
		종합의료시설		특수시설, 혼재형	주간과 야간의 매출이 고르게 나오므로 가장 안정적인 매출이 기대된다.

배후유형	배후성격	배후시설	입지유형	배후구성형태별	특징
배후형 (고정배후형, 동선배후형, 우물형, 고정우물형) 유동형 (유동형, 우물유동형)	소비형(완전소비형, 불완전 소비형)	유흥소비시설	23개 유형	유흥주점, 클럽, 노래방, 게임장 등	주로 도심이나 부도심의 오피스가와 연계된 곳에 많으며 유동형 입지나 우물 유동형 입지에 있다.
		판매소비시설		의류, 가구, 공연장 등 군집성 시설	주로 도심이나 부도심지에 형성되어 있으나 입지적으로 우수한 지역에 있지 않는 이상 독립적으로 안정적인 매출을 기대하기는 힘들기 때문에 거주형이나 상주형 등과 적절히 혼재되어 있어야 한다.
	복합형			복합	거주형, 상주형, 혼재형, 소비형이 고루 분포되어 있어 안정적인 매출이 기대된다.
	독립시설형(빌딩, 지하철, 병원, 공원 등의 내부)	오피스빌딩, 대학교 구내	독립시설 내	반일 영업점	보통 오피스구내나 지하철역내에는 반일 영업을 하기 때문에 낮시간대의 매출이 높게 나오기 위해서는 상주민의 구매력과 방문횟수가 높아야 하고 비교적 편의점에 친화적인 젊은 층의 통행량이 많아야 안정적인 매출을 기대할 수 있다.
		지하철 내			
		병원 내		24시간 영업점	병원 내 편의점은 보통 24시간 운영하는 편이며 입원병동이 많고 최대한 고객 접근이 쉬운 곳에 있어야 한다. 공원시설 내에 있는 편의점은 계절과 날씨에 따른 매출변동이 크기 때문에 거주시설이나 상주시설의 접근성이 좋아야 날씨에 따른 매출손실을 어느 정도 보완할 수 있고 공원이 특별한 아이템이 있는 시설이 있다면 주말이나 날씨가 좋을 때 매출을 극대화 할 수 있어서 평균매출을 높일 수 있다.
		공원 내			

배후유형	배후성격	배후시설	입지유형	배후구성형태별	특징
배후형 (고정배후형, 동선배후형, 우물형, 고정우물형) 유동형 (유동형, 우물유동형)	산업시설형	상주하는 산업단지	23개 유형	제조업체 등	주배후가 제조업체이므로 상주형의 일종이지만 외부로의 이동이 잦은 편이 아니므로 입지적인 중요도가 매우 높다. 중소기업체가 밀집되어 있는 곳일수록 내수경기와 수출입 경기에 따라 매출 편차가 매우 클 수 있다.그러므로 안정적인 사이드배후 없이 제조업체에 의존하는 형태는 주의를 요한다.
	특수입지	국도, 지방도로 사이드	도로변형, 동선형	배후형	안정적인 배후를 확보하면서 로드 매출이 기대되는 유형이다. 눈에 보이는 배후도 중요하지만 로드의 특성상 눈에 보이지 않는 배후도 중요하다. 다시 말해 로드에 있다고 불특정인만 방문하는 것이 아니고 상당매출은 자주 방문하는 고정고객에 의해 발생하기 때문이다. 그러므로 로드를 따라 곳곳에 산업시설, 공장 등이 있으며 경쟁점이 적어야 경쟁력이 있다. 주의해야 할 것은 로드점포의 특성상 차량이동이 많으므로 매출이 안정기에 접어들 때까지 더 많은 시간이 걸릴 수 있으므로 끊기를 갖고 운영해야 한다.
		유원지		관광로드형	멀리서도 알아볼 수 있는 가시성이 좋아야 하고 즉시 차량을 정차할 수 있는 공간이 확보되어야 한다. 휴게소 간 거리가 멀어야 하며 계절과 날씨에 따른 매출 변동이 크기 때문에 4계절 관광이 가능한 지역에 있으며 적절한 배후를 확보할 수 있어야 안정적인 운영을 기대할 수 있다.
		섬지방		현지민과 관광객	섬에 고립되어 있으므로 독립배후형이다. 도서지방의 특성상 단순거주민에 의한 매출만으로는 한계가 있고 군부대나 관광객에 의한 매출을 기대할 수 있어야 한다.

2) 동선

동선은 점포선정의 제2요소로서 사전적 의미로는 '어느 공간에서 어떤 일을 하기 위해 사람이나 탈 것 등이 움직이는 거리'를 말하지만 창업에 있어 동선은 '배후의 성격에 따른 주배후민이 다니는 길로 현재의 동선은 물론이고 가상의 동선'도 포함하여 말한다. 창업에서는 흔히 주동선을 관찰하는데 주동선은 '배후의 성격에 따른 주배후민이 가장 자주 다니거나 많이 다니는 길로 상시 직접적인 구매가 일어나는 동선'을 말한다.

그러나 일부 유동형 입지나 상권발달도가 높은 소비형처럼 전반적으로 넓은 지역에 걸쳐 통행량이 많고 주배후민에 의한 매출보다 불특정통행인에 의한 매출이 높은 지역은 비용대비 적절한 수익을 내기에 충분한 통행량을 확보하고 있는지 파악하는 것이 중요하지 지역에서 메인이 되는 동선인지 구분하는 것은 무의미하다. 넓은 의미로는 접근성에 따라 구분하고 좁은 의미로는 이동목적과 구매상황에 따라 구분할 수 있다.

가. 접근성에 따른 동선

가장 기본적으로 파악해야 할 동선으로 접근성에 따라 1차 동선, 주동선, 2차 동선으로 구분할 수 있다. 상시 직접적인 매출이 일어나는 동선은 1차 동선과 주동선이며 통행량에 민감하여 매출이 탄력적으로 증가하는 편이다. 2차 동선은 배후의 성격과 유형에 따른 매출에서 차지하는 비중이 높기도 하고 낮기도 하며 통행량에 민감하지 않기 때문에 매출이 비탄력적인 편이다.

1차동선	상시 직접적인 구매가 일어나는 동선이며 목적성 구매와 비목적성 구매가 가장 높은 동선으로 거주하거나 상주하는 곳에서 나와 처음 접하는 도로상에 편의점이 있기 때문에 근접동선이라고 한다. 이것은 근접 1차배후의 동선과 같다고 할 수 없는데 그 이유는 근접 1차배후는 편의점과 배후가 매우 근접한 것을 말하지만 1차 동선은 거리와 관계없이 편의점과 배후가 조금 떨어져 있어도 한 길로 연결된다면 1차 동선으로 보기 때문이다. 예를 들어 1차 동선의 효과는 편의점이 배후지와의 거리가 직선으로 100미터 거리에 있는 경우와 도로의 방향을 바꾸어 70미터 거리에 있는 것 중 더 많은 가망고객은 조금 더 떨어져 있어도 한 눈에 보이는 곳으로 가는 경향이 많다.

주동선	상시 직접적인 구매가 일어나는 동선으로 목적성 구매와 비목적성 구매가 높은 동선이다. 일반적으로 배후민이나 불특정통행인이 가장 많이 다니는 길로 크게 2가지 동선으로 나누어 볼 수 있다. 첫 번째는 이동목적 동선(5대 동선)이 최대한 조화를 이루는 길목(동선의 맥)에 위치한 동선으로서 목적구매동선이라고 한다. 이런 동선은 배후지와 접근성이 좋아서 자주 왕래할 수 있고 부담없이 다닐 수 있는 동선으로 일일 방문횟수가 높고 대부분의 높은 소비율은 목적구매 동선에서 일어난다. 두 번째는 비목적 구매동선(충동유발동선)으로 보통은 입지형이나 입지적으로 우수한 유동형 입지에서 교통시설을 이용하거나 배후지에서 나와 이동을 하는 도중 편의점에 접근하기에 쉽고 눈에 잘 띄는 곳에 있어서 가망고객이 지나가다가 충동적으로 방문한다. 이러한 동선은 소비율은 낮지만 불특정다수를 유도할 수 있으므로 통행량에 따라 매출이 탄력적으로 증가한다.
2차동선	상시 직접적인 매출이 발생하는 동선이 아니고 목적성 구매와 비목적성 구매가 가장 낮은 동선으로 크게 3가지 동선으로 나누어 볼 수 있다. 첫 번째는 배후민이 편의점과 관계없이 특정시설물(재래시장, 쇼핑시설, 문화체육시설, 병원, 학원, 식당 등)을 이용하러 다니는 동선으로 충동 구매율이 낮은 비구매동선이다. 이런 동선은 상황에 따른 동선으로 통행량이 매우 많지 않고서는 매출에 미치는 영향이 미미하며 간단한 음료나 식품, 담배만 구입하므로 소비율도 매우 낮은 편이다. 두 번째는 편의점이 배후와 근접한 것과는 관계없이 도로가 여러 갈래로 나뉘고 구불구불하거나 경사도가 심하거나 거리가 멀어 상시 방문하기 어려운 접근성에 따른 동선이다. 소비율은 높을 수도 있고 낮을 수도 있으나 이런 동선은 한번 배후에 들어가면 다시 나오기가 쉽지 않으므로 일일 평균 방문횟수가 낮다. 세 번째는 통행량은 많아도 입지적인 불리함으로 인해 통행인의 이동속도가 빠르거나 매장여건이 불리하여 눈에 잘 들어오지 않아서 통행인의 인지율이 낮아서 스쳐 지나가기 쉬운 단순통과 동선이다.

나. 이동 목적에 따른 동선(5대동선)

앞서 언급한 동선은 고객의 접근성에 따라 구분한 것이라면 아래의 동선은 동선의 목적에 따라 구분한 것이다. 이는 실전에서 배후의 성격과 배후의 유형에 따라 동선별로 매출에서 차지하는 비중이 다르기 때문에 면밀히 파악해야 한다. 이 부분에서는 동선의 다양함을 이해하는 데 목적이 있으며 뒤에 동선 관찰부분에서 추가로 기술하였다.

구분	내용
출/퇴근 동선	배후민이 출퇴근할 때 다니는 동선으로 주로 오전에 출근하면서 편의점에 방문하여 매출이 발생하는 동선은 거주형보다 상주형에서 구매율이 높고 퇴근하면서 편의점에 방문하여 매출이 발생하는 동선은 상주형보다 거주형에서 구매율이 높다.
식사동선	배후민이 주로 점심 시간대에 식사하러 다니는 동선으로 식후 방문하여 매출이 발생하기 때문에 주로 간단한 후식거리나 담배 등을 구입하므로 소비율이 낮은 편이다. 그러므로 방문객 수가 눈에 띄게 많지 않고서는 매출이 높게 나올 수 없는 동선이다. 주로 거주형보다는 상주형이나 소비형에서 매출이 발생한다.

거주, 상주, 소비 동선	각각의 유형에서 가장 중요한 동선으로 구매하고자 하는 욕구가 가장 높은 동선이다. 배후민이 거주시설이나 상주시설, 소비시설에 머물면서 수시로 나와서 구매하는 동선이기 때문에 거주형에서는 주로 퇴근시간 이후에 많이 발생하며 비교적 소비율이 높은 반면에 일일 평균 내방률은 낮은 편이다. 상주형에서는 상주시설에 머물면서 수시로 휴식차 나와서 담배나 간단한 식음료를 구매하기 때문에 주로 주간 시간대 많이 발생하며 소비율은 낮은 편이나 내방률은 높은 편이다. 소비동선은 소비시설을 이용하는 고객이 많아야 하므로 통행량이 많은 유동형, 우물 유동형 입지나 입지의 4요소에 부합하는 지역에 있어야 안정적인 매출을 기대할 수 있지만 불특정인의 충동구매가 많은 편이므로 소비율과 내방률은 가장 낮은 편이다.	
여가동선	주로 오후 시간대 이후 배후민이 거주시설이나 상주시설에 있으면서 개인적인 볼일이나 운동, 산책, 쇼핑을 하는 동선으로 상주형이나 소비형보다 거주형에서 더욱 중요하게 관찰해야 하는 동선이며 계절과 날씨, 입지유형, 매장여건에 따라 매출의 편차가 매우 큰 편이다. 가령 부채꼴형이나 우물형처럼 강력한 구심점이 있는 곳은 봄, 여름, 가을 날씨가 좋을 때는 저녁에 산책이나 운동을 하면서 갈증을 해결하거나 휴식차 또는 퇴근 후 간단히 여가생활을 하기 위해 모이므로 늘 사람들로 북적거린다.	
차량동선	시간대에 관계없이 도로변 입지에서 차량통행이 많거나 주배후에 진입하기 전에 차량이 이동하는 방향에 있으면서 시계성과 접근성이 좋고 주, 정차공간이 있어야 한다. 거주형에서 퇴근 시 거주시설에 들어가면서 방문할 때의 구매는 소비율이 높은 편이나 다른 배후형에서는 불특정차량의 단순 통과가 많기 때문에 소비율이 낮은 편이고 이익률이 낮은 상품(담배 등)을 구입하는 경우가 많다.	

다. 구매하고자 하는 욕구에 따른 동선

통행인 중에서 구매하는 상황에 따라 구매율과 소비율이 다를 수 있다. 그러므로 단순히 통행량에 현혹되지 말아야 하는 이유는 배후의 성격과 입지에 따라 통행인에 의한 매출이 다르기 때문이다.

	목적구매동선	비목적구매동선(충동유발동선)	비구매동선(단순통과동선)
구분	상시 직접적인 매출이 일어나는 동선으로 소비율에 관계없이 반드시 상품을 구입할 의사로 매출이 발생하는 동선으로 소비율이 높은 경우는 대부분 목적구매동선에서 일어난다.	상시 직접적인 매출이 일어나는 동선이 아니고 배후민이나 불특정인이 특정시설물 방문이나 별다른 목적 없이 단순 통과하는 길목에서 구매하고자 하는 의지와 관계없이 충동적으로 매출이 발생하는 동선으로 매장여건과 입지적 요소가 좋을수록 충동구매 수요 발생빈도가 높지만 대체로 소비율은 낮은 편이다.	점포 주변 여건에 따른 동선으로 통행량에 비해 매출이 가장 낮은 동선이다. 배후민이나 불특정인이 편의점과 관계없이 특정시설물(재래시장,쇼핑시설,문화체육시설,병원,학원,식당 등)을 이용하러 단순통과하는 경우와 배후민이나 불특정인이 구매하고자 하는 의지는 있어도 통행속도가 너무 빠른 입지에 있거나 점포가 도로에 묻혀 통행인의 눈에 잘 띄지 않아서 스쳐지나 가는 동선이다. 단순 통행량이 많은 유동형 입지에서 입지적으로 떨어진 곳에서 발생빈도가 높다.

거주형	모든 이동 동선에서 목적구매가 일어날 수 있으며 거주동선과 여가동선에서 목적구매 비중이 높은 편이다. 내방률은 낮은 편이나 다른 이동동선에 비해 소비율은 높은 편이다.	구매하고자 하는 의지가 없이 충동적으로 구입하기 때문에 소비율과 구매율이 낮은 편이며 유동형이나 입지형을 제외하고 거주형에서는 충동구매 비중이 높지 않다.	거주형은 유동형이 없으므로 이런 동선의 영향이 가장 낮으나 배후에 편의점 친화율이 낮은 배후민이 많고 매장여건과 입지여건이 떨어지면 비중이 클 수 있다.
상주형	모든 이동 동선에서 목적구매가 일어날 수 있지만 출근동선과 상주동선에서 목적구매 비중이 높은 편이다. 구매율과 내방률은 높은 편이지만 소비율은 낮은 편이다.	구매하고자 하는 의지와 관계없이 충동적으로 구입하기 때문에 소비율과 구매율이 낮은 편이며 비교적 통행량이 많은 동선 배후형, 입지가 뛰어난 입지형, 통행량에 의한 매출 비중이 높은 유동형에서 판매 비중이 높은 편이다.	월 임차료가 높은 편이기 때문에 유동형 입지나 시내 도로변은 월 임차료가 높은 편이기 때문에 매장여건과 입지여건이 떨어지면 비중이 클 수 있다.
혼재형	혼재형은 거주형과 상주형의 혼합된 형태이다.	혼재형은 거주형과 상주형의 혼합된 형태이고 대체로 입지적인 요소에 의해 충동구매가 좌우된다.	혼재형은 거주형과 상주형의 혼합된 형태이다.
특수혼재형	관광숙박시설이 배후인 경우 거주형과 성격이 비슷하기 때문에 거주동선이나 퇴근동선처럼 숙소에서 머물거나 저녁에 숙소로 들어가는 길에 목적구매 비중이 높다. 병원이나 대학가, 학원가 등이 배후인 경우는 상주형과 성격이 비슷하기 때문에 상주동선이나 출근동선(등교, 등원)에서 목적구매 비중이 높다. 대학가나 학원가와 달리 병원은 단일 시설물 내에 편의점 등의 시설이 있어 상주인원이나 환자가 외부로 나와 구매하는 경우는 많지 않으며 보호자나 면회객의 방문으로 인한 목적구매가 주를 이룬다.	관광숙박시설이 배후인 곳은 충동구매가 적은 편이며 소비율도 낮은 편이다. 대학가, 학원가가 배후인 곳은 주머니 사정이 넉넉지 않기 때문에 충동구매가 적은 편이나 하교시 또는 저녁 모임 등 여가 생활을 즐기다가 충동구매하는 경우가 있다. 병원은 상주민의 특성상 외부로 이동이 많지 않으므로 충동구매가 많지 않고 보호자나 면회객에 의한 충동구매도 적은 편이다.	안정적인 사이드배후를 확보하지 않은 유동형입지에서 단순 통과하는 동선 상에 있는 경우 매우 고전할 수 있으므로 지나치게 통행량에 의존해서는 안 된다.
소비형	완전 소비형에 가까울수록 불특정통행인에 의한 매출 비중이 높기 때문에 목적 구매가 다른 유형에 비해 낮고 소비율도 낮다. 불완전 소비형에서는 사이드배후가 많을수록 목적구매 비중이 높다. 배후 성격상 목적구매비중이 낮지만 배후유형이 우물형에 가까울수록 더 높게 나온다.	소비형에서 가장 중요한 동선으로 소비시설이 발달해 있는 곳일수록 쇼핑시간이나 여가 시간이 길어져서 충동구매가 증가하나 구매율이나 소비율은 낮다. 그러나 배후 유형에 따라 비중이 다를 수 있는데 순수 유동형이 우물 유동형보다 더 높은 편이다.	완전 소비형에 가까울수록 불특정통행인이 많으므로 단순 통과하는 경우가 많으며 불완전 소비형에서는 사이드 배후가 많을 수록이 비 구매동선의 비중이 적어지지만 매장여건과 입지여건이 떨어질수록 비중이 클 수 있다.

3) 입 지

입지는 점포선정의 제3요소로서 사전적 의미로는 '인간이 경제활동을 하기 위해 선택하는 장소'를 말하지만 창업에 있어서의 입지는 현재의 주변 환경이나 지리적으로 정해진 자연발생적인 지역여건으로 좋은 입지는 매출이 발생하는 배후에서 현재뿐 아니라 미래에도 매출 하락의 큰 변수 없이 편의점의 매출이 극대화될 수 있는 곳이다.

따라서 배후는 좁아지거나 늘어날 수 있고 동선은 배후민이나 통행목적에 따라 변할 수 있지만 입지는 특별한 경우를 제외하고는 변하지 않기 때문에 처음부터 좋은 입지에 들어가야 한다. 입지도 배후의 성격과 입지의 유형별로 매우 다양하기 때문에 본문에서는 점포를 선정하기 위한 하나의 과정으로 구분하여 보았다.

가. 접근성에 따른 입지의 4요소

접근성은 배후민이나 불특정통행인이 얼마나 쉽고 편하게 매장에 방문할 수 있는지 지리적인 특성을 나타내는 것으로 입지의 4요소는 건널목접근성, 교통시설 접근성, 주배후 접근성, 경쟁입지 접근성이 있다.

접근성은 항상 두 가지의 의미를 포함하고 있는데 첫 번째는 주배후와 얼마나 가까이 있느냐를 나타내는 근접성을 말하고 두 번째는 편의점을 방문하는데 제약요인이 있느냐이다. 이러한 제약요인은 매장까지 너무 멀거나, 매장을 지나는 길이 매우 어둡거나, 비탈지거나, 좁거나, 구불구불하거나, 도로를 건너거나, 다리를 건너야 하는 것 등은 심리적으로 점포를 방문하는 데 위축시키는 요소가 되기 때문에 입지의 요소를 토대로 파악해야 한다.

구분	내용
건널목 접근성	건널목은 배후 단절감을 줄여주고 배후민이나 불특정인들의 이동의 중심에서 다리역할을 하여 배후 확장성이 가장 높은 요소이다. 도로가 넓을수록 교통시설과 별개로 구분하기보다는 교통체계 (건널목과 버스중앙차로, 역세권의 건널목 등)와 밀접하게 연관되어 있기 때문에 배후민이나 불특정 통행인 등의 이동이 가장 많다. 그러나 일부 중심지형이나 깊은 배후형 등은 주요도로와 떨어져 있는 경우가 많기 때문에 건널목과의 접근성의 문제로 보기보다는 건널목으로 향하는 동선의 문제로서 접근해야 한다.
교통시설 접근성	좋은 펌프는 쉬지 않고 강하게 물을 많이 뿜어내듯이 교통시설도 불특정인이나 배후민을 이동시키는 역할을 하므로 주요도로에서 3개 이상의 버스노선이 있거나 지하철 역세권에서 출구를 향하는 곳에 있어야 좋은 펌프 역할을 할 수 있다. 정도의 차이가 있지만 중심지형이나 깊은 배후형 등에서 마을버스나 버스 한 두 개 노선이 이를 대신하기도 한다.
주배후 접근성	유동형 입지와 같이 통행량에 의한 매출이 발생하는 곳을 제외하고는 주매출이 배후와 연관되어 발생하기 때문에 가장 접근성이 좋은 곳에 있어야 배후민의 흡입률이 극대화되어 경쟁 우위에 있을 수 있다. 또한 매출이 높고 낮음을 떠나 나만의 밥그릇을 확보하지 않는 주배후는 무의미하므로 근접1차 배후를 확보하면서 주배후 접근성이 좋아야 한다.
경쟁입지 접근성	위의 요소들을 갖추어도 독점률이 낮고 경쟁률이 높다면 매우 고민스럽다. 요즘처럼 현재의 독점률과 경쟁률뿐만 아니라 미래의 독점률과 경쟁률도 함께 고려해야 요즘처럼 생존경쟁이 치열한 환경에서도 살아남을 수 있으므로 주배후가 경쟁점과 겹치는 경우라면 현재뿐 아니라 미래에도 우리편의점이 좀 더 배후의 접근성에서 우위에 있어야 더 많은 배후를 확보해서 경쟁우위에 있을 수 있다.

나. 경합 정도에 따른 입지

일정거리 안에 있는 배후 내에서 경쟁점의 수에 따른 절대적 개념과 단순히 수적으로 판단하기보다 배후와 입지의 여건에 따른 경쟁점과의 우열의 기준으로서 경합의 정도를 보는 상대적 개념 모두를 유기적으로 관찰해야 한다.

■ 강경합(편의점 경합, 경쟁력을 갖춘 슈퍼)

절대적 개념	1 : 1	매출과 관계없이 동선상 근접1차 배후나 1차 배후의 중간 위치에 경쟁점이 있는 경우
	1 : 복수	매출과 관계없이 동선상 1차 배후 내에 경쟁점이 복수인 경우
상대적 개념	배후/입지	일정 배후 내에서 입지적으로 우열에 관계없이 신규 입점으로 매출이 20%이상 차이가 예상되는 경우

■ 약경합

절대적 개념	1 : 1	매출과 관계없이 동선상 1차 배후 내에 경쟁점 전무한 경우
	1 : 복수	동선상 2차 배후의 중간 위치에 경쟁점이 복수인 경우
상대적 개념	배후/입지	일정 배후 내에서 입지적으로 우열에 관계없이 신규 입점으로 매출이 10% 미만 차이가 예상되는 경우

다. 독점시간에 따른 입지

일정 배후 내에 24시간을 기준으로 하여 경쟁점이 없이 얼마나 오랜 시간 영업을 하는지를 기준으로 24시간 독점입지와 12시간 독점입지로 구분하지만 실전에서는 단순히 수적인 개념보다는 경쟁점의 영업력과 입지적으로 주배후와 주동선상에 있으면서 얼마나 안정적인 매출을 확보할 수 있는지를 파악해야 한다.

24시간독점	1차배후 내에 경쟁력 있는 마트나 편의점이 없는 지역으로 배후가 넓고 입지여건이 괜찮다면 매출이 안정적으로 나오는 지역이다.
12시간 독점	1차 배후 내에 24시간 운영하지 않는 마트만 있는 지역으로 경쟁점의 입지, 영업력, 매장여건, 배후민의 친화율에 따라 독점에 따른 매출은 천차만별이다.

■

점포 선정 변화율

■

앞서 배후, 동선, 입지를 설명하였지만 공식화 된 것이 아니므로 어느 한 가지 부분만을 보며 파악할 수 있는 것이 아니고 아래의 변화율을 유기적으로 관찰하면서 파악해야 한다.

구분		정의	특징
입지변화율	가시율	배후민이나 불특정인에게 일정 거리가 떨어진 곳에서 얼마나 잘 보이는지를 나타내는 척도이다.	동선의 각도에 따라 다르지만 멀리서도 편의점이 먼저 보이는 경우는 많지 않고 외부의 간판이나 홍보(파라솔 등)시설물에 의해 편의점이 있음을 알려 고객을 유인한다. 특히 이러한 가시성은 불 특정인이나 지역에 생소한 방문자가 많은 전국구 상권(명동, 강남역, 홍대, 이태원 등)이나 도로변 편의점, 로드사이드 편의점에서 가시율이 높은 곳이 목적구매를 흡수할 수 있기 때문에 매우 중요하다.
	인지율	배후민이 특정위치에 편의점이 있음을 인지하여 그들이 구매욕구가 생길 때 그 점포에서 소비하려는 욕구가 얼마나 머릿속에 있는지를 나타내는 척도이다.	일반적으로 인지율이 높기 위해서는 입지의 4요소에 부합하면서 주동선에 있으면서 아래의 세 가지 중 하나는 갖추고 있어야 한다. 첫 번째는 시각적으로 보기 쉬운 곳에 있어야 한다. 매장여건이 좋아야 하며 편의점이 있는 건물이 도로안쪽으로 들어가서 건물사이에 묻혀 있기보다는 한발 바깥쪽으로 있어야 인지하기에 좋으며 일면보다는 이면으로 있어야 하고 매장이 협소하더라도 전면이 길어야 한다. 두 번째는 점포가 고객이 접근하기에 좋아야 한다. 가령 매장 출입문의 계단이 높거나 경사져 있다든지 출입문을 돌아서 들어가야 한다든지 이중문이 있어서 출구를 지나 매장에 진입해야 한다면 가망고객은 무의식적으로 해당 편의점의 불편함을 인지하여 다른 편의점으로 발길을 돌릴 것이다. 세 번째는 매장이 특색이 있어야 한다. 가령 경쟁점에 없는 특화시설이 있다든지 면적이 넓어서 쇼핑공간이 넓어 다양한 쇼핑을 즐길 수 있거나 외부휴게공간이 잘 갖춰져서 만남의 공간이 있어야 한다.
	적합율	매장여건(면적,전면길이, 코너형, 내외부휴게공간, 주정차공간 등)이 배후여건(성격,유형,입지,규모,경쟁력 등)에 얼마나 적합한지 나타내는 척도이다.	아무리 매장여건이 좋아도 매출대비 공간의 효율성과 비용적 효용성이 떨어진다면 무의미하다. 근래는 무조건 매장여건이 좋은 점포보다는 독점율과 경쟁률 등을 고려하여 수익적 효율성이 높은 점포를 개발하는 추세이다. 가령 현재 독점율이 높고 미래 위험율이 낮다면 작은 면적이라도 괜찮다.반대로 마트 수요가 높거나 배후내에 경쟁률이 높다면 매장여건이 좋아야 경쟁력이 있다.
	밀도율	배후민이 있는 건물의 용적률이 법이 허용하는 한도 내에서 얼마나 높은지를 나타내는 척도이다.	각각의 용도지역(건축법상 주거지역,준주거지역,상업지역,공업지역 등)에 따라 법적 허용 용적률을 최대한 활용해야 건물의 밀도율이 높아야 구매할 수 있는 배후민이 많아진다. 특히 용적률이 높은 상업지역에서 더욱 중요하게 파악해야 한다.
	응집률	배후의 거리적인 개념과 관계없이 배후시설이 얼마나 빼곡히 밀집되어 있는지를 나타내는 척도이다.	지역은 넓은데 건물들이 낮고 도로는 넓고 블록은 너무 많으면 인구밀도가 떨어지고 배후민들이 새어나가는 곳이 많아져서 응집률이 낮아 흡입률도 떨어지는 것이다. 그러므로 응집률이 좋은 것은 거주형은 작은 면적의 거주시설 즉 원룸이나 다가구주택 등이 많고 주배후 진입로를 제외한 배후지역내에 도로는 비정형적인 좁은 도로연결 되어 배후민이 새어나가기 쉽지 않으며 도로가 차지하는 면적이 적고 배후 시설이 차지하는 면적이 크다면 응집률이 높은 것이다. 상주형은 도로는 비교적 좁고 건물은 높아 수직상권이 발달하면 응집률이 높은 것이다.

구분		정의	특징
입지변화율	흡입률	어떤 배후에서 구매력이 있는 배후민이 구매 욕구가 생길 때 입지적 여건으로 인해 편의점 이용을 얼마나 높일 수 있는 지를 나타내는 척도이다.	입지적인 측면에서는 인지율이 좋고 배후 접근성이 좋아야 배후민이 자연스럽게 방문할 수 있다. 예를 들어 건널목 접근성, 교통시설 접근성, 주배후 진입로 접근성이 좋으면 배후 여기저기서 골고루 최대한 많은 가망고객이 내방할 수 있다. 경쟁적 측면에서는 주변에 편의점이 없거나 최대한 멀리 있어야 독점률이 높아져 최대한 많은 가망고객이 내방할 수 있다.예를 들어 보면 부채꼴 형에서 배후시작점과 끝에 경쟁점이 없는 지역의 구심점에 입지한다면 최상의 흡입률을 보일 것이다.
	독점률	1차 배후의 범위 내에 경쟁점의 유무와 주배후와의 접근성에 따라 얼마나 독점적인지를 나타내는 척도로 24시간 독점과 반나절 독점지역으로 나눌 수 있다.	24시간 독점입지는 1차 배후 내에 마트나 24시간 편의점이 없이 일정배후를 기준으로 경쟁력이 낮은 일반소매업만 있는 경우이고 12시간 독점입지는 1차 배후 내에 24시간 편의점이 없이 마트나 경쟁력 있는 슈퍼가 있는 경우이다. 이처럼 1차 배후 내에 편의점이 없이 마트만 있는 지역은 주매출이 저녁 시간대 이후에 일어나는 거주형이 주매출이 주간 시간대 일어나는 상주형보다 독점률이 더 높다고 볼 수 있다.
	경쟁률	1차 배후 내에서 경쟁점과 경합의 정도를 나타내는 척도로 경쟁점과의 거리와 큰 관계없이 매출에 영향을 미치는 정도로 구분한다.	1차 배후 내에서 경쟁점의 신규입점으로 인해 점포의 매출이 20%이상 차이가 난다면 강경합 지역이라고 하고 매출이 10%미만의 차이가 난다면 약경합 지역이다. 일반적으로 강경합 지역에서 경쟁점의 진입이 가능한 경우는 먼저 들어선 점포가 배후 내에서 입지적으로 열세인 곳에 위치한 경우와 기존점의 배후 소화율이 높아서 신규로 입점해도 일정매출을 기대할 수 있는 경우이다.
	소화율	어떤 배후에서 편의점이 배후의 가망 매출을 어느 정도 소화하고 있는지를 나타내는 척도이다.	어떤 배후가 100이라고 가정할 때 편의점 배후의 한계매출에 근접하여 매출이 나올수록 소화율이 높다고 하고 반대로 배후의 한계매출에 훨씬 못 미쳐 매출이 나올 때 소화율이 낮다고 하고 말할 수 있다. 일반적으로 배후가 넓은 경우는 소화율이 높아 매출이 높겠지만 배후의 규모에 비해 편의점의 입지여건이 못 미치면 배후 흡입률이 떨어져 소화율의 감소로 기대 이하의 매출이 나올 수 있다. 반면 배후가 넓지 않아도 매출이 안정적으로 나오는 경우는 밀도율, 응집률이 높은 지역에 친화율이 높은 배후민의 비중이 많아서 흡입률과 소비율, 내방률이 높아 기대이상의 매출이 나오기도 한다.
	통방률	통행인이 많고 적음에 관계없이 통행인이 편의점을 지나가면서 얼마나 방문하는지를 나타내는 척도이다.	지나가는 통행량에 비해 방문률이 높은 경우가 실속 있는 점포가 될 수 있다. 예를 들어 어떤 지역은 100명이 지나갈 때 5명이 방문한다면 어떤 지역은 100명이 지나갈 때 10명이 방문하기도 한다. 이것은 대체로 배후유형에 따른 차이도 있고 배후민의 성향(직업, 연령층 등)에 따른 차이도 있다. 일반적으로 전자의 경우는 비목적구매 통행량이 많은 유동형 입지에서 통행량에 비해 방문자가 적기 때문에 통방률이 낮은 편이며 후자는 목적구매와 충동구매가 높은 배후형, 입지형에서 통행량에 비해 방문자가 많기 때문에 통방률이 높은 편이다.

구분		정의	특징
입지변화율	수요율	배후 근처에 편의점이 생기기를 기대하고 있는 가망 수요자들이 얼마나 많은지를 나타나는 척도이다.	배후민의 구매에 따른 성향을 나타내는 것이 친화율이라면 수요율은 크게 두 가지 측면에서 발생하는데 하나는 독점률이 높은 지역에 편의점 친화율이 높은 배후민이 편의점이 너무 멀거나 편의점이 없어서 불편을 느끼는 소비자가 많을 때 수요율이 높다. 두 번째는 경쟁점보다 입지적으로 우위에 있어서 편의점을 좀 더 가까이에서 이용하고자 하는 수요자가 많을 때 수요율이 높다. 그러므로 어떤 점포가 기대이상의 매출이 나오거나 매출이 빨리 안정화 될 때는 수요율이 높기 때문이다.
판매변화율	구매율	가망고객이 편의점에서 소비하고자 하는 욕구를 나타내는 척도	소득수준이 높아 소비율은 높아도 편의점에서 소비하고자 하는 욕구가 부족하다면 내방률이 떨어져서 구매율은 무의미하다. 일반적으로 젊은 직장인이나 고시원이나 학원생, 외국인, 소비성이 강한 업종의 종사자는 구매율이 높은 편이며 소득수준이 높거나 낮은 지역에 관계없이 연세 드신 분이나 공공기관에 종사하는 사람들은 낮은 편이다.
	소비율	가망고객이 편의점에서 소비할 수 있는 능력을 나타내는 척도이다.	소비하는 것은 소득수준과 나이와 성향에 따라 상품을 구매할 수 있는 능력이 다르기 때문에 소비율의 차이가 크다. 일반적으로 고소득의 젊은 직장인들이 소비율이 높은 편이고 소득수준이 낮은 지역의 연세 드신 분이나 통원, 통학하는 학생은 낮은 편이다.
	친화율	배후민이 편의점에 거부반응 없이 얼마나 소비율과 구매율이 높은지를 나타내는 척도이다.	최근 점포개발 사례를 보면 충분한 배후를 확보할 수 있는 자리는 많지 않기 때문에 한정된 배후에서 얼마나 많은 배후민이 편의점에 친화적인지가 매출의 변수로 작용하고 있다. 일반적으로 친화율이 높을수록 구매율, 소비율, 내방률이 올라가기 때문에 요즘처럼 경쟁이 치열하여 배후의 범위가 좁아질 때는 더욱 유심히 관찰할 필요가 있다.
	내방률	배후민이 하루 평균 또는 일정기간 동안에 얼마나 자주 방문하는 지를 나타내는 척도이다.	고객이 편의점에 얼마나 친화적인지 그들의 성향도 중요하지만 거주형은 일일 내방률이 낮은 편이기 때문에 접근성이 좋거나 주동선상에 있어야 구매욕구가 생길 때 더 방문할 수가 있다. 상주형에서 가장 중요한 요소로서 상주형의 특성상 상시 근무지에 있으면서 휴식을 취하다가 수시로 방문할 수 있기 때문에 시간적인 제약이 덜 미치는 거리에 있어야 내방률이 높게 나올 수 있다.
	이익률	총 매출에서 상품을 판매한 이득금의 평균 마진을 나타내는 척도이다.	대표적인 저 마진 상품은 담배와 상품권, 서비스업무 등이고 대표적인 고마진 상품은 음료, 빙과류 등이므로 고마진 상품이 많이 팔려야 이익률이 높아진다. 특수 점포를 제외한 일반점포의 이익률은 24~34% 정도이며 1%의 이익률은 약 25만원 안팎의 수익이 증가하므로 마진의 중요성은 매우 크다 할 수 있다.
미래변화율	완성률	미래 완성되는 배후의 여건으로 볼 때 현재 배후의 완성 정도를 나타낸다.	일반적인 시야로 가늠하기 어려운 불특정한 상황은 배재하고 현재진행중인 공사나 수 개월내에 진행되는 개발계획 등을 토대로 미래에 예상되는 매출을 파악하여 현재의 가치를 평가한다. 간혹 현재의 매출이 기대 이하로 낮고 미래에 돌발변수가 생겨서 매출 편차가 큰 경우도 있기 때문에 미래 매출에 대한 무리한 기대치는 갖지 말고 현재의 완성률에 따른 매출이 중요하다.

구분		정의	특징
미래변화율	성장률	완성률 95% 이상인 배후에서 눈에 보이지 않는 긍정적인 여건의 변화로 매출 상승 정도를 나타낸다.	개발이 진행 중인 배후가 완성되거나 현재의 안정적인 여건에서 일반적인 시야로 가늠하기 어려운 불특정 상황을 예측하여 미래의 성장 정도를 가늠한다. 일반적으로 배후에 한정되어 있는 고정 배후형보다는 유동형이나 배후성격이 상주형이나 소비형인 입지형에서 배후나 상권성장가능성이 높은 곳이 성장률이 높다.
	위험율	오픈 후 경쟁점의 진입이나 기타 여건으로 인하여 점포운영에 어려움의 정도를 나타낸다.	미래에 경쟁점의 진입이 가능한 정도와 건물의 멸실, 소멸이나 재개발, 재건축에 따른 장기간의 공백 기간, 경제여건이나 지역여건에 따른 사무실의 공실률이 높아지면 점포운영에 어려움을 줄 수가 있으므로 위험률이 높은 지역인지 사전에 지역개발상황과 부동산임대차 현황 등을 확인해 볼 필요가 있다.
	회복율	완성율이 95% 이상인 배후에서 외부요인(경쟁점 진입 등)에 의해 매출이 하락한 경우 본래 매출로 회복할 수 있는 척도를 나타낸다.	후보점이 소화율이 낮은 배후의 동선 배후형입지에 불특정 통행인이나 소비시설 방문객이 많은 소비형 중 유동협입지에 경쟁점이 진입해도 회복율이 높다. 반대로 소화율이 높은 고정배후형이나 거주배후나 상주배후의 비중이 높은 불완전소비형에 경쟁점이 진입하는 곳은 회복율이 낮다. 기간의 문제가 있을 뿐 대부분 초기매출 하락 분의 40~95%는 회복되지만 배후가 넓고 입지의 4요소에 최대한 부합한 곳일 수록 회복율이 높다.

도로와 편의점의 관계

가. 배후가 대도로 나뉘는 건 유형에 따라 장점도 되고 단점도 된다.

점포선정편에서 유형별로 자세히 설명하겠지만 장점인 경우는 우리 편 배후의 규모가 수익적 기반이 안정적인 상황에서 배후가 건널목 없이 대도나 육교로 인하여 맞은 편 배후와 나뉘어져 있다면 건너편의 a포인트에 경쟁점이 진입하더라도 우리 편 배후의 독립성에 도움이 되므로 좋다고 볼 수 있다.

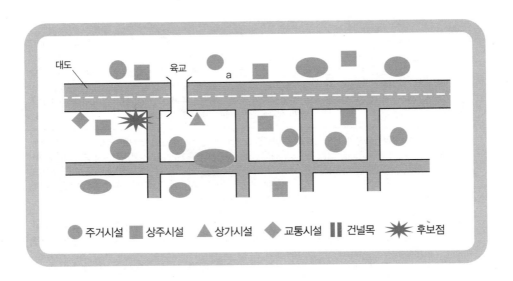

대도

육교

a

● 주거시설　■ 상주시설　▲ 상가시설　◆ 교통시설　▌▌건널목　✳ 후보점

　단점인 경우는 편의점이 중소도로로 배후가 나뉘어져 있는 경우는 배후 단절효과가 떨어지기 때문에 우리편 배후의 매출 비중보다 무리하게 건너편 배후를 1차 배후로 포함하여 입점할 경우 차후에 a포인트에 경쟁점이 진입할 경우 건너편의 1차 배후는 모두 잃게 되어 고전할 수 있다.

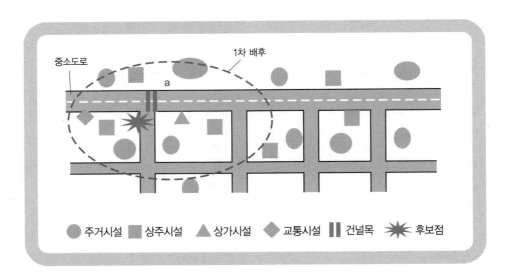

중소도로

1차 배후

a

● 주거시설　■ 상주시설　▲ 상가시설　◆ 교통시설　▌▌건널목　✳ 후보점

나. 좁은 길에 있는 경우는 이점에 유의하자.

배후 내 통행길이 좁다고 무조건 나쁘다고 볼 수는 없지만 아래와 같이 12미터 이하의 좁은 도로로 비정형화 되어 있는 경우 조금은 특수해서 입지적으로 다음의 세 가지는 잘 따져야 한다.

첫 번째는 입지적으로 가망고객이 반드시 지나가야 하는 강력한 구심점이 있는 곳에 있어야 한다. 강력한 구심점이 없이 배후가 평지이면서 통행길이 좁고 구불구불하면 배후민의 통행이 분산되어 배후가 두텁게 있더라도 시계성이 떨어져 인지율이 낮을 수 있고 접근성도 떨어져 흡입률이 낮기 때문에 매출상승에 한계가 있다. 입지유형에서 설명하겠지만 경사진 배후에 강력한 구심점이 있는 부채꼴형이나 우물형의 경우는 좁고 구불구불한 지형이 장점이 되기도 한다.

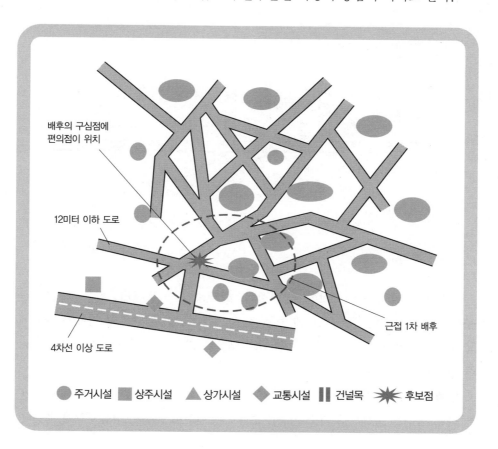

두 번째는 독립배후형이어야 한다. 구심점이 있더라도 입지적으로 우월한 지역이 아닌 곳은 경쟁에 취약할 수 있으므로 일정배후에 독립성이 없으면 안정적인 매출을 확보할 수 없기 때문에 근접 1차 배후를 안정적으로 갖춘 곳이어야 한다.

좁은 도로에 근접1차 배후를 최대한 많이 확보할 수 있는 도로 유형은 첫 번째 경우처럼 배후의 도로가 좁고 구불구불하며 배후에 상가시설이 없는 경우와 아래 그림과 같이 1차 동선상이나 주동선에 있으면서 편의점과 정면으로 마주보는 배후와 근거리에서 등진 경우이다.

이런 근접1차 배후는 도로가 좁은 배후에 더 잘 갖추어져 있지만 배후가 넓게 형성될수록 독점률이 떨어지기 때문에 밀도율과 응집률이 높을수록 좋다.

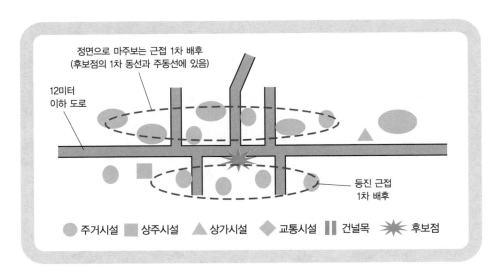

세 번째는 매장여건(코너형, 전면길이, 매장넓이, 외부휴게공간, 주정차공간 등)이 좋아야 한다. 좁은 도로에 있는 경우 매장여건이 열악하면 점포가 배후에 묻혀버려 고객이 그냥 지나쳐 갈 수 있기 때문에 되도록 코너형이며 전면이 길어야 인지율을 높일 수 있다.

통행량이 많은 편이 아니고 낡은 저밀도 지역에 있는 편이어서 지역색이 작용을 하는 경우가 많으므로 최소한 동네슈퍼보다 면적이 넓어서 상품구색을 충분히 갖출 수 있어야 경쟁력이 있다. 연계 시설이 발달한 편이 아니므로 최소한의 외부 휴게공간을 확보하여 호프전문점 등을 이용하려는 배후민들의 욕구를 충족시킬 수 있다면 기대이상의 효과가 있을 것이다.

다. 건널목의 위치에 따라 1차 배후의 범위가 달라진다

건널목이 없거나 차선이 4차선 미만이고 차량 이동이 적다면 경쟁점 유무에 따라 배후 확장성은 커지기도 하고 좁아지기도 한다. 그러나 4차선 이상의 도로로 배후가 나눠질 때 맞은 편에 경쟁점이 없는 경우는 건널목 접근성이 어떠냐에 따라 1차 배후의 범위가 달라지는데 후보점이 a포인트에 있을 때 건너편의 1차 배후가 가장 넓고 건널목이 떨어져 있는 b포인트에 있을 때는 건너편의 1차 배후가 줄어든다.

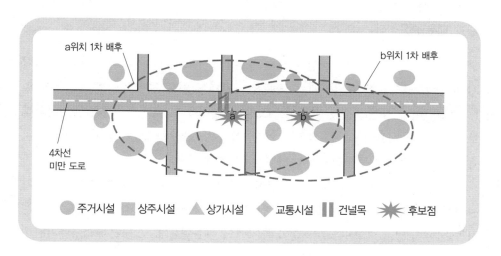

6차선 이상의 도로이고 차량이동이 많다면 배후 단절효과가 높아진다. 이런 상황에서 건너편 c포인트에 경쟁점이 생기면 배후 단절효과는 더욱 높아지므로 후보점의 입지적인 중요성은 더욱 커진다.

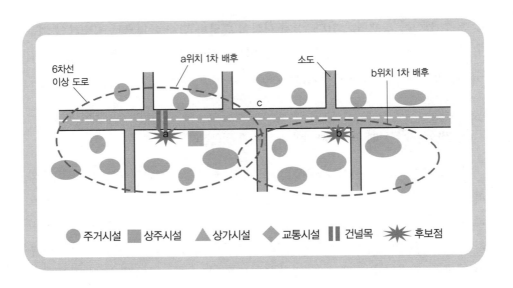

6차선 이상 도로 | a위치 1차 배후 | 소도 | b위치 1차 배후 | c

● 주거시설　■ 상주시설　▲ 상가시설　◆ 교통시설　‖ 건널목　✴ 후보점

라. 4차선 이하의 도로로 배후가 나뉘는 곳에 경쟁점이 있을 경우 인지율과 가시성이 매우 중요하다

첫 번째는 일반적으로 4차선 이상의 도로는 배후단절감이 크다. 그러나 〈그림 A〉와 같이 편의점이 ㉮지역에서 도로 건너편에 있어도 일반적으로 ㉮지역에 있는 배후민이나 통행인은 근접하여 있으면서 인지율과 가시성이 우월한 b편의점보다 a편의점으로 방문하는 경향이 있다. 이것은 가시성과 인지율 때문인데 소비형이나 상주형에서 두드러지게 나타나는 현상이다.

두 번째는 편의점이 길 건너편에 있어도 일반적으로 배후민이나 통행인은 1차 동선과 주동선상 근접하여 있으면서 인지율과 가시성이 우월한 편의점으로 방문하는 경향이 있다. 〈그림 B〉와 같이 ㉮지역의 배후민은 도로 맞은편의 a편의점이 인지율과 가시성이 우월하여 차량으로 인한 통행에 큰 제한이 있지 않다면 b편의점보다 길 건너 a편의점으로 방문하는 경우가 더 많으며 특히 이런 현상은 상주형이나 소비형의 입지에서 더욱 두드러지게 나타난다.

전 페이지에서 언급했듯이 a편의점 가까이 건널목이 있으면 건너편의 1차 배후가 넓어질 수 있으며 이 경우 차량통행량에 따른 속도도 중요한 변수로 작용하는데 가령 차량 이동이 적거나 상시 정체되는 구간이라면 배후 단절감이 줄어들어 1

〈그림 A〉

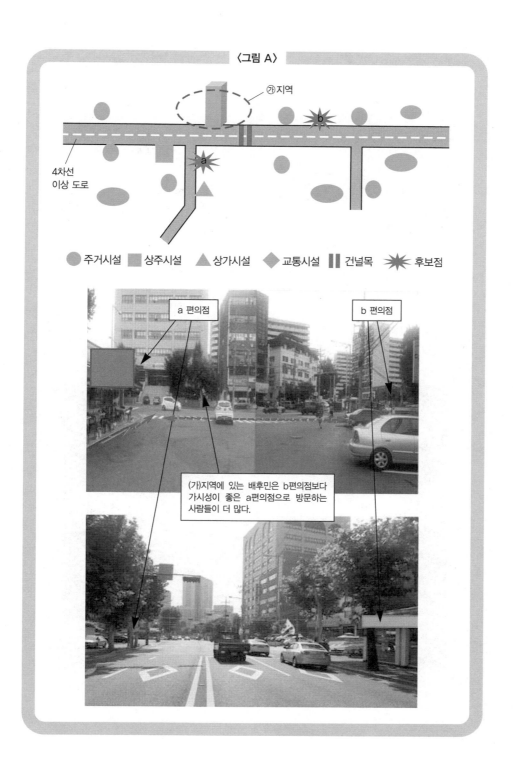

〈그림 B〉

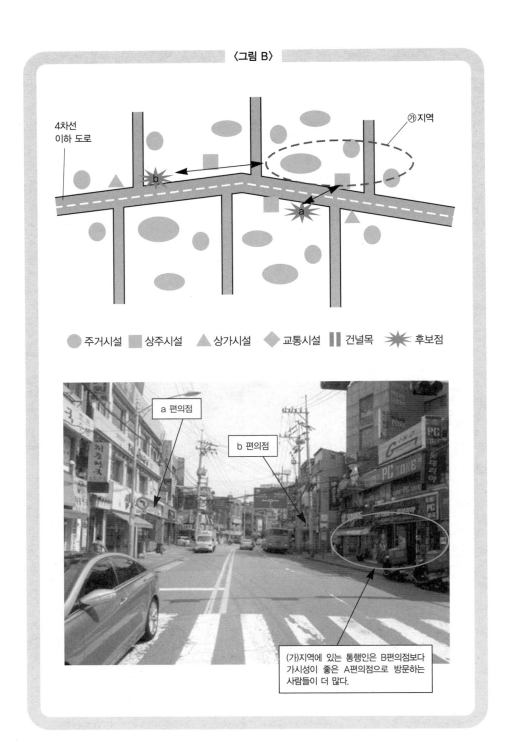

4차선
이하 도로

㉮지역

b

a

● 주거시설　■ 상주시설　▲ 상가시설　◆ 교통시설　‖ 건널목　✳ 후보점

a 편의점

b 편의점

(가)지역에 있는 통행인은 B편의점보다
가시성이 좋은 A편의점으로 방문하는
사람들이 더 많다.

차 배후가 늘어 날 수 있다. 반대로 차량통행에 따른 이동속도가 높으면 심리적으로 위축되어 배후 단절감이 커져서 1차 배후가 줄어 들 수 있으며 이런 현상은 거주형에서 더욱 두드러지게 나타난다.

마. 경쟁점이 도로변 따라 멀리 떨어져 있다고 방심해서는 안 된다

아래 그림과 같이 도로는 5차선 이상 중도이며 a후보점과 b경쟁점과 거리는 직선으로 약 500미터이며 중간에 소매점과 건널목이 없으며 도로변을 따라 상주시설이 형성되어 있고 이면배후는 거주시설로 형성되어 있다고 가정하자.

a후보점이 있는 상황에서 b경쟁점이 생긴다면 a후보점의 매출 변화는 어떨까? 많은 분은 이렇게 거리가 먼데 매출이 하락하겠냐고 물을 수 있다. 그러나 배후의 성격과 주변여건에 따라 의외로 매출하락이 클 수 있다.

1차 배후 측면에서 본다면 거주시설의 출퇴근동선은 평소 가장 가까이 다니던 길로 다니므로 특별히 매출변화가 크지 않겠지만 배후민의 성향이 편의점 친화적이라면 오후나 야간에 거주동선이나 퇴근동선에 의한 배후민의 유출로 매출변화는 예상된다. 상주시설은 편의점과 더 근접한 곳에서 매출이 일어나므로 1차 배후에서 상주동선에 의한 매출변화는 크지 않을 것이다. 식사동선은 점심먹거리가 풍성한 쪽에 있는 편의점이 경쟁력이 높기 때문에 어느 쪽이 더 발달했느냐에 따라 매출변화가 있을 것이다.

또한 편의점 친화율이 높은 상주민이라면 대량구매를 할 경우 거리가 더 멀더라도 매장여건이 더 좋은 쪽을 이용하는 경향이 많기 때문에 매장여건도 고려해야 한다. 출근동선은 1차 배후에 있는 상주민이라도 b포인트에 있는 교통시설을 이용하는 상주민이 많다면 매출하락은 더 클 수 있다.

2차 배후 측면에서 본다면 거주시설은 주매출이 거주동선과 여가동선에 의해서 발생하기 때문에 b편의점에 더 가까운 2차 배후민의 이동으로 야간과 주말매출에 큰 변화를 가져올 수 있다.

결론적으로 평일은 1차 배후에 있는 상주시설에 의한 매출하락이 크고 주말과 야간은 2차 배후에 있는 거주시설에 의한 매출 하락이 크기 때문에 배후의 규모와 배후민의 성향에 따라 매출 편차는 더 클 수 있다.

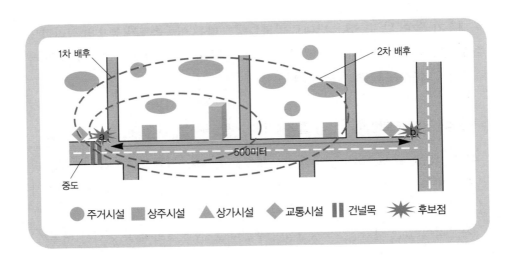

1차 배후

2차 배후

중도

500미터

a

b

● 주거시설　■ 상주시설　▲ 상가시설　◆ 교통시설　▮▮ 건널목　✳ 후보점

경쟁점이 생기는 입지

일반적으로 아래의 다섯 가지 입지에 경쟁점이 생긴다. 첫 번째는 후보점이 a포
인트에 진입하여 매출은 높은 데도 불구하고 배후 소화율이 낮아 배후에 경쟁점
이 진입해도 수익이 보장되는 경우이다. 예를 들어 아래와 같이 배후가 넓게 분산

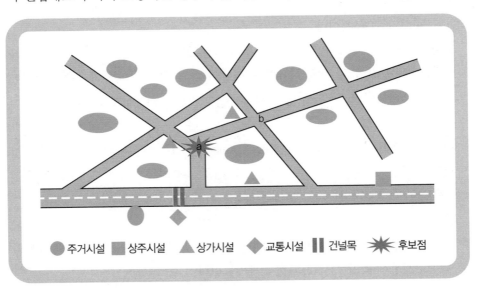

b

a

● 주거시설　■ 상주시설　▲ 상가시설　◆ 교통시설　▮▮ 건널목　✳ 후보점

되어 있는 경우는 동선이 흩어질 수 있으므로 배후 흡입률이 떨어질 수밖에 없다. 그러므로 b포인트에 경쟁점이 진입해도 매출이 보장된다면 언제든지 경쟁점은 진입하려 할 것이다.

두 번째는 어떤 배후의 B급 입지에 성급히 진입하는 경우이다. 예를 들어 배후에 편의점이 없이 아래와 같을 때 A급 입지에 진입하기가 어렵다고 성급히 b포인트처럼 안정된 배후도 없고 입지의 4요소에 충족하지 않는 곳에 진입할 경우 나중에 a포인트처럼 A급 입지에 경쟁점이 진입할 수 있는 경우이다.

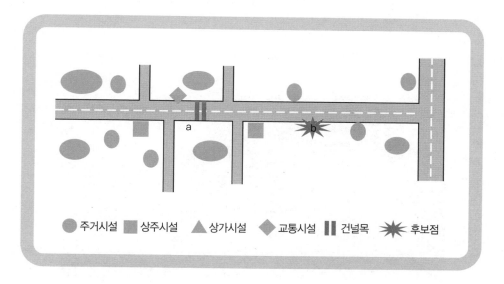

●주거시설 ■상주시설 ▲상가시설 ◆교통시설 ▮▮건널목 ✸후보점

세 번째는 방어점포가 제 역할을 못하고 독이 되는 경우이다. 〈그림 A〉처럼 a포인트에 후보점이 진입하여 b위치에 있던 슈퍼가 매출이 현저히 떨어질 경우 경쟁회사가 전환을 유도하면 비교적 쉽게 포기하고 경쟁점이 진입하는 경우도 있다. 그러므로 후보점은 안정적인 근접 1차 배후를 확보하더라도 부채꼴형의 입지에서 매장여건상 경쟁력이 있어야 한다.

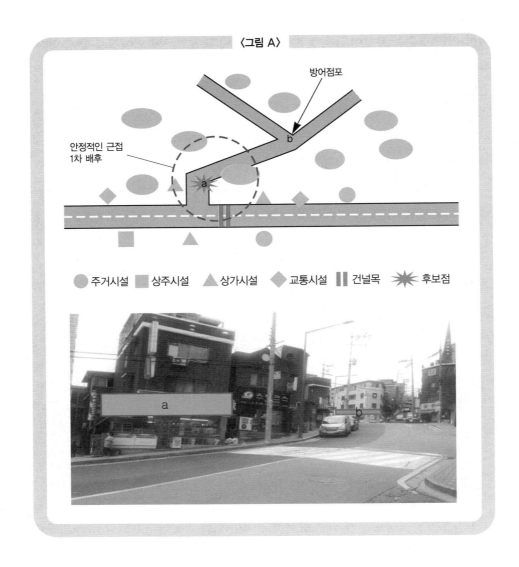

〈그림 A〉

방어점포

안정적인 근접
1차 배후

b

a

● 주거시설　■ 상주시설　▲ 상가시설　◆ 교통시설　❚❚ 건널목　✹ 후보점

a

b

　〈그림 B〉처럼 배후가 깊고 넓은 입지에서 c포인트에 방어점포가 있는 곳에 b포
인트에 후보점이 진입하여 매출이 보장될 때이다.

　이 경우 방어점포는 편의점으로의 전환이 어려운 점포로 한정되어야 하므로 매
장여건이 열악해서 편의점으로의 전환이 어렵거나 편의점으로 전환될 정도의 배
후를 확보하지 못해야 한다. 왜냐하면 c포인트에 있는 방어점포가 우리 편의점 진
입으로 경쟁력이 떨어져 매출이 급감하여 경쟁점으로 전환될 확률이 높거나 근처

의 다른 곳에 진입할 수 있기 때문이다.

　이럴 때 더욱 주의해야 할 것은 방어점포가 언제까지 방어해줄지 모르므로 너무 가깝게 있기보다는 조금 떨어져 있어서 근접 1차 배후는 확보해야 한다. 또한 이 경우 이미 a포인트에 경쟁점이 있다면 b포인트에 우리 편의점이 진입할 경우 방어점포와 너무 가깝게 있으면 나중에 경쟁점으로 전환될 경우 자칫 샌드위치 신세가 되어 더욱 고전할 수 있기 때문에 성급히 진입하기보다는 방어점포뿐 아니라 주변의 매장여건과 후보점과 방어점포와의 거리도 고려한 후 진입해야 한다.

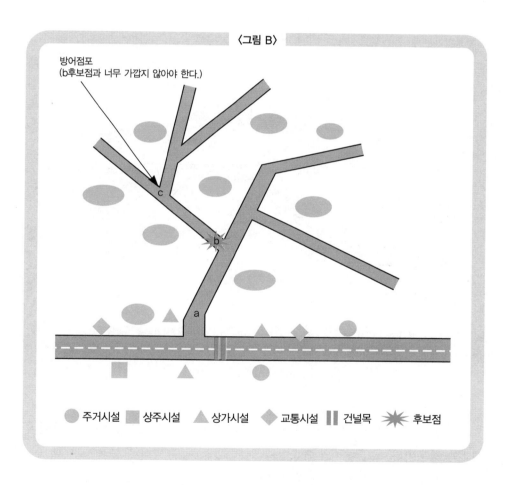

〈그림 B〉

방어점포
(b후보점과 너무 가깝지 않아야 한다.)

c

b

a

● 주거시설　■ 상주시설　▲ 상가시설　◆ 교통시설　‖ 건널목　✳ 후보점

네 번째는 같이 있던 점포가 폐점하고 새로이 더 경쟁력이 높은 마트나 편의점이 진입하는 경우이다. 예를 들어 a포인트에 후보점이 있고 한 건물의 지하나 입지적으로 열악한 b위치에 마트가 있을 때 적절한 마트수요를 내어주고 편의점 수요을 흡수하여 운영하는 지역이 있다고 가정하자.

배후범위와 입지에 따라 다르지만 너무 독점율을 고집하여 이런 마트가 폐점하여 나갈 경우 c포인트나 d포인트처럼 경쟁력이 높은 위치에 경쟁점이 진입하여 더 큰 화를 불러오는 경우도 있다. 그러므로 전 페이지에서 언급한 입지적인 방어점포뿐 아니라 틈새 수요를 일으키는 방어점포가 있다면 적절한 수요를 양분하여 함께 공생하는 것이 낫다.

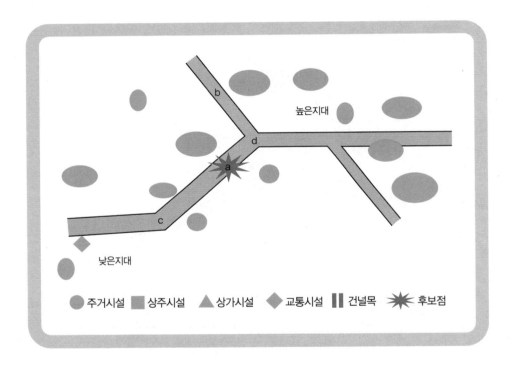

다섯 번째는 재개발, 재건축, 신축 도시계획 등으로 인해 새로운 배후나 상권이 생기는 경우이다.

기존의 배후로는 매출이 보장되지 못하다가 재개발, 재건축으로 지역 여건이 바꿔어 a포인트처럼 구역 내 경쟁력이 있는 곳에 진입하거나 b포인트의 나대지 등이 개발되어 큰 빌딩이 들어서므로서 배후민이 늘어나는 경우가 있다.

또한 c포인트에 화살표 방향으로 막혔던 도로가 새로 나거나 확장되므로서 배후가 확장되어 편의점이 들어설 수 있는 입지로 바뀌는 경우가 있다.

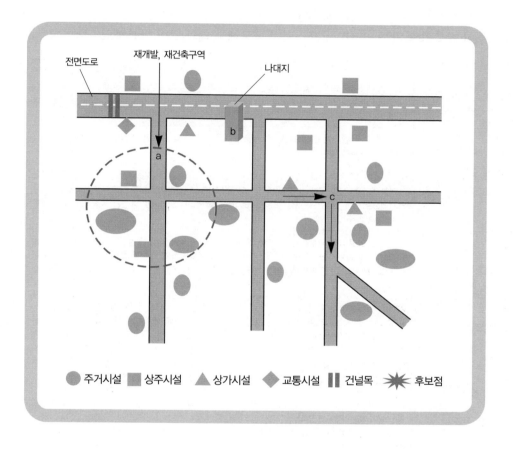

■

점포선정을 위한 구분

■

1) 접도 입지별 구분

이 책에서 언급하는 도로는 건축법상 도로가 아니라 점포선정의 가장 중요한 요소인 배후의 범위를 결정짓는 요소이기 때문에 아래와 같이 구분하였다.

일반도로	버스가 다니는 주요도로가 아니며 횡단보도가 없고 차선이 없는 도로를 말한다. 이러한 통행로는 입지의 4요소에 부합하는 곳에 있지 않는 이상 경합에 취약할 수 있고 경쟁점의 위치와 관계없이 배후가 겹치므로 주배후 진입접근성에서 우위에 있고 주동선상에 있다면 경쟁우위에 설 수 있을 것이다.
이면도로	일반통행로와 같지만 전면도로변과 평행을 이루어 전면의 배후와 연결되어 이면의 주배후와 접해있는 도로를 말한다.
소도	마을버스가 다니거나 차선이 있는 2~3차선인 도로로 횡단보도가 있기도 하고 없기도 하다. 이러한 도로는 건너편에 경쟁점이 있어도 일부 배후단절성이 떨어지므로 건널목 접근성 등 입지적으로 우위에 있으면서 상품구색과 고객서비스가 뛰어나면 경쟁점 배후의 가망고객을 더욱 확보할 수 있을 것이다.
중도	4~5차선 도로이며 교통상황과 입지적인 여건에 따라 배후와의 단절성이 유동적이지만 건널목 접근성과 교통시설 접근성에서 우위에 있어야 배후민들의 통행과 불특정 통행인의 구매력을 확보할 수 있고 건너편 배후에서 흡입률을 최대한 끌어올려서 기대 이상의 매출을 올릴 수 있다.
대도	6~8차선의 도로이며 버스노선이 많이 다니므로 횡단보도 간의 거리가 긴 편이다. 이런 경우는 건너편 배후와 우리편 배후의 단절감이 크기 때문에 양쪽 배후가 모두 두터워야 각각의 독립된 배후가 형성되어서 도로 양쪽 다 편의점이 존재할 수 있다. 반면 건너편 배후와 우리 편 배후의 단절감이 작은 경우가 있는데 이때는 어느 한 쪽의 배후만 두텁고 다른 쪽은 비교적 엷거나 양쪽 다 배후가 엷어서 한 쪽에만 편의점이 존재할 수 있기 때문에 배후가 두터운 쪽에 있으면서 입지의 4요소에 최대한 부합하는 곳에 있어야 경쟁점의 진입을 막을 수 있다.
광도	9차선 이상의 도로로 횡단보도와 중앙 차로가 형성되어 있거나 횡단보도가 없이 지하보도로 통행해야 하는 경우가 있다. 비교적 통행량이 많은 부도심이상의 지역에 많고 도로로 인한 배후 단절감이 가장 크기 때문에 도로양쪽은 독립배후로 형성되어 있는 경우가 많다.

2) 매장면적에 따른 구분

매장 면적에 따라 구분하는 건 편의점 상품의 종류와 크기는 일정한데 매장의 면적은 다양하기 때문에 회사에서는 매장의 면적에 따라 시설, 집기를 달리하여 매장을 가장 효율적으로 운영할 수 있도록 인테리어를 하고 있다.

구분	면적	매장내부 특징	입지적 특징
초 미니형	6평 전후	6평의 매장에 최대한 다양한 상품을 진열하고 정리공간을 확보해야 하므로 일반형보다 작은 오픈 쇼케이스를 설치하며 워킹쿨러(음료냉장고)는 창고가 없는 회전형으로 설치되어 공간의 효율성도 뛰어나고 매우 실용적인 디자인으로 제작되었다. 각종상품을 진열하는 매대는 일반적인 것과는 달리 하단에 수납공간을 확보하고 있으며, 매장은 최대한 수직공간을 활용하기 위하여 상부수납공간을 설치하여 공간의 효율을 높였다. 또한 진열공간을 극대화 하기 위해 각종 시설물과 카운터 위 천정공간도 상품을 진열할 수 있도록 인테리어 한다.	일반적으로 초 미니형은 편의점에 꼭 필요한 상품만 선별하여 진열할 수밖에 없으므로 일반적인 입지에서는 경쟁력이 떨어지므로 다음의 지역에 적합하다. 첫 번째는 통행량이 많은 유동형 입지에서 꼭 필요한 대표상품만 진열하여 불특정 다수를 상대하는 입지가 적당하고 두 번째는 편의점 친화적이며 약경합 지역이거나 경쟁편의점이 없는 적절한 규모의 배후가 있는 입지가 적당하고 세 번째는 경쟁점이 있어도 경쟁점의 매출을 토대로 자기만의 독립배후를 확보하여 최소한의 적정매출을 기대할 수 있는 입지가 적절하다.

3) 목표 시설별 입지에 따른 구분

편의점이 현재의 주 배후 이 외에 지역적 특성에 따라 체육공원 등의 시설물이 주변에 있어서 부가적인 매출이 기대된다. 그러나 이런 시설물은 이용자가 매일 방문하기 보다는 정기적으로 시간을 두어 방문하거나 단순 목적성 방문이기 때문에 인지도가 높은 곳이 아니라면 매출에 큰 비중을 차지하지는 않는다. 다만 입지적으로 우위에 있어 방문객을 흡수할 수 있다면 의외의 매출을 기대할 수 있다.

구분	내용
체육공원	이런 시설이 상주형보다는 거주형에 있으며 주배후 매출 이 외에 주말이나 공휴일 부가적인 매출상승이 기대된다.
산, 강에 인접	편의점이 거주형이나 상주형에 관계없이 주배후를 가지고 있으면서 인지도가 있는 산이나 강 주변에 입지해 있다면 기대이상의 매출이 발생할 것이지만 그렇지 않다면 주말과 평일의 매출의 편차가 클 수 있다.
도심지형 공원	상주형 배후에 있는 청계천의 경우 평일 부가적인 매출상승이 발생하고 주말엔 상주민들의 유출로 매출이 하락하지만 도심지에서 쇼핑과 여가생활을 영위하기 위한 나들이객들이 증가하여 매출하락 부분을 보완해 준다. 거주형 배후가 도심지형 공원에 근접한 경우는 드물지만 근접해 있다면 부가적인 매출상승이 기대된다.
대중문화 시설	상주형 인근이나 도시 외곽에 독립적으로 있는 경우가 많다. 상주형 인근에 있는 경우 동선에 따라 부가적인 매출상승은 있겠지만 도심지형공원에 비해 매출 상승은 크지 않다.
실내체육 시설	거주형과 상주형에 많이 있으며 체육시설의 규모와 그에 따른 활성화와 입지와 동선이 어떠냐에 따라 매출이 상승한다.

공공시설 (구청, 세무서, 동사무소 등)	규모가 큰 공공시설은 매출에 영향을 주지만 입지적인 규모에 비해 편의점의 매출에 큰 영향을 주지는 않는다. 상주시설의 일종이므로 주말엔 매출이 거의 발생하지 않기 때문에 거주형이나 상주형 자체의 배후에서 매출을 가늠해야 한다. 규모가 작은 동사무소나 세무서 등의 경우도 그 자체로 인한 매출은 미미하나 이런 시설물을 이용하는 사람들의 동선의 유도로 인해 매출 상승을 기대해 볼 수 있다.

4) 후보점의 매출 안정화 속도에 따른 구분

점포를 오픈하여 매출이 안정화에 접어들기까지 외적으로는 배후, 입지 여건에 따라 매출안정화가 달라질 수 있다. 그러나 내적으로는 오픈 전의 점포가 영업을 하고 있던 점포였는지, 어떤 업종으로 영업을 하고 있었는지 그리고 담배 영업권을 확보하여 영업하고 있었는지에 따라 매출이 안정화되는 속도가 빨라질 수도 있고 더뎌질 수도 있다.

정상적인 운영이 가능하기까지 보통 3~6개월은 걸리나 간혹 너무 더뎌서 1년 이상 걸리는 경우도 있다. 이럴 경우 점포를 운영하는 데 있어서 비용상 어려움에 부딪칠 수 있으므로 지역여건과 비교하여 아래의 사항들을 한번쯤 고려하여 자금여건 등을 더욱 철저히 준비해 보자.

구분	내용
장기간 비어 있거나 신축한 건물의 점포	일반적으로 가장 매출이 더디게 올라가는 경우이다. 배후민이 많이 다니지 않는 지역이거나 상권이 잘 형성되어 있지 않는 경우가 많기 때문에 전단지 광고나 오픈 홍보물을 적극 활용할 필요가 있다. 그러나 편의점 시계성이 좋고 배후에 경쟁점이 없을 때 매출이 빨리 안정화에 접어 들 수 있다.
사무실이나 타업종으로 성행하고 있던 점포	타업종으로 영업을 하던 곳이라도 장사가 잘 되던 곳이면 점포의 변화에 탄력적으로 고객이 늘어나게 되어 매출이 빨리 안정화에 접어 들 수 있고 장사가 잘 되지 않던 곳이라면 조금 더 더디게 올라갈 것이다. 이런 점을 감안하여 좀 더 적극적으로 매장 활성화에 노력해야 한다. 예를 들어 각종할인행사로 고객을 유인한다든지 매장외부 공간을 적극 활용하여 고객이 빠르게 이동하더라도 편의점을 쉽게 인식하게끔 각종행사 상품을 진열한다던지 파라솔을 이용한 테이블을 설치하고 음악을 틀어서 고객의 시선과 귀를 끌어 모아야 한다.
비교적 고객의 왕래가 잦은 타업종으로 영업하면서 담배영업권을 확보하고 있는 점포	비록 타업종으로 운영을 하고 있더라도 담배영업권을 확보하여 점포를 운영하고 있었다면 편의점으로 전환하는 경우는 비교적 빨리 매출이 안정화될 수 있다. 기존의 점포가 담배 판매율이 미미했거나 타업종이라면 지역의 구매성향을 충분히 파악하기 어려우므로 다양하게 상품구색을 갖추고 고객의 요구사항을 즉시 반영하도록 더욱 노력해야 한다.
담배 영업권을 갖고 슈퍼마켓이나 마트로 영업하고 있는 점포	담배 영업권을 갖고 슈퍼마켓과 같이 유사 업종으로 영업하던 경우는 매출의 안정화가 가장 빠르게 올라오며 기대되는 매출을 비교적 정확히 예측할 수 있다. 전의 판매데이터와 지역의 구매성향을 참고로 매출을 극대화 할 수 있도록 매장의 장점을 적극적으로 활용하여 한다.

5) 중점구매고객 유입시간에 따른 구분

점포를 선정하면서 예상매출을 파악할 때 지역적 특성과 입지유형별로 차이는 있으나 거주형과 상주형, 혼재형의 시간대 매출의 분포를 이해해야 그 시간별 배후민의 동선변화 등을 집중적으로 파악할 수 있다.

■ 거주형

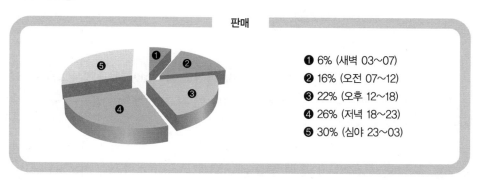

거주형은 거주형태의 시설이 전체의 90%이상을 차지하는 형태로 저녁 시간대와 야간 시간대 매출이 전체의 65%이상을 차지한다. 전체 가구당 경제활동을 하는 인원이 많으면 많을수록 그 지역의 낮 시간대 매출은 낮아지고 저녁 시간대 매출의 중요성은 커지기 때문에 하루 방문횟수가 한정되어 있는 상태에서 그들이 한번 방문할 때의 소비율은 매우 중요하다. 그래서 직주형태의 거주인원이 많은 오피스텔이나 원룸 촌은 낮 시간대 매출도 활성화될 수 있고 소비율과 구매율이 높은 편이기 때문에 거주형에서는 가장 선호하는 거주형태이다.

그러므로 대부분의 거주형은 4차선 이하의 일반도로에 접해서 대중교통시설이나 건널목이 떨어져 있어서 불특정인들의 통행량이 적고 거주민은 경제활동을 하러 직장에 나가므로 일일 방문횟수도 적기 때문에 오후 6시 이후부터 심야 3시까지 매출이 얼마나 두텁게 형성되느냐가 거주형의 매출을 결정한다고 해도 과언이 아니다. 이러한 매출 분포는 동절기보다 하절기에 더욱 높게 나오기 때문에 고객의 내방률을 높이고 소비율을 높일 수 있는 다양한 콘셉트와 외부 휴게공간 등이 있는지 더욱 유심히 관찰해야 한다.

■ 상주형

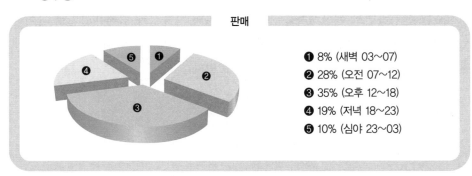

판매

❶ 8% (새벽 03~07)
❷ 28% (오전 07~12)
❸ 35% (오후 12~18)
❹ 19% (저녁 18~23)
❺ 10% (심야 23~03)

　상주형은 거주형태 이 외의 시설물이 90% 이상을 차지하므로 표에서 보듯이 오전과 오후 시간대 매출이 전체의 65%이상이다.이 시간대 매출이 얼마나 두터우냐에 따라 상주형의 매출을 결정한다.

　거주형과 달리 상주형의 상주민은 배후에 머무르는 시간이 낮 동안으로 한정되어 있고 직장에서 수시로 나오기 때문에 이들의 일일 방문횟수가 거주형보다 훨씬 높다. 그래서 상주형의 성패는 상주민의 구매율이 얼마나 높은지와 그들의 일일 내방률이 얼마나 되는지가 가장 중요하다. 이렇게 주매출이 낮 시간대 이루어지므로 이 시간대의 매출이 극대화되기 위해서는 안정적인 근접1차 배후를 확보해야 하고 이 외의 시간대에서도 매출이 활성화되기 위해서는 입지의 4요소에 최대한 충족해서 상주시설에 방문하는 통행량이나 불특정인들의 통행량을 흡수할 수 있어야 한다.

■ 혼재, 특수 혼재형

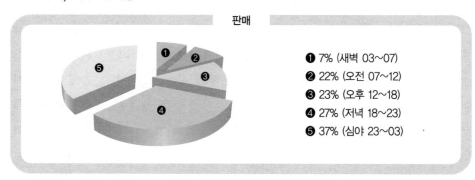

판매

❶ 7% (새벽 03~07)
❷ 22% (오전 07~12)
❸ 23% (오후 12~18)
❹ 27% (저녁 18~23)
❺ 37% (심야 23~03)

혼재형은 거주와 상주시설이 적절한 비율로 혼재되어 있으면서 시간대 매출이 대체로 고르게 분포되어 있다. 특수 혼재형의 대학교나 종합의료시설은 주간에 매출이 높은 편이나 소비형에 있는 경우 야간시간대 매출이 높은 편이고 관광숙박시설은 상주형에 있는 경우 주간과 야간 시간대 매출이 고른 편이나 거주형이나 소비형에 있는 경우는 야간 시간대 매출이 높은 편이다.

앞서 보았듯이 거주시설과 상주시설의 비중에 따라 매출 분포는 차이가 나지만 거주형과 상주형의 장점을 갖고서 각 배후별로 집중적으로 발생하는 매출과 시간대별 매출이 얼마나 골고루 분포되어 있느냐에 따라 안정적인 매출을 기대할 수 있다.

■ 소비형(유흥 소비형)

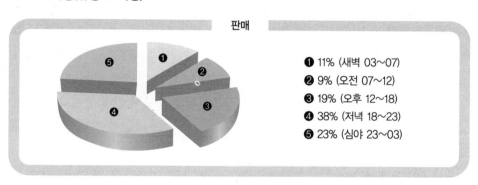

판매

❶ 11% (새벽 03~07)
❷ 9% (오전 07~12)
❸ 19% (오후 12~18)
❹ 38% (저녁 18~23)
❺ 23% (심야 23~03)

소비형은 유흥 소비형과 판매 소비형의 고객의 활동시간대가 다르기 때문에 판매시간대별 매출구성비가 다르다. 유흥 소비형은 대체로 야간 소비형 업종(주점, 클럽, 게임장 등)이 많으므로 낮 시간대보다는 야간 시간대 매출이 몰리는 편이나 담배 등 저마진 상품의 구성비가 높기 때문에 완전소비형의 배후일수록 이익률은 낮은 편이다.

그러나 불완전 소비형에서 보조배후가 상주형인 경우나 시내 중심가에 있는 소비형은 주간에도 고객의 통행이 잦아 시간대별 고른 매출이 예상되므로 다소 이익률도 높아진다. 보조배후가 거주형인 경우는 상주형인 경우보다 야간 시간대 매출이 차지하는 비중이 더욱 높으며 완전 소비형이나 유동형 입지에 있는 경우 주말야간의 매출이 차지하는 비중이 더욱 높은 특징이 있다.

■ 소비형(판매 소비형)

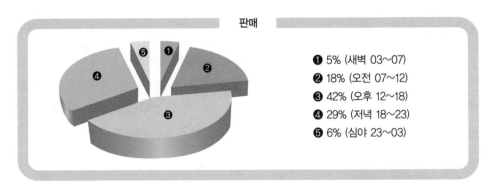

판매

❶ 5% (새벽 03~07)
❷ 18% (오전 07~12)
❸ 42% (오후 12~18)
❹ 29% (저녁 18~23)
❺ 6% (심야 23~03)

　　판매 소비형은 주로 쇼핑시설^{의류, 액세서리 등}이나 생활밀착시설^{가구, 주방기구 등}들이 군집하여 있기 때문에 주로 낮 시간대 매출이 몰리는 편이며 업종과 지역에 따라 평일 매출이 주말매출보다 높은 경우가 있으나 대체로 주말이 더 높게 나온다.

　　또한 불완전 소비형에서 보조 배후가 상주시설이면 주간이 더욱 활성화 될 것이고 거주시설이면 야간에도 통행량이 생겨 시간대별 고른 매출이 예상되며 이익률도 높아진다.

　　판매 소비형에서 완전 소비형인 경우는 드물지만 평일 매출과 주말매출의 차이가 더욱 커지며 야간 시간대는 더욱 공동화되기 쉽기 때문에 시내 중심가나 대학가에 있는 경우가 많다. 그러므로 이런 지역은 판매 소비형이라도 불완전 소비형으로 형성되거나 유흥 소비형과 혼합되어 발달하여 야간시간대도 일정 매출이 유지되어 안정적인 매출이 기대된다.

6) 고정비용(임차료, 관리비 등)과 이익률에 따른 구분

각각의 시설별로 예상매출과 수익을 책정하는데 고정비용과 이익률의 중요성을 인식하여 점포를 선정하는데 참고하고자 한다.

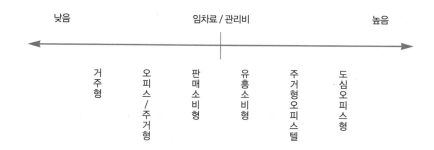

위 표처럼 일반적으로 주택만 밀집되어 있는 지역은 상권의 발달도가 낮으므로 임차료 등이 낮은 편이다. 중소기업형 오피스가와 거주시설들이 혼합되어 있는 지역 중에 개발이 덜 되고 도심지와 떨어져 있는 지역은 비교적 임차료가 낮은 지역이 많고 개발이 되거나 신축건물들이 계속 들어서는 도심이나 부도심 주변지역은 상업시설의 발달도와 큰 관계없이 임차료가 높은 편이다.

도심 오피스형이나 유흥 소비형은 상업시설의 발달도에 따라 다르나 비교적 임차료나 권리금이 높은 편이다.

일반적으로 200실 이상의 도심 주거형 오피스텔은 주변 상권이나 교통시설 발달도에 따라 임차료의 차이가 많이 나지만 보통은 다른 형태와 비교하여 높은 편이다.

이렇듯 점포를 선정하기 위해 어느 지역을 볼 때는 예상매출을 파악해 보는 것도 중요하지만 동시에 임차료 등은 얼마나 되는지 파악해야 수익을 따져볼 수 있으므로 안정적인 수익률을 내기 위해서는 임차료의 비중이 적절해야 한다.

더불어 일부 독립시설_{오피스빌딩, 오피스텔 등}의 경우는 별도로 평당 관리비를 책정하는데 의외로 높은 경우가 있으므로 주의해서 파악해야 한다.

위 표는 매출과 수익을 책정하는 데 있어 일반적인 이익률이 어떻게 되는지 나타내는 것이다. 대표적인 저 마진 상품은 담배, 교통카드충전, 문화상품권, 종량제 봉투, 각종 공공요금 납부 등이 있는데 이 중에서 매출에 가장 큰 비중을 차지하는 저 마진 상품은 담배이다.

담배의 마진은 판매가의 10%로 낮지만 담배로 인해 매출 동반상승효과는 절대적이므로 이익률을 따지는데 있어 가장 중요하다.

위와 같이 나누어 보더라도 배후민의 소비성향이 어떤지에 따라 이익률은 달라질 수 있는 것이기 때문에 이익률에 대한 중요성을 인지하고자 일반적인 성향을 기준으로 표시하여 보았다.

일반적으로 유흥 중심가는 저녁 이후의 시간대 매출이 높으며 다른 형태에 비해 식품이나 비식품의 판매는 낮고 담배의 판매 비중은 매우 높다.

주택밀집지역도 일반적으로는 담배의 판매 비중이 높지만 원룸형의 밀집지역은 상대적으로 다른 상품구매율도 높은 편이다.

중소기업오피스와 주거시설이 혼재된 지역은 주택밀집지역보다는 담배판매 비율이 낮다.

도심 오피스형도 유동인구가 많은 지역은 담배 판매비율이 높고 도로변에서 들어가 있는 오피스가는 담배판매 비율이 상대적으로 낮다.

주거형 오피스텔도 도로와 접하여 건널목이나 교통시설에 인접한 지역은 매출도 높지만 담배 판매비율도 높은 편이고 도로와 접하지 않거나 건널목이나 교통시설로부터 떨어진 곳은 상대적으로 담배 판매 비중이 낮다.

7) 매출 수익구조에 따른 구분

일반적으로 매출이 높으면 수익이 많다는 것은 맞는 말이다. 그러나 아래 표와 같이 구분해보는 것은 매출에 따른 비용^{임차료 등}이 적절해야만 정확한 수익구조를 가늠해 볼 수 있기 때문이다. 고 매출이라고 100% 고수익이 나는 것이 아니고 저 매출이라고 100% 저 수익이 나는 것도 아니기 때문에 매출과 지출에 따른 수익구 조를 잘 이해하면서 점포를 선정해야 한다.

고매출 고수익형	매출은 높지만 상대적으로 임차료는 낮다. 보통 도심이나 부도심과 떨어지고 낮과 밤에 매출이 고루 형성되는 혼재형에 많이 있으며 거주시설의 규모에 따라 다르지만 주말에도 매출이 크게 떨어지지 않고 오르는 경우도 있으므로 평균 매출을 유지할 수 있기 때문에 고매출 고수익이 가능하다. 늘 경쟁점의 진입 가능성이 있으므로 입지의 4요소에 충족한 지역에 있어야 경쟁우위에 있을 수 있다.
고매출 수익형	매출도 높은 편이이지만 월 임차료도 높은 편이다. 이러한 지역은 대체로 도심이나 부도심의 상주형, 소비형 배후나 주거복합시설에 많이 있는 편이다. 도심의 유흥가/오피스가는 주말에 매출이 크게 낮아져서 평균 매출이 많이 떨어지는 단점이 있으므로 이점에 유의해야 한다. 주의해야 할 것은 고매출인 것에 비해 수익률에 높지 않고 위험률이 높기 때문에 입지의 4요소에 충족한 경쟁우위의 입지에 있어야 안정적인 매출을 유지할 수 있다. 주거복합시설은 일정규모 이상이고 안정적인 보조배후를 확보하고 있다면 가장 안정적인 수익을 기대할 수 있다.
중매출 고수익형	매출은 보통인데 월 임차료가 매우 낮고 이익률이 높아서 고수익이 나는 경우이다. 주로 임차료가 매우 저렴하며 거주시설의 비율이 높은 혼재형이나 거주형에 많이 있으며 대체로 구매율이 높으며 젊은 층의 거주가 많은 오피스텔, 원룸형 지역이나 소비율이 높은 외국인이 많이 거주하는 지역에 있다. 이런 지역은 고수익에 비해 눈에 띄는 편이 아니므로 경쟁점의 진입에 따른 위험률도 낮은 편이다.
중매출 수익형	가장 일반적인 형태로서 매출은 보통인데 고정비용도 보통인 경우 이다.일반적으로 혼재형이나 거주형에 주로 있으며 경쟁점의 진입이 낮은 경우이므로 급격한 매출 상승요인이나 하락요인이 많지 않다.
저매출 수익형	매출은 그리 높지 않지만 월 임차료가 매우 낮을 때 수익이 나는 형태로서 보통 거주형에 많이 있다. 주의해야 할 것은 완벽한 독점형태의 지역이 아니라면 경쟁점이 진입하게 될 경우 낮은 매출로 인해 하락폭이 크기 때문에 매우 고전할 수 있고 배후의 범위가 넓은 편이 아니기 때문에 배후민의 구매율, 소비율, 친화율 등 배후민의 성향을 적극적으로 파악하지 않을 경우도 매우 고전할 수 있으므로 다른 형태보다 더 철저히 파악한 후 진입해야 한다.

점포 오픈 후의 주변환경 변화예측하기

1) 잠재적 동선구도에 따른 예측

개점전과 후에 동선의 변화가 큰 지역이 있고 그렇지 않는 지역이 있지만 주로 거주형의 배후에 동선의 변화가 큰 지역이 많은 편이다. 이는 동선의 긍정적인 변화로 인해 매출상승요인을 파악하자는 데 목적이 있지만 너무 지나치게 높은 기대치를 갖고 매출을 예측하는 것은 금물이다.

개점후 동선이 증가하는 곳	거주형	배후에서 교통시설을 이용하는 동선이 명확하지 않은 배후형은 편의점 입점으로 동선이 변하는 경우가 많다. 편의점이 없는 지역이나 가로등 시설이 부족하거나 상가시설이 일찍 닫아 어두워서 배후민이 잘 다니지 않는 곳에 편의점이 생기면 24 시간 오픈하여 거리가 밝아지게 되므로 사람들이 모이게 되거나 더 많이 다니게 된다. 특히 버스 정거장이나 지하철 출구에서 나와서 거주지로 향하는 동선상에 경쟁 편의점이 없는 지역에 입점하게 되면 거주민들의 발길은 더욱 늘어나게 된다.
	상주형	편의점이 없던 지역에 생기면 상주민의 특성상 통행이 잦아져서 차츰 연계시설이 늘어나게 되고 나중에는 독립상권이 형성되기도 한다. 특히 주간 연계업종이(분식점, 커피숍이나 문구점)늘어나면 전체적인 통행량은 증가하므로 매출에 긍정적인 요인도 생기지만 유사상품이 겹치기 때문에 부정적인 요인도 있으며 야간 연계업종(식당, 주점, 노래방, pc방)이 늘어나면 야간에도 동선이 활성화되어 매출에 긍정적인 요인이 더 많다. 그러므로 그 지역이 차후에 주점이나 노래방 등이 입점할 수 있는 지역인지 공부상 용도지역도 파악하여 전반적인 지역 활성화 가능성도 파악할 필요는 있다.
	소비형	소비형 입지 중에서 대학가 주변의 상권은 해마다 상권이 발달하여 늘어나는 경향이 있으나 단기적으로 동선의 변화가 오기보다는 주변의 발달상황에 따라 고객이 늘어난다. 일반적으로 완전 소비형은 인지도가 높은 지역이므로 1차 상권뿐 아니라 2차 상권도 꾸준히 발달하기 때문에 장기적으로 상권이 더욱 넓어짐으로서 통행량이 늘어나는 경향이 있다. 또한 지역 상권을 활성화 하고자 하는 해당 지자체의 노력과 지역 상인회의 활성성에 따라 상권이 확장되면서 통행량이 서서히 늘어나는 경우도 있다.
개점 후 동선에 큰 변화가 없는 곳	거주형	배후에서 같은 동선상의 입지에 경쟁점이 입점하는 경우는 이미 편의점을 이용하는 동선이 형성되어 있으므로 추가로 편의점이 입점한다 해도 동선에 큰 변화가 없다. 동선 배후형같이 배후민의 동선이 정해진 곳은 개점 후에도 거주민들의 동선은 큰 변화가 없는 편이다.
	상주, 특수혼재, 소비형	통행량이 많은 도심의 유동형 입지에서 건널목이나 교통시설이 새로 설치되거나 빌딩이 새로 들어서지 않는 이상 개점 후에도 동선의 변화가 크지 않고 도심의 중심가나 일부 상권이 활성화되어 있는 목적성 만남을 갖고 모이는 장소도 비 목적구매 고객이 많으므로 개점 후에도 동선의 변화는 크지 않다. 단지 지역에 공공행사가 있을 때 사람들이 증가하거나 날씨에 따른 민감도가 커서 통행량의 편차가 커질 수는 있다.

2) 잠재적 발달 가능성에 따른 예측

경쟁 소매점 등의 폐점으로 고객이 증가하거나 배후의 밀도가 증가^{높은 건물의 신축, 증}하여 가망고객이 늘어나는 것을 기대하여 적극적으로 예상매출을 반영하는 것은 바람직하지 않으나 장기적인 관점에서 한번쯤 면밀히 파악할 필요는 있다.

개발예정지 주변 상권 성숙도 낮은 지역	현재는 개발예정지 주변의 상권이 성숙되어 있지 않고 배후민이 많지 않으나 개발예정지의 철거로 인해 지역 내의 영업시설이나 배후민이 개발예정지의 주변으로 이동하여 거주민이나 상주민이 늘고 이들 지역도 덩달아 신축이나 증축이 늘어 상권이 발달하게 된다. 그러나 이동하는 규모가 얼마냐에 따라 매출활성화는 다를 수 있으므로 그러한 것을 잘 예측하여 자리를 선점한다면 기대 이상의 매출이 나올 수 있다. 주의할 것은 이런 지역에 입점을 하려면 주변 활성화가 완성되기 전에 미리 선점해야지 상권이 완료된 후에는 과도한 임차료나 권리금으로 인해 수익 구조가 맞지 않을 수 있다.
개발예정지 주변이 아닌 나대지 많고 낡은 저밀도 지역	일반적으로 이런 지역은 경쟁점이 없이 배후가 넓은 장방형이나 배후의 구심점에 있어서 가망고객들의 흡입률과 인지율이 뛰어난 부채꼴형의 입지에서 매출이 안정적으로 나온다. 이러한 지역에 부분개발이나 건물의 신축이나 증축 등의 증가로 매출이 예상외로 높게 나오는 경우 경쟁점을 유도하는 역효과만 생길 수 있으므로 그리 과도한 개발을 바랄일 만은 아니다.
도심 재개발/재건축지역을 배후로 하는 지역	편의점이 도로변에 위치하여 재개발/재건축 지역을 배후로 두었다면 개발이 완료된 시점에 주동선이 어디로 될지 상업시설의 위치는 어떻게 형성될지에 따라 매출을 가늠해 봐야 한다. 편의점이 도로변이 아닌 지역에 위치하면서 재개발/재건축 지역을 일부 배후로 보는 지역은 개발이 완료되면 상업시설의 위치와 새로운 도로의 개설과 확장으로 새로운 거주민과 개발지 외의 배후민이 새로 닦인 도로를 이용하는 경우가 있고 기존에 있던 길이 더 발달하여 동선의 변화가 생길 수 있으므로 섣부른 판단은 금물이다.
개발이 완료된 도심지역	도심의 재개발 재건축 완료지역은 거주민이 입주하거나 상주시설이 다 갖추어지는 데 최소 6개월에서 1년 정도 걸린다. 일반적인 점포도 자리 잡는 데 보통 6개월 정도는 걸리므로 매출과 수익에 대한 분명한 목표치가 가능하다면 이 정도 시간을 감내하고 자리를 선점해도 크게 무리는 없어 보인다.
상권성숙도 낮은 신도시 내 편의점	정상적으로 입주가 진행되는 신도시나 계획도시의 경우 입지여건에 따라 다르지만 단지 내 근린상가에 입점하려면 최소한의 수익을 보전하기 위해 약 500세대 정도의 독점률은 확보해야 가능하다. 대체로 계획도시는 거주민이 90%이상 입주율을 보이려면 약 1년 정도는 걸리기 때문에 편의점이 정상적인 매출을 올리기 위해서는 꽤 긴 시간이 걸릴 수 있지만 좋은 자리를 선점하기 위해서는 남들보다 빨리 알아보고 최소한의 수익을 내며 운영할 수 있는 시점에 입점해야 비용과 시간을 줄일 수 있으므로 지역의 소비 수준과 배후민의 입주 상황도 잘 파악해야 한다.

입지 유형(대표적인 입지유형을 토대로 다양한 입지의 장점을 파악해야 한다)

1) 막다른 배후형(상류형)

편의점이 주요 교통시설로부터 멀리 있고 동선의 끝에 위치하는 형태로서 대체로 배후로 들어가는 길이 일반도로, 소도, 중도로 되어있으며 동선 배후형의 성격이 강하다. 지나가는 길에 특별히 상권이 형성되어 있지 않고 배후가 엷어 최소한의 독립배후세대를 갖고 있는 형태(A)와 막다른 곳에 배후가 넓거나 깊게 형성되어 있는 형태(B)가 있다.

전자(A)는 주로 거주형이나 혼재형에 있으며 입지적으로 뛰어나지 않고 배후도 두터운 편이 아니므로 배후 진입로에 경쟁점이 들어설 만한 상가시설이 없고 독점율이 높아야 배후 소화율을 극대화 할 수 있다. 주의해야 할 것은 한정된 배후에 있는 곳은 중형마트도 커다란 위협이 되기 때문에 마트보다 배후 접근성은 우위에 있어야 경쟁력이 있다.

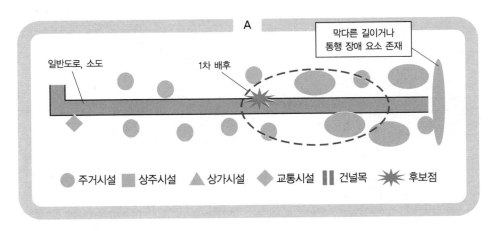

후자(B)는 전자(A)보다는 배후가 두터운 편이므로 지나가는 길은 배후가 얇더라도 통행량이나 상가시설은 더 발달한 편이다. 그러나 고정상권인 경우가 많으므로 상권에 치중하여 무리하게 b포인트에 입점하는 경우 주배후 접근성이 우위

에 있는 a포인트에 경쟁점이 입점할 경우 고전할 수 있다. 그러므로 후보점이 a포인트에 입점하여 안정적인 배후를 확보하면서 매장여건(코너형, 면적, 전면길이, 외부 휴게공간, 주정차 공간, 시계성 등)이 좋아야 경쟁점의 진입에 따른 리스크를 최소할 수 있을 것이다.

주의해야 할 것은 막다른 배후이므로 배후가 한정되어 있기 때문에 비용대비 적절한 매출을 기대해야 하는데 너무 배후를 포괄적으로 보고 무리한 욕심을 내는 것은 금물이다.

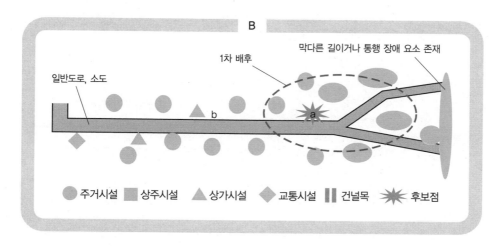

2) 깊은 배후형

배후가 도로 축을 따라 길고 깊게 형성되어 있는 배후형이다. 비교적 도로가 좁은 일방통행이나 일반도로의 초입에 있으며 상가시설의 발달에 긍정적인 영향보다는 부정적인 면이 더 많기 때문에 거주형이나 혼재형에 많이 있는 편이다.

막다른 배후형과 다른 점은 배후가 넓고 깊을 경우 2차 배후를 벗어난 새로운 배후로 연결되기 때문에 배후 발달유무와 관계없이 부채꼴형이나 막다른 배후형과 다르게 배후가 분산되거나 차량통행이 많아질 경우 흡입율이 현저히 낮아질 수 있다. 그러므로 주배후 독점률이 높아야 경쟁력이 있다.

막다른 배후형과 마찬가지로 배후가 엷고 길게 형성되어 있을 경우 a포인트처럼 안정적인 근접 1차 배후를 확보하지 않고, b포인트처럼 배후 진입로에 무리하게 높은 매출을 기대하고 진입할 경우 배후 안쪽에 경쟁점이 진입하거나 흡입률이 현저히 낮아 고전할 수 있다.

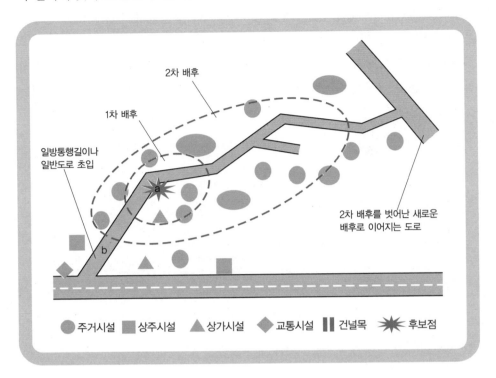

2차 배후

1차 배후

일방통행길이나
일반도로 초입

a

b

2차 배후를 벗어난 새로운
배후로 이어지는 도로

● 주거시설　■ 상주시설　▲ 상가시설　◆ 교통시설　‖ 건널목　✳ 후보점

3) 동선 시작형

동선 시작형은 막다른 배후형이나 깊은 배후형보다 교통시설이 발달한 곳에 위치한다. 주변이 어느 정도 상권은 갖춰져 있기 때문에 입지의 4요소에서 가장 많은 통행량을 확보하거나 주배후와의 접근성이 좋아야 한다. 배후의 초입에서 주배후로 진입하는 길이 하나인 경우(A)와 일정지역의 교통의 중심지에서 여러 배후로 진입하는 초입에 있는 경우(B)가 있다.

전자(A)처럼 배후가 길게 뻗어 있는 경우 1차 동선과 주동선상의 출퇴근 동선에서 매출의 비중이 높기 때문에 배후 내에 매출을 하락시킬 수 있는 점포가 최소한으로 있으면서 a포인트 같은 곳에 경쟁점 진입이 어려운 배후^{배후가 갈라지는 도로가 적고 진} 입도로는 비탈지며 상가시설은 도로의 일면에 있고 매장여건이 열악한 경우 등여야 배후민의 흡입률을 높여 매출이 극대화 될 수 있다.

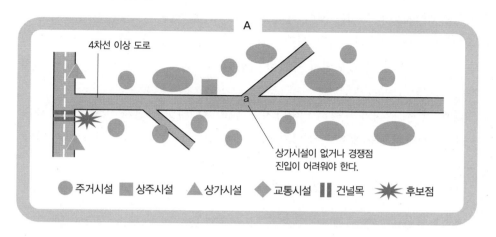

후자(B)의 경우는 배후의 성격에 따라 배후 유형이 다양해 질 수 있기 때문에 배후 유형에 따른 입지적인 장점이 극대화될 수 있어야 한다. 비교적 통행량이 많은 편이므로 이에 현혹되는 입지가 좋아 보일 수 있으나 유동형 입지가 아닌 이상 경쟁력이 떨어질 수 있고 배후가 여러 갈래로 나눠지기 때문에 경쟁점 진입에 취약할 수 있으나 a포인트처럼 입지의 4요소에 충족한 곳에서 주 배후[1차 배후에서 가장 높은 매출을 차지하는 배후]와의 접근성은 우위에 있고, 독점률이 높아야 안정적인 매출을 기대할 수 있다.

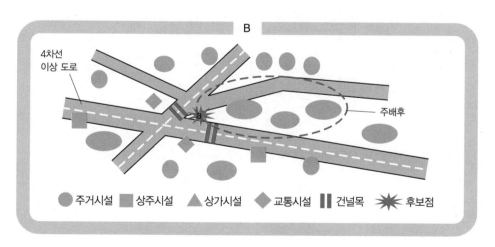

4) 중심지형

시내중심지를 나타내는 것이 아니고 주로 거주형이나 혼재형인 배후형에서 중심지 산재 배후형이나 우물형처럼 명확한 입지적인 장점이 있는 것이 아니고 단순히 배후의 중심에 있으면서 특별히 상권이 발달한 곳이 아니므로 비교적 임차료가 저렴한 편이어야 한다.

배후, 동선, 입지가 특별히 뛰어나지도 않고 그렇다고 특별히 부족해 보이지 않는 입지에 있기 때문에 배후가 넓지 않는 이상 경쟁점 진입도 수월한 편이 아니다. 그러므로 최소한의 독립배후는 확보하여 매장여건^{코너형, 면적, 전면길이, 외부 휴게공간, 주정차 공간, 시계성 등}이 우월하다면 경쟁점의 진입 의지를 차단할 수 있을 것이다.

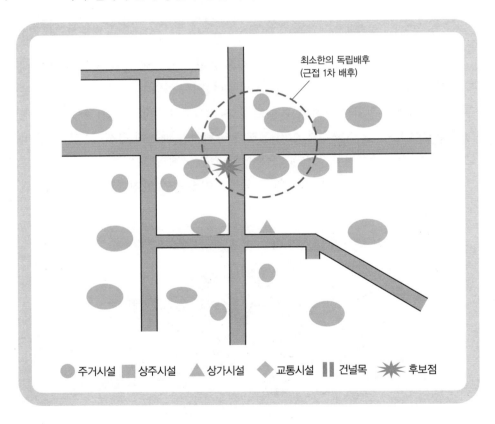

208

5) 도로변 중심지형

중심지형의 넓은 개념으로 주로 편의점이 발달하지 않은 지방이나 중소도시 중에 친화율, 구매율, 소비율이 낮은 지역에 있다. 중심지형처럼 일정한 배후의 중심에 있는 것이 아니고 도로변에 있으면서 넓은 배후의 중심에 있는 것이다. 배후가 도로변을 따라 넓기 때문에 도로변 우물형이나 장방형과 비슷해 보일 수 있으나 강력한 구심점이 있어서 흡입률이 뛰어 난 것이 아니므로 높은 매출을 기대하기보다는 안정적인 매출을 기대할 수 있는 곳을 찾는 것이 바람직하다.

배후가 넓기 때문에 배후의 갈림길이 많고 진입 가능한 상가시설이 발달해 있다면 경쟁점 진입에 취약할 수 있다. 특히 주의해야 할 것은 a포인트처럼 도로변 코너형에 배후의 밀도율과 응집률이 높은 곳이 많다면 경쟁점 입점은 더욱 적극적일 수 있으므로 이런 곳이 없든지 상가시설이 b포인트처럼 입지적으로 열세인 지역에만 있어야 한다.

그러므로 안정적인 근접 1차 배후를 확보하면서 매장여건^{코너형, 면적, 전면길이, 외부휴게공}

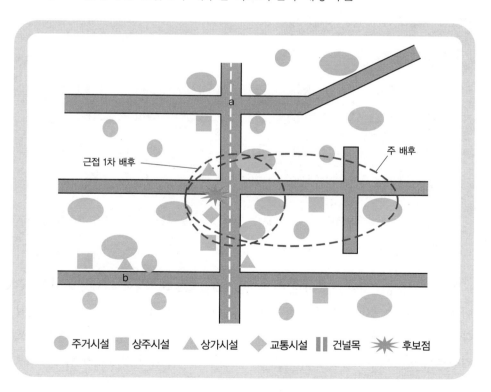

주거시설 상주시설 상가시설 교통시설 건널목 후보점

^{간, 주정차공간, 시계성 등}이 우세하고 주배후를 확보하며 주동선상에 있어야 경쟁력이 있다.

6) 주(요)도로변형

보통은 배후를 가로지르는 4차선 이하의 주도로를 중심으로 양쪽으로 배후가 길게 있는 형태로 양쪽 배후는 두터운 편이 아니고 곳곳에 이동통로가 있어서 배후 흡입률이 낮을 수 있기 때문에 독점률은 높고 경쟁률은 낮아야 안정적인 매출을 기대할 수 있다.   주도로를 중심으로 블록마다 배후 진입로가 많은 경우(A)와 주 도로 블록마다 배후 진입로가 적은 경우(B)가 있다.

전자(A)는 배후 진입로가 많을수록 배후민이 새어 나갈 수 있고 코너형의 점포가 많아서 경쟁점의 진입에 취약할 수 있다. 이들 지역에서 경쟁점 진입을 예방하기 위해서는 적절한 방어점포^{담배소매인지정권 등에 의한 거리제한으로 신규 점포 진입을 막는 점포}가 있어서 a포인트나 b포인트에 경쟁점이 입점하기가 어렵고 안정적인 근접 1차 배후를 확보하여 가급적 우리점포의 매장여건^{코너형, 면적, 전면길이, 외부 휴게공간, 주정차 공간, 시계성 등}이 좋아야 경쟁우위에 있을 수 있다.

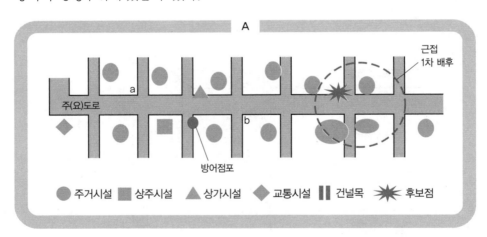

후자 (B)처럼 주도로 블록마다 배후 진입로가 적으면 적을수록 배후민이 덜 새어 나가게 되고 코너형 점포가 적어서 상대적으로 경쟁점의 진입이 어려울 수 있다. 그러나 배후가 넓어서 경쟁점이 진입할 수 있는 여건이라면 a포인트보다 b포인트에서 매출의 하락이 커질 수 있으므로 b포인트 주변에 경쟁점이 입점하면 1

차 배후가 현저히 줄어들어 매출이 상당히 떨어질 수 있으므로 b포인트 주변에는 경쟁점이 진입할 수 없는 여건이어야 한다.

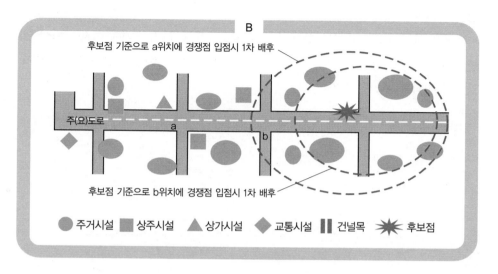

7) 초입 산재형

일반적으로 도심지나 부도심지가 아닌 곳의 일반 주거지역인 경우가 많아 상권 형성에 제한이 있으므로 상권에 의한 매출은 높지 않다. 산재 배후의 초입에 있어 배후민의 인지율과 흡입률이 높아야 하므로 주요 교통시설에 가까우며 가능한 도로에 근접한 블록^{최초 이면통행로}에 있으면서 주동선이고 매장여건^{코너형, 면적, 전면길이, 외부 휴게공간, 주정차 공간, 시계성 등}이 좋아야 한다.

거주형이나 혼재형에서 동선 배후형의 성격이 강한 지역은 a포인트처럼 동선의 흐름을 끊는 지역에 경쟁점이 입점할 경우는 배후 접근성이 우위에 있어야 하고 되도록 배후 뒤로는 배후민이 새어나가는 도로가 없거나 통행의 제약요인^{교통시설과의 거리가 멀고, 주요 교통시설이 없거나, 막다른 길, 산이나 강으로 막힘, 혐오시설이 존재}이 있어야 흡입률을 높일 수 있다.

고정 배후형의 성격이 강한 곳은 b포인트나 c포인트처럼 배후의 흐름을 끊는 지역에 경쟁점이 진입할 수 있기 때문에 후보점은 통행량과 상권 활성화에 따른 매출을 기대할 수 있어야 경쟁력이 있다.

배후가 여러 블록으로 나누어지면서 정형화 되어 있다면 경쟁점 진입에 따른 리스크를 최소화하기 위하여 이면도로는 8미터 이하의 좁은 도로로 블럭간거리가 긴 것이 좋다.

반면에 배후의 도로가 정형화되어 있지 않고 거미줄처럼 구불구불 연결되어 있는 산재 배후는 동선이 일정하지 않기 때문에 부채꼴형과 같은 강력한 구심점이 있어야 흡입률을 높일 수 있다.

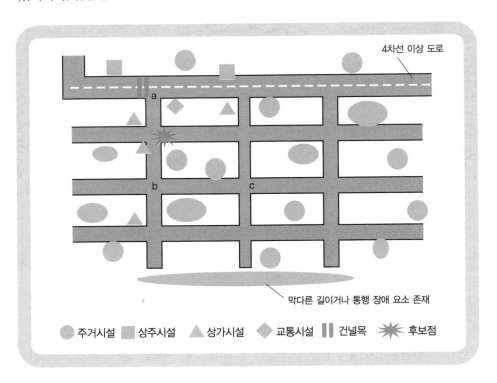

8) 중심지 산재형

바둑판처럼 정형화된 산재 배후는 배후가 넓은 편이고 a나 b포인트처럼 양쪽 전면도로에 경쟁점들이 있거나 입점할 수 있는 지역이 많다. 전후 배후 진입 전면도로는 어느 한쪽은 4차선 이상의 도로에 접해있고 양쪽으로 교통시설이 있기 때문에 배후 내에 입점하기 위해서는 메인도로의 주동선이면서 배후 내 연결도로

중 가장 넓은 도로의 양방향 코너입지에 있어야 경쟁력이 있다.

이런 배후는 거주 집단 간 블록이 넓게 이루어진 경우(A)와 좁게 이루어진 경우(B)로 나누어 볼 수 있는데 전자(A)같이 거주 집단 간 블록이 넓게 이루어져 있으며 배후 밀도율과 응집률이 높으면 동선이 모이는 곳^{가, 나, 다, 라 등}마다 상권이 형성된 경우가 많으므로 경쟁점의 진입에 취약하다.

그러므로 배후의 범위가 고정되어 있으므로 배후에서의 매출만으로 기대매출을 올릴 수 없으므로 입지의 4요소에 충족하여 동선에 의한 매출도 기대할 수 있어야 경쟁력이 있다.

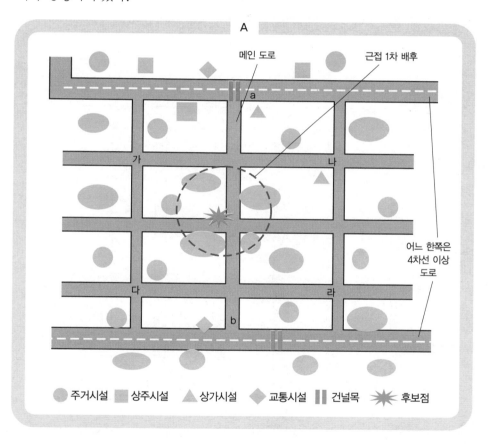

거주 블록이 촘촘히 이루어져 있을 때는 배후민의 접근성이 떨어지고 시계성도 좋은 편이 아니기 때문에 강력한 메인 도로상에 후보점이 있어야 인지율이 높아

지고 배후민에게 빨리 알려져서 매출이 안정화 될 수 있다. 배후의 범위와 상권 발달도에 따라 동선이 모이는 곳^{가, 나, 다, 라 등}에 경쟁점의 진입에 취약하고 편의점이 한정된 배후를 대상으로 하기 때문에 최소한의 독립배후는 확보하면서 배후민의 동선과 배후에 의한 매출이 모두 충족되어야 한다.

동선에 의한 매출이 중요하지만 입지적으로 배후형의 성격이 강하므로 최대한 많은 배후민들이 방문하기 위해서는 경쟁점이 가능한 멀리 있거나 적어야 한다. 또한 배후가 비정형화된 지역은 메인도로상 주동선상에 있으면 정형화된 지역보다 흡입률이 높을 수 있으나 같은 동선에 경쟁점이 진입하면 더욱 고전할 수 있으므로 주배후 접근성이 좋고 매장여건이 좋아야 경쟁력이 있다.

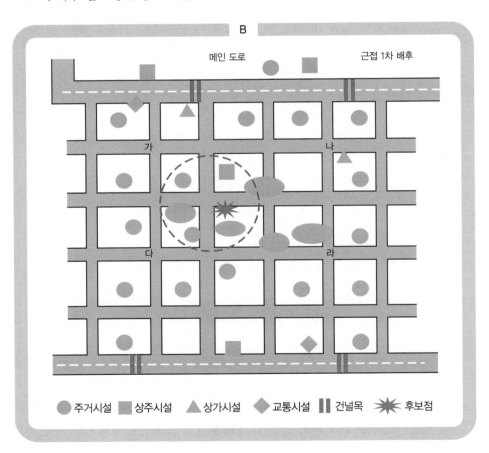

9) 독립 배후형

경쟁점이 있는 배후와 단절되어 별도의 독립배후를 형성하고 있는 형태이다. 배후민의 주 소비가 이루어지는 곳과 떨어져서 소비시설이 발달하지 않고 높거나 낮은 지대에 위치하여 편의점에서 최소소비가 이루어지는 경우(A)와 배후민의 주 소비가 이루어지는 곳과 거리에 관계없이 경쟁 편의점이 멀리 떨어져 있거나 접근성의 제약요인이 있어서 편의점에서 최소 소비가 이루어지는 형태(B)가 있다.

전자(A)는 높은 지대에 있으므로 연계시설들이 없이 거주시설 위주로 이루어진 경우가 많고 지대가 높으므로 평지로 내려가지 않고 간단한 소비는 주로 이곳에서 이루어지기 때문에 가능한 주소비가 이루어지는 곳으로부터 멀리 떨어져 있는 것이 유리하다. 주의해야 할 것은 통행량이 많지 않기 때문에 배후 내에서의 매출만으로 적절한 매출을 기대해야 하므로 배후의 위험률은 낮고 배후민의 독점률이 높아야 안정적인 매출을 기대할 수 있다.

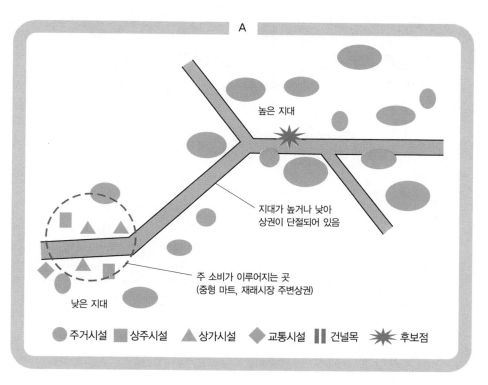

후자(B)는 도로의 여건^{해당배후가 경쟁 편의점으로 부터 멀리 떨어진 곳, 배후가 경쟁편의점으로 부터 대도이상의 도로로 갈라진 경우, 경쟁 편의점을 이용하는 도로가 불편하여 다니기 어려운 경우 등}으로 인해 경쟁점이 있는 곳과 멀리 떨어져 있거나 접근성에 제약요인이 있어서 독립적인 소비가 이루어지는 입지이다.

이런 배후들은 독점입지이지만 배후 내에서 주소비가 이루어지는 중형마트 등이 함께 있는 12시간 독점입지가 많은 편이므로 중형마트가 근접하여 심야까지 영업을 하거나 중형마트보다 배후접근성에서 떨어지는 입지는 친화율과 소비율이 낮을 경우, 의외로 고전할 수 있으므로 a나 b포인트에 경쟁 편의점이 없는 것만으로 안심해서는 안 된다.

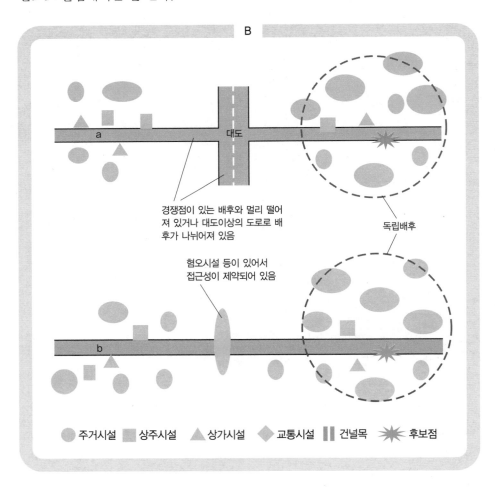

216

10) 우물형

한정된 배후내의 구심점에 위치하여 동선이 여러 곳에서 모이는 입지이다. 웅덩이가 크고 여러 갈래에서 물이 많이 흘러야 큰 우물이 되듯이 배후도 1차 배후 뿐 아니라 2차 배후도 넓어서 배후민의 동선이 많이 모여야 한다. 또한 그들을 소화할 수 있는 매장여건^{코너형, 면적, 전면길이, 주정차공간, 시계성, 매장의 개성 있는 콘셉트 등}이 좋아서 흡입률을 높일 수 있다면 최상의 우물 배후가 될 수 있다.

특히 거주형이나 혼재형에서는 목적동선(5대 이동 동선)^{출퇴근동선, 거주동선(상주동선, 소비동선), 차량동선, 식사동선, 여가동선}이 모두 갖추어지면 좋다. 그렇지만 우물형의 특성상 배후에 머물면서 수시로 나와 상시 직접적으로 발생하는 매출이 많아야 하므로 거주동선과 상주동선, 여가동선으로 인한 매출이 높아야 한다.

이처럼 우물형은 매출이 배후에 있으면서 발생하는 전형적인 배후형이므로 a나 b포인트처럼 주배후의 흐름을 끊는 곳에 경쟁점이 입점할 경우 고전할 수 있으므

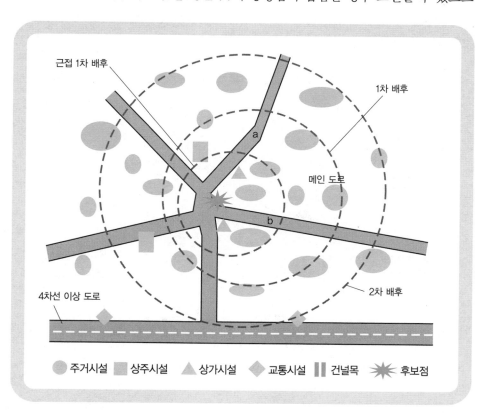

로 안정적인 근접 1차 배후를 확보해야 한다. 주의해야 할 것은 배후민의 활동성이 높아야 하므로 거주형은 단독주택지보다는 다세대주택 등이 많아 친화율이 높은 배후민이 많아야 하며 상주형은 편의시설이 잘 갖춰진 독립시설보다는 중소형 건물로 이루어 진 경우가 더욱 안정적일 수 있다.

11) 도로변 우물형

전반적인 우물 배후형의 확대형으로 시야를 넓게 가져야 제대로 관찰할 수 있으므로 눈으로 스쳐보면 잘 보이지 않는다. 보통 3~5차선 이상의 도로에 접해 있기 때문에 시계성이 좋고 우물형보다 배후가 넓고 구심점에 위치하여 동선이 모이는 입지이다.

이처럼 도로변을 따라 배후가 넓기 때문에 주배후가 다양한 경우 경쟁점 진입으로 매출이 크게 감소할 수 있다. 따라서 후보점이 있는 곳처럼 가장 안정적인 주배후를 확보할 수 있으며 입지의 4요소에 있어 목적동선이 고르게 발달되어 있는 곳에 있어야 한다.

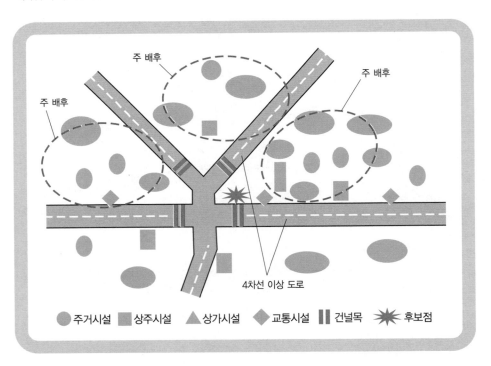

경쟁점이 진입하기 어려운 입지라면 기대이상의 매출을 기대할 수 있다. 또한 지역에 따라 배후의 차량동선으로 인한 매출이 기대이상으로 나올 수 있기 때문에 이를 흡수하기 위해서는 매장여건^{코너형, 면적, 전면길이, 외부 휴게공간, 주정차공간, 시계성 등}이 좋아야 한다.

12) 고정 우물형

말 그대로 배후가 고여 있으면서 한정되어 있다는 말이다. 그러므로 보통은 우물형보다는 배후가 좁은 편이기 때문에 적절한 수익을 내기 위해서는 배후의 밀도율이 높고 응집률이 높아야 하므로 도심이나 부도심의 상주형이나 혼재형에 있다.

독립배후 형태로 갇혀 있으므로 통행량이 활발하지 않고 교통시설로부터 떨어져 있지만 접근성이 좋아 배후민의 내방률이 높은 편이다.

주의해야 할 것은 배후가 한정되어 있지만 빌딩숲으로 이루어진 곳에 있다면 경쟁률이 높을 수 있기 때문에 안정된 근접 1차 배후를 확보하고 매장여건이 우위에 있어야 경쟁에서 우위에 있을 수 있다.

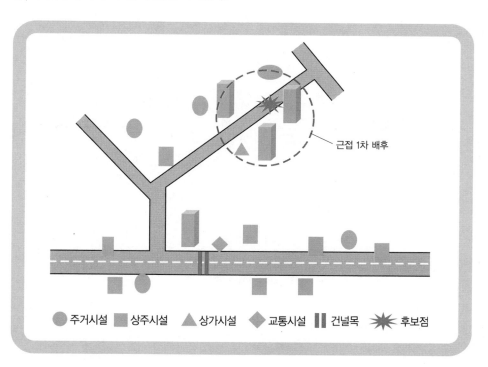

근접 1차 배후

● 주거시설　■ 상주시설　▲ 상가시설　◆ 교통시설　❚❚ 건널목　✸ 후보점

13) 유동형

대체로 도심이나 부도심의 도로변에 위치하여 입지의 4요소에 충족하거나 인지도가 높은 지역에 있다. 그러나 막연하게 단순 통행량이 많다고 다 입점 가능한 것이 아니므로 최소한 두 가지 측면 중 하나는 갖춰야 한다.

첫 번째는 통방률이 높아야 한다. a포인트처럼 동선의 전환 포인트에 있어 통행인이 쉽게 방문할 수 있어야 한다. 예들 들어 도로변은 통행 속도가 높기 때문에 지나가다가 스쳐지나 갈 수 있으므로 횡단보도가 정면에 있거나, 주요 교통시설과 마주보고 갈림 길의 중심에 있어 통행인이 잠시 멈출 수 있어야 충동구매를 유도하기 쉽다. 주의해야 할 것은 후보점이 도로변에서 너무 안쪽에 있거나 지하철 주 출구를 등지고 있으면 구매유도 타이밍을 놓칠 수 있다.

두 번째는 지역에서 만남의 장소에 있어야 한다. b포인트처럼 입지적이 요소는 부족하더라도 지역의 만남의 장소라면 고객을 유도할 수 있기 때문이다. 주의해야 할 것은 입지적인 우위로 충동구매를 유도하는 것이 아니기 때문에 통행량이 많고 매장여건코너형, 면적, 전면길이, 주정차 공간, 시계성, 매장의 개성있는 콘셉트 등이 좋아야 이들의 구매 욕구

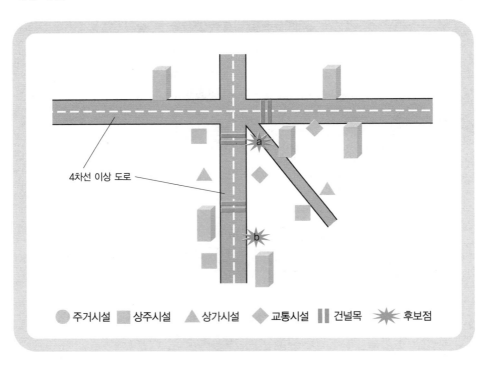

를 자극할 수 있다.

예를 들어 매장이 좁거나 고객의 휴게공간이 부족하면 시각적인 구매욕구가 떨어지므로 매장이 넓거나 외부 휴게공간이 잘 갖춰져 있어야 다른 소비자의 구매를 보며 기다리는 동안 덩달아 구매욕구가 증가하기 때문이다.

그러나 이런 지역은 소비율이 낮고 임차료가 매우 높은 편이기 때문에 순수한 통행인에 의한 매출만으로는 적절한 수익을 기대하기 힘든 경우가 있기 때문에 안정적인 사이드배후를 확보할 수 있다면 금상첨화가 될 것이다.

14) 우물 유동형

넓은 배후의 구심점이나 초입에서 통행량이 꾸준한 곳이어야 하기 때문에 주로 유동형인 완전 소비형, 사이드 배후가 상주시설인 불완전 소비형, 상주형에 많이 있다. 도심이나 부도심에서 인지도가 있기 때문에 경쟁점이 진입할 수 있는 여지가 많은 입지이므로 a포인트처럼 입지의 4요소에 최대한 부합하여 통행인이 가장 많이 통행하는 곳에 있거나 b포인트처럼 배후 응집률과 밀도율이 높고 비교적 독

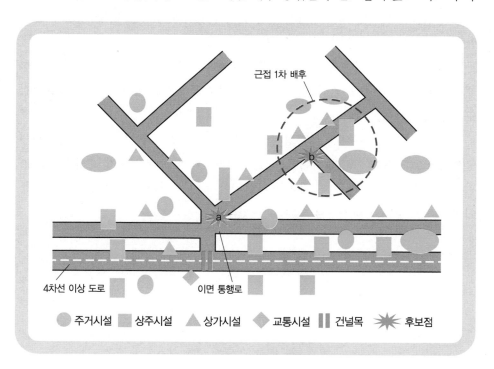

점률이 높아서 안정적인 배후를 확보할 수 있는 곳에 있어야한다.

　이렇게 통행량이 많은 곳은 계절과 날씨에 따라 매출이 급격히 낮아지기도 하고 오르기도 하기 때문에 지나치게 임차료나 경쟁률이 높은 곳은 피하는 것이 좋다. 주의해야 할 것은 일부 인지도가 높은 소비형 입지는 평일 매출도 꾸준한 편이지만 대부분은 이면도로에 있는 편이기 때문에 평일 매출과 주말 매출의 편차가 커서 평일 매출이 기대 이하로 낮을 경우 평균 매출하락으로 수익률이 떨어질 수 있으므로 평일 주간매출이 현저히 낮은 요소는 없는지 파악해 볼 필요가 있다.

15) 부채꼴형

　주요 교통시설이 있는 4차선 이상의 도로에서 배후 진입 초입에 있는 전형적인 동선 배후형이다. 배후의 꼭지점에서 주로 경사진 형태로 부채꼴모양으로 도로에 둘러싸여 배후의 시작점에 있다. 깊은 배후형과 달리 배후로 진입하는 주 통행로가 여러 갈래로 갈라지면서 올라갈수록 넓고 깊게 배후가 형성되어 있다.

　주 배후 진입로에 있어 출퇴근할 때 배후민이 반드시 지나가야 하는 길에 있기 때문에 여름과 겨울의 매출 편차가 적은 편이다. 배후의 규모에 따라 다를 수 있지만 a포인트에 경쟁점이 진입할 수 있는 상가시설이 없거나 매장여건^{코너형, 면적, 전면길이, 주정차 공간, 시계성, 매장의 개성 있는 콘셉트 등}이 취약해야 하고 간혹 b포인트나 c포인트처럼 경쟁력이 낮은 지역에 큰 면적으로 입점하는 경우도 있기 때문에 주변의 매장여건도 관찰해야 한다.

　주의해야 할 것은 부채꼴 배후형의 장점은 강력한 흡입력이므로 배후가 평지에 형성되어 있으면 배후민이 새어가는 곳이 많아지기 때문에 배후가 경사져 있으며 편의점에서 배후의 갈림길이 최대한 가까워야지 너무 멀리 떨어져 있어도 흡입률이 떨어지거나 경쟁점 진입에 취약할 수 있다.

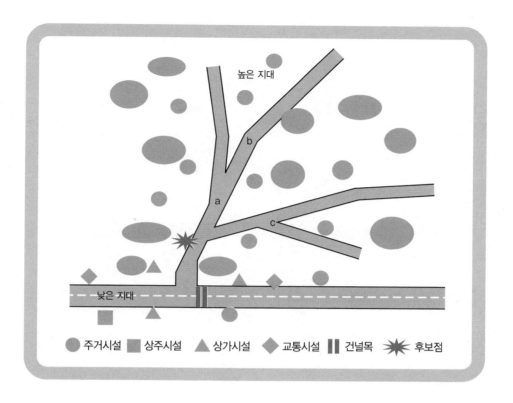

높은 지대

b

a

c

낮은 지대

● 주거시설　■ 상주시설　▲ 상가시설　◆ 교통시설　▌▌건널목　✸ 후보점

16) 방사형

　부채꼴형과 우물형의 포괄적인 개념으로 배후의 시작점 또는 구심점에서 부채 꼴 형보다는 더욱 넓은 각도로 배후가 뻗어 나가고 있으며 우물형처럼 배후민이 모여드는 입지를 말한다.

　중심지형과 달리 배후의 끝이 통행의 제약요인^{교통시설과의 거리가 멀고, 막다른 길, 혐오시설 존재,} ^{산이나 강으로 막힘}이 있기 때문에 강력한 구심점을 가지고 있으며 대체로 이런 입지유형 은 거주형에서도 1차 배후뿐 아니라 2차 배후도 넓은 배후형에 있으므로 배후에 독점률은 높고 경쟁률이 낮다면 최고의 입지가 될 수 있을 것이다.

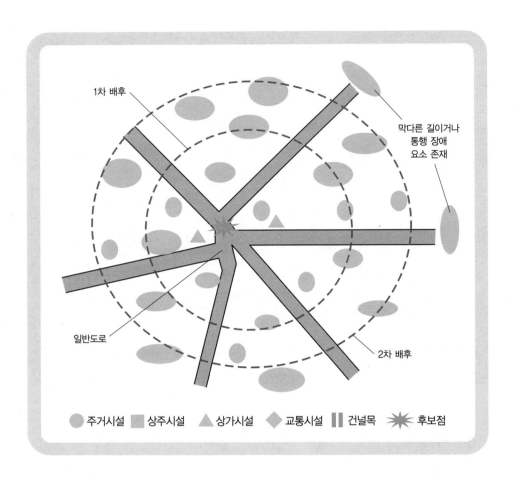

1차 배후

막다른 길이거나
통행 장애
요소 존재

일반도로

2차 배후

● 주거시설　■ 상주시설　▲ 상가시설　◆ 교통시설　❚❚ 건널목　✳ 후보점

17) 장방형

말 그대로 장방형은 배후가 길고 넓게 형성되어 있는 대표적인 입지형 배후이다. 주로 혼재형에 많이 있으며 6차선 이상의 도로의 전면에 있기 때문에 전면대로 변형이지만 입지적으로 차이가 있다. 전면대로 변형은 도로변의 통행량과 뒤쪽 배후를 주 배후로 보고 있지만 장방형은 길고 넓게 배후를 보기 때문에 뒤쪽 배후는 물론이고 건너편 배후도 일부 1차 배후로 볼 수 있는 입지여야 하므로 1차 배후가 가장 넓은 형이다.

이렇게 배후가 넓은 입지형은 특별히 네 가지 요건을 충족해야 한다. 첫 번째로 입지의 4요소 ^{주배후 접근성, 건널목접근성, 교통시설 접근성, 경쟁입지 접근성}에 부합하여 통방률이 높아야 하고 두 번째는 배후가 넓기 때문에 안정적인 매출을 확보하기 위해서 주배후는 등을 지고 안정적인 근접 1차 배후를 확보하여야 한다. 세 번째는 건너편 배후가 넓지 않아서 경쟁점이 없거나 경쟁점이 배후 안쪽에 깊이 있어서 길 건너편 일부도 1차 배후로 들어와야 한다. 네 번째는 다음 건널목과의 거리가 상당히 떨어져 있거나 주배후 접근성이 떨어져 배후민의 동선이 흩어지지 않고 흡입률을 높일 수 있어야 한다.

이처럼 배후가 길고 넓게 형성되어 안정적인 매출을 기대할 수 있는 반면 배후의 밀도율과 응집률이 높고 배후가 바둑판처럼 정형화되어 있는 경우 a포인트 같은 곳은 경쟁점이 진입할 가능성도 많기 때문에 최소한 위의 조건은 갖춰야 경쟁에서 우위에 있을 수 있다.

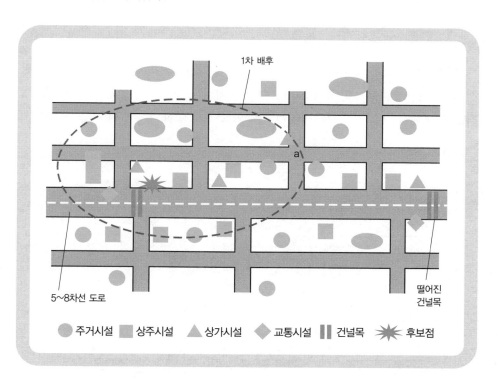

18) 전면 대로^{6차선이상}변형

전면 대로변형은 큰 빌딩이 없는 대로변의 전면에 위치하는 형태로 도로로 인해 배후 단절효과가 큰 편이며 유동형(A)과 배후형(B)으로 나누어 볼 수 있다.

유동형(A)은 도심이나 부도심에 있어서 통행량은 비교적 많지만 월임차료에 따른 리스크가 크기 때문에 가망 수요자의 유입이 예상외로 적고 소비자의 구매 욕구가 적을 때 의외로 고전할 수 있으므로 입지의 4요소에 부합해야 한다. 상권이 발달한 편이므로 중심상업지역, 근린상업지역, 일반상업지역, 준주거지역에 있는 경우가 많으며 거주형보다는 상주형, 소비형입지가 발달한 편이다. 이렇게 상가시설이 발달한 곳은 곳곳에 소매점이 있거나 a나 b포인트 같은 곳에 경쟁점 진입에 취약하므로 1차 배후의 범위가 줄어들기 때문에 교통시설을 이용하는 주동선상에 있어서 근접 1차 배후와 통행량에 의한 매출로도 최소한의 수익적 기반이 갖춰져야 안정적인 매출을 기대할 수 있다.

주의해야 할 것은 대로변에 있는 유동형 입지에서 사이드배후가 거주형인 불완전 소비형은 주말에도 안정적인 매출이 기대되지만 순수 상주형은 주말에는 상대적으로 매출이 낮으므로 평균매출의 하락으로 기대 이하의 수익이 나올 수 있다.

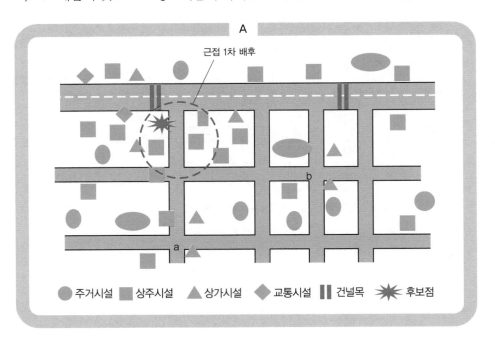

배후형은 대체로 대로변의 일부만 상권이 형성되어 있다. 이면 배후는 준 주거 지역이나 일반 주거지역인 경우가 많으므로 상권발달도가 유동형보다 떨어지므로 안정된 근접 1차 배후^{근접하여 밀도율과 응집률이 높고 넓어야 함}를 확보하는 것이 중요하며 거주형이나 혼재형에 많이 있다. 배후의 밀도율이 낮을 경우 1차 배후뿐만 아니라 2차 배후도 비교적 넓어야 하며 도로로 인해 배후 단절효과가 크기 때문에 입지의 4요소^{주배후 접근성, 건널목접근성, 교통시설 접근성, 경쟁입지 접근성}에 부합하여 교통시설을 이용하는 주동선상에 있어야 건너편 배후를 포함하여 배후의 가망 고객의 인지율과 흡입률을 높여서 배후 소화율을 높일 수 있다.

주의해야 할 것은 배후의 밀도율이나 응집률이 높고 도로 유형이 바둑판처럼 정형화 되어 있다면 경쟁점이 진입에 취약한 단점이 있다. 특히 a, b포인트 같은 곳에 경쟁점이 진입한다면 매우 고전할 수 있으므로 주배후에 경쟁점이 입점할 수 있는 상가시설이 없거나 있더라도 우리 배후 섹터는 확보할 수 있도록 떨어진 곳에 있어야 배후가 차단되지 않는다.

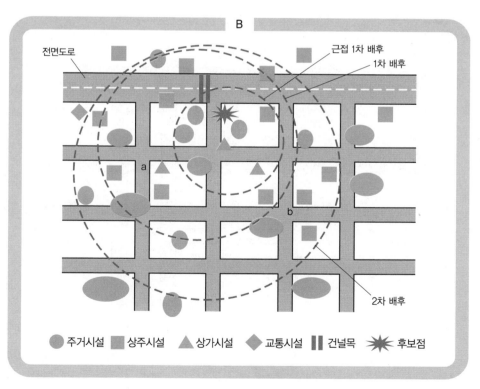

유동형은 전면에서 어느 정도 매출이 활성화되기 때문에 이면 배후에 경쟁점이 있어도 안정적인 매출을 기대할 수 있으나 배후형은 배후에서 발생하는 매출의 비중이 크기 때문에 주 배후를 완전히 단절 시키는 곳에 경쟁점이 진입하면 매장 여건이 좋아도 매출을 보장할 수 없다.

19) 독립시설^{거주형 오피스텔, 오피스, 주거복합빌딩} 전면대로변형

대로변에서 일정 규모 이상의 독립시설 내에 있거나 최근접하여 위치하는 형태로 도로로 인한 배후 단절효과가 큰 편이므로 얼마나 안정적인 독립시설을 확보하느냐가 중요하고 유동형(A)과 배후형(B)으로 나누어 볼 수 있다.

유동형(A)은 도심이나 부도심에서 용적률이 높은 중심상업지역, 근린상업지역, 일반상업지역에 있다. 입지의 4요소에 부합하고 교통시설을 이용하는 주 동선에 있으며 상권이 발달한 편이고 전면대로변형과 달리 큰 시설물이 있어 안정적인 근접 1차 배후를 확보하고 있다.

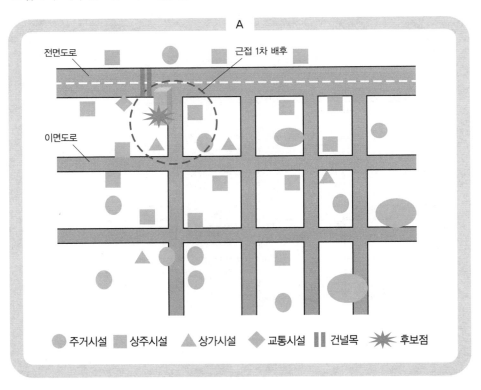

비교적 통행량이 많으나 대규모 오피스텔이나 주거복합시설이 있는 지역은 야간 시간대와 주말에도 안정적인 매출을 기대할 수 있다. 그러나 이런 시설 없이 오피스로 되어 있는 지역은 주말과 야간에 매출이 저조하기 때문에 이를 보완할 수 있는 요소가 있는지 파악하는 것이 중요하다.

이렇게 용적률이 높아 수직상권이 발달해 있고 통행이 잦은 지역은 임차료가 높은 편이고 곳곳에 경쟁점이 있거나, 경쟁점 진입에 취약하므로 입지적으로 우위에 있어야 함은 아무리 강조해도 지나치지 않다.

배후형(B)은 독립시설을 최근접 배후로 하며 상대적으로 유동형보다 통행이 잦지 않고 상권발달도가 떨어지기 때문에 비교적 규모가 큰 독립시설을 근접 1차 배

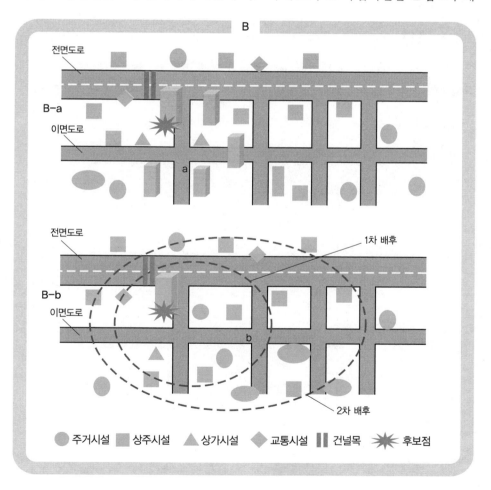

후로 확보하면서 이면 배후의 접근성이 좋아야 안정적인 매출을 기대할 수 있다.
B-a 같이 배후에 밀도가 높은 건물이 많은 편이라면 경쟁점의 진입에 취약할 수 있
으나 근접 1차 배후를 충분히 확보하고 입지적으로 우월한 곳에 있다면 a포인트
같은 곳에 경쟁점이 있어도 안정적인 매출이 기대된다. 그러나 B-b 같이 배후의
밀도가 낮고 비교적 배후가 넓다면 독립시설 자체에서 안정적인 매출을 기대할
수 있거나 입지의 4요소에 부합하는 곳에 있어야 배후의 흡입률을 높일 수 있다.

주의할 것은 밀도가 낮은 배후형이므로 b포인트처럼 1차 배후에서 배후의 동선
을 끊는 위치에 경쟁점이 진입할 경우 매우 고전할 수 있으므로 1차 배후 내에 경
쟁점이 진입할 만한 상가시설이 없어야 한다.

아래 그림은 독립시설 전면대로변형에서 가장 좋지 않은 경우로서 후보점이 입
지적으로 떨어지고 b포인트처럼 입지여건이 열세이더라도 배후밀도가 높은 곳에
경쟁점이 진입하면 1차 배후뿐 아니라 2차 배후도 크게 줄어들어 매출하락 폭이

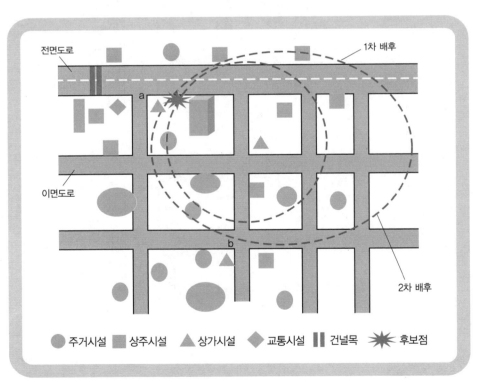

클 수 있다. 그러므로 독립시설 입지는 임차료도 높은 편이므로 입지의 4요소에 부합하는 곳에서 매출원이 다양해야 한다. 그렇지 않다면 독립시설 자체의 규모가 최소 300실 정도 되거나, 최 근접하여 대형 오피스빌딩이 있어야 안정적인 매출을 기대할 수 있다.

만약 이런 배후에서 a포인트에 또 다른 경쟁점이 진입한다면 우리 편의점뿐 만 아니라 b포인트에 있는 편의점에도 큰 타격을 줄 수 있으므로 주의해서 봐야 할 것이다.

20) 이면대로 변형 후보점이 전면대로변의 이면에 있음

대로변에서 50미터 내외의 이면로에 위치하는 형태로 유동형(A)과 배후형(B)이 있다. 유동형(A)은 도심이나 부도심에 많아 비교적 상권 발달도가 높은 편이며 전면에 경쟁점의 유무에 관계없이 대로변에서 그리 멀지 않은 이면로의 초입에서 교통시설을 이용하는 주동선에 있다. 주로 통행량이 많은 소비형과 상주형에 있

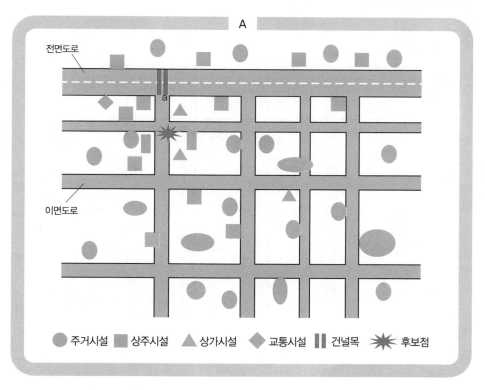

는 편이므로 순수주거지역보다는 일반상업지역, 근린상업지역, 준주거지역, 일반
주거지역(3종)에 있는 편이다.

이면대로변은 우물 유동형의 성격이 강하며 통행량에 의한 수요가 높기 때문에
대로변에는 a포인트처럼 유효 수효를 먼저 흡수 할 수 있는 곳에 경쟁점이 입점하
는 것은 좋지 않다. 그러므로 대로변의 상권발달도가 낮거나 입지적으로 진입하
기 어려운 곳이어야 경쟁력이 있다.

배후형(B)은 교통시설의 주동에 있지만 유동형 보다는 통행량이 적기 때문에
배후 의존도가 높다. 연계시설^{주점, 노래방, PC방, 음식점, 카페 등}로 인해 배후민이 간단한 여
가생활을 즐기기 위해 편의점이 있는 곳으로 모이지만 유동형보다는 상권의존도
가 낮다. 전면도로에는 상권발달도가 떨어지므로 a포인트처럼 입지적으로 뛰어나
지 않으면 경쟁점이 진입하기가 쉽지 않으며 이면 배후의 안정적인 확보가 더 중
요하기 때문에 경쟁점의 진입에 취약하거나 경쟁점이 진입하더라도 b포인트처럼

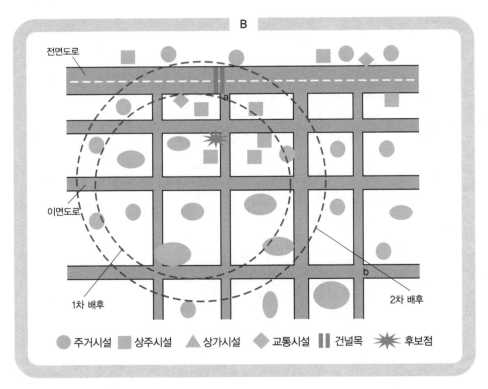

우리 배후의 섹터는 확보할 수 있도록 떨어진 곳에 있어야 한다.

또한 1차 배후가 밀도율과 응집률이 높아야 안정적인 매출을 확보할 수 있으며 유동형 보다는 배후에 경쟁점 진입에 따른 매출변화가 크기 때문에 매장의 경쟁력을 높일 수 있도록 매장여건^{양방향 코너, 시계성, 매장면적, 전면길이, 외부 휴게공간, 주정차 공간 등}이 좋아야 경쟁에서 우위에 있을 수 있다.

21) 독립시설 이면대로 변형^{독립시설이 있는 대로변의 이면에 있음}

대로변에서 50미터 내외의 이면에 위치하는 형태로 유동형(A)과 배후형(B)이 있다. 유동형(A)은 도심이나 부도심의 중심상업지역, 일발상업지역, 근린상업지역에 있는 편이며 교통시설을 이용하는 주동선에 있으면서 만남의 장소이다. 따라서 통행량이 많은 편이다. 상주형이나 소비형에 많은 편이며 전면에 독립시설이 발달할수록 이면의 상권발달도가 높은 편이므로 경쟁점 진입에 더욱 취약하

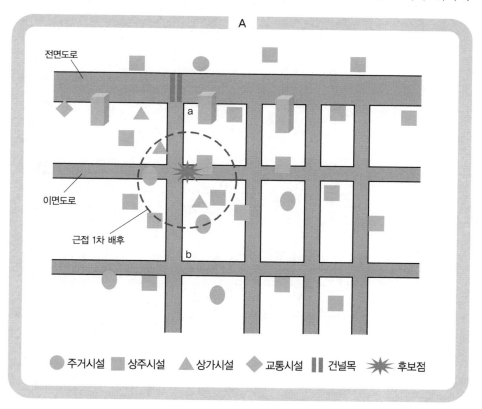

다. 그러므로 상주형으로 발달한 곳일수록 우물형 입지에서 최대한 넓은 근접 1차 배후를 확보해서 내방률을 높일 수 있는 곳에 있어야 한다. 그리고 소비형으로 발달할수록 불특정인이나 배후민의 주동선에서 통방률을 높일 수 있는 입지에 있어야 한다.

또한 이런 유동형은 경쟁점 진입에 취약하지만 특히 같은 주동선상에 경쟁점이 있는 것은 더욱 취약한 요소이므로 완전 소비형이 아닌 이상 a포인트나 b포인트에 경쟁점이 진입할 경우 고전할 수 있으므로 안정된 근접 1차 배후를 확보하는 것은 매우 중요하다.

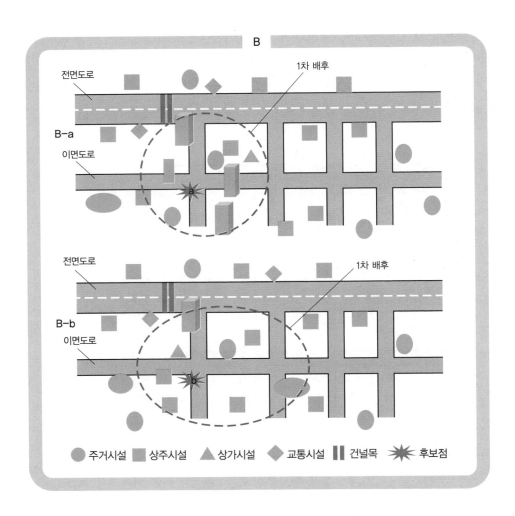

배후형(B)은 독립시설의 이면에 위치하는 형태로 상대적으로 유동형보다 통행이 잦지 않고 상권 발달도가 떨어진다. 배후에 의한 매출이 형성되므로 상주형, 혼재형, 불완전 소비형으로 형성된 경우가 많다. 모두 배후 접근성이 가장 중요하기 때문에 근접 1차 배후를 확보하면서 경쟁점이 배후의 동선을 끊는 곳에 없어야 한다.

B-a처럼 배후가 밀집률이 높은 경우 경쟁점보다 접근성이 우위에 있어야 경쟁력이 있으며 B-b는 배후가 밀집률이 떨어지고 배후가 넓은 편이기 때문에 배후민의 주동선에 있으면서 최대한 많은 배후를 확보해야 경쟁력이 있으므로 되도록 1차 배후 내에 경쟁점이 진입할 수 없어야 한다.

22) 전면 중소도로^{4차선 이하}변형

전면 중소도로변형은 도로의 전면에 위치하지만 전면대로 변형과 달리 도로로 인한 배후 단절효과가 큰 편이 아니다. 또한 건너편 배후와의 소통이 원활하고 대

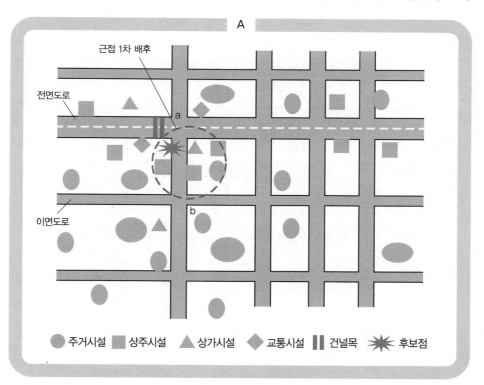

체로 배후가 중, 저밀도로 넓게 형성되어 있으며 유동형(A)과 배후형(B)이 있다.

유동형(A)은 일반상업지역, 근린상업지역, 준주거지역에 있는 경우가 많고 지역 활성화에 따라 다르나 대체로 임차료가 높은 편이다. 통행량만 믿다가 예상외로 가망수요자의 방문이 적고 구매 욕구가 낮으면 고전 할 수 있다. 그러므로 최소한의 근접 1차 배후를 확보하면서 입지의 4요소에 부합해야 경쟁력이 있다.

주의해야 할 것은 배후가 저밀도로 형성되어 있고 배후 확장성이 높기 때문에 도로 맞은편의 a포인트나 b포인트처럼 후보점에 근접하여 통행인의 흐름을 끊는 곳에 경쟁점이 진입할 경우 고전할 수 있다.

배후형은(B) 주로 근린상업지역이나 준주거지역, 일반주거지역에 있으며 전면의 상권발달도가 유동형보다는 상대적으로 낮기 때문에 통행량에 의한 매출 비중이 높지 않으므로 안정된 근접 1차 배후를 확보하는 것이 중요하다.

5차선 이하의 도로이므로 도로 건너편에 경쟁점이 없거나 a포인트처럼 경쟁력

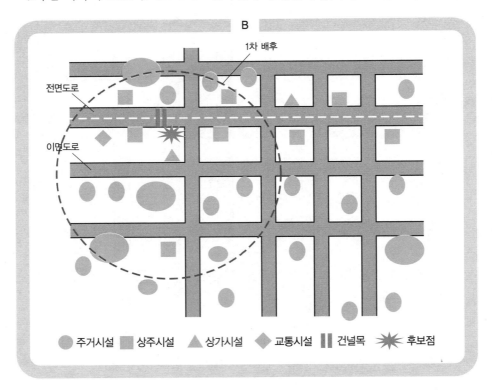

이 떨어진 입지에 있는 경우 도로 맞은편 배후도 일부 1차 배후로 포함할 수 있다.

만약 도로 건너편의 경쟁점과 마주보는 경우는 우리 편 이면에 있는 배후만을 1차 배후로 봐야 하기 때문에 배후를 완벽하게 소화해야만 일정매출이 나올 수 있다. 그러므로 배후의 소화율을 극대화하기 위해 입지의 4요소에 최대한 부합하는 주동선상에 있으며 이면 배후에 상가시설이 없거나 있더라도 매장여건과 입지여건이 열세인 시설만 있어야 한다.^{원남점, 중구회현, 서강대점, 종로관철점}

23) 이면 중소도로(4차선 이하)변형

도로변에서 50미터 내외에 위치하는 형태로 유동형(A)과 배후형(B)이 있다. 유동형(A)은 도로변에서 그리 멀지 않은 이면로의 초입에서 상권발달도가 높은 편이며 통행량이 많은 편이기 때문에 비교적 인지도가 있는 소비형이거나 상주형이 많이 있다.

배후가 넓고 상권발달도가 높을수록 경쟁점 진입에 취약하며 통행량에 의한 매

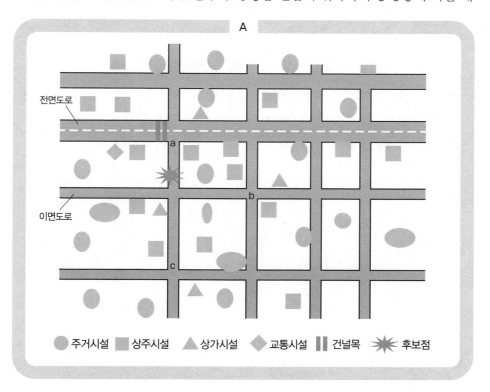

출 비중이 높기 때문에 입지의 4요소에 충족하며 a, b, c 포인트처럼 동선 흐름을 끊는 곳에 경쟁점이 진입할 경우 기대 이하의 매출이 나올 수 있다. 그러므로 배후의 범위에 의존하여 보지 말고 입지에 따른 주동선의 장악력에 중점을 두어 파악해야 한다.

　이면 중소도로 변형의 배후형(B)은 대체로 이면대로 변형이나 독립시설이면 대로 변형처럼 배후의 밀도가 높은 편이 아니므로 안정적인 배후(넓은 근접 1차 배후 확보, 배후 밀도와 응집률이 높은 배후)를 확보하는 것에 중점을 두어 관찰해야 한다. 통행량에 의한 매출이 크지 않기 때문에 전면은 입지적으로 뛰어나지 않는 이상 경쟁점이 진입하기가 어렵다.

　배후 확장성이 높기 때문에 건너편 배후도 일부 1차 배후로 포함할 수 있다면 좋겠지만 안정적인 주배후를 확보하지 않으면 의미가 없기 때문에 a포인트처럼 배후의 흐름을 끊는 곳에 경쟁점이 진입하기 어렵거나 경쟁력 있는 상가시설이 없어야 한다.

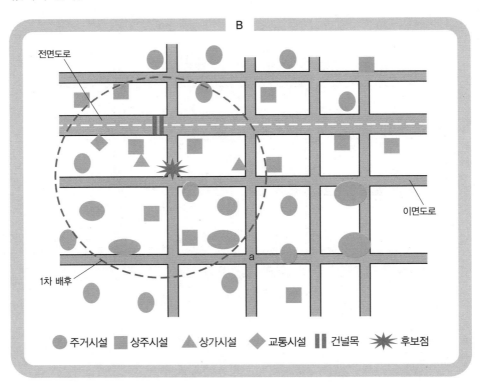

점포선정 6대 관찰요소 <small>배후, 동선, 입지, 경쟁입지, 개장여건, 경쟁점 입점 가능성</small>

1) 1차 관찰 - 배후

앞서 배후의 개념을 설명하였듯이 좋은 배후는 배후민이 새어나가는 길이 적고 넓은 지역에 5대 판매 변화율이 높은 곳이다.

가. 거주형

거주형은 다양한 형태의 건물이 있지만 아파트를 제외하고는 대부분 3층 내외의 건물로 이루어져 있기 때문에 배후시설의 밀도율과 응집률에 따른 근접 1차 배후, 1차 배후와 2차 배후의 범위가 얼마나 넓으냐가 중요하다.

구분	내용
인터넷으로 주변 지도 등 확인	인터넷 지도를 활용하여 전반적인 배후 범위와 위치를 파악한 후에 현장을 확인해야 정확히 배후를 둘러 볼 수 있다.
점포 앞 전반적인 분위기 관찰	처음 보는 사람을 만날 때 첫 느낌이 중요하듯이 처음 점포를 볼 때 점포와 점포 주변의 현재의 활성화 정도와 전반적인 느낌을 본다.
배후 성격과 유형 관찰	배후의 성격에 따른 매출이 발생하는 유형을 파악하여 배후의 전반적인 틀과 흐름을 파악해야 한다.
가시권에 드는 주요 배후 세대의 형태와 범위 관찰	가시권에 드는 전반적인 배후의 형태(오피스텔, 원룸, 다가구, 단독, 아파트 등)와 배후의 범위를 파악하여 막연한 기대치를 버리고 전반적인 매출(최소 매출, 최대 매출)을 가늠해 본다. 일반적으로 배후의 형태는 나열한 순서대로 소비율, 구매율과 내방률이 떨어지는 편이다.
차량으로 넓은 배후 관찰	차량으로 이동 가능한 범위와 주변의 전반적인 상황을 점검한다.
도보로 작은 배후 (근접 1차 배후, 1차 배후) 관찰	근접 1차 배후는 넓게 있을수록 경쟁점과의 경합에 유리하고 빠른 시간에 매출이 안정적으로 나올 수 있다. 1차 배후는 상시 직접적인 매출이 발생하는 배후로 매출에 기본이 되기 때문에 거주민들의 동선을 보면서 1차 배후를 잘 파악해야 한다.
도보로 넓은 배후 (2차 배후)관찰	2차 배후는 상시 직접적으로 매출에 영향을 주지는 않는다. 그러나 2차 배후의 범위가 넓으면 시간이 흐를수록 통행량 증가에 따른 기대매출이 증가하고 특히 1차 배후의 부족한 부분을 2차 배후가 채워주는 경우도 있다. 따라서 추가적인 상승을 기대한다면 중요하게 파악해야 한다. 그러나 전체 매출에서 지나치게 2차 배후의 매출이 높을 것으로 예상되는 지역은 향후 경쟁점 진입 시 매우 고전할 수 있으므로 주의해야 한다.

구분	내용
도로형태에 따른 거주단위의 밀도율과 응집률 파악	근접 1차 배후, 1차 배후에서 배후의 밀도율과 응집률이 도로간 배후 블록의 크기와 도로형태에 따라 배후민이 얼마나 밀집되어 있는지 파악한다.
배후의 한계범위를 파악하여 배후 소화율을 파악	거주형의 주매출은 퇴근 시 집으로 향하는 매출과 거주지에 들어갔다가 필요에 의해서 구입하러 나오는 매출과 거주하면서 산책하거나 휴식차 발생하는 매출이다. 이런 매출은 비교적 소비율이 높은 편이므로 이 시간대 가망고객의 한계 배후가 어디까지인지 파악하여 배후 소화율이 어떨지 파악한다.
주매출 시간대 배후민의 활동성 파악	주 매출이 오후 시간대에서 심야 시간대에 발생하므로 그 시간대 지역민들의 활동성을 파악해야 한다. 어느 지역은 활동성은 높지만 소비율과 구매율이 낮아서 기대 이하의 매출이 나오고 어느 지역은 활동성은 낮지만 소비율과 구매율이 높아서 기대 이상의 매출이 나오기도 하기 때문에 단순히 눈에 보이는 것만 파악해서는 안되고 배후민의 성향과 배후 내에서 독점률과 경쟁률 등을 비교하여 종합적으로 관찰해야 한다.
중점구매 시간대 예상 내방객수와 매출 파악	일반적으로 거주형의 주 매출은 오후 7시에서 밤2시 정도까지 일어난다. 이런 중점구매 시간대에는 최소 10만 원 이상 매출이 나와야 안정적인 수익을 기대할 수 있기 때문에 일일 평균 객단가를 3,500원으로 본다면 시간당 30명 정도는 방문해야 시간당 매출이 100,000만 원을 넘을 수 있으므로 주변의 소매점이나 경쟁점에서 비교하여 관찰해야 한다.
배후민의 소비율 파악	거주형은 주로 배후형에 많은 편이며 마트형 쇼핑의 빈도가 높은 지역은 매출 상승도 가파른 편이나 그렇지 않은 지역은 상대적으로 더디다. 그래서 요즘처럼 경쟁률이 높고 매출이 평준화 되고 있는 상황에서는 임차료에 따른 적정 매출을 파악하기가 매우 어렵기 때문에 배후민의 소비율을 파악하는 것은 매우 중요하다. 그러므로 해당 지역의 비교대상 점포를 선정하여 소비율을 파악하되 주로 어떤 품목의 매출이 높은지 내가 직접 듣고 보는 자세가 필요하다.
중점구매 시간대 이외의 매출 분포도 파악	특정 시간대에 매출이 반짝하여 오르다가 나머지시간에는 저조하다면 전체적인 매출은 낮아지기 때문에 중점구매시간대외에도 매출이 고르게 나 올 수 있는 긍정적인 요소들이 있는지 파악해야 한다. 주말 매출파악거주형은 평일 매출이 안정적이고 주말 매출이 얼마나 상승하는지에 따라 평균매출이 증가하기 때문에 주말매출이 증가할 긍정적인 요인이 있는지 파악한다.
친화율/구매율이 높은 배후민이 얼마나 되는지 파악	편의점의 주요 매출은 편의점에 친화적이면서 편의점에서 소비하고자 하고 욕구가 높은 배후민이 얼마나 많은지가 성패를 좌우한다고 봐도 무방하다. 특히 이런 현상은 지역에 따른 편차가 크므로 유동적으로 접근해야 한다.
소비율이 높은 배후민이 얼마나 되는지 파악	일반적으로 거주형 고객은 일일 평균 내방 횟수(일일 0~2회)가 적은 편이고 통행량이 한정되어 있으므로 가망고객의 소비율이 얼마나 높은지가 관건이다. 소비율은 소득수준이 높다고 높은 것이 아니기 때문에 거주민의 성향에 따라 다르므로 주변의 소매점이나 경쟁점에서 소비형태를 파악해야 한다.

구분	내용
배후민의 소비율 파악	거주형은 주로 배후형에 많은 편이며 마트형 쇼핑의 빈도가 높은 지역은 매출 상승도 빠른 편이나 그렇지 않은 지역은 상대적으로 더디다. 그래서 요즘처럼 경쟁률이 높고 매출이 평준화 되고 있는 상황에서는 독점적인 배후가 줄어들어 임차료에 따른 적정 매출을 파악하기가 매우 어렵기 때문에 배후민의 소비율을 파악하는 것은 매우 중요하다. 그러므로 해당 지역의 비교대상 점포를 선정하여 소비율을 파악하되 주로 어떤 품목의 매출이 높은지 내가 직접 듣고 보는 자세가 필요하다.
거주배후의 확장성 파악	흔한 경우는 아니지만 주변의 소매점 중에서 편의점이 진입할 경우 업종전환이나 폐업할 가능성이 있는지와 주변의 나대지나 저층 건물 중에 신축 가능한 요소가 있는지 파악한 후 예상수요를 대비하여 점포의 콘셉트를 잡아야 한다. 그러나 예상매출을 산정할 때 적극적으로 포함하는 것은 바람직하지 않다.
과거, 현재, 미래의 모습 비교	최종 결정전에 반드시 짚어야 할 사항이다. 앞에서 언급한 사항들을 토대로 점포환경에 대해 전반적인 상황을 파악해 보았다면 이를 토대로 해당 점포를 오픈 하였다는 가정 하에 점포의 모습을 머릿속에 그려보며 그에 따른 발전성은 어떻게 될지 상상해 보자. 실제로 많은 경우가 오픈 전의 점포 상황을 보면 주변이 열악해 보이고 부족한 점만 보이기 때문에 완공 후의 모습과 오픈 1년 후의 모습을 상상해 보기가 쉽지 않으나 적극성을 갖고 반드시 상상해 봐야 한다. 그 이유는 현재의 상황에서는 원하는 답을 찾기가 어렵고 고민만 커지기 때문인데 막상 이런 점포 중에 다른 사람이 오픈한 후에 다시 보게 되면 남의 떡이 커 보이듯이 단점은 줄어들고 긍정적인 면이 많이 보이기 때문이다.
목표매출과 기대매출을 비교	전반부에서 매출을 가늠한 것은 전반적인 느낌을 보고 판단했다면 지금은 앞의 모든 상황들을 정리하여 구체적인 목표매출과 기대매출을 예상해 보는 것이기 때문에 처음 판단했을 때와 다른 경우가 많다. 처음 보고 판단했을 때와 같은 느낌이 든다면 아마 그 것이 맞을 확률이 높으므로 참고하자.

나. 상주형

거주배후와 달리 상주형은 상주시설이 저층에서 고층까지 다양하지만 수직배후가 발달해 있고 오피스가나 유흥가주변은 소비시설이 발달한 곳이 많아서 경쟁점이 입점할 수 있는 곳들이 많다.

그래서 배후의 범위에 중점을 두기보다는 입지에 따른 상주배후의 밀도율과 응집률을 중점적으로 관찰해야 한다.

구분	내용
인터넷으로 주변 지도 등 확인	인터넷 지도를 활용하여 전반적인 배후 범위와 위치를 파악한 후에 실제 지역을 확인해야 정확히 배후를 둘러 볼 수 있다.
점포 앞 전반적인 분위기 관찰	처음 보는 사람을 만날 때 첫 느낌이 있듯이 처음 점포를 볼 때 점포와 점포 주변의 현재의 활성화 정도와 전반적인 느낌을 본다.
배후 성격과 유형 관찰	배후의 성격에 따른 매출이 발생하는 유형을 파악하여 배후의 전반적인 틀과 흐름을 파악해야 한다. 일부 지역을 제외하고 배후가 넓은 편이 아니므로 너무 깊게 관찰할 필요는 없다.
가시권에 드는 주요 배후 형태와 범위 관찰	가시권에 드는 전반적인 배후의 형태(대기업형, 벤처기업형, 중소기업형, 소기업형, 공기업형 등)와 배후의 범위를 파악하여 막연한 기대치를 버리고 전반적인 매출(최소매출, 최대매출)을 가늠해 본다. 일반적으로 배후 형태는 나열한 순서대로 소비율, 구매율과 내방률이 떨어진다.
차량으로 넓은 배후 관찰	차량으로 이동 가능한 범위와 주변의 전반적인 상황을 점검한다.
도보로 작은 배후 (근접 1차 배후, 1차 배후) 관찰	거주형은 근접1차 배후가 얼마나 넓은가를 따져보지만 상주형의 근접1차 배후(독립성과 접근성을 확보한 건물)는 얼마나 밀도 있게 많이 있는지를 본다. 도심이나 부도심의 교통시설이 발달한 곳에 있는 편이므로 1차 배후도 그리 넓은 편이 아니기 때문에 배후 밀도율과 응집률을 잘 파악하여 상주민이 얼마나 있는지 따져 보는 것이 중요하다.
도보로 넓은 배후 (2차 배후) 관찰	상주형의 2차 배후는 거주형보다 거리에 민감하고 입지적으로 교통시설이 발달한 곳이나 상가시설이 발달한 곳이다 보니까 경쟁점이 산재해 있어서 상대적으로 2차 배후의 중요성이 거주형에 비해 떨어진다. 그러므로 배후의 범위에 초점을 맞추고 관찰하는 것은 바람직하지 않다.
도로형태에 따른 상주단위의 밀도율 과 응집률 파악	근접1차 배후, 1차 배후에서 배후의 밀도율과 응집률이 도로간 배후 블록과 도로형태에 따라 배후민이 얼마나 밀집되어 있는지 파악한다. 특히 상주형은 거주형보다 배후의 범위가 좁은 편이기 때문에 유심히 관찰해야 한다.
배후의 한계 범위를 파악하여 배후 소화율을 파악	상주형의 주 매출은 일부 유동형 입지에 있는 경우를 제외하고는 업무시설로 출근하면서 편의점을 이용하는 가망고객의 매출과 상주시설에 머물면서 수시로 방문하여 발생하는 매출로 이루어 졌다. 일반적으로 거주형 보다는 소비율이 낮은 편이나 내방률이 높기 때문에 너무 먼 곳은 방문횟수가 떨어지므로 한계 배후가 어디까지 인지 파악하여 배후 소화율을 파악한다.
주매출 시간대 배후민의 활동성 파악	주 매출이 낮 시간대 발생하므로 그 시간대 지역민들의 활동성을 파악하여 소비율과 구매율을 파악한다. 어느 지역은 활동성은 높지만 소비율과 구매율이 낮아서 기대 이하의 매출이 나오고 어느 지역은 활동성은 낮지만 소비율과 구매율이 높아서 기대 이상의 매출이 나오기도 하기 때문에 단순히 눈에 보이는 것만 파악해서는 안 되고 배후민의 성향과 배후 내에서 독점률과 경쟁률 등을 비교하여 종합적으로 관찰해야 한다. 특히 상주시설 내에 매점 등이 있는 경우 활동성에 제약이 생기므로 편의점이 생길 경우 활동성에 어떤 변화가 생길지 면밀히 파악해야 한다.

구분	내용
중점구매 시간대 예상 내방객수와 매출 파악	일반적으로 일부 입지를 제외하고는 상주형의 주 매출은 오전~오후 시간대이며 저녁 이후로는 매출이 현저히 낮기 때문에 중점구매 시간대의 매출이 높지 않으면 안정적인 매출을 기대할 수 없다.
중점구매 시간대 이 외의 매출 분포도 파악	특정 시간대에 매출이 반짝하여 오르다가 나머지 시간대에는 저조하다면 전체적인 매출은 낮아지기 때문에 중점 구매시간대 외에도 매출이 고르게 나올 수 있는 긍정적인 요소들이 있는지 파악해야 한다.
주말매출 파악	상주형은 평일 매출이 주가 되지만 주말의 하락폭이 얼마가 되는지에 따라 평균매출이 높아 질 수 있으므로 매출을 보전할 긍정적인 요인이 있는지 파악해 본다.
친화율/구매율이 높은 배후민이 얼마나 되는지 파악	편의점의 주요 매출은 편의점에 친화적이면서 편의점에서 소비하고자 하는 욕구가 높은 젊은 직장인이 얼마나 많은지가 성패를 좌우한다고 봐도 무방하다.
소비율이 높은 배후민이 얼마나 되는지 파악	일반적으로 상주형 고객은 일일 평균 내방횟수(일일 1~5)가 높은 편이므로 유동형 입지를 제외하고는 가망고객의 소비율이 높은 상주민이 얼마나 많은지가 관건이다. 소비율은 상주기업의 성격과 규모에 따라 차이가 큰 편인데 일반적으로 대기업, 벤처기업, 중소기업, 소기업, 공기업, 관공서 순으로 소비율이 낮다.
상주민의 소비율 파악	상주민은 접근성에 따른 내방률이 가장 중요하지만 이들의 업무 자율성, 식습관, 주변 음식점의 접근성과 맛, 가격, 다양성에 따라 차이가 크기 때문에 비교대상 점포를 선정하여 어떤 품목의 매출이 높은지, 점심시간대의 구매율은 어떤지 직접 듣고 보는 자세가 필요하다.
내방률이 높은 배후민이 얼마나 되는지 파악	특히 상주형에서 가장 중요하게 봐야 하는 것으로 내방률이 높기 위해서는 편의점과의 근접성과 상주민의 소득에 따른 업무의 자율성을 면밀히 파악해야 한다.
공실률과 단위면적당 상주인원 파악	주거시설과 달리 업무시설이나 영업시설은 시장경기에 민감하고 교통시설의 이용이 까다로운 지역은 의외로 공실률이 많을 수 있으므로 이를 면밀히 파악해야 한다. 빌딩규모에 비해 단위면적당 차지하는 직원 수가 적어서 의외로 상주인원이 적은 경우도 있으므로 실질 가망고객이 얼마나 되는지 면밀히 파악해야 한다.
상주배후의 확장성 파악	상주형은 거주형과 달리 수직배후가 발달해 있어서 편의점의 진로로 주변의 소매점이 폐점하는 경우를 기대하기 힘들다. 공실인 사무실은 특별한 경우를 제외하고는 시간이 지남에 따라 공실률이 해결되는 편이므로 공실의 규모와 주변의 나대지나 주차장 등의 개발가능성과 속도에 따라 예상 수요를 대비하여 점포의 콘셉트를 잡아야 한다. 하지만 예상매출을 산정할 때 적극적으로 포함하는 것은 바람직하지 않다.
과거, 현재, 미래의 모습 비교	최종 결정전에 반드시 짚어야 할 사항이다. 앞에서 언급한 사항들을 토대로 점포환경에 대해 전반적인 상황을 파악해 보았다면 이를 토대로 해당 점포를 오픈 하였다는 가정 하에 점포의 모습을 머릿속에 그려보며 그에 따른 발전성은 어떻게 될지 상상해 보자. 특히 상주형은 거주형보다 좁고 한정된 편이므로 신축건물이거나 배후에 공실률이 줄어들어 상주민이 늘어나지 않는 이상 기존의 틀을 벗어나 상상해 보기가 더욱 어려울 수 있다. 그러므로 동선의 변화보다 접근성의 변화에 초점을 맞춰 탄력적으로 관찰해야 한다.

목표매출과 기대매출을 비교	특정 배후나 독립시설물에 대한 매출 의존도가 높은 지역에 경쟁점이 진입하게 되거나 도로변 입지에서 예상 외로 통방률이 낮을 경우가 있기 때문에 주의해야 한다. 이들 지역은 대체로 임차료가 높은 편이기 때문에 목표매출보다 무리한 기대매출을 예상하고 진입할 경우 매우 고전할 수 있기 때문이다.

다. 혼재형

거주배후와 상주배후의 비율에 따른 관찰을 요하므로 따로 기술하지 않았다.

라. 소비형

상권발달도가 가장 중요한 배후이다. 불완전 소비형은 1차 배후 내에 소비시설과 사이드배후_{거주시설, 상주시설}가 혼재되어 있는 유형이다. 사이드배후가 거주시설인 경우보다 상주시설인 경우가 상권발달도가 더욱 중요하고 완전 소비형은 1차 배후가 대부분 소비시설로 이루어져 수직상권으로 발달되어 상권 발달도에 따른 의존도가 크며 2차 배후도 소비시설로 되어 있는 지역은 상권인지도가 매우 높은 지역인 경우가 많다.

그러나 2차 배후가 거주시설이나 상주시설이 얼마나 형성되어 있는지에 따라 1차 배후와 연관성이 달라져서 매출의 변화도 크게 나타나므로 주의 깊게 봐야 한다.

구분	내용
인터넷으로 주변 지도 등 확인	인터넷 지도를 활용하여 전반적인 배후 범위와 위치를 파악한 후에 실제 지역을 확인해야 정확히 배후를 둘러 볼 수 있다.
점포 앞 전반적인 분위기 관찰	처음 보는 사람을 만날 때 첫 느낌이 있듯이 처음 점포를 볼 때 점포와 점포 주변의 현재의 활성화 정도와 전반적인 느낌을 본다.
배후 성격	배후민의 성격을 파악한 후 그에 따른 특성을 중점적으로 파악한다.
가시권에 드는 주요 배후 세대의 형태와 범위 관찰	가시권에 드는 전반적인 배후의 형태(완전소비형인지 불완전소비형인지, 주배후가 유흥소비시설인지 판매소비시설인지, 보조배후가 거주형인지 상주형인지 등)와 배후의 범위를 파악하여 막연한 기대치를 버리고 전반적인 매출(최소매출, 최대매출)을 가늠해 본다.
상권인지도 관찰	완전 소비형 배후는 경기 변화에 민감하므로 1차 상권뿐 아니라 2차 상권도 발달해 있거나 인지도가 있는 상권인지 관찰해야 한다. 반면 불완전 소비형은 완전 소비형에 비해 상권발달도가 떨어지거나 1차 상권이 좁은 편이므로 사이드배후(거주시설, 상주시설)와 얼마나 조화를 이루고 있는지 관찰하여 매출의 분포를 파악한다.

구분	내용
차량으로 넓은 배후 관찰	차량으로 이동 가능한 범위와 주변의 전반적인 상황을 점검한다.
도보로 작은 배후 (근접 1차 배후, 1차 배후) 관찰	완전 소비형일수록 독점률이 낮고 경쟁률이 높기 때문에 근접 배후일수록 밀도율과 응집률에 따른 상권발달도가 얼마나 높은지가 중요하고 불완전 소비형은 1차 배후내의 상권발달도가 상대적으로 낮으므로 사이드배후(거주시설, 상주시설)를 얼마나 안정적으로 갖추고 있는지가 중요하다.
도보로 넓은 배후 (2차 배후) 관찰	2차 배후의 상권발달도가 높은 곳은 독점률이 낮고 경쟁률이 높아도 비교적 인지도가 높은 곳은 시간이 흐를수록 상권이 커지면서 1차 배후로 꾸준히 통행량이 늘어나는 경향이 있다. 2차 배후가 거주형으로 발달한 곳은 일부 역세권 입지를 제외하고는 상권인지도가 낮아 외부 통행인의 유입이 한정되어 있지만 2차 배후의 배후민은 시간이 흐를수록 편의점에서 소비를 하기 위해 1차 배후로 유입되므로 야간매출은 두터워지는 경우가 많다.
도로형태에 따른 소비시설의 밀도율과 응집률 파악	1차 배후의 밀도율과 응집률이 도로간 배후 블록과 도로형태에 따라 배후민이 얼마나 밀집되어 있는지 파악한다. 특히 불완전 소비형은 소비시설과 사이드 배후(거주형, 상주형)가 얼마나 조화롭게 있는지 봐야하고 완전 소비형은 배후범위가 좁기 때문에 수직상권의 발달도와 상권의 인지도를 함께 고려하여 파악해 봐야 한다.
배후의 한계범위를 파악하여 배후 소화율을 파악	주로 불완전 소비형에서 소비시설과 보조 배후(거주시설, 상주시설)의 한계 배후를 파악하여 소화율을 파악해야 하고 완전 소비형은 수직상권이 발달하여 배후의 범위가 좁고 통행량에 의한 매출이 높기 때문에 상권의 발달도에 중점을 두어 본다.
주매출 시간대 배후민의 활동성 파악	판매 소비형에서 불완전 소비형은 낮 시간대 소비시설에서 발생하는 매출을 파악한 후 사이드배후(거주시설, 상주시설)에 따른 활동성을 파악해야 하고 완전 소비형은 주 매출이 낮 시간대 집중되어 있으므로 그 시간대 판매업종에 따른 배후민과 소비자 활동성을 파악한다. 불완전 유흥 소비형은 주매출이 오후 시간대 이후 발생하므로 그 시간대 배후민과 소비자 활동성을 파악한 후 사이드배후(거주시설, 상주시설)에 따른 활동성을 파악해야 하고 완전 유흥 소비형은 주매출이 오후부터 심야까지 이어지므로 배후민과 소비자 활동성을 파악한다. 어느 지역은 활동성은 높지만 소비율과 구매율이 낮아서 기대 이하의 매출이 나오고 어느 지역은 활동성은 낮지만 소비율과 구매율이 높아서 기대 이상의 매출이 나오기도 하기 때문에 단순히 눈에 보이는 것만 파악해서는 안 되고 배후민의 성향과 배후 내에서 독점률과 경쟁률 등을 비교하여 종합적으로 관찰해야 한다.
중점구매 시간대 예상 내 방객수와 매출 파악	일반적으로 판매 소비형은 낮 시간대와 주말에 매출이 높은 편이며 유흥소비형은 저녁 시간대 이후 매출이 높은 편이다. 불완전 소비형에서 사이드 배후가 상주형인 경우를 제외하고는 주말에도 매출이 높은 편이고 낮 매출이 강한 배후(상주형)와 저녁 매출이 강한 배후(거주형)가 기대이하의 매출이 나올 때 중점 구매 시간대에 매출이 현저히 높게 나오지 않으면 고전할 수 있다.
중점구매 시간대 이외의 매출 분포도 파악	특정 시간대에 매출이 반짝하여 오르다 나머지 시간대에는 저조하다면 전체적인 매출은 낮아지기 때문에 중점구매시간대 외에도 매출이 고르게 나올 수 있는 긍정적인 요소들이 있는지 파악해야 한다.

구분	내용
평일 매출 파악	소비시설의 발달도에 따라 다르나 주말매출이 평일 매출의 2배 넘게 나오는 입지도 있다. 그러나 평일 매출이 현저히 낮을 경우 주말 이틀 간의 매출이 높다 해도 평균 매출은 기대 이하로 나올 수밖에 없기 때문에 평일에도 적절한 매출을 기대할 수 있는지 파악해야 한다.
친화율/구매율이 높은 배후민이 얼마나 되는지 파악	소비형은 판매시설과 유흥시설의 성격에 따라 구매율의 차이가 난다. 젊은 층을 상대하는 업종의 종사자는 구매율이 높은 편이고 특정 연령대를 상대하는 업종(앤틱가구, 가구점, 고급 의상점, 유아/아동 관련점 등)의 종사자는 구매율이 낮은 편이다. 주요 매출은 편의점에 친화적이면서 편의점에서 소비하고자 하는 욕구가 높은 젊은 세대가 얼마나 많은지가 성패를 좌우한다고 봐도 무관하지만 같은 소비자도 판매소비가 목적인지 유흥소비가 목적인지에 따라 친화율과 구매율의 차이가 난다.
소비율이 높은 배후민이 얼마나 되는지 파악	일반적으로 판매 소비형은 소비성이 강한 업종의 종사자일수록 구매율과 내방률이 높지만 소비율은 낮은 편이고 유흥 소비형은 업종의 특성과 직원들의 성향에 따라 내방률은 늘어날 수 있으나 소비율은 낮은 편이다.
내방률이 높은 배후민이 얼마나 되는지 파악	판매 소비형은 소비자나 통행인의 내방률이 낮고 소비시설의 밀도율이 낮아서 종사자가 많지 않기 때문에 이들의 내방률이 높아야 적정 매출을 기대할 수 있다. 반면에 유흥 소비형의 종사자는 업종의 특성상 외부 활동이 자유롭지 않아서 내방률이 낮기 때문에 이를 보완하기 위해서는 소비자의 내방률이 높은 유흥주점 등이 발달한 상권이어야 한다.
점포현황파악	영업시설은 시장경기에 민감하므로 오픈점의 상가 전환률이 높은 곳은 상권 발달도에 비해 매출활성화가 낮은 곳이므로 주변을 탐문하여 주의 깊게 파악해야 한다.
상권의 확장성 파악	이미 상권이 확장된 곳은 경쟁률이나 임차료 등이 적절하지 않아 진입하기 어려운 경우가 많다. 그러므로 소비형 상권 중에서도 특히 대학가, 인지도가 있는 유흥가, 발전성 있는 신규상권 등은 해마다 상권이 커지고 있기 때문에 시간이 흐를수록 메인 상권은 진입하기 어려워지므로 상권이 확장될 수 있는 곳을 미리 선점하여 좀 더 장기적인 관점에서 진입할 필요도 있다.
과거, 현재, 미래의 모습 비교	위에서 나열하듯이 점포환경에 대해 전반적인 상황을 파악해 보았다면 이를 토대로 해당 점포를 오픈 하였다는 가정 하에 점포의 분위기와 앞으로의 발전성은 어떻게 될지 상상해 보자. 실제로 많은 경우가 오픈 전의 점포 상황을 보면 주변이 열악해 보이고 부족한 점만 보이기 때문에 완공 후의 모습과 오픈 1년 후의 모습을 상상해 보기가 쉽지 않으나 적극성을 갖고 반드시 상상해 봐야 한다. 인지도가 있는 상권이나 신흥 상권은 시간이 흐를수록 발달하지만 예상과 다르게 긴 시간이 걸리기도 하고 어설픈 입지에 진입할 경우 경쟁점이 더 나은 입지에 진입할 경우 고전할 수 있으므로 주의해서 관찰해야 한다.
목표매출과 기대매출을 비교	단순 배후민보다 불특정 통행인이나 배후 방문통행인에 대한 의존도가 높기 때문에 예상매출이 가장 많이 빗나간다. 그러므로 가급적 목표매출은 낮게 잡고 기대매출은 현실적으로 접근해야 한다.

2) 2차 관찰 - 동선

배후의 성격에 따라 거주형, 상주형, 혼재형, 소비형으로 나누어지듯이 동선도 배후에 따라 차이가 있기 때문에 조금씩 더 중점을 두어야 할 부분을 정리하여 보았다.

가. 거주형 동선

거주형은 배후의 범위가 중요하다. 그러므로 배후의 범위에 따른 매출이 극대화 되기 위해서는 동선을 잘 관찰해야 한다. 특히 거주형의 특성상 주간 시간대보다는 오후, 야간 시간대 매출이 중요하므로 이 시간대의 동선을 잘 관찰해야 한다.

구분	내용
1차동선, 2차동선, 주동선 파악	접근성에 따른 동선으로 가장 중요하게 관찰해야 하는 동선이지만 매출과 연관하여 파악하는 것은 매우 어려운 일이다. 통행인의 성격과 어떤 목적(목적구매, 비목적구매)으로 통행하는 비중이 많으냐에 따라 1차 동선, 주동선, 2차 동선으로 나눌 수 있는데 이는 소비율, 구매율, 내방률을 결정하는 것이므로 유심히 관찰해야 한다. 거주형은 유동형보다는 배후형이 많으므로 1차동선이나 주동선상에 있어야 매출을 극대화할 수 있다. 2차 동선 상에 경쟁점이 진입하더라도 배후형의 특성으로 매출하락은 피할 수 없지만 장기적으로는 70% 이상은 회복된다. 거주형 배후의 주매출은 저녁 시간대 이후에 발생하는데 막상 현장에서 관찰하다 보면 일부 지역을 제외하고는 통행량도 많지가 않아서 눈으로 보이는 통행량만으로 판단하기는 어려우므로 배후, 입지적인 특성과 배후민의 성향 등 전반적인 상황을 고려하여 관찰해야 한다.
거주동선 관찰	주로 1차 동선과 주동선상에 있으며 배후민이 거주시설에 머물면서 수시로 방문하여 매출이 발생하므로 근접 1차 배후가 넓을수록 비중이 높다. 주 매출이 저녁 시간대 이후에 일어나는 가장 중요한 동선이므로 야간 시간대 통행제약요인이 있는지 파악해야 한다. 가령 낮에는 왕래가 잦은 길이라도 밤에는 너무 어두워서 잘 다니기를 꺼려한다든지 도로가 너무 협소한 경우 등을 말한다.
여가동선 관찰	거주형은 집에서 머물다가 휴식이나 운동, 산책 등을 나가는 길목에 있는 동선으로 만남의 장소가 되기 때문에 외부휴게공간이 잘 갖춰져 있는 곳은 특히 봄, 여름, 가을에 파라솔테이블 매출이 기대된다.
출근동선 관찰	거주형에서는 상주형에 비해 매출에서 차지하는 비중이 크지 않지만 출근할 때 매일 지나치는 편의점은 인지율을 높일 수 있다. 퇴근동선을 파악하기 위한 성격이 크므로 무시해서는 안 된다.

구분	내용
퇴근동선 관찰	퇴근길에 거주지에 들어가면서 발생하는 것으로 배후의 초입에 위치한 동선 배후형에서 가장 중요한 동선이다. 배후민이 반드시 지나가야 하는 길목에 있지만 이른 퇴근보다는 늦은 퇴근에서 매출이 높기 때문에 배후민의 늦은 시간대의 동선을 유심히 관찰해야 한다. 주의해서 봐야 할 것은 일부 지역은 친화율이 매우 낮아서 구매율과 소비율이 평균보다 훨씬 낮을 경우 기대 이하의 매출이 나올 수 있다.
출근동선상 차량동선 관찰	거주형 출근 시 차량이동으로 인한 매출은 소비율이 낮고 이익률이 낮은 상품의 구입이나 담배나 드링크류 구입이 많은 편이지만 출근 시 접근성이 좋고 주정차 공간이 있다면 작은 매출이라도 기대된다.
퇴근동선상 차량동선 관찰	거주형은 통행량이 적은 편이고 퇴근 시 차량이동으로 인한 매출은 구매율은 낮은 편이나 소비율이 높은 경우가 많기 때문에 인지율이 높고 주정차 공간이 있다면 매출증가에 큰 도움이 된다.
아파트 거주배후 입점 시 주출구의 동선과 다른 출구의 동선비교 관찰	일반적으로 주상복합형 아파트와 달리 일반 아파트배후(특히 30평대 이상)는 가족형 거주형태가 많으므로 편의점 친화율과 구매율이 낮은 편이다. 그러므로 배후민의 흡입률을 높이기 위해서 1차동선, 주동선상에 있어야 경쟁력이 있다.
불특정인들의 동선 관찰	거주형에서는 도로변에 위치하여 입지적으로 뛰어난 곳이 아닌 이상 이들에 의한 매출은 기대하기 힘들다.
불특정 차량 동선 관찰	거주형의 불특정차량은 주로 가스시설차량,식품배달,차량,택배차량이 대부분이다. 이들의 구매율은 낮지만 배후민이 많으면 이들의 왕래도 늘어난다.
고객 유입시설 유무에 따른 동선 (맛집, 멋집, 휴게시설 등)	편의점 자체의 목적성을 갖는 방문이 아니고 맛 집이나 멋 집 등에 방문하면서 부가적으로 편의점에 들러 소비하는 형태로 순수 거주형에는 많지 않으나 문화센터, 체육시설 등은 거주형에 있는 경우가 많고 규모와 성격에 따라 매출 차이가 난다.
오픈 후 동선의 변화	거주형은 상권과 크게 연관이 없지만 어두워서 통행이 뜸하던 곳이 편의점이 생기면 주변이 밝아지면서 사람들의 통행이 늘어나 주변의 상가시설이 발달하는 경우가 있다. 우물형입지나 방사형입지에서 주변에 먹거리가 없는 경우 이러한 현상은 두드러지게 나타나는 편이다.

나. 상주형 동선

특수한 입지를 제외하고는 주말과 야간에는 배후민의 통행이 적기 때문에 주로 평일 오전 시간대와 오후 시간대에 집중적으로 이동하는 경우가 많으므로 낮 시간대의 활동사항을 면밀히 파악한 후에 야간 시간대와 주말의 활동성을 비교 관찰한다.

구분	내용
1차동선, 2차동선, 주동선 파악	전반적인 동선관찰은 거주형과 같으나 주 매출이 낮 시간대 발생하므로 비교적 상주민의 활동이 잦기 때문에 눈에 보이는 동선을 파악하기가 쉽다. 상주배후의 특성상 대체로 배후가 좁은 편이기 때문에 배후형의 입지에서는 접근성이 가장 중요하므로 1차동선과 주동선에 중점을 두어 관찰해야 한다. 배후형에서 2차 동선상에 경쟁점이 진입하여 매출이 하락할 경우 상주형의 특성상 회복율이 거주형보다는 떨어진다. 반면에 유동형 입지에서는 불특정인의 통행에 의한 매출이 높기 때문에 2차 동선도 유심히 관찰해야 한다. 배후의 크기에 비해 통행량이 적으면 거주형 같이 배후, 입지적인 특성과 상주민의 성향 등 전반적인 상황을 고려하여 잠재적인 동선을 관찰해야 한다.
상주동선 관찰	주로 1차 동선과 주동선상에 있으며 상주민이 상주시설에 머물면서 수시로 방문하여 매출이 발생하므로 근접1차 배후가 넓을수록 비중이 높은 가장 중요한 동선이다. 거주형과 가장 큰 차이는 거주형은 거주시설에서 경제활동을 하지 않고 휴식을 취하는 곳이므로 한번 들어가면 잘 나오지 않는다. 그러나 상주형은 상주시설에서 경제활동을 하는 곳이므로 잠시 휴식을 취하러 틈틈이 나오기 때문에 일일 방문횟수가 거주형에 비해 월등히 높다. 이것은 상주형 시설의 성격에 따라 다르고 매출에서 차지하는 비중이 가장 높기 때문에 이 동선을 파악하는 것은 매우 중요하다. 특히 주변에 음식점이 적거나 멀리 있을수록 식사용 구매가 높으므로 구매율과 소비율은 늘어날 수 있다.
출근동선 관찰	출근하는 동선 상에 매출이 발생하는 것으로 상주형에서 두 번째로 중요한 동선이다. 이때는 간단한 식사대용 식품이나 드링크류가 많이 팔려서 소비율은 낮지만 구매율은 높은 편이고 상주 시설들의 성격에 따라 다과나 회의용 대량구매가 있는 곳은 기대 이상의 매출을 기대할 수 있다. 주의할 것은 이런 출근 동선은 관찰하기도 편한 동선이지만 단순 통과형 동선은 구분하여 통행량에 현혹 되지 않도록 해야 한다.
식사동선 관찰	점심시간 동선상 식사 후 구매가 발생하는 동선으로 식당에 가장 근접하거나 상주시설로 이동하는 동선의 처음과 끝에 있는 경우이다. 편의점과 멀리 떨어져 있을 경우 2차 동선으로 구분할 수 있으며 소비율과 구매율이 낮은 편이지만 인지율을 높일 수 있으므로 상주형에서는 중요한 동선이다.
퇴근동선 관찰	거주형에서 출근시간대는 바쁘게 움직이듯이 상주형에서는 퇴근시간대 서둘러서 거주지나 기타지역으로 이동하므로 구매욕구가 떨어지기 때문에 소비율과 구매율이 낮고 이익률이 낮은 상품(담배, 교통카드 충전 등)의 매출이 높은 편이다. 그러나 연계업종이 주변에 있다면 퇴근 후의 모임이나 회식 등으로 부가적인 매출을 기대할 수 있다.
출근동선상 차량동선 관찰	거주형에서는 출근 시 접근성이 좋고 주정차가 용이한 편의점에서 구매율이 높지만 상주형에서는 도로변 입지에서 불특정차량으로 인한 매출은 기대할 수 있으나 상주시설의 종착지에서는 출근동선상 매출은 미미하다.
불특정인들의 동선 관찰	상주형은 교통시설이 발달한 곳에 있는 편이므로 거주형보다 불특정통행인 비중이 높기 때문에 중요하게 관찰해야 한다. 특히 단순 통과형 통행인은 통방률이 낮기 때문에 입지적으로 뛰어나지 않으면 이들을 흡수하지 못해 기대 이하의 매출이 나올 수도 있다.

구분	내용
불특정차량 동선 관찰	도로변형을 제외한 상주형의 불특정차량은 상주시설 방문차량과 단순불특정차량인 택배나 식품배달 차량이 대부분이다. 이들의 구매율은 낮지만 상주시설이 많으면 이들의 왕래도 많아지므로 한번쯤 파악해 봐야 한다. 도로변형의 경우 시계성이 좋고 주변의 편의점을 인지하기 쉽도록 횡단보도가 있어야 차량이동으로 인한 매출을 기대할 수 있지만 대체로 소비율과 이익률은 낮은 편이다.
도보로 고객 유입시설 유무 파악(맛 집, 멋 집, 휴게시설 등)	편의점 자체의 목적성을 갖는 방문이 아닌 맛 집이나 멋 집에 방문하면서 부가적으로 편의점에 들러 소비하는 형태나 인지도가 높은 맛 집이 아니고서는 크게 매출에 영향을 주지는 않는다.
오픈 후 동선의 변화	상주형은거주형 보다 출퇴근동선과 식사동선이 고정된 편이어서 오픈 후 커다란 변화를 기대하기보다는 근접성이 좋으면 방문이 늘어나 전반적인 분위기가 향상 될 것이다.

다. 혼재형 동선

거주형과 상주형의 비율을 파악하여 적절히 잘 비교해야 한다.

라. 소비형 동선

일반적으로 불완전 소비형 중에서 사이드 배후가 상주형인 경우는 평일과 주간 시간대 매출이 강세이고 사이드배후가 거주형인 경우는 주말과 오후, 야간 시간대 매출이 강세이다. 판매 소비형은 주말과 주간 시간대 매출이 높고 유흥 소비형은 주말과 오후, 야간 시간대 매출이 높으므로 소비형의 특성에 따라 유심히 관찰해야 한다.

구분	내용
1차동선, 2차동선, 주동선 파악	불완전 소비형에서 거주민과 상주민 소비시설의 종사자는 배후민으로 거주형, 상주형과 같이 동선을 구분할 필요가 있으나 완전소비는 소비형의 특성으로 특정 배후에서 1차, 2차, 주동선으로 구분하는 것은 무의미하다. 왜냐하면 이런 주동선은 배후민의 동선을 말하기 때문에 외부인에 의한 매출이 높은 지역은 무의미하기 때문이다. 또한 이들 지역은 대체로 상권발달도가 높아서 경쟁점이 곳곳에 산재해 있는 경우가 많고 다양한 곳에서 통행인이 유입되기 때문에 해당지역의 메인도로에 있는지 사이드에 있는지에 관계없이 소비시설에 소비하러 온 통행량에 따른 적절한 수익을 내기에 충분하면 된다.

구분	내용
소비동선 관찰	소비자가 쇼핑을 하거나 유흥시설을 이용하는 동선이다. 이들은 대부분 비목적 구매이거나 목적구매를 하더라도 소비율과 구매율이 매우 낮은 편이기 때문에 통행량이 많고 1차 상권뿐 아니라 2차 상권도 넓어야 한다. 그래야 소비자가 상권에 최대한 오래 머물면서 쇼핑하거나 유흥시설을 이용하다가 동반 구매하는 효과를 기대하기 쉽다. 특히 통행인이 꾸준히 유입되는 유동 우물형은 상권의 초입이나 중간에 있어야 고객을 유도하기 쉽고 고정 우물형은 상권에 갇혀 있으므로 최대한 많은 고객을 접할 수 있는 위치에 있어야 한다. 불완전 판매 소비형에서 상권성숙도가 낮거나 인지도가 낮을 때는 쇼핑시간이 짧기 때문에 상권의 초입이나 말미는 소비자가 단순 통과하는 경향이 많으므로 상권의 중심에서 최대한 많은 고객을 유도할 수 있는 곳에 있어야 한다.
상주동선 관찰	상주형처럼 소비시설에 근무하면서 잠깐씩 휴식을 취하러 나와서 구매를 하는 동선이다. 판매 소비형은 주 매출이 낮 시간대 상주하면서 일어나며 유흥 소비형은 오후 시간대 이후에 상주하면서 일어나는데 대체로 소비율이 낮은 편이다. 그러므로 이런 소비시설이 젊은 층이 선호하는 업종이 많은 지역이거나 의류, 액세서리 등 유행에 민감한 업종이 많은 곳일수록 편의점에 친화적인 근무자가 많기 때문에 내방률이 높고 식사용 구매가 높은 편이다.
출근동선 관찰	소비형 배후는 상주형과 달리 출근시간이 일정하지 않으며 상주하는 인원이 많지 않고 주로 대로변보다는 우물형의 입지에 발달해 있기 때문에 출근 동선에 의한 매출은 높지 않다.
식사동선 관찰	도심의 완전 소비형이나 불완전 소비형 중에서 보조배후가 상주시설인 지역을 제외하고는 식사동선에 의한 매출이 미미하다. 편의점과 멀리 떨어져 있을 경우 2차 동선이므로 구분할 수 있으며 소비율과 구매율이 낮은 편이지만 인지율을 높일 수 있으므로 중요하게 관찰해야 한다.
퇴근동선 관찰	소비형 배후는 출근동선과 마찬가지로 퇴근시간이 일정하지 않은 편이며 상주하는 인원이 많지 않고 서둘러서 거주지나 기타 지역으로 이동하므로 구매욕구가 떨어진다. 따라서 소비율과 구매율이 낮고 이익률이 낮은 상품(담배, 교통카드 충전 등)의 매출은 높은 편이다. 그러나 연계업종이 주변에 있다면 퇴근 후의 모임이나 회식 등으로 부가적인 매출을 기대할 수 있다.
출근동선상 차량 동선 관찰	도로변 입지나 업무시설이 밀집되어 있는 곳이 아닌 이상 매출에 미치는 영향은 미미하다.
불특정인들의 동선 관찰	완전 소비형은 이들의 비중이 매우 높으면서 중요한 통행인이지만 구매율과 소비율은 낮은 편이다. 이들은 주로 비목적구매나 충동구매가 많기 때문에 통행인이 꾸준히 유입되는 우물 유동형은 상권의 초입이나 중간에 있어야 고객을 유도하기 쉽고 고정 우물형은 상권에 갇혀 있으므로 최대한 많은 고객을 접할 수 있는 위치에 있어야 한다. 대체로 완전 소비형은 임차료가 높은 지역에 있으므로 비용대비 적절한 매출이 발생하지 않는다면 이들의 통행량이 그리 반갑지 않을 수 있다. 불완전 소비형은 상대적으로 통행량 유입이나 상권에 머물러 있는 시간이 짧기 때문에 상권의 중심에서 최대한 많이 불특정인을 접할 수 있는 곳에 있어야 한다.

구분	내용
불특정차량 동선 관찰	도로변형의 경우 시계성이 좋고 주변의 편의점을 인지하기 쉽도록 횡단보도가 있어야 차량 이동으로 인한 매출을 기대할 수 있지만 대체로 소비율과 이익률이 낮은 편이다.
도보로 고객 유입시설 유무에 따른 동선 (맛집, 멋집, 휴게시설 등)	다른 형보다 소비형에서는 매우 중요한 요소이다. 편의점 자체의 목적성을 갖는 방문이 아닌 맛집이나 멋집을 방문하면서 부가적으로 편의점에 들러 소비하는 형태이나 소비형의 특성상 지역의 인지도를 높여 통행량이 늘어날 수 있는 요소이다.
오픈 후 내방객수 증가에 따른 동선의 변화가 얼마나 탄력적으로 변할지 예측	완전 소비형은 대체로 기존 상권에 입점하는 경우이기 때문에 단기적인 변화는 없는 편이나 불완전 소비형은 상권의 완성도가 낮기 때문에 2차 상권이 발달해 있거나 인지도가 있는 지역에 있는 경우 상권발달도가 높아지는 경우가 많다.

3) 3차 관찰 - 입지

지형적인 특성은 정해져 있으나 같은 지형이 없고 배후, 동선과 유기적으로 비교하여 관찰해야 하기 때문에 실전에서는 매출과 연관하여 파악하기가 쉽지만은 않다.

아래에서는 주요 입지를 각 배후의 형태에 따라 구분하였으나 실제 점포를 관찰할 때는 기본적인 유형에 초점을 맞추면서 다른 유형의 장점들과 얼마나 조화를 이루었는지를 살피면서 고정비용에 따른 예상매출을 파악해야 한다.

경사진 곳이라면 물이 위에서 아래로 흐르듯이 배후민도 위에서 아래로 이동하는 입지에 있어야 동선이 모이고 평지라면 물의 흐름이 꾸준하든지 펌프질을 하듯이 물이 뿜어 나오는 곳에 있어야 하므로 입지의 4대 요소를 종합적으로 고려하여 관찰해야 한다.

구분	내용
배후유형과 입지유형을 파악	후보점을 중심으로 배후를 둘러보면서 배후유형(고정 배후형, 동선 배후형, 우물형, 유동형, 입지형)에 따른 입지유형을 파악한다. 이렇게 매출이 발생하는 특징을 파악한 후 아래의 요소들을 파악한다.

구분			내용
근접 1차 배후 접근성		고정 배후형	한정된 배후에서 배후민의 활동성이 낮기 때문에 통행량이 적은 편이며 1차 배후뿐 아니라 2차 배후도 넓어야 한다. 그러나 배후형의 특성상 경쟁점이 배후를 끊을 수 있는 포인트에 입점할 경우와 독점률이 높은 배후라도 주 배후와의 접근성에 제약요인이 있다면 기대 이하의 수익이 나올 수 있으므로 근접 1차 배후를 안정적으로 확보할 수 있어야 한다. 그런 다음 1차 배후와 2차 배후를 파악해야지 자칫 넓은 배후에만 치중하여 관찰하다가 근접 1차 배후가 불안정하면 경쟁점의 진입으로 고전할 수 있기 때문에 가장 주의해서 파악해야 한다. 요즘처럼 편의점 간 경쟁이 과열된 상황에서는 배후가 넓은 것도 중요하지만 '나만 먹을 수 있는 밥 그릇'은 확보하여 최소한의 수익은 기대할 수 있어야 한다.
		동선 배후형	주로 거주형이나 혼재형에서 불특정통행인 보다는 배후민의 동선에 의한 매출이 많기 때문에 입지적으로 부채꼴형 같은 곳에서 1차 배후 뿐 아니라 2차 배후도 넓고 배후민의 주동선과 1차 동선 상에 있어야 한다. 주의해야 할 것은 배후민의 동선에 치중하다가 배후 안쪽에 경쟁점이 진입할 경우 고전할 수 있으므로 반드시 근접 1차 배후는 확보해야 안정적인 매출을 기대할 수 있다.
		우물형, 고정 우물형	순수 우물형은 배후형의 일종이므로 통행량이 눈에 띄게 많은 편이 아니지만 고정 배후형보다는 배후민의 활동성이 높다. 하지만 배후형이므로 배후민의 흐름을 끊는 곳에 경쟁점이 진입할 경우 가장 어려울 수 있으므로 안정적인 근접 1차 배후를 확보해야 한다. 고정 우물형은 배후가 좁기 때문에 밀도율과 응집률이 높고 가장 근접한 곳에서 내방률이 높아야 한다.
		유동형, 우물 유동형	주로 상주형이나 소비형에 있으며 배후에 대한 비중이 가장 낮지만 비교적 임차료가 높은 지역이기 때문에 예상과 달리 통방률이 낮을 경우 기대 이하의 수익이 나올 수 있으므로 최대한 많은 근접 1차 배후를 확보해야 안정적인 매출을 기대할 수 있다. 주의해야 할 것은 완전 소비형의 경우 계절과 날씨에 따른 민감도가 높기 때문에 근접 1차 배후나 1차 배후를 확보하지 못하고 불특정 통행량에 따른 매출의존도가 높은 지역은 매출의 하락폭이 커서 더욱 고전할 수 있다. 우물 유동형은 배후형의 일종이지만 통행량이 꾸준히 유입되기 때문에 근접 1차 배후에 대한 의존도가 상대적으로 낮지만 경쟁점이 산재해 있는 경우가 많기 때문에 안정적인 매출을 확보하기 위해서는 최소한의 근접 1차 배후는 확보해야 한다.
		입지형	일반적으로 통행량이 배후형보다는 많고 유동형보다는 적지만 입지적으로 우위에 있기 때문에 통행량이 꾸준하며 통방률이 높다. 단순통행량보다는 매출에 직접적인 영향을 주는 배후민의 통행이 더 중요하므로 1차 배후뿐 아니라 2차 배후도 넓어야 하기 때문에 장방형입지에 많이 있다. 입지적으로 우위에 있어 근접 1차 배후를 소홀히 볼 수 있지만 안정적인 근접1차 배후를 확보할 수 있다면 경쟁점 진입에 대비하여 확실한 우위에 있을 수 있을 것이다.
건널목 접근성	고정 배후형	도로변 입지	도로변 배후형의 경우 서로 다른 배후민과 불특정인들이 이동하는 통로로 배후 단절감을 최소화하여 배후를 확장시키는 역할을 하므로 가장 중요하게 봐야 한다. 주의해야 할 것은 도로변 우물형 같은 일부 입지를 제외하고는 배후가 한정되면서 특별히 동선과 입지가 우위에 있는 편이 아니므로 이면에 경쟁점이 진입할 수 있는 상가시설이 없거나 경쟁력이 떨어진 상가시설만 있어야 한다.

구분			내용
건널목 접근성	고정 배후형	도로변과 떨어진 입지	대부분의 배후형은 도로변과 떨어진 입지나 이면도로에 있다. 특히 거주형에서 도로변과 떨어진 중심지형, 중심지 산재 배후형, 우물형, 하류형, 깊은 배후형 등은 다른 유형에 비하여 건널목 접근성에 민감하지 않다. 그러나 이면도로처럼 가까운 곳은 배후 내에서 경쟁점의 진입 가능여부에 따라 경쟁력이 달라질 수 있다. 가령 배후가 넓고 깊을 경우 안정된 배후 섹터만 확보할 수 있다면 경쟁점보다 건널목과 더 떨어져도 무관하겠지만 그렇지 않다면 건널목 접근성이 우위에 있으며 주동선상에 있어야 경쟁력이 있다.
	동선 배후형	도로변 입지	도로변 동선 배후형의 경우 서로 다른 배후민과 불특정인들이 이동하는 통로로 배후 단절감을 최소화하여 배후를 확장시키는 역할을 하므로 가장 중요하게 봐야 한다. 주로 도심이나 부도심이 아닌 지역의 거주형이나 혼재형에서 비교적 배후민의 통행이 잦은 곳에 있기 때문에 1종 근린생활시설이 발달해 있는 편이다. 가장 이상적인 동선 배후형은 후보점이 건널목과 마주보며 양쪽으로 이동하는 배후민을 흡수하는 경우와 후보점이 건널목과 마주보며 건물측면으로 주배후와 연결이 되는 경우이다. 주의해야 하는 것은 건널목 접근성에 민감한 유형이므로 건널목이 주배후 진입로와 몇 발짝 떨어져 있거나 도로 면에서 몇 발짝 후퇴하거나 건널목과의 사이에 장애요소(한국전력시설, 지하철 환구 등)가 있어도 매출변화가 클 수 있기 때문에 주변의 독점률과 경쟁률을 비교하여 입점 여부를 파악해야 한다.
		도로변과 떨어진 입지	대부분은 도로변과 가깝거나 이면도로에서 최대한 통행량이 분산되기 전에 있으므로 비교적 배후민의 통행이 잦은 편이고 고정 배후형보다 근린시설이 발달한 편이다. 도로변 입지보다는 건널목접근성에 민감하지 않지만 도로변과 멀리 떨어진 입지에 있기 때문에 배후민의 주동선에 있어야 한다. 특히 건널목의 주요 통행인이 우리 편 배후민의 통행이 잦은 편이라면 건널목에서 주배후 진입이 원활한 곳에 있어야 흡입률을 극대화 할 수 있다.그러나 통행량이 한정되어 있으므로 도로변의 주동선상에 경쟁점이 진입할 경우 매출 하락폭이 클 수 있으므로 주배후 접근성이 우월해야 경쟁력이 있다.
	우물형 / 고정 우물형	도로변 입지	도로변에 있는 경우는 드물지만 보통은 4차선 이하의 도로에 접하여 거주형이나 혼재형에서 배후민이 모이는 입지이다. 주의해야 할 것은 도로변의 도로변 코너형 입지에 있는 경우는 건널목을 최대한 많이 접할 수록 유리하고 도로변 코너형 입지가 아닌 경우는 건널목이 많으면 동선이 흩어지므로 경쟁점 진입에 취약할 수 있다.
		도로변과 떨어진 입지	도로변과 떨어진 우물형은 건널목 접근성에 덜 민감하다. 등진 배후가 넓지 않을 때 건널목 접근성이 좋다면 배후가 확장될 수 있는 요소가 될 수 있지만 건너편에 경쟁점이 들어 설수 있다면 오히려 배후 수요를 더 잃을 수 있기 때문에 건널목 접근성에 너무 비중을 두는 입지는 지양해야 한다. 또한 상권발달도가 높은 완전 소비형은 주로 우물 유동형에 있기 때문에 별도의 독립상권에 있으므로 건널목 접근성에 따른 민감도가 가장 낮으나 지역에 따라 경쟁점이 도로변에 근접 출점할 경우 경쟁력이 떨어지는 경우도 있으므로 주의해야 한다.

구분			내용
건널목 접근성	유동형 / 우물 유동형	도로변 입지	포괄적인 배후민이나 불특정 통행인의 동선을 흡입할 수 있는 가장 중요한 요소이다.주로 상주형이나 소비형에 있으며 상권발달도가 높은 편이므로 경쟁점 진입에 취약하거나 경쟁점이 산재해 있는 경우가 많으므로 건널목과 최대한 근접하여 경쟁점보다 먼저 고객의 1차 구매를 유도하는 것이 중요하다. 주의해야 할 것은 통행속도가 빠른 편이므로 건널목에서 후보점이 주요이동방향과 떨어져 있거나 도로 면에서 몇 발짝 후퇴해도 통방률이 현저히 낮을 수 있으므로 단순 통행량에 치중하기보다는 통행에 따른 접근성과 가시성에 중점을 두어 관찰해야 한다.
		도로변과 떨어진 입지	도로변과 떨어진 입지는 독립 상권이 활성화되어 있으므로 건널목 접근성에 민감하지 않지만 신규상권이나 도로변과 멀지 않는 이면도로에 있는 경우 오래 머물지 않고 이동하는 통행인이 많으므로 최대한 많은 통행인을 유도할 수 있도록 전환포인트에 있어야 상권의 1차 구매를 최대한 흡수할 수 있다. 특히 사이드 배후가 상주형인 불완전 소비형은 건널목에서 주 배후로의 연결이 원활한 동선에 있어야 안정적인 매출을 기대할 수 있다.
	입지형	도로변 입지	건널목에 중점을 둔 입지형은 통행량이 배후형과 유동형의 중간에 있는 형태로 통행량에 중점을 두어 보기보다는 배후의 확장성과 통방률에 중점을 가지고 본다. 주로 도로변 입지에서 혼재형에 많다. 통행량이 많지는 않아도 배후민이나 불특정인의 이동의 중심에 있어서 동선이 분산되지 말아야 한다. 또한 주로 도로변에 있으므로 도로변 코너형에 있는 경우 건널목과 최대한 많이 접한 것이 유리하고 그렇지 않은 경우는 도로가 넓고 비교적 다음 건널목과 멀리 떨어져 있어서 후보점이 건널목과 마주보며 양쪽으로 이동하는 배후민을 최대한 흡입할 수 있는 곳에 있어야 한다. 또한 후보점의 측면이 주배후 진입로가 있다면 나오는 일방통행보다 진입하는 일방통행 이어야 배후민의 흡입률을 높일 수 있고 건너편의 배후에 경쟁점이 진입할 수 없는 입지라면 안정적인 매출을 기대할 수 있다.
		도로변과 떨어진 입지	입지형에서 도로변과 떨어진 곳은 많지 않지만 통행량을 높이기 위해서는 건널목에서 주 배후로의 연결이 원활해야 한다. 이런 입지에서는 도로변의 상권이 약하거나 전환포인트가 없어서 통행을 흡입할 수 없어야 매출을 극대화 할 수 있다.
주요 교통 시설 접근성	고정 배후형	도로변 입지	도로변에 고정 배후형이 있는 경우는 매우 드물다.도로변 입지에서 교통시설은 불특정인이나 배후민을 펌프질 하듯이 끊임없이 이동시키지만 고정 배후형은 교통시설이 발달한 편이 아니므로 통행량이 많은 편이 아니다. 그러므로 도로변에서 한정된 배후를 상대하고 통행량이 적으므로 배후민의 흡입률을 높일 수 있는 곳에 있어야 하기 때문에 주요교통시설이 도로 반대편에 있기보다는 같은 도로면 가까이에서 주 배후 진입로로 원활히 연결되어야 한다.
		도로변과 떨어진 입지	대체로 도로변과 떨어진 고정배후인 경우 교통시설 접근성에 따른 민감도가 다른 유형에 비해 낮으나 주동선은 교통시설을 이용하는 방향이기 때문에 도로변과 멀리 떨어진 일부 독립 배후형이나 우물형을 제외하고는 소홀히 봐서는 안 된다. 고정 배후형이라도 주동선은 있으며 주요 교통시설로부터 멀리 떨어져 있을 수록 통행량이 많지 않기 때문에 독점률이 높고 경쟁률이 낮아야 경쟁력이 있다. 또한 교통시설로부터 이동하는 길목에 동네슈퍼가 산재해 있는 경우 매장여건이 좋아야 매출을 극대화할 수 있다.

구분			내용
주요 교통 시설 접근성	동선 배후형	도로변 입지	주매출이 배후민의 동선에 의해 좌우되기 때문에 거주형이나 혼재형에 있는 편이다. 건널목 접근성과 함께 주요 교통시설 접근성이 좋아야 한다. 고정 배후형보다는 버스노선이 다양하고 역세권의 발달도가 높은 편이기 때문에 상업시설이 발달한 편이다. 주의해야 할 것은 소비형처럼 확장형 상권이 아니고 배후민에 한정된 고정형 상권인 경우가 많으므로 단순히 상권에 치중한 곳은 안정된 매출을 기대할 수 없다. 배후민의 흐름이 꾸준하고 흡입률을 높일 수 있도록 지하철 출구나 버스정류소에서 주 배후로의 진입이 가장 원활한 곳에 있어야 도로변입지의 리스크를 줄일 수 있다.
		도로변과 떨어진 입지	주로 도로변의 이면에서 배후민의 동선에 의해 좌우되기 때문에 동선이 시작되는 꼭지점이나 구심점에 있어야 한다. 주배후는 거주형이나 혼재형이지만 역세권에 있는 경우 이면도로는 상가시설이 발달한 입지가 많다. 상권에서 배후 진입로가 여러 길로 나뉜 경우 배후의 진입로가 단선이면서 좁은 편이라면 비교적 통행이 많은 면에 있으면서 매장의 전면이 길어야 하고 배후 진입로가 복선이라면 주배후와 접근성에 우위에 있는 곳의 코너형에 있어야 한다. 주의해야 할 것은 상권발달도가 높아 경쟁점의 진입에 취약하므로 불특정통행량에 의한 매출이나 상권에 치중한 입지보다는 배후민의 동선을 확보할 수 있는 곳에 있어야 경쟁력이 있다.
	우물형 / 고정 우물형	도로변 입지	고정 배후형처럼 거주형에 많아 교통시설이 발달한 편이 아니고 도로변 우물형과 같은 입지로서 배후가 넓으며 도로변에서 불특정인이나 배후민이 모이기 쉬운 곳에 있다. 건널목은 배후의 확장과 배후민을 모이게 하므로 건널목이 다방면으로 접해있는 것이 유리하지만 교통시설은 바로 접해있는 경우 통행량이 그냥 흘러가는 비중이 높은 곳은 우물형 입지에 맞지 않기 때문에 교통시설로부터 조금 떨어져서 주배후로 진입하는 곳에 모일 수 있는 입지여야 한다.
		도로변과 떨어진 입지	불특정인이나 배후민이 모이는 입지이지만 도로변과 떨어질수록 거주형이 많고 도로변과 가까이 있을수록 상권이 발달하여 상주형, 소비형이 많다. 거주형인 우물형에서는 교통시설 접근성에 민감하지 않지만 교통시설로 이동하는 방향이 주동선이 되기 때문에 어느 정도 동선을 확보할 수 있는 곳에 있어야 하고 상주형이나 소비형에서는 통행량이 유입되는 중요한 요소이지만 입지에 따라 독립배후나 독립상권에 형성된 고정우물형은 크게 민감하지 않다.
	유동형 / 우물 유동형	도로변 입지	도로변입지에서는 건널목접근성과 함께 절대적인 요소로서 주로 도심이나 부도심에 있다. 특히 유동형은 통행에 의한 매출이 상당한 비중을 차지하지만 통행량만 많은 곳에 입점하다가는 도로변입지 리스크로 인해 고전하는 경우가 있다. 그러므로 안정된 배후를 확보한 경우가 아닌 이상 동선의 전환 포인트에 있어야 빨리 이동하는 통행인이나 단순 통과통행인의 구매 욕구를 유발할 수 있다. 도로변의 전환 포인트가 되는 입지는 버스정류소나 지하철 출구에서 가장 넓은 시야를 확보하여 방문하는 데 장애요소가 없는 곳이나 교통시설로부터 배후민의 주요 이동방향의 첫 번째 갈림길이나 건널목에 인접한 곳이다.

구분			내용
주요 교통 시설 접근성	유동형 / 우물 유동형	도로변과 떨어진 입지	유동형은 대체로 교통시설 접근성이 좋지만 완전 소비형인 경우 1차 상권, 2차 상권까지 발달한 곳은 교통시설 접근성이 떨어져도 여러 개의 독립상권이 형성되어 있고 각각의 상권성격이 다를 수 있기 때문에 일률적으로 교통시설접근성과 비교하는 것은 무리가 있다. 상권의 모양에 따라 다르나 대체로 상권의 양쪽 끝이나 초입은 통행량이 가장 많은 곳의 전환 포인트에 있어야 하므로 교통시설 접근성이 좋아야 하지만 상권의 중심이나 동선이 고여 있는 우물 유동형은 교통시설접근성에 덜 민감하다. 특히 대학가, 시내중심가, 특수상권은 전환 포인트가 많은 편이어서 늘 경쟁점 진입 가능성이 있기 때문에 상권의 초입, 중간, 말미에서 독점률은 높고 경쟁률은 낮으며 경쟁우위에 있는 곳에 입점해야 한다.
	입지형	도로변 입지	교통시설에 중점을 둔 입지형은 통행량과 통행의 연속성에 중점을 가지고 배후민의 흡입율을 극대화 할 수 있어야 한다. 그러므로 후보점이 역세권에 있는 경우 출구에서 주배후로 이동하는 방향에 있으며 방문하는 데 제약요인이 없어야 하고 버스정류소인 경우 정면에 있거나 주배후로 이동하는 방향에 있어야 한다.
		도로변과 떨어진 입지	입지형에서 도로변과 떨어진 곳은 많지 않지만 건널목 접근성과 마찬가지로 통행량을 높이기 위해서는 교통시설로부터 주배후로의 연결이 원활해야 한다. 도로변과 그리 멀지 않은 이면도로에 있으므로 도로변의 상권발달도가 낮거나 전환포인트가 없어서 통행인을 흡입할 수 있어야 입지적인 장점을 극대화 할 수 있다.
주배후 접근성	고정 배후형	도로변 입지	도로변입지에서 고정 배후형은 많지 않으나 통행량이 적은 지역의 독립시설내에 있거나 도심이나 부도심이 아닌 곳의 독립배후형 입지에 있다. 도로변 입지에 있는 고정 배후형은 건널목이나 교통시설 접근성이 좋아야 하지만 통행량이 많지 않으므로 주배후 접근성을 최우선으로 관찰해야 한다. 주의해야 할 것은 도로변에 있지만 입지적인 장점이 그대화 될 수 있는 지역이 아니므로 적정 임차료와 매출에 따른 독점률에 중점을 두어 관찰해야 한다.
		도로변과 떨어진 입지	입지적으로 뛰어난 곳이 아니고 한정된 배후에 고정되어 있으므로 배후접근성에 중점을 두어 관찰해야 한다. 주로 거주형이나 상주형, 혼재형에 있으며 거주형인 경우 거주동선, 여가동선에 중점을 두어 최대한 많은 배후민이 쉽게 접근할 수 있는 곳에 있어야 하고 상주형인 경우 상주동선과 식사동선에 중점을 두어 상주민이 자주 접근할 수 있도록 근접해야 한다.
	동선 배후형	도로변 입지	배후민의 동선에 의한 매출이 중요하므로 가장 많은 사람이 이동하는 길목에 있어야 한다. 입지적으로는 부채꼴형이나 동선시작형과 같이 건널목이나 교통시설에 근접하여 주배후로 이동하는 초입에 있어야 하지만 배후 진입로가 많으면 배후민이 분산되어 흡입률이 낮아질 수 있다. 그러므로 이들이 분산되지 않도록 주배후로 이동하는 건널목은 다음 건널목과 비교적 멀리 떨어져 있어야 하며 주배후로 이동하는 곳에 근접해야 한다. 특히 거주형은 퇴근동선에 의한 매출비중이 높기 때문에 퇴근동선상 주배후와의 접근성이 좋아야 하며 상주형에서는 출근동선에 의한 매출 비중이 높기 때문에 출근동선상 주배후와의 접근성이 좋아야 한다.
		도로변과 떨어진 입지	입지적으로 초입 산재 배후형이나 깊은 배후형의 초입에 있다. 주로 배후민의 동선이 활발한 곳이므로 상가시설이 발달한 곳이 많고 배후에 경쟁점이 산재해 있는 경우 거주동선이나 상주동선이 끊길 수 있으므로 주배후와의 접근성은 확보해야 안정적인 매출을 기대할 수 있다.

구분			내용
주배후 접근성	우 물 형 / 고 정 우 물 형	도로변 입지	도로변 우물형 입지에서 배후가 고정되어 있지 않고 모이는 입지로서 배후가 넓은 점이 장점이지만 도로변에 있으므로 주배후가 분산되어 있는 경우 경쟁점의 진입에 따른 매출하락 폭이 커질 수 있으므로 임차료가 높은 경우는 매우 고전할 수 있다. 그러므로 주배후가 넓어야 안정적인 매출을 기대할 수 있다.
		도로변과 떨어진 입지	거주형은 배후가 넓으며 고일 수 있는 입지여야 하지만 주배후에 대한 독점률이 높지 않으면 안정적인 매출을 기대할 수 있으므로 주배후 접근성이 우위에 있어야 한다. 상주시설이 많은 혼재형이나 상주형은 상대적으로 배후의 범위가 좁기 때문에 더욱 주배후와의 접근성은 중요하다.
	유 동 형 / 우 물 유 동 형	도로변 입지	도로변의 유동형 입지에서는 통행에 의한 매출 비중이 높고 임차료도 높은 편이므로 1차 배후내에 안정적인 고정배후를 확보해야 한다. 또한 2차 배후가 거주형인 경우는 동선 배후형과 마찬가지로 퇴근동선상에 있어야 하고 상주형인 경우 출근동선상에 있어야 안정적인 매출을 기대할 수 있다.
		도로변과 떨어진 입지	도로변과 떨어진 입지도로변과 떨어진 입지에 있는 유동형은 우물 유동형의 성격에 꾸준히 통행량이 유입되는 입지가 좋다. 소비시설이 발달한 곳은 배후민이 적은 편이므로 주배후에 있는 시설물의 밀도률과 응집률이 높아야 부족한 배후민을 보완하여 유동형입지의 단점을 줄일 수 있어야 한다.
	입 지 형	도로변 입지	도로변에 있는 입지형에서 건널목접근성과 교통시설 접근성을 제외하고 주배후 접근성을 논할 수 없다. 장방형 입지처럼 배후가 넓고 늘 배후민의 이동 동선에 있어야 하므로 주배후로 이동하는 건널목 접근성이 좋아야 하며 다음 건널목과 비교적 멀리 떨어져 있어야 흡입률을 높일 수 있다. 주의해야 할 것은 입지형은 도로변에 접한 배후는 직접적인 매출을 기대할 수 있지만 배후가 분산되어 있는 곳은 경쟁점이 있는 경우가 많기 때문에 모든 배후를 소화할 수는 없다. 그러므로 주배후는 편의점을 등지고 독점률이 높아야 안정적인 매출을 기대할 수 있다.
		도로변과 떨어진 입지	도로변과 떨어진 입지 특수한 입지를 제외하고는 도로변과 멀리 떨어진 곳에 입지형은 많지 않다. 이런 곳은 전면이 발달하지 않고 이면이 발달한 경우이다. 상권 발달도에 치중한 입지는 경쟁점의 진입으로 매출하락폭이 커질 수 있기 때문에 주배후 접근성이 용이한 입지가 더욱 안정적으로 운영할 수 있다.
대표집객 유도시설 접근성			배후나 기타 여건은 괜찮은데 건널목 접근성이나 주요 교통시설 접근성이 떨어질 때 대표 집객 유도시설로 인해 일정 가망고객을 유도 하여 일정부분 보완할 수 있으므로 매출과 비용을 고려하여 반드시 비교하여 확인해봐야 한다.

구분		내용
경사도에 따른 접근성	평지배후 입지	평지는 배후로 진입하는 길이 많은 편이므로 교통시설과 근접한 길목이 주동선이 된다. 그러므로 도로변이나 인접한 입지에서는 각각의 입지유형에 따라 입지의 4대 요소를 면밀히 파악해야 한다.
	경사진 배후	배후 내에 경사진 곳이 많은 곳은 위에서 아래로 배후민이 이동한다. 그러므로 우물형, 부채꼴형, 방사형처럼 강력한 구심점을 필요로 하는 입지유형에서는 평지에서 경사진 배후로 이동하는 초입에 있어야 경쟁력이 있다. 독립 배후형이나 막다른 배후형에서 경사진 배후의 위쪽에서 독립배후인 곳은 주요 편의시설이 모여 있는 곳과 떨어져 있더라도 배후의 독점률이 높고 경쟁률이 낮다면 평지에 있는 것보다 경쟁력이 있다.
구매 유도하는 전환 포인트		위의 요소들이 뛰어나고 통행량이 많아도 유독 비용대비 매출이 낮은 곳이 있다. 이런 곳은 전환 포인트가 없이 통행인이 흐르는 지역이기 때문이다. 그러므로 이러한 전환 포인트는 가망고객이 교통시설이나 횡단보도 앞에서 잠시 대기하게 하거나 우리점포를 시각적으로 강하게 인지할 수 있게 하거나 다른 집객 유도시설로 인해 잠시 앞에서 한 템포 쉬게 해서 구매 욕구를 상승시키는 것으로 특히 도로변이나 도로변 인접한 입지에서는 매우 중요한 관찰요소이다.

4) 4차 관찰 - 경쟁 입지

경쟁 입지는 입지의 4요소^{건널목 접근성, 교통시설 접근성, 주배후 접근성, 경쟁 입지 접근성} 중 하나이다. 요즘처럼 경쟁점이 없는 곳이 거의 없고 언제 생길지 모르는 환경에서는 매우 중요한 요소이므로 별도로 구분하여 보았다.

어떤 경우는 경쟁점의 입점으로 매출이 상당히 많이 떨어져서 운영에 어려움을 겪는 경우가 있다. 따라서 앞서 설명한 입지를 토대로 현재의 경쟁점이나 예비 경쟁점과 비교하여 입지적으로 우위에 점할 수 있는지 또는 일정 수익을 보전할 수 있는지 파악해야 한다. 그래야 운영 전은 물론이고 운영 중에 생길 수 있는 경우도 대비할 수 있다.

경쟁입지(경쟁점 관찰)	내용
경쟁점과의 배후 접근성 파악	배후의 가망고객이 현재의 경쟁점이나 미래의 경쟁점과 비교하여 더 쉽고 편하게 올 수 있는지를 나타내는 것이다. 단순히 가깝기만 한 근접성의 개념과는 달리 거리적인 개념은 물론이고 통행의 제약요인과 심리적인 요인을 포함한다. 예를 들면 너무 도로가 좁거나 가로등이나 방범시설이 잘 갖춰지지 않으면 사람들은 심리적으로 불안정할 수 있으므로 조금 더 멀더라도 다른 길로 돌아서 갈 수도 있고 같은 거리에 있더라도 도로변 쪽에 있는 편의점보다는 배후 안쪽에 있는 곳으로 간다. 이런 경우는 편한 복장으로 활동하는 거주형에서 더욱 두드러진다. 우리점포가 경쟁점보다 조금 더 떨어져 있어도 꺾이는 도로를 지나서 가지 않고 조금 더 떨어져 있어도 직선으로 뻗은 선상의 편의점으로 가는 경향이 있다. 이것은 눈에 보이면 더 가까이 있는 것으로 느끼게 되어 무의식적으로 그곳으로 가는데 이것이 인지율의 효과이다. 상주형은 배후가 수직으로 발달되어 있는 편이고 상가시설이 발달되어 있어서 경쟁점의 진입에 매우 취약하다. 위의 제약요소보다는 내방률을 높일 수 있는 배후와의 근접성이 가장 중요하다. 소비형은 통행에 의한 매출이 높지만 안정적인 매출을 기대하기 위해서는 거주형이나 상주형인 보조 배후를 얼마나 많이 확보하느냐가 중요하다.
경쟁점과의 건널목 접근성 비교	건널목 접근성의 핵심은 배후의 확장과 흡입률을 높이는 데 있다. 그러므로 경쟁점보다 넓은 배후를 확보하기 위해서는 여러 건널목 중에서도 주배후로 연결되는 건널목 접근성이 좋아야 한다.
경쟁점과 교통시설 접근성 비교	교통시설 접근성의 핵심은 주동선이 됨으로서 불특정인이나 배후민의 흡입률을 높이는 데 있다. 그러나 경쟁점과 같은 동선 상에 있는 경우 각각 배후성격에 따른 접근성을 유심히 관찰해야 하는데 거주형에서는 거주동선에 의한 매출이 높을때는 주배후 접근성이 더 좋아야 하고 퇴근동선에 따른 매출이 높을 때는 교통시설 접근성이 더 좋아야 한다. 상주형에서 같은 동선 상에 있는 경우 상주 동선에 의한 매출이 높을 때는 배후 접근성이 더 좋아야 하고 출근동선에 의한 매출이 높을 때는 교통시설로부터 접근성이 더 좋아야 한다. 소비형은 상권 발달도와 입지의 성격에 따라 다르나 통행량에 의한 매출이 높은 곳일수록 교통시설 접근성이 좋아서 1차 소비를 먼저 유도할 수 있는 곳이 유리하고 통행량에 의한 매출 비중이 낮은 곳일수록 교통시설 접근성은 덜 민감하다. 위와 같은 요소들을 경쟁점과 비교하여 입지적으로 우세한 것도 있고 불리한 것도 있으므로 어느 하나만 우세하다고 결론을 내리기보다는 예상매출이 임차료나 기타비용을 지불하는 데 적절한지 따져보면서 종합적으로 판단해야 한다.
경쟁점과 주배후 진입로 접근성 비교	배후에 진입하는 여러 개의 도로 중에서 가장 통행이 잦은 주 배후의 진입로에 위치해야 안정된 매출을 기대할 수 있다. 경쟁점과 같은 동선 상에 있는 경우는 배후가 넓고 깊지 않다면 교통시설의 접근성이 좋은 초입이 나을 수 있고 배후가 깊을 때는 고객이 간단한 상품을 구매하는 경우를 제외하고는 상품을 구입해서 먼 거리를 이동하는 것은 부담스러우므로 경쟁점보다 안쪽에 있는 것이 나을 수 있다. 경쟁점과 다른 동선 상에 있는 경우는 배후에 치중한 입지와 상권발달도에 치중한 입지에 따라 다르다. 전자는 주변에 상가시설이 형성되어 있어도 통행량에 현혹되지 말고 주배후 진입로에 있어야 한다. 후자는 상권 발달도와 배후 유형에 따라 다르다. 가령 우물 유동형은 배후의 중심에 있는 것이 좋고 유동형은 상권의 초입이 나을 수 있다.

경쟁입지(경쟁점 관찰)	내용
경쟁점이 출점 전, 후 배후 동선 변화예측	경쟁점이 입지의 4요소에 부합하지 않는 지역에 입점하더라도 배후에 경쟁점이 진입할 경우 일부 가망고객의 동선이 바뀔 수 있으므로 그로인한 매출변화를 파악해 본다.
SSM (기업형슈퍼마켓)이 입점가능한 곳이 있는지	마트가 성행하고 있는 곳은 소비의 집중성이 좋다는 반증이기는 하나 SSM(기업형슈퍼마켓)의 경우 배달이 가능하고 대량구매매출이 높기 때문에 편의점의 소비율은 낮아 질 수 있다. 이러한 지역의 경우 편의점입장에서 주간 시간대 매출보다 야간 시간대 매출이 높은 지역이나 주간, 오후 ,야간 시간대 매출이 고른 입지에 들어가야 주간에 마트로 유출되는 매출을 커버할 수 있다. 이런 경우는 대체로 저녁 시간대 이후 매출이 월등히 높은 거주형보다는 상주형이나 혼재형, 소비형에 적합하다고 본다. 주의해야 할 것은 거주형인 경우 마트가 밤늦게까지 영업하거나 주 배후민의 편의점 친화율이 낮다면 야간에도 소비가 위축되어 고전할 수 있고 상주형인 경우 주 배후민의 편의점 친화율이 낮다면 주간마저 마트에 소비를 빼앗기게 되어 매우 고전할 수 있다.

5) 5차 관찰 - 매장여건

많은 분들이 점포를 선정할 때 배후, 동선, 입지여건 등을 파악하기 전에 매장여건을 먼저 따져보는 경향이 있다. 이것은 편의점의 주 매출이 어디서 발생하는지를 정확히 이해하지 못한 데서 생기는 것이기 때문이다.

매장여건은 점포선정 3대 요소^{배후, 동선, 입지}를 파악한 후 매출과 비용을 파악하여 수익성이 있다고 판단될 때 매장을 최유효이용 함으로서 점포의 매출을 극대화하기 위한 수단으로서 관찰해야 한다.

구분	내용
임차료	아무리 위치가 좋다 한들 임차료가 과하면 무용지물이므로 예상매출 대비 적절한지 파악해야 한다.
전면형태 (일면형, 코너형)	1면보다 2면이 양방향 통행인을 흡수 할 수 있으므로 더욱 유리하다.
점포면적	일부 특수한 경우를 제외하고는 약 30평방미터(약 9평) 정도만 넘어도 기본적인 시설과 시스템으로 점포운영을 원활히 할 수 있다.
전면 길이	전면이 넓으면 인지율이 높아서 고객의 눈에 잘 띄고 지나갈 때 충동구매를 일으킬 수 있다. 면적이 좁더라도 전면이 길면 좁은 단점을 최대한 살려서 매장을 극대화 할 수 있다.
내부구조(직사각형, 정사 각형, 각진형, 비대칭형)	면적이 넓으면 별다른 지장이 없지만 매장이 좁을수록 오픈 쇼케이스 등 장비의 효율적인 설치를 위해서는 내부는 직사각형이나 정사각형의 형태가 유리하다.

구분	내용
출입문턱	출입문을 이용하는 계단 턱의 설치가 불가피하더라도 되도록 건축법상 규격으로 3단을 넘지 않아야 한다. 강경합 지역에서 4단 이상이 될 경우 구매율을 떨어뜨릴 수 있기 때문에 보완할 수 있는 방안이 있어야 한다.
유휴공간 (테이블 활용공간, 행사 진열대 활용여부)	매장내부나 외부에 유휴공간이 있으면 각종 행사 진행시 적극적으로 연출할 수 있다. 특히 매장이 좁을 때 외부공간을 효율적으로 활용할 수 있는 공간이 있다면 매장이 좁더라도 보완할 수 있다. 겨울을 제외하고는 외부의 휴게공간은 거주형이나 상주형 모두 매출에 상당한 영향을 미치므로 매우 중요하다. 특히 경합점이 있거나 거주형인 경우 테이블에서 발생하는 매출은 매우 중요하다.
간판 시계성 (1면 간판, 2면 간판, 돌출 간판, 간판 길이 등)	간판의 시계성은 배후민의 인지율을 높일 수 있고 불특정 통행인이나 불특정 차량의 이용이 많은 유동형 입지나 도로변 입지에서 특히 중요하다.
층고(245기준-천정형 에어컨, 상부 수납장 설치 가능)	매장면적이 좁을 땐 일정 층고만 확보된다면 별도의 창고공간을 최소화하고 상부수납 공간이나 천정형 에어컨을 설치하고 유휴공간을 줄여서 최신 실내 집기들을 이용하면 훌륭한 점포로 꾸밀 수 있다.
에어컨 실외기 등 설치가 원활한지	가끔 점포 전면에 설치하여 미관상 안 좋고 점두 활용을 저해하는 경우가 있는데 되도록 지붕이나 영업에 방해가 되지 않는 곳에 설치해야 한다.

6) 6차 관찰 - 추가 경쟁점 입점 가능성

앞서 언급한 경쟁 입지는 개별적인 요인을 파악하였다면 6차 관찰은 1~5차 관찰을 토대로 경쟁점 입점 가능성을 파악한다. 매출이 안정적으로 나오는 점포의 주변은 물론이고 매출이 부진한 점포 주변에도 경쟁점이 진입할 수 있기 때문에 성급히 해당지역의 C급 포인트에 입점하다가 경쟁점이 A급이나 B급 포인트에 입점할 경우 C급 포인트에 입점한 점포는 운영하기가 매우 힘들어질 수 있다.

특히 완성률이 낮은 지역에 선불리 입점하여 미래 기대치를 높게 가졌다가 배후 개발이나 상권이 완성될 때 경쟁점이 진입하여 고전하는 경우도 있다. 따라서 경쟁점이 입점할 경우의 수를 파악하고 그에 따른 수익적 측면을 면밀히 예측하여 미래에 있을지 모르는 상황을 염두에 두고 적절한 시점에 점포를 선정하는 것도 중요하다.

참고로 점포를 선정함에 있어 입점 가능성을 따지는 것은 경쟁점이 진입하므로 서 배후의 범위와 동선의 변화 등으로 인해 적절한 수익을 보전하지 못하는 경우로 한정해야지 배후의 소화율이 높아 매출이 높은 지역까지 민감하게 파악할 필요는 없다.

이 경우 경쟁회사가 진입하지 못하더라도 누군가는 새로 진입할 확률이 높기 때문에 목표수익만 보전 된다면 보조점포를 개설하는 것도 한 방법이다.

구분	내용
1차 배후 내에 입점 가능성 있는 점포와 비교우위 사항이 70%이상 인지(관찰5대 요소 - 배후, 동선, 입지, 경쟁입지, 매장여건)	비교우위 사항 70% 이상이면 일정시간이 지난 후에는 경쟁점 입점 전과 비교하여 매출 85% 이상은 유지할 수 있을 것이다.
최우선 입점 가능점 입점 후 우리점포 매출/손익이 최소손익 이상 나올 지	경쟁점이 없는 현시점에서의 매출에 치중하여 보다가 경쟁점 입점으로 고전할 수 있다면 무슨 의미가 있겠는가? 그러므로 배후에 최우선 입점 가능점을 파악하여 경쟁점이 입점한 후에도 우리 점포매출과 손익이 최소 손익이상은 유지할 수 있을지 파악해야 한다. 만약에 그렇지 못한 곳은 당장은 높은 수익을 기대할 수 있더라도 나중에 고전할 수 있기 때문에 입지적으로 잘 조화를 이루지 못한 지역에 입점했다는 증거이므로 다시 고려하는 것이 낫다.

■ 최종 결정시 중요점검 사항
■

예비점포에 대한 전반적인 경쟁력을 고려한 후 점포를 하기 위한 최종 점검사항 이므로 어느 것 하나 소홀히 하지 말고 점검하여 후회 없는 점포를 선택하자.

구분		내용
매출 손익	오픈 3~6개월에 기본매출 손익 가능한지	일반적으로 편의점 수익구조가 엄청나게 높은 업종이 아니기 때문에 지출이 수익을 초과하는 상태가 오래 지속되면 안 되므로 특별한 경우가 아니라면 최소 3개월에서 최대 6개월 내에는 기본매출/손익이 나와야 한다. 또한 점포 주변에 어떤 시설물(아파트, 오피스텔, 빌딩 등)이 완공된 다음에 매출/손익을 감안하여 입점하는 곳이라면 그 시설물 이 최대한 6개월 내에는 완공이 되어야 하고 입주민이 들어서는 기간까지 합하면 1년은 걸리므로 이런 지역은 인내를 갖고 좀 더 장기적인 관점에서 운영해야 한다.
점포 운영 방향	점포운영을 어떻게 하면 좋을지 대략적인 방향을 정할 것	점포를 선정할 때는 점포의 경쟁요소들을 파악한 후에는 그 점포를 어떤 식으로 운영해야 경쟁점과 경합하여 승산이 있을지 또는 어떻게 운영하는 것이 이 지역에 가장 적합할지를 생각해 보아야 한다. 처음 창업하시는 분이 점포를 선정하면서 이런 생각까지 하면서 선정하는 것은 쉬운 일은 아니다. 하지만 우리 점포와 여건이 비슷한 점포도 방문하여 어떻게 운영하고 있는지 비교하여 보고 예비점포를 자주 방문하여 경쟁점과 비교하면서 지역 특성을 살피다 보면 자연스럽게 생각해보게 될 것이다. 이렇게 점포운영방향을 생각하고 오픈 전부터 준비하고 개점을 한다면 최대한 빠른 시일 내에 매장의 경쟁력을 극대화 시킬 수 있다.

구분		내용
점포 유형	내가 잘 할 수 있을 것 같은 점포인지	어떤 이는 거주형, 상주형, 혼재형, 소비형 중에서 특별히 운영을 해보고 싶은 형 태가 있을 것이고 어떤 분은 아무런 생각이 없는 분도 있을 것이다. 어떤 분은 도 로변형과 같이 시야가 넓은 지역에서 운영을 해보고 싶은 분도 계실 것이고 또 어떤 분은 동네 분위기가 나는 배후형에서 운영해 보고 싶은 분도 계실 것이고 어떤 분은 이것저것 따질 것 없이 무조건 넓은 매장에서 운영해보고 싶은 분도 계실 것이다. 앞서 기술하였지만 편의점은 유형별로 매우 다양하고 제각각이다. 단순히 편의점 이라는 업종을 막연한 마음으로 접하다 보면 중간에 포기하고 마는 경우가 허다 하다. 그래서 집주변에 있는 편의점부터 시작하여 유흥가, 대학가, 오피스가 등 이미 운영 중인 점포를 최대한 많이 보고 관찰하다 보면 그 중에서 내가 하면 잘 할 것 같은 점포가 있을 것이다. 이는 나중에 점포를 하면서 후회하지 않기 위 함이므로 많이 보고 신중히 생각해 봐야 한다.
경쟁점	경쟁점 진입 가능성 파악하여 경쟁 우위 (7대 요소)에 있는지	어떤 지역이든 모든 면에서 경쟁점보다 우위에 있을 수는 없다. 경쟁점이 없는 곳 에 입점하였다가도 언제 경쟁점이 들어설지 모르고 경쟁점이 있는 곳에 입점하 더라도 언제 더 생길지 모르는 일이다. 그렇기 때문에 한계 배후범위 안에서 가장 경쟁우위에 있는 곳에 입점해야 미래 에 있을지 모르는 상황을 대비할 수 있다. 주의해야 할 것은 배후를 넓게 보다가 가장 위협적인 위치에 경쟁점이 진입할 수 있는 가능성을 무시한 채 현재의 예상 매출만 기대하고 입점하다가 그 지역에 경쟁점이 진입할 경우 고전할 수 있으므 로 무리한 욕심을 내는 것은 금물이다.
방어 점포	배후에 경쟁점 진입을 막는 소규모 슈퍼마켓이 적절히 있는지	배후 소화율이 높은 지역에 소매점이 있으면 경쟁점의 입점을 방어할 수 있지만 반대로 이 슈퍼의 매장여건(저렴한 임차료, 넓은 매장 등)이 좋고 주변상황(매출 하락으로 인한 업종전환 등)의 변화로 경쟁회사의 진입이 더 적극적일 수 있다. 배후 소화율이 낮은 지역에 여러 개의 소매점이 있는 건 공급 초과로 매출 상승 에 한계가 있으므로 수익률이 낮아질 수 있고 배후 소화율이 적절한 지역에 소매 점이 적당히 있으면 안정된 배후를 확보할 수 있다. 이처럼 배후에서 너무 독점적인 부분에 치중하여 보지 말고 배후의 여건에 따라 유기적으로 판단해야 한다.
매출 변수	매출 상승요인이나 하락요인이 있는지	상승요인은 편의점과 연관성이 있는 업종의 신규 창업, 건물의 증축, 주변 소매 점의 폐점, 도로여건의 개선으로 인한 통행량증가 등이고 하락요인은 도시계획상 재개발, 재건축 등으로 인해 배후민의 유출, 소매점의 신규입점, 연계영업점의 폐 점으로 인한 상권하락 등과 기업이나 사무실의 이전으로 인한 공실률 증가 등이 원인이 된다. 그러므로 미래에 일어날 수 있는 일을 예측할 수는 없더라도 중개업소나 주변에 서 기본적인 사항은 한번쯤 파악해서 최소한 주변인들이 알고 있는 것만큼은 알 고 대처를 해야 한다.
일반 민원	예상되는 민원에 대비하여 점포를 준비할 것	점포가 협소하여 바깥으로 컵 아이스 등의 시설물을 외부에 설치하여 통행에 지 장을 줄 수 있고 테라스나 실외기를 설치하여 주변의 소음민원 등이 생길 수 있 고 야간에 간판의 밝기로 인해 불빛민원 등 다양한 민원이 생길 수 있다. 이런 외부 시설물은 한번 설치한 후 이동하여 재설치 하기가 어려우므로 오픈 전 에 충분히 점검하여 점포를 꾸며야 혹시 생길지 모르는 상황에 대처할 수 있다.

구분		내용
건축 민원	무리한 확장이나 불법 건축행위 시 받을 불이익 정확히 파악하기	간혹 경쟁점이나 특수 이해관계인이 건축행위에 대해 해당기관에 민원을 제기하는 경우가 있다. 가령 점포면적이 협소하여 무리하게 도로 경계선을 침범하여 시공하거나 벽면을 확장하여 대지경계선을 넘어 시공하는 경우와 담배소매인지정권을 구내로 취득하려는 경우 허가 가능면적이 부족하여 편법적으로 매장면적을 넓히다가 지정권이 취소되는 경우도 있으므로 건축물 대장상 면적을 정확히 파악한 후 그에 따른 공사를 적절히 진행해야 하자가 생기지 않는다.
담배 소매인 지정	숨어 있는 담배소매인지정권이나 반드시 해당 지자체의 조례를 토대로 하여 거리를 확인하기	편의점 이해 편에서 언급했듯이 담배소매인지정권을 취득하는 데 있어 최소한 다섯 가지는 직접 점검하여 확인해야 한다.
기업형 슈퍼 마켓 등	반경 300미터 내 기업형슈퍼마켓 (홈프러스 익스프레스, 롯데슈퍼 등) 등이 입점 가능한 지역인지	기업형슈퍼마켓은 제도적인 규제를 피해서 기존 재래상권 주변에 입점하기가 현실적으로 어렵기 때문에 신규로 지어지는 주거 복합시설 등에 입점하는 경우가 많으며 직영이 아닌 가맹형식으로 입점하는 경우도 많기 때문에 주의해야 한다. 이런 마트가 입점할 가능성이 있는 지역인지 파악하는 것은 상당한 무리가 있지만 편의점 입지의 이해편에 설명하였듯이 틈새 배후나 포괄배후에서 다양한 변수들이 생길 수 있으므로 한번쯤 둘러보면서 파악해 볼 필요는 있다. 특히 근래는 기업형슈퍼마켓이 입점하기 어려운 지역에 규모가 작은 독립형마트 중에 운영에 상당한 노하우가 있는 점주가 편의점 배후에 진입하여 부득이하게 편의점에 어려움을 주는 경우가 더러 있기 때문에 주변에 마트가 없다고 안심하지 말고 주변여건을 잘 관찰해야 한다.
거리 / 시간	출퇴근과 수시 방문하기에 부담이 적은 거리에 있는지	상시 근무하지 않는 이상은 수시로 방문하여 매장을 관리해야 하고 때로는 집에서 쉬다가 갑자기 가야 할 일들이 생기기도 하므로 집과의 거리나 교통시설이용하기에 부담이 없어야 한다.
매장 활용성	외부휴게공간/주차공간/정차공간/점두활용공간/근무자 구인 편리성	방문객이 쉴 수 있는 휴게 공간은 있는지, 주차공간, 정차 공간이 있는지, 각종행사 등을 해야 할 때 적극적으로 시행할 수 있는 외부활용 공간은 있는지 인지도 있는 건물이 있거나 교통이 편리하여 근무자를 쉽게 구할 수 있는지를 따져봐야 한다.
자금 계획	임차료 등 고정비용의 지출계획과 적합한지	아무리 좋은 점포라도 자금을 무리하게 차입을 하게 되면 점포를 운영하는 데 있어 조급함이 생겨서 의외로 고전할 수 있다. 가령 오픈 후 손익분기점이 넘는 기간이 예상외로 길어질 경우 더 조급해 질 수 있으므로 내가 감당할 수 있는 지출계획을 세워야 한다.
무리한 기대치 갖지 말기	예상매출 파악할 때 절대 동선변화 등에 따른 막연한 기대치까지 포함하지 말 것	기대 이 외의 매출은 기대 이 외의 것일 뿐이다. 너무 장기적인 관점에서 매출이 높아질 것에 대한 기대치를 가져도 매년 임차료상승, 임금상승, 공공요금상승 등으로 이익률 낮아지고 있으므로 매출이 조금 올라도 수익이 증가한 것을 피부로 느낄 수가 없다. 그러므로 점포의 주변 상황을 관찰할 때 또는 주변을 탐문(부동산사무소, 건물관리인 등)하더라도 너무 일방적으로 귀담아 듣지 말고 현시점에서 냉정하고 차분하게 파악해 봐야 한다.

구분		내용
최종 임차료 점검	한 번 더 매출에 따른 임차료를 점검하자	배후형에서 임차료가 높은 곳은 더욱 주의해야 한다. 입지형은 배후에 경쟁점이 진입해도 입지적인 요인에 의해 최소한의 매출은 기대할 수 있고 유동형은 특별한 경우를 제외한고는 일정 매출까지는 통행량이 증가한다.하지만 배후형은 다른 유형에 비해 배후 의존도가 높아 경쟁점이 진입하면 그 만큼의 밥그릇은 줄어들기 때문에 확장형 배후가 아닌 이상 임차료가 높은 곳은 더욱 신중히 판단하자.
과거의 지위를 버리고 점포를 선정하 자	나만 특별히 잘 될 거라는 매너리즘에 빠져서 점포를 보 지 말고 합리적이 고 편안한 마음으 로 판단하기	모든 것은 노력한 만큼은 결과가 나오는 것이다. 그러나 일부 점주는 편의점의 겉 모습만 보고 쉽게 판단하거나 과거의 지위를 잊지 못하고 주변의 조언을 무시하여 자신만의 틀에 갇혀서 점포를 선정하거나 편의점에 대해 정확히 이해하지 못하고 무리한 수익을 기대하여 점포를 선정하는 경우가 있는데 이러다 보면 개발 전문가나 주변인의 조언은 귀에 들어오지 않을 수 있다. 지금은 편의점을 운영하기 위한 예비점주임을 잊지 말고 점포개발자들이 소개해 주는 점포 중에서 최대한 합리적이고 객관적인 자세로 점포를 선정하면 된다.
조금 아쉬운 점포 인지	완벽한 점포는 없 으며 대박점포는 뭔가 아쉬운 점포 에서 나온다.	점포마다 단점 없는 점포는 없다. 입지의 4요소 중 어느 하나가 부족해도 다른 장점이 부족한 점을 얼마나 보완할 수 있는지 파악해보는 전향적인 자세가 더욱 중요하다. 그런 마음으로 점포를 관찰하다 보면 점포의 장점과 단점이 보이고 그리고 그 단점을 어떻게 보완할 수 있는 지를 고민하면 점포가 좀 더 폭넓게 보일 것이다.
결론	마음가짐	앞의 내용을 토대로 점포를 선정하고 나면 그 다음부터는 나 자신을 믿고 앞만 보고 나가야 한다. 된다고 판단하고 선정한 점포이기 때문에 매출이 나오지 않을 리가 없으며 매출이 더디게 올라간다고 실망할 필요도 없다. 뒤를 돌아볼 시간에 매장의 부족한 점을 채우다 보면 단지 기간의 차이가 있을 뿐 어느 순간 좋은 결과가 생길 것이다.

손익 산출	A타입	월매출 × 0.9(부가세) × 월수(약30일) × 27~30%(일반적인 마진률) × 65%(본사 수익 배분률) - 광고 홍보료, 장려금 등 - 공과금, 각종 수선비 등 - 상품 폐기 손실금 등
	B타입	월 매출 × 0.9(부가세) × 월수(약30일) × 27~30%(일반적인 마진률) × 65%(본사 수익 배분률) - 광고 홍보료, 장려금 등 - 공과금, 각종 수선비 등 - 상품 폐기 손실금 등 - 월 임차료 - 월정 수수료(있을 경우)
	C타입	월 매출 × 0.9(부가세) × 월수(약30일) × 27~30%(일반적인 마진률) × 40%(본사 수익 배분률) - 광고 홍보료, 장려금 등 - 공과금, 각종수선비 등 - 상품 폐기 손실금 등 - 월 임차료 - 월정 수수료(있을 경우)
최종 인출금		매달 정산하여 점주의 통장으로 입금 되는 금액 (B타입과 C타입은 본사로부터 월 임차료와 월정 수수료는 차감하여 지급된다)
월 지출 비용		임차료, 풀타임 급료 (평일 3교대 3명 / 주말 3교대 3명 - 법정최저임금 주간: 4,580원 / 야간: 4,580원+α)
년 지출 비용		종합소득세, 고용/산재보험료 등
기타		복리후생비(회식비 등)

일반적인 매출 구분

구분	내용
손익매출	총 매출에서 임차료나 임금 등을 차감하고 손익분기점이 되는 시점의 매출을 말한다. 일반적으로 손익매출은 최소한 오픈 후 4~6개월 차에는 도달해야 안정적인 운영을 기대할 수 있다.
목표매출	후보점의 매출을 예상함에 있어 손익분기점을 넘어 적절한 수익을 기대할 수 있는 매출을 말한다. 일반적으로 적정매출은 각종 사회보험비나 세금 등을 차감하여 점주의 인건비를 확보할 수 있는 매출을 말하며 최소한 오픈 후 6~12개월 차에는 도달해야 안정적인 운영을 기대할 수 있다.
기대매출	일정 리스크를 감안하여 높게 산정하거나 매출 상승요인을 충분히 반영하여 목표매출을 훨씬 초과하는 매출을 말한다. 일반적으로 기대매출은 목표매출에서의 점주 수익의 1.5~2배 수준으로 오픈 후 기간의 정함이 없다.

예상 매출 산정법

최종결정을 하는 데 있어 가장 중요한 부분일 수 있다. 그러나 매출을 예상하는 것은 어느 누구도 장담할 수 있는 것이 아니다. 아래 표는 배후에 따라 중점을 두어야 할 점과 주의해야 할 것을 정리하였고 최대한 많은 점포를 비교 관찰한 후 객관적이고 냉정하게 바라본다면 실수를 줄일 수 있을 것이다.

구분	대상지역	중점	주의
경쟁매출 비교법	주요도로에 접하여 경쟁점이나 비교대상점포가 근접하여 있는 경우 산정하는 방법이다.	근접하여 있더라도 도로에 있어 입지적인 요인이 다른 경우가 많으므로 경쟁점의 계절별 매출, 주간/주말매출, 주간/야간매출을 정확히 파악하여 후보 점의 장단점을 비교하여 파악한다.	도로변에 경쟁점이 있는 경우 상권이나 배후가 완성되어 있는 지역에 진입하므로 비교적 매출을 예측하기 수월하지만 경쟁점의 매출을 정확히 파악하지 않으면 오차가 클 수 있다.그러나 유동형입지는 같은 동선 상에 있어도 입지에 따른 매출 편차가 크기 때문에 섣불리 판단해서는 안 된다.

우선배후 비교분석법	비교적 배후가 넓고 한정되어 있는 지역에서 경쟁점의 배후 소화율이 낮은 지역에 진입할 경우 산정하는 방법이다.	배후민의 성향에 따른 변수가 적지만 경쟁배후를 얼마나 흡입할 수 있느냐가 중요하므로 입지적인 요인에 의해 분석해야 한다.	대체로 경쟁점의 매출이 높을 경우 진입하지만 경쟁점의 매장 경쟁력과 운영력에 따라 매출 차이가 클 수 있기 때문에 철저히 객관적인 요소로 매출을 예상해야 한다.
배후유형 맞춤법	배후가 한정되어 있는 지역에서 배후 내에 경쟁점이 없는 경우 산정하는 방법이다.	후보점의 배후 성격, 유형, 규모, 입지를 정확히 분석하여 가장 객관적인 정보를 토대로 예측한다.	비교대상 점포가 전혀 다른 지역이므로 후보점의 배후민 성향을 주의 깊게 파악해야 한다. 그러나 후보점이 도로변의 유동형 입지인 경우 유사배후를 비교하더라도 매출을 예측하기가 매우 까다롭기 때문에 섣불리 판단해서는 안 된다.
동일배후 유추법	하나의 배후이지만 배후가 넓어 각기 다른 배후가 존재하는 지역에 진입하는 경우 산정하는 방법이다.	동일지역에 있지만 배후가 넓기 때문에 단순배후 성격, 유형, 규모 등을 비교하여 예측하기는 어려우므로 동일배후 유추법과 배후 유형 맞춤법을 적절히 활용하여 분석해야 한다.	2차 배후의 겹치는 정도에 따라 의외로 매출편차가 클 수 있기 때문에 후보점의 배후 범위를 너무 넓게 보지 말아야 한다.
체크리스트법	입지적이 요소로 인한 매출 변수가 적고 독립배후나 독립시설에 의한 매출 비중이 80% 이상 예상되는 경우 산정하는 방법이다.	후보점의 배후 성격, 유형, 규모, 입지를 정확히 분석하여 유사배후 비교분석법을 활용한다.	배후민의 성향에 따른 매출편차가 크기 때문에 체크리스트에 의한 정보에 너무 의존하는 것은 바람직하지 않다.

배후의 규모에 따른 매출 /수익 비교

점포 주변현황, 변화률 체크리스트를 토대로 매출과 임차료에 따른 상대성을 인지하여 매출 규모에 따른 적정임차료 등을 비교하여 수익에 대한 무리한 기대치를 갖지 말고 현실적으로 접근하자는 데 목적이 있다.

그러므로 각 유형의 임차료 수준에 매출범위를 벗어나 더 낮은 매출이 나온다면 수익률이 낮은 점포가 될 수 있고 매출범위를 벗어나 더 높은 매출이 나온다면 수익률이 높은 점포가 될 것이다. 그에 따른 투자수익과 회수율을 점검하여 점포를 선택하자.

거주형			
구분	A(저 매출형)	B(중 매출형)	C(고 매출형)
일매출 (이익률 27%기준)	110~150	130~170	140~190
임차료 (월정 수수료 포함)	70~140	110~200	150~280
인출금	(최고월세, 최저매출) 410~680 (최저임차료, 최고매출)	(최고월세, 최저매출) 445~730 (최저임차료, 최고매출)	(최고월세, 최저매출) 420~800 (최저임차료, 최고매출)

오픈시기에 따른 목표 매출 달성기간	10~01월	5~8개월		
	02~04월	4~6개월		
	05~07월	3~4개월		
	08~09월	2~4개월		
투자수익률	투자비에 비해 수익이 낮다면 장기적으로 영업하기 어려우므로 투자비에 따른 수익을 파악해야 한다.			
투자 회수율	계약이 만료되어 점포를 처분할 경우 투자금을 얼마나 회수할 수 있는지 파악해야 한다.			

상주형			
구분	A(저 매출형)	B(중 매출형)	C(고 매출형)
일매출 (이익률 27%기준)	120~150	140~180	160~210
임차료 (월정 수수료 포함)	110~170	140~180	160~210
인출금	(최고월세, 최저매출) 430~740 (최저임차료, 최고매출)	(최고월세, 최저매출) 435~740 (최저임차료, 최고매출)	(최고월세, 최저매출) 440~840 (최저임차료, 최고매출)

오픈시기에 따른 목표 매출 달성기간	10~01월	5~8개월		
	02~04월	4~6개월		
	05~07월	3~4개월		
	08~09월	2~4개월		
투자수익률	투자비에 비해 수익이 낮다면 장기적으로 영업하기 어려우므로 투자비에 따른 수익을 파악해야 한다.			
투자 회수율	계약이 만료되어 점포를 처분할 경우 투자금을 얼마나 회수할 수 있는지 파악해야 한다.			

혼재형			
구분	A(저 매출형)	B(중 매출형)	C(고 매출형)
일매출 (이익률 27%기준)	120~160	140~180	160~210
임차료 (월정 수수료 포함)	90~170	120~180	170~350
인출금	(최고월세, 최저매출) 430~700 (최저임차료, 최고매출)	(최고월세, 최저매출) 440~770 (최저임차료, 최고매출)	(최고월세, 최저매출) 440~870 (최저임차료, 최고매출)

오픈시기에 따른 목표 매출 달성기간	10~01월	5~8개월
	02~04월	4~6개월
	05~07월	3~4개월
	08~09월	2~4개월
투자수익률		투자비에 비해 수익이 낮다면 장기적으로 영업하기 어려우므로 투자비에 따른 수익을 파악해야 한다.
투자 회수율		계약이 만료되어 점포를 처분할 경우 투자금을 얼마나 회수할 수 있는지 파악해야 한다.

소비형			
구분	A(저 매출형)	B(중 매출형)	C(고 매출형)
일매출 (이익률 27%기준)	120~150	140~180	160~210
임차료 (월정 수수료 포함)	110~170	150~270	200~350
인출금	(최고월세, 최저매출) 430~740 (최저임차료, 최고매출)	(최고월세, 최저매출) 435~740 (최저임차료, 최고매출)	(최고월세, 최저매출) 440~840 (최저임차료, 최고매출)

오픈시기에 따른 목표 매출 달성기간	10~01월	5~8개월
	02~04월	4~6개월
	05~07월	3~4개월
	08~09월	2~4개월
투자수익률		투자비에 비해 수익이 낮다면 장기적으로 영업하기 어려우므로 투자비에 따른 수익을 파악해야 한다.
투자 회수율		계약이 만료되어 점포를 처분할 경우 투자금을 얼마나 회수할 수 있는지 파악해야 한다.

3부

점포 운영

3부
점포 운영

내가 운영할 매장을 어떻게 운영하면 좋을 지를 고민하고 참고가 되는 점포를 방문하여 실제 운영 실태를 파악한 후에 본사직원과 협의를 해야 가장 효율적인 매장을 만들 수 있다.

■ 도면, 철거, 시공 ■

1) 도면협의

순서	구분	내용
1	카운터위치와 사이즈 선정	본사 디자인팀이 가장 적절하게 도안하지만 간혹 매장 면적에 비해 카운터 크기가 너무 커서 매장현황에 잘 부합하지 않는 경우가 있다. 예를 들어 매장면적이 10평이건 30평이건 본사 기준에 따른 기본적인 카운터 주변공간의 사이즈는 통일되어 있다. 그러다 보니 매장이 협소할수록 일반적인 레이아웃으로는 쇼핑동선 확보와 최대한 다양하게 상품을 진열하기가 더욱 어렵기 때문에 근무하기에 불편하지 않는 선에서 유기적으로 줄여도 무방하다. 그러므로 다양한 크기의 점포를 보고 매장의 공간효율성을 비교하여 내 점포에 가장 적절한 규모로 설치해야 매장의 효율성을 극대화 할 수 있다.

순서	구분	내용
2	오픈 쇼케이스 위치선정 및 사이즈 선택	유제품과 샌드위치나 김밥 같은 편의점의 전략 상품이 포진하고 있는 냉장고로서 매출의 가장 중요한 포지션을 차지하는 시설물이다. 최대한 오픈 쇼케이스가 길어야 다양한 상품을 진열하여 활용도를 높일 수 있다. 매장현황에 따라 불필요한 부분을 없애고 줄 일수 있는 부분이 있으면 줄여서 더 길게 설치할 수 있는 경우도 있고 다양한 사이즈의 오픈 쇼케이스가 있기 때문에 매장 현황과 판매 전략에 맞게 담당직원과 면밀한 협의를 하여 정해야 한다.
3	워킹쿨러 위치선정 및 사이즈 선택	음료수, 물, 주류 등의 상품을 진열하고 있는 냉장고로서 오픈 쇼케이스 못지않게 중요한 냉장시설물이다. 이 시설물은 다른 시설물과 다르게 일반형과 미니형 매장에 설치하는 창고형, 회전형과 냉장고의 도어가 없는 오픈형이 있기 때문에 해당 점포의 예상 매출현황을 최대한 파악하여 운영상 효율성을 극대화할 수 있도록 시설물을 설치하는 것이 중요하므로 담당직원과 면밀한 협의를 요한다.
4	쇼핑동선 확보여부	매장이 20평쯤 된다면 크게 고민할 게 없지만 10평 이내의 면적이라면 어떻게 시설물 라인을 갖추고 얼마나 동선을 잘 확보 하느냐에 따라 매출에 큰 영향을 준다. 그러므로 매장이 협소하다면 조금이라도 진열할 수 있는 공간이나 시설물이 있다면 적극적으로 활용을 해야 한다. 예를 들면 수납장이나 벽면을 진열할 수 있게끔 바꾼다던지 화장실이나 창고로 가는 통로의 벽면을 잘 활용하면 1~2평 내외의 공간확보 효과가 생긴다. 이렇게 동선확보를 위한 노력은 매장이 넓다고 소홀히 하면 더욱 안 된다. 매장이 넓을 경우 자칫하면 너무 썰렁해서 쇼핑을 하는데 지루해 할 수 있기 때문에 다양한 콘셉트로 동선을 유도할 수 있도록 더욱 신경을 써야 한다.
5	곤도라 수 (30척 이상확보) 확보	곤도라는 냉장, 냉동식품 이외의 식품이나 비식품을 진열할 수 있는 진열대를 말한다. 곤도라 한 척의 폭이 약 30센티미터인데 30척 정도만 매장에 넣을 수 있다면 편의점의 상품구색을 충분히 갖출 수 있다. 그러나 약 10평 이내의 매장에는 약 30척 이상을 갖추기가 어려우므로 레이아웃을 잘 짜고 벽면 등이나 수납공간을 잘 활용한다면 40척 전후의 곤돌라를 넣는 것과 비슷한 효과를 볼 수 있을 것이다.
6	매장면적 극대화를 위한 전면, 측면 프레임 후퇴설치	프레임은 매장의 전면이나 측면의 유리창 지지대를 말하는데 이것은 건물의 외벽에서 짧게는 100~200밀리미터씩은 후퇴하여 설치가 되어 있기 때문에 매장의 면적을 극대화시키기 위해 100밀리미터라도 바깥쪽으로 밀어서 설치하여 시식공간 등을 조금만 줄여도 동선확보에 도움이 된다.
7	기둥이나 유휴 공간 활용	점포의 기초 도면이나 매장을 보면 기둥 등 불필요한 유휴공간이나 시설물의 설치가 불가능한 공간이 생기는 것을 종종 볼 수 있다. 이런 시설에는 스페이스 월이나 은경, 메쉬철망 등을 활용하면 상품의 진열을 극대화 할 수 있고 인테리어 효과로 매장이 넓어 보이게 할 수 있다.

외벽 끝선에 맞춰 설치한 경우 아래

약 100미리 미터

b

위

a

일반적으로 철골 기둥의 중심(a)에 프레임을 설치하나 사진처럼 외벽 끝선에 맞춰 설치할 경우 약 100 미리 정도 확보가 되므로 의외로 매장 동선확보에 도움이 된다.

7.기둥 유휴공간 활용

(본사의 시설물을 설치하기 어려운 곳이나 좁은 벽면도 활용하기에 따라 다르다)

순서	구분	내용
8	창고 공간의 효율성	창고는 꼭 필요한 만큼만 있으면 된다. 창고의 넓이는 매장 넓이에 비례하여 정할 것이 아니고 매출에 비례하여 정하는 것이 맞으므로 점포가 넓다고 창고까지 넓을 필요는 없다. 하루 매출이 200만 원 정도라면 창고 면적이 2평을 넘을 필요가 없기 때문에 조금이라도 매장면적을 넓히는 편이 낫다. 비교적 넓은 매장이라면 매장의 넓이를 극대화하여 진열로서 창고의 역할을 보완하고 창고는 최소화하는 것이 운영상 더욱 편리하다. 대부분의 건물은 외부 뒤편이나 한 구석에 유휴공간이 있기 마련이므로 이 공간도 잘 활용한다면 창고가 좁아서 영업을 못하는 일은 없을 것이다.
9	창고공간 확보	매장이 좁을 경우 적정층고를 확보하여 상부수납장을 설치한다든지 매장내외에 자투리 공간이 있다면 최대한 활용하여 부족한 창고공간을 만들어야 한다. 그러나 상부수납공간은 바닥에서 천정까지 약 2,450밀리미터를 넘지 않으면 설치하기 곤란하므로 처음부터 이를 고려하여 검토한다면 설치가 가능할 것이다.
10	매장면적 효율화를 위해 컵 아이스를 매장전면에 적극 활용 (여건에 맞게)	매장현황에 따라 컵 아이스박스는 안쪽에 두는 것이 매출에 극대화가 될 수 있는 곳도 있고 바깥에 두는 것이 극대화가 될 수 있는 곳도 있다. 보통 10평 이내의 매장에서 전면 외부에 적절한 곳에 설치가 가능하다면 그 만큼의 여유공간은 상품진열이나 고객휴식공간으로 활용한다면 15평의 매장과 비슷한 운영효과를 낼 수 있을 것이다. 주의해야 할 것은 도로가 협소한 곳에 무리하게 돌출시킬 경우 민원 등으로 인해 철거해야 하는 경우가 있으므로 현황에 맞게 설치해야 한다.
11	실외미관을 위한 냉장, 냉동, 에어컨 실외기 매장 이면 또는 지붕에 설치	실외기는 보통 3대가 들어 간다. 이것이 매장 전면이나 측면에 자리 잡으면 매장의 외부공간의 활용도도 떨어지고 미관상 좋지도 않고 통행인들이 실외기에서 나오는 소음과 바람으로 인해 불쾌해 할 수 있으므로 특별한 경우를 제외하고는 반드시 건물 뒤편이나 옥상, 지붕에 설치하기를 권한다.
12	전면 계단 있을 시 높이 단수 최소화	매장에 진입하는 데 있어 계단이 3단까지는 크게 부담이 없이 가망고객이 들어올 수 있다. 그러나 3단 이상을 넘어가면 고객의 발길을 돌릴 수 있으므로 계단 단수는 최대한 낮추어야 한다. 특히 강경합이나 유동형 입지에서는 소비자는 시각적으로 편리해 보이는 편의점으로 방문하는 경향이 많기 때문에 최대한 낮출 수 있도록 연구해야 한다.
13	매장이 전면 보다 낮은지	외부 출입구 바닥과 수평을 맞출 수 없다면 최대한 고객의 안전을 고려해야 한다. 가령 출입구를 지나자마자 턱이 있으면 미처 인지하지 못하는 경우가 있으므로 안정적으로 매장에 진입할 수 있도록 수평을 유지하여 턱을 설치해야 한다. 또한 출입구의 전면이 함께 낮아져 인지율이 떨어지지 않도록 외부 디자인에도 신경 써야 한다.
14	전용면적 약17평 이상 일 때 특화시설 (베이커리, 후라이, 수입식품, 문구, 자동차용품 등) 적극도입	매장면적이 약 17평 이상이라면 회사의 여러 가지 특화시설을 적극 활용하기를 권한다. 담당자가 잘 알아서 해 주겠지만 베이커리 특화 시설은 집기도 고가이고 면적도 상당히 차지하므로 제대로 운영을 하지 않으면 시설은 애물단지가 될 수 있고 베이커리시설로 인한 매장 공간은 죽는 공간이 될 수가 있기 때문에 처음부터 매출에 어떠한 영향을 미칠 것인지 잘 파악하여 적절한 특화시설을 운영해야 한다.

9. 창고공간확보

(사진처럼 좁고 낮은 공간도 잘만 활용한다면 훌륭하게 사용할 수 있다)

현재 창고사진

남는 자투리 공간도 계폐식 수납 공간으로 활용

13. 매장 내부가 출구 전면보다 낮은 경우

사진처럼 단 높이를 최소화하고 출입구와 턱 사이가 일정간격이 있도록 시공해야 고객이 충분히 인지하여 안전사고를 예방할 수 있다.

순서	구분	내용
15	전용면적 약25평 이상일 때 좌식대 적극 활용	매장여건이 허락하거나 매장 면적이 25평정도 되면 상품진열공간과 창고 외에 약 2평 정도는 좌식대로 활용할 공간을 확보할 수 있을 것이다. 좌식공간은 음료나 즉석식품의 매출을 증대시키므로 경합이 예상되는 지역일수록 효과적으로 대응할 수 있으므로 반드시 활용하기를 권한다.
16	간판과 내부 천정 등	요즘은 대부분 편의점이 LED 간판을 설치한다. 그러나 엘이디 간판은 깔끔한 이미지는 있으나 조도가 떨어지므로 야간에는 매장이 더 어두워 보인다. 그러므로 매장 면적과 형태, 층고에 따라 형광등의 위치와 숫자를 보강하여 내부를 밝게 설치하여야 한다. 특히 햇볕이 들어오는 시간을 고려하여 북향인 경우는 더욱 유의하여 설치하여야 한다.
17	외부 전원스위치 확보	외부에 특별한 시설물을 설치하지 않는 경우도 예비로 전원스위치를 설치하는 것이 좋다. 특히 외부가 넓거나 매장이 코너형인 경우는 각종행사나 기타 영업을 위해 활용할 경우가 생기기 때문에 전원스위치를 두 군데 정도 설치하면 도움이 된다.
18	간판여백, 위치, 돌출간판 등 협의	독립된 건물에 우리 점포 홀로 입점하는 경우도 있겠지만 많은 경우 옆 건물 상가와 연장선상에 우리 점포가 있으므로 간판의 사이즈나 여백도 고려하여 우리 측 간판의 시계성을 잘 파악해야 하고 필요시 돌출간판이나 이동식간판도 고려해 볼 만하다.
19	ATM기계 위치	그 자체로는 매출에 많은 도움을 주지는 않는다. 매장 내에 설치하는 경우 진열공간으로서 마땅하지 않은 공간에 설치하거나 외부에 설치하여 매장의 효율성을 높이는 것이 낫다.

2) 철거

가. 매장을 레이아웃할 때와는 별도로 건물이 낡고 오래되었을 때는 철거 시 예상하지 못한 보강공사로 인해 기둥을 세워야 하거나 층고가 낮아지는 경우가 생길 수 있다.

이 경우 적절히 대처하지 않으면 철거전의 a그림에서 철거 후 b그림 같은 위치에 기둥이나 보를 보강하여 전반적인 레이아웃이 바뀌어 각종시설 집기의 규모가 줄고 위치가 바뀔 수 있다. 그러므로 기둥을 보강하더라도 c그림처럼 기둥의 위치를 벽면이나 동선에 지장을 최소화하고 시설물의 변화를 최소화할 수 있는 곳에 설치해야 한다. 매장이 완성된 후에는 재설치나 이동이 불가

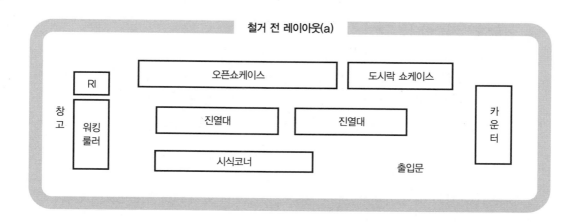

철거 전 레이아웃(a)

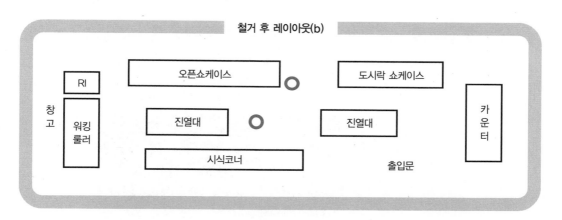

철거 후 레이아웃(b)

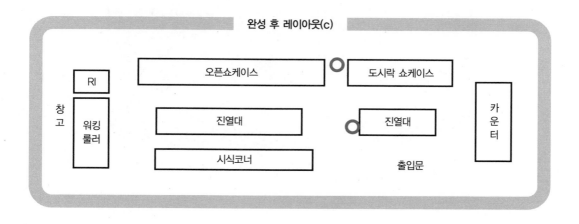

완성 후 레이아웃(c)

능하기 때문이다.

나. 도면협의를 마치고 본격적으로 철거 시 건축면적에는 포함이 되지만 사용하고 있지 않은 공간이나 창고 등으로 활용할 수 있는 공간이 있는지 확인해야 한다. 매장이 넓으면 관계없지만 그렇지 않을 경우 불법이 아닌 이상 조금이라도 넓혀 매장을 위한 공간으로 활용할 수 있다면 살려야 한다.

다. 철거 전 예상과는 달리 일반적인 조적벽^{내력벽이 아닌 철거가 가능한 벽}이나 임시가설물을 철거하지 못해 예상면적보다 현저히 줄어들 수 있기 때문에 도면보다 면적이 줄어드는지 확인하여 보완하여야 한다.

라. 아래 그림처럼 철거 후 쥐구멍 또는 바람이나 비가 들어올 만한 곳을 찾아 내부 목공 마감 공사하기 전에 보강해야 한다.

3) 시공

가. 예상 외로 기둥이 커지거나 유휴공간이 생기면 스페이스 월, 은경, 메쉬철망, 홍보물 등을 부착할 수 있도록 준비해야 한다.

나. 최종 협의가 도면에 반영되어 진행되고 있는지 점검^{프레임 후퇴, 계단턱, 시공 등}해야 하지만 미비한 점이 있다면 오픈 전 점검 때 빠짐없이 요구하여 시정하여야 한다.

다. 점포외부에 미관상 좋지 않은 시설물이 있다면 도색을 하거나 시설물을 보강하여야 한다.

라. 시야확보를 위한 간판위치를 점검해야 한다.

4) 오픈 전 점검 및 보수

가. 출입문과 잠김턱 간 이격이 생겨서 잘 잠기지 않는 경우가 있다.
나. 각종 수납장의 잠김 시설이 설치 불량으로 이격이 생기는 경우가 있다.
다. 수납장의 띠가 잘 부착되지 않은 경우가 있다.
라. 카운터 상판의 이격이 생기는 경우가 있다.
마. 오픈 쇼케이스 등 집기를 설치하는 도중 바닥타일이 파손되기도 한다.

■
편의점 기본 시설 집기
■

편의점의 일반적인 매장에 들어가는 집기들을 정리해 보았다. 시설 집기에 대한 명칭과 용도를 이해하고 본사직원과 협의를 하면 준비를 하는 데 더 수월할 것이다.

기본품목	종류 및 크기	제품진열
오픈 쇼 케이스	6척, 8척, 10척, 12척 등	유제품류 등
도시락 쇼 케이스	3척, 4척	도시락, 김밥, 샌드위치류 등
워킹쿨러	3도어(회전형, 창고형), 4도어(창고형, 오픈형)	생수, 음료, 주류 등
컵 아이스	전면: 1,050과 1,500	빙과류
리치 인 냉동고	1도어	컵아이스크림, 냉동식품 등
평면 냉동고	상부 개폐식, 규격	냉동식품이나 아이스크림
미니 냉동고	상부 개폐식, 규격	얼음컵, 얼음봉지 등
콤비프레저		
곤돌라(진열대)	전면: 600, 700, 900 폭: 450, 650 높이: 1,200, 1,500, 1,800	일반식품, 비식품 등
미니형 곤돌라	전면: 600, 700, 900 폭: 450 높이: 1,200, 1,500, 1,800	일반식품, 비식품 등
스페이스 월	다양한 크기	안주류, 비식품 등
온장고	규격	따뜻한 음료 보관
에어컨, 온풍기	스텐드형, 천정형	냉, 난방
온수통	규격	라면, 커피 물
전자렌지	규격	음식 데우기
셀프 택배기계	규격	무인택배
포스기	2대	카운터 시스템

오픈 전 준비/점검

전반적인 일정과 준비는 본사직원이 잘 도와주지만 아래의 사항들을 점주가 얼마나 잘 준비하고 노력했는지에 따라 오픈 후 점포의 모습은 다를 수 있다.

구분	내용
점포 오픈 15일 전부터 아르바이트 구인 공고 및 교육	지역에 따라 시기에 따라 구인 공고를 내도 잘 구해지기도 하고 잘 구해지지 않기도 하지만 대략 15일 전부터 채용공고를 하는 것이 적절하다. 면접을 본 후에는 본사 직영점이나 지인의 점포에서 근무자 교육을 시키고 오픈하면 즉시 투입하면 된다.
오픈 담당하는 직원과 일정 논의	오픈을 전문으로 담당하는 직원이므로 이들의 노하우를 적극 수렴하고 점주가 파악한 지역 특성에 따른 상품 진열과 상품 구성을 적극 반영할 수 있도록 협의 한다.
매출 지원 협의	마케팅 측면에서 매출을 활성화하기 위해서 본사의 비용으로 여러 가지 지원해주는 시스템이 있으므로 이를 잘 활용하면 점주의 부담도 덜고 고객에 대한 서비스도 극대화할 수 있으므로 매우 유용하다.
경쟁점 주요 상품 가격 파악	일반적으로 편의점은 정가대로 판매하지만 경쟁이나 지역적 특색에 따라 가격을 일부 조정하여 파는 곳이 있다. 그 중에서 편의점을 이용하는 고객이 가장 민감하게 반응하는 상품은 우유,소주,맥주,두루마리휴지,생수,봉지라면이다. 이러한 대표 상품의 가격만큼은 정확히 파악한 후에 오픈 전 또는 후라도 운영하다가 필요에 따라 전략적으로 대응할 수 있도록 해야 한다.
경쟁점 주력 및 비주력 상품 파악	경쟁점을 방문하여 가장 잘 팔리는 상품을 파악하여 우리점포에서는 더욱 강화하여 경쟁력 있게 갖추고 배후민들이 필요로 하는 상품 중에 경쟁점에서 소홀히 하는 것이 있다면 우리 점포에서는 적극 반영하여 상품을 진열한다.
관련서류철 만들기	본사 담당직원이나 지인의 도움을 받아 점포를 운영하면서 사용할 필수 서류철(근무서류철, 각종세무서류철, 각종 공과금철 등)을 준비하여 매출활성화에 전념할 수 있도록 한다.
발주연습 충분히 하기	지인이 운영하는 점포나 직영점에서 충분히 발주실습을 하면서 상품을 파악한 후 운영을 한다면 훨씬 수월하게 점포를 운영할 수 있을 것이다. 발주가 숙달되지 않은 상태에서 오픈을 하면 길게는 반나절 가까이 이 일에 매달리게 되므로 되도록 많은 연습을 하여 발주시간을 줄여서 이 시간에 매출을 올릴 수 있는 노력을 더 하자.
오픈 전 매장 점검	오픈 전 매장의 인테리어, 아웃테리어, 시설 집기들이 당초설계대로 잘 되었는지 파악하여 미비한 점은 반드시 오픈 전 지적하여 시정 조치할 수 있도록 하여야 한다.

매장여건에 따른 진열

진열의 목적은 충동구매를 유도하거나 목적구매를 쉽게 하여 쇼핑시간을 늘려서 매출을 증대시키는 데 목적이 있다. 그러므로 단순히 보기 좋게 하는 진열에서 탈피하여 다양한 진열을 이해해서 매장에 적용하도록 하자.

구분		내용
매장 효율화 진열	대체 진열	기본적인 진열로 주로 작은 매장에서 상품의 다양화와 재고확보를 하기 위한 진열 방법이다. 주력상품위주로 재고를 확보하고 대체상품을 준비하는 것이기 때문에 점주가 발주할 때 꼼꼼히 체크하지 않으면 재고가 부족할 수도 있고 넘칠 경우 회전률이 낮아 상품폐기가 발생할 수 있다. 가령 대용량우유의 경우 a사 우유가 가장 많이 팔리지만 b사나 c사 우유도 찾는 손님이 있기 때문에 a사 우유의 재고를 확보하면서 b사나 c사 우유도 적절히 준비한다면 a사 우유가 없어도 b사나 c사 우유를 대체 구매할 수 있고 다양성도 유지할 수 있다.
	단품 진열	주로 작은 매장에서 상품의 다양화를 위한 진열방법이다. 그러나 단품진열 상품이 너무 많거나 상품의 부피가 작을 경우 시야에 잘 들어오지 않는 단점이 있다. 그러므로 단품진열을 하는 주변은 정리를 잘하여 접근하기 쉽게 하고 연계진열을 하여 상품의 연속성을 유지해 주거나 포인트 진열을 하여 시야에 잘 들어오도록 해야 한다. 또한 상품 재고에 따른 신상품 공급을 원활히 하기 위해 빨리 팔아야 하는 상품은 되도록 오른 편에 배치하여 판매율을 높여야 한다.
	교차 진열	주로 작은 매장에서 상품의 다양화를 위한 진열방법이다. 고객의 시야에 잘 들어오는 곳에 상품을 교차로 진열하여 고객의 제품 선택 폭을 넓힐 수 있고 워킹쿨러 상품 중에 대용량 맥주의 경우 잘 찾지 않지만 필요한 제품이나 신상품은 교차로 진열하여 고객의 선택 폭을 넓힐 수 있다.
	연계 진열	가장 기본적인 진열로 단품진열을 하거나 상품을 다양하게 진열할 때 쇼핑의 지루함을 줄여 동반구매를 유도하고 고객이 손쉽게 상품을 구매할 수 있도록 한다.
	소진 진열	유통기한이 얼마 남지 않은 상품이나 빨리 회전시켜 상품을 철수 하고자 하는 경우 진열대의 우측에 배치하면 고객의 시선과 손을 자극하여 먼저 판매할 수 있다.
	디자인 진열	비교적 넓은 매장에서 눈에 잘 띄고 보기 좋게 하는 진열방법으로 상품의 색상과 크기 등을 고려하여 전반적인 구색이 흐트러지지 않게 진열하여 매장이 세련되게 함으로써 구매 욕구를 자극한다.
	이벤트 진열	주로 행사상품 중에 특별히 주목할 만한 상품을 선별하거나 점주가 개인적으로 지역의 상황에 따라 이벤트 상품을 준비하여 경쟁점과 치열한 경쟁을 하거나 고객의 구매 욕구를 증가시켜 매출을 활성화하기 위해 시행한다. 점주의 성향에 따라 다르나 보통 매장이 넓거나 점두 활용공간이 넓은 점포에서 적극적으로 활용한다.

구분		내용
매장 효율화 진열	포인트 진열	주로 행사상품 중에 판매가 잘 될 것으로 예상되는 상품이나 고객의 호기심을 자극할 수 있는 신상품을 선별하여 각종 홍보물이나 부착물을 활용하거나 상품자체를 돋보이게 진열한다. 쇼핑 전환 포인트나 메인 진열대에 진열하여 고객의 시선을 끌고 구매를 유도하는 데 목적이 있다.
관리진열		매장 면적에 관계없이 고가의 상품이나 판매 빈도가 높은 상품 중에 부피가 작은 상품은 근무자의 시야에 가장 잘 보이도록 진열하여 재고 손실을 줄일 수 있도록 한다.
서비스 진열	관찰 진열	특히 좁은 매장에서 고객의 구매 욕구를 충족시키기 위해서는 매장에 입장한 후부터 고객의 시선과 동선을 관찰하여 지역의 주요 고객의 구매상품이나 니드 상품은 적절한 위치에 진열하여 좁은 매장의 단점을 극복하고 지역에 가장 적합하게 매장을 준비하자.
	맨투맨 진열	특히 좁은 매장에서는 판매비율이 낮아도 반드시 갖춰야 하는 상품은 적절한 곳에 진열하여 고객에게 다가가 알려주어 고객이 스스로 찾을 수 있도록 한다.

■

월별 중점운영방향

■

　1개월 차에서부터 4개월 차까지 중점적으로 도입해봐야 할 것을 정리한 것으로 반드시 따르기 보다는 점포를 운영하면서 우리지역에 맞게 운영을 함에 있어 좀 더 체계적이고 장기적인 안목을 갖고 영업을 하는 데 참고하고자 한다.

1) 1개월 차

서비스	고객께 인사를 잘해야 하는 것은 기본이지만 어떤 마음으로 어떤 식으로 인사를 해야 하는지는 고객의 입장이 되었을 때를 생각해 보면 알 수 있을 것이다. 그래서 이 시기는 몸으로 다가가는 서비스를 해야 한다. 고객이 매장에 들어오면 늘 고객의 동선을 관찰하고 조금이라도 머뭇거림이 있으면 다가가서 고객의 필요한 사항을 도와준다면 처음 방문하는 분들께는 특별한 인상을 줄 수가 있다. 그리고 그들의 요구사항이나 건의사항이 있으면 빠짐없이 체크하여 최대한 반영하는 모습을 보여 줄 때 고객은 반드시 다시 방문할 것이다.

홍보	1개월 차는 점포의 존재감을 높이는 것이 중요하다. 매장 바깥에서는 오픈 홍보물(깃발, 전단지, 포스터)을 가장 많은 고객이 볼 수 있도록 설치하여야 하며 배후형 입지처럼 매장이 알려지는 데 시간이 걸릴 수 있는 지역은 매장을 홍보할 수 있는 소규모 전단지를 배포하거나 동네 주요 동선에 부쳐 놓으면 더 빠른 시일 안에 가망 고객이 방문할 것이다. 매장 안에서는 가능한 많은 사람한테 고객카드를 발행하며 제휴카드(SK텔레콤 멤버십카드 등)의 사용을 적극적으로 유도하여야 한다. 매장을 방문하는 고객과의 첫 이미지는 매장이 자리 잡는 동안 가장 중요하므로 친절하게 인사하고 주변인들을 만나면 먼저 인사하여 서로 간의 유대감을 형성하는 것이 중요하다. 특히 주변상인, 빌딩관리인, 부동산중개인 등과 친분을 쌓아 입소문에 의해 우리 점포를 알릴 수 있도록 노력하는 것도 중요하다. 특히 이 시기에 편의점 이벤트(밸런타인데이, 화이트데이, 빼빼로데이 등)가 있다면 미리 회사 관계자와 상품에 대한 준비를 철저히 하여 편의점의 존재감을 극대화한다면 경쟁편의점만 가던 고객도 유도할 수 있는 절호의 기회가 될 수 있다.
본사지원 및 지도	회사마다 조금씩 차이는 있지만 오픈할 때 일정금액 안에서 매장이 자리를 잡는 동안 도시락, 유제품류 등을 지원해 주고 있다. 이런 것을 적극 활용하면 점주는 회사의 비용으로 부담 없는 발주를 할 수 있고 주변 상인이나 고객에게 선심을 쓸 수도 있으므로 1석 2조이다. 또한 회사는 불특정고객을 대상으로 적극적인 홍보를 할 수 있도록 다양한 매출활성화 행사도 진행하므로 본사직원과 협의하여 적극적으로 활용하여야 한다.
발주	1개월 차에는 상품을 알아야 발주를 할 수 있으므로 수 천 가지가 넘는 상품을 이해하는 것이 중요하다. 젊은 분은 상품에 대한 이해가 빠르기 때문에 발주 기계의 시스템을 활용하는 것이 중요하고 연세 드신 분은 상품에 대한 이해가 낮기 때문에 이것저것 가리기보다는 한 가지씩 발주를 하여 직접 상품을 체험해 보는 것이 중요하다. 쇼핑의 즐거움은 다양한 상품 중에서 마음에 드는 상품을 고르는 재미와 새로 나온 상품을 만나는 것이고 실제 구매할 때는 할인받거나 덤으로 증정품을 받는 데 있기 때문에 신상품은 물론이고 최대한 다양한 행사 상품도 준비해야 한다. 이렇게 고객이 원하는 상품과 고객의 관심을 유발할 수 있는 신상품을 즉각적이고 다양하게 발주하려면 빠른 시간 내에 발주 품목을 숙지해야 하는데 그러기 위해서는 발주 마감시간에 쫓겨서 발주하면 안 되고 되도록이면 모든 상품을 천천히 전날 발주를 하고 다음날 오전에 폐기난 상품과 많이 팔린 상품을 비교해 가며 수정발주를 하기를 권한다. 특히 일배식품(김밥, 샌드위치 등 조리식품과 우유 등 유제품류)은 편의점에서 가장 경쟁력을 가지고 있으며 가장 중요한 매출을 차지하지만 1개월 차는 방문하는 고객이 적기 때문에 상품을 적게 들여놔도 폐기금액은 늘어날 수밖에 없으므로 손실액이 크더라도 감수하고 적극적으로 갖춰야 한다. 어쩌다 한 번 오는 손님이나 갑자기 대량 구매자가 방문할 때도 이들을 충족시켜줘야 우리 고객으로 확보할 수 있다.
진열	1개월 차에는 고객이 불편하지 않도록 최소한의 동선을 확보하면서 최대한 상품의 다양성을 확보할 수 있도록 진열해야 한다. 첫 달은 어떤 상품이 잘 나가는지 알 수가 없기 때문에 매출이 어떤지 논할 단계가 아니고 너무 테크닉을 발휘하여 잘 팔릴 것 같은 상품위주로 진열하기보다는 조금은 무모할 정도로 다양하게 진열해야 한다. 처음 방문하는 고객은 매장 내 동선의 불편함보다는 찾고자 하는 상품이 있는지 없는지가 더 중요하기 때문이다. 특히 매장이 협소할 경우는 더욱 다양하게 진열해야 한다.

공간활용 (진열/창고)	1개월 차는 상품을 최대한 많이 진열할 수 있고 보관할 수 있는 공간을 확보해야 한다. 매장이 좁은 경우는 상품을 최대한 압축해서 단품진열해야 다양하게 진열할 수 있다. 이러한 진열은 고객이 필요로 하는 상품이 한눈에 들어오지 않는 단점이 있지만 상품의 포장 색상과 크기, 상품종류에 따라 디자인 진열한다면 다양성으로 인한 장점이 더욱 클 것이다. 그러나 이렇게 진열을 하게 되면 보관해야 하는 상품이 늘어나서 보관할 곳이 부족할 수 있으나 상부의 수납공간을 활용하고 용도품이나 비품이 있는 공간을 축소하여 상품 보관할 곳을 늘리고 대체 발주를 하면서 상품을 적절히 호환한다면 상품의 다양성을 유지하면서 부족한 창고도 보완할 수 있을 것이다. 반면 매장이 넓을 경우 단순히 상품 량을 늘리고 다양하게 진열하는 것만이 좋은 건 아니다. 고객이 느끼기에 매장이 너무 썰렁하지 않고 너무 답답하지 않으면서 상품을 고르기 편리한 곳에 진열을 하여 쇼핑이 지루지 않게 해야 한다. 처음 하는 점주가 매장여건에 맞게 이런 것을 알아서 한다는 것은 무리가 있으므로 비슷한 여건의 매장 중에서 잘 활용하고 있는 곳에서 배워서 우리 매장여건에 맞게 장점을 살려 활용한다면 빠른 시일에 안정화 될 것이다.
재고관리	오픈 초기에 서비스업무나 발주업무를 하는 것도 벅찬 상황에서 재고관리 업무를 하는 것이 쉽지 않으나 최소한 재고관리대장(담배, 대표주류, 대표식품, 대표 비식품, 자점 상품을 선정)을 만들어 카운터에 비치하기를 권한다. 그래야 필요할 때 즉시 시행할 수 있고 근무자들이 볼 때 관리하는 점포로서 이미지가 생기기 때문에 혹시 있을지 모르는 일을 예방할 수 있다.
근무자 관리	오픈 점포에서 근무하는 근무자는 비교적 단기간만 근무하는 경우가 많다. 이렇게 단기간 근무하더라도 불시에 그만두는 경우가 생기면 점주와 근무자가 다투는 경우도 생길 수 있으므로 반드시 근로계약서를 작성하여 근무자의 인적사항뿐 아니라 예상 근무가능기간도 기재하여 차후에 근무자와 불편한 관계가 생기더라도 효과적으로 대응할 수 있도록 준비하자. 첫 달은 매장이 자리 잡아가는 과정이지만 근무자의 전반적인 업무에 대한 숙달은 시간이 걸리더라도 서비스와 근무태도, 각자 맡은 시간대의 중요업무는 수시로 강조하며 근무태도를 점검해야 한다. 첫 달부터 이런 것들에 대해 느슨하게 보내면 두 번째 달부터는 더욱 고치기 어려워지기 때문이다.
기타 업무	기본 업무 외에 포스기 조작과 관련된 업무, 사무실 컴퓨터 조작업무, 정산과 관련된 업무 등을 익혀야 한다. 오픈 전 기본적인 점포관련 업무를 교육받았더라도 실전에서 혼자 활용하여 파악하려면 많은 시간이 걸리기 때문에 본사의 업무지원 담당관인 신점 슈퍼바이저와 긴밀히 협의하여 최대한 빠른 시간에 익히도록 해야 한다.
시설물 보수 보완	새 매장이다 보니 보수를 해야 하거나 각종 시설물을 교체를 해야 하는 경우가 생길 수 있으므로 꼼꼼히 체크하여 보완하도록 하자. 시간이 흐를수록 보완하는 것은 어렵기 때문에 가급적 1개월 차에 마무리 하도록 하자.

2) 2개월 차

서비스	1개월 차에서의 서비스와 마인드는 정형화 되어 있어 다소 딱딱할 수 있다. 2개월 차에서는 1개월 차의 서비스와 마인드는 유지하면서 좀 더 친근감 있고 부담 없는 멘트로 고객과 소통하여 단골 고객을 확보하자.
홍보	1개월 차와 마찬가지로 2개월 차까지는 처음 방문하는 고객이 많으므로 고객카드의 발행은 점포를 방문하는 모든 사람에게 홍보를 하여 발행을 적극적으로 유도하면서 이미 발급한 분에게는 사용가능한 포인트를 설명하여 포인트 적립에 대한 기대감을 높인다. 만약 1개월 차에 고객카드의 발급이 부진하였다면 2개월 차에는 다양한 이벤트를 준비하여 고객카드 발급을 최대한 늘려서 3개월 차 이후 고객이 사용할 수 있도록 적극적으로 유도해야 한다. 2개월 차에서도 최고의 홍보는 최고의 서비스임을 강조하여 늘 고객께 친절할 수 있도록 한다.
본사지원 및 지도	매일 매일 담당직원이 매출과 관계된 모든 정보를 분석한 데이터를 토대로 매장의 미비한 점을 보완하여 매출 활성화를 위해 노력한다.
발주	1개월 차에서 다양성과 신상품위주로 발주하여 고객의 시선을 끌었다면 2개월 차에서는 좀 더 잘 나가는 상품을 파악해서 비슷한 군의 상품을 보강하여 고객이 요구하는 상품 군을 더욱 다양화해야 한다. 고객이 요구하는 상품이 늘어나면서 자연적으로 진열공간이 부족해질 수가 있지만 인기 있는 상품이 아니면 한 줄씩 진열해도 지장이 없으므로 섣불리 잘 나가지 않는 상품이라고 무조건 빼내어 매장에서 철수하는 일은 없도록 해야 한다. 평소에 나가지 않는 상품도 철수를 하고 나면 꼭 찾는 손님이 생기게 되므로 최소한 3개월은 지나야 어느 정도 배후민이 우리 매장에 익숙해지기 때문에 그때까지는 유지하는 것이 좋다. 1개월 차에서 유제품류나 즉석조리식품(도시락, 김밥, 샌드위치, 햄버거 등)을 매우 공격적으로 발주를 하였다면 폐기량도 많았을 것이다. 2개월 차에서는 조금씩 인기 있는 상품위주로 발주를 늘리되 판매데이터를 참고하여 매주 나오는 신상품을 적절히 운영하면서 다양성을 유지한다면 폐기로 인한 손실은 줄일 수 있을 것이다. 그러나 잘되는 점포는 무얼 들여 놓아도 잘 팔리고 선입선출(설명)만 잘하면 폐기로 인한 손실은 크지 않지만 문제는 저 매출 점포나 현재의 외부 여건이 열악한 점포다. 조금만 과하게 발주량을 높여도 폐기량이 증가하므로 늘 푸짐하게 발주하기가 어렵다. 이럴 경우 최대한 다양하고 적절하게 발주를 하되 상품의 다양성을 높이기 위해 유통기한이 긴 상품이나 워킹쿨러 상품 중에 호환이 잘되는 상품(캔 커피 등)을 선별하여 진열하고 대체상품을 고려하여 발주를 한다면 상품을 다양하게 운영하면서 대량구매 고객이 왔을 때 대처할 수 있고 폐기 또한 최소한으로 줄일 수 있을 것이다. 특히 비수기인 초겨울에 오픈하는 점포는 고객의 활동이 떨어지는 시기이므로 매출 상승이 눈에 띄게 높지 않기 때문에 다양하고 많이 진열하다 보면 폐기로 인한 손실이 더욱 늘어날 수 있다. 그렇다고 상품의 발주를 소극적으로 하다 보면 어느 순간 고객이 방문했을 때 필요한 상품이 없거나 상품이 필요한 만큼 없다면 고객은 다른 매장으로 발길을 돌릴 것이다. 배후의 가망고객이 우리 매장에 모두 방문해보려면 최소 3~6개월은 걸리므로 너무 조급해 하지 말고 일정 폐기량은 감수하면서 평소에 적극적으로 발주하다 보면 고객은 항상 다양하고 상품을 풍성하게 갖추고 있는 우리 점포로 올 것이다.

진열	1개월 차에서는 최대한 상품의 다양성에 맞춰 진열하였다면 2개월 차부터는 매장을 인지시키기 위해 고객의 구매 성향을 파악하여 점포의 현황에 맞게 바꾸어야 한다. 이는 매장이 좁은 경우와 넓은 경우가 매출이 부진할 때와 매출이 안정적으로 올라가느냐에 따라 다르다. 매장이 좁으면서 매출이 부진한 경우는 고객 동선의 불편함을 최소화하면서 상품의 다양성을 위주로 진열해야 한다. 그러면서 규모에 비해서 매출에 영향이 거의 없는 상품은 과감히 정리하고 그 자리에 고객이 요구하는 중점 상품 군을 찾아서 더욱 다양하게 진열해야 한다. 또한 매출에 비해 판매 회전율이 낮은 상품은 즉시 철수하기보다는 다양한 신상품을 교차 진열하여 상품의 다양성을 높이자. 안정적으로 매출이 나오고 있을 때는 고객 동선을 최대한 유지하면서 진열하되 매출을 더욱 늘리기 위해서 판매가 잘되는 상품 중에 비교적 값 비싼 상품은 가장 고르기 쉬운 곳에 배치한다. 더불어 편의점의 장점을 최대한 보여줄 수 있는 행사 상품은 최대한 다양하게 진열하여 고객의 쇼핑 시간을 늘리도록 한다. 매장이 넓으면서 매출이 부진한 경우는 고객 쉼터와 고객 공간을 최대한 확보하면서 다른 편의점에서는 느낄 수 없는 서비스를 제공하고 다른 편의점에서는 볼 수 없는 다양한 특화 시설을 도입하여 편의점의 한계를 극복한다. 단순히 직선으로 나열하면 쇼핑하는 데 지루할 수 있기 때문에 고객 동선을 다양하게 만들어 상품 군별로 구분하여 고르는 재미를 느낄 수 있도록 포인트 진열을 한다. 특히 매장의 크기에 관계없이 오픈 쇼케이스 상품이나 도시락 쇼케이스 상품은 다양하고 풍성해야 식감이 높아져서 구매율을 높일 수 있다. 그러므로 오픈 쇼케이스 상품은 대체 진열을 적극적으로 활용해야 한다. 예를 들어 대표적인 대체 상품인 대용량 우유는 고객 기호에 따라 찾는 저지방 우유, a, b, c사 우유를 골고루 진열하여 찾고자 하는 우유가 없어도 다른 우유를 구입하는 경우가 많으므로 종류별 소량으로 운영한다면 다양성을 유지하면서 구매도 유도할 수 있으며 도시락 쇼케이스 상품은 보기 좋은 떡이 맛있어 보이듯이 다양하게 발주량을 늘리지 못한다면 행사 상품이나 중점 상품을 해당 상품과 함께 묶음으로 디자인 진열하면 풍성해 보이면서 동반구매를 유도할 수 있다. 매출이 안정적으로 나올 때는 고객의 편의성에 중점을 두면서 고객을 위한 공간을 확보하거나 다른 편의점과는 차별화된 상품과 이벤트 공간을 확보하여 쇼핑 시간을 늘려 매출을 향상 시킬 수 있도록 하자.
공간활용 (진열 / 보관 / 동선)	2개월 차에서는 1개월 차에서 정리한 매장을 좀 더 세련되게 디자인하여 진열하면서 그에 따른 창고 및 진열대 정리 공간을 완성하여야 한다. 매장 상황에 따라 화장실이나 매장 외부 벽면 공간을 창고 공간으로 만들어 보자. 시간이 지나면 지날수록 자리를 바로잡기가 어려워지므로 내부나 외부에 적합하지 않은 공간이나 불필요한 공간이 있으면 즉시 시정하여 활용도를 높여야 한다. 매장이 좁은 경우는 진열장을 수직으로 높이고 벽면이나 벽면 모서리 상부, 하부 공간을 스페이스 월을 설치할 수 있는 곳은 오히려 상품이 눈에 잘 띄기 때문에 판매 효율이 높고 그렇지 못한 곳은 거울을 설치하여 매장의 인테리어 효과를 높인다면 1석 2조의 효과를 볼 수 있다. 비교적 매장이 넓은 경우 고객이 매장에서 썰렁함을 느끼지 않도록 고객이 이동하는 전환 포인트에 특색 있는 진열을 하여 고객의 구매 욕구를 자극하도록 해야 한다. 특히 계절에 맞는 상품은 시기가 중요하므로 즉각적으로 적절한 장소에 진열하여 판매량을 극대화시켜야 한다. 처음 하는 점주가 알아서 한다는 것은 무리가 있으므로 비슷한 여건의 매장 중에서 잘 활용하고 있는 곳을 방문하여 우리 매장 여건에 맞게 장점을 살려 바꾸어 간다면 나름대로 매장을 만들어 가는 재미도 있을 것이다.
재고관리	오픈하면 매장업무가 익숙하지 않기 때문에 첫 달부터 점주가 어떻게 관리하느냐에 따라 재고 손실을 줄일 수 있다. 보통 1개월 차엔 손버릇이 나쁜 근무자도 관망을 하므로 1개월 차에 관리가 허술한 점포는 2개월 차부터 재고 손실이 생기기 때문에 2개월 차에서는 일부 중요한 품목이라도 점주가 직접관리를 하는 노력을 한다면 최소한 오픈 손실은 줄일 수 있다.

근무자 관리	2개월 차까지는 완전히 업무가 숙달 되지 않은 시기이므로 근무체계가 잡히지 않은 상태에서 새로운 근무자를 교체하는 일이 생기지 않도록 근무자와 수시로 대화하여 일일 점검을 해야 한다. 특히 2개월 차에도 점주의 재고관리가 잘되는 점포에서는 불성실한 근무자가 3개월 내에 그만 두는 경우가 많으므로 예의주시 할 필요가 있다.
상품가격 변경	매출이 눈에 띄게 오르지 않는다고 시행할 필요는 없다. 일반적으로 점포가 알려지기까지 3~6개월은 걸리지만 거주형 중에서 배후형이나 동선 배후형의 경우는 점포가 알려지기까지 더 걸리는 경우가 있으므로 섣불리 매가변경을 하기보다는 마트형(두루마리 휴지, 물, 봉지라면 등) 상품을 준비하여 고객의 시선을 유도하여 매장 방문을 늘리는 것이 더욱 효율적이다.
기타업무	1개월 차에서 점검한 기본적인 시스템 조작 업무 외에 각종 사회보험이나 세금 등과 관련된 업무를 점검하자. 전기료, 전화료 등은 사업자 명의로 전환하여 부가가치세 환급 사항을 점검해야 하고, 관할 세무서에서 사업용 계좌신고를 하고 지출 증빙용 현금영수증 카드를 발급받아 평상시 현금 거래할 때 소득공제를 받을 수 있도록 한다.

3) 3개월 차

서비스	서비스 멘트가 늘 한결같을 수는 없다. 회사의 서비스 매뉴얼대로 모든 고객에게 매일매일 한결같이 하는 것은 현실에 맞지 않을 수 있기 때문에 서비스도 효율적으로 해야 한다. 매일 보는 분 중에는 제휴카드에 관심 없는 분이나 노약자나 어린 아이에게 회사별 접객용어를 원칙대로 사용하기는 곤란하고 그러기에도 맞지 않기 때문이다. 고객카드나 제휴카드 사용에 친근감이 있는 고객이나 자주 뵙지 못한 고객께는 적극적인 멘트로서 접객하고 자주 오시는 분은 그들에게 한두 번 제휴카드에 대해서 설명했다면 충분하다. 늘 언급하게 되면 오히려 거부 반응이 생길 수 있기 때문에 편안한 멘트로서 접객하면 된다. 요즘은 계산할 때 포스기에서 기본적인 안내를 하는 시스템을 갖추고 있어서 고객에게 더욱 친절히 접객하기 위해 개발된 시스템이므로 고객이 출입 시 인사만큼은 최고로 하자.
홍보	3개월 차부터는 발행한 고객카드를 체계적으로 관리하여 가끔씩이라도 방문하시는 고객의 카드를 보관하였다가 고객에게 묻기도 전에 알아서 적립을 한다든지 회사와 협의하여 적립률을 높이기 위한 다양한 사은품 행사를 진행하여 고정고객을 확보하는 데 주력해야 한다. 수시로 진행하는 행사용 포스터를 매장의 안과 바깥에 가장 많은 고객이 볼 수 있는 곳에 부착하여 늘 새로운 행사를 하고 있다는 것을 인지시켜서 방문률이 낮은 고객의 방문을 유도해야 한다. 아울러 근무자들의 인사교육을 철저히 하여 우리 매장의 모든 근무자가 친절하다는 인식을 고객에게 심어준다면 이보다 더 나은 홍보는 없을 것이다.
본사지원 및 지도	3개월 차까지는 신규 오픈점 시스템에 의해서 매출 활성화를 위한 판매데이터 분석과 그에 따른 대처를 모색하여 매출을 증대시키도록 도와주기 때문에 본사의 시스템을 신뢰하고 매장을 완성하여야 한다.

발주	3개월 차부터는 편의점에서 취급하는 거의 모든 상품에 익숙해지고 신상품에 대한 이해도 높아지므로 비식품에 대한 발주는 어려움이 없지만 유제품류나 즉석 조리식품 발주는 좀 더 세심한 주의를 하며 발주를 해야 한다. 예를 들면 다음날 잘 팔릴 것 같은 상품(행사상품 등)을 예상을 하여 좀 더 여유 있게 발주를 하고 상대적으로 부진할 것 같은 상품은 폐기가 나지 않는 선에서 줄여서 발주를 해야 한다. 이러한 것은 발주 데이터만 매일 체크한다고 되는 것이 아니라 매장에서 근무를 하면서 고객의 평상시의 구매 움직임을 파악해서 그런 고객이 언제 대량구매를 하는지 해당지역은 날씨 변화에 따라 어떤 상품이 잘 나가는지를 파악해야 가능하다. 이렇게 고객의 구매 움직임과 날씨 변화까지 예측하다가 보면 의외로 예상이 크게 빗나가서 대량폐기가 나는 경우가 종종 있으므로 이럴 경우를 대비하여 지나치게 단일 상품에 집중하지 말고 대체상품을 고루 발주하여 상품의 다양성도 강화하고 대량구매로 인한 상품 결품도 방지할 수 있도록 해야 한다. 또한 오픈 쇼케이스 진열의 핵심은 신상품은 신속하게 발주하고 상품을 다양하게 갖춰야 판매가 증가한다. 그러나 매출이 부진한 매장일 수록 폐기로 인한 손실은 부담스럽기 때문에 유통기한이 긴 상품과 연관 상품 중에 반품이 가능한 상품을 최대한 다양하게 발주하여 다양성도 유지하고 폐기도 줄여서 오픈 쇼케이스나 도시락 쇼케이스가 늘 풍성해 보이도록 발주를 해야 한다. 문제는 3개월 차까지 매출이 부진하여 상품을 조금씩 들여 놔도 폐기가 자주 나는 경우인데 현실적으로 행동으로 옮기기가 쉽지 않겠지만 이런 매장일 수록 인내를 갖고 더욱 적극적으로 발주를 해야 한다.
진열	3개월 차는 매출을 증대시키는 단계이다. 오픈 쇼케이스나, 도시락 쇼케이스, 워킹쿨러는 고객이 다양하게 진열된 상품을 한눈에 바라 볼 수 있도록 하여야 하고 카운터 주위나 전면 곤돌라는 신상품이나 비교적 가격이 높은 상품 중에 인기 있는 상품을 선별해서 고르기 쉽게 진열하여 매출을 극대화해야 한다. 그러므로 기존의 시설물을 유연하게 활용할 필요가 있다. 오픈 쇼케이스는 안주류나 간편식, 유제품류가 주류를 이루므로 매출이 매우 높지 않는 이상 상온 식품 중에서 간편식이나 워킹쿨러 상품 중 캔 커피류는 연계진열해도 무방하다. 도시락 쇼케이스는 길이가 3, 4척에 불과하지만 매장에서 가장 좋은 위치에 있으며 점포의 운영 상황을 한 눈에 알아 볼 수 있는 시설물이므로 이 시설물을 잘 활용하는 점포는 경쟁력이 높다. 이들의 판매량이 높아 진열공간이 부족한 매장이 아니라면 이런 상품만으로 진열하기에는 효율이 떨어지므로 대체 식사상품이나 후식거리를 함께 진열하여 동반 구매를 유도하자. 예를 들어 목적 구매 상품인 햄버거, 샌드위치는 상하단 간격을 줄여 최상부에 진열하고 대체 상품이나 후식거리는 최하단이나 적절한 위치에 상하단 간격을 늘려서 눈에 띄게 진열하여 충동구매를 하도록 유도 진열을 하자. 여기에 점포 여건에 맞게 상하단을 조절하면 반찬류나 식음료 등 다양한 상품을 포인트 진열하여 구매유도를 할 수 있기 때문에 동반 매출 상승효과를 기대할 수 있다. 또한 워킹쿨러에 들어가는 상품은 종류도 많고 고객들은 다양한 상품을 원하기 때문에 최대한 다양한 상품을 진열해야 한다. 그러나 4도어가 아닌 이상 상품을 다양하게 진열하기는 어려우므로 위에서 언급한 것처럼 도시락 쇼케이스나 오픈 쇼케이스를 적절히 활용하거나 워킹쿨러 상하 진열 공간을 줄인다면 추가로 진열 공간을 확보할 수 있으므로 매출에 따라 탄력적으로 상품을 진열할 수 있다. 또한 상온 식품이나 비식품은 아무리 다양한 상품을 진열한다고 해도 매출과 연관하여 고객 동선을 무시한 진열은 욕심에 불과할 수 있다. 예를 들어 매장이 좁은 경우 목적 구매상품은 좁은 동선이나 하단 또는 구석에 진열해도 쇼핑에 지장이 없고 구매 회전률이 낮은 고가의 상품은 카운터 내에 별도의 공간을 활용하여 진열한다면 상품도 진열하고 재고로 인한 손실을 줄일 수 있다. 이렇게 좁은 공간이나 구석에 진열할 경우는 전혀 다른 성격의 상품을 진열하기보다는 비슷한 성격의 상품을 연계 진열을 하여 공간의 단점과 비인기 상품의 단점을 극복할 수 있도록 해야 한다. 또한 충동 구매가 가능한 상품이나 판매 비중이 높은 상품은 비교적 넓은 동선이나 상단에 진열하여 회전률을 높여 소비를 극대화할 수 있도록 구매 유도 진열을 해야 한다.

4) 4개 월차(정상적 매출 발생시)

서비스	자칫 고객에 대한 서비스가 소홀해질 수 있는 시기이므로 점주가 솔선수범하여 근무자들이 서비스에 소홀하지 않고 초심을 잃지 않도록 해야 한다.
홍보	3개월 차에는 고객카드의 발행을 유도하는 것은 방문고객에 따라 유동적으로 하고 이제부터는 사용을 적극적으로 유도해야 한다. 꾸준히 방문한 고객이라면 포인트 적립률이 높기 때문에 카드만 만들고 사용하지 않으면 무용지물이므로 포인트 사용에 대한 기대감을 높여주고 자주 방문하지 않아 포인트 적립률이 높지 않은 사람은 가족이나 동료의 구매를 포인트화하여 꾸준한 방문을 유도하자. 특히 가끔씩이라도 방문하시는 고객의 카드도 보기 좋게 보관하여 고객의 존재감을 높여 주고 묻기도 전에 알아서 적립을 한다면 우리 매장을 방문하는 목적이 늘어나게 된다. 또한 지역에 맞는 독립 이벤트를 개발하여 나만의 비밀무기를 만들어 보자. 가령 외국인 밀집지역에서는 정기적으로 와인 시음회를 곁들인 와인홍보행사를 한다든지 학교가 근접한 지역은 매달 본사에서 지원하는 행사 상품 중에 인기 있는 음료나 식품을 선정하여 시음회를 곁들여 홍보하여 주머니 사정이 넉넉지 않은 사람들의 구매를 유도해 보자. 당장의 매출이 눈에 띄게 높지 않더라도 고객의 시선이 늘어나면서 방문객도 늘어나기 때문에 최소의 비용으로 하기에는 가장 효과적이다. 주의해야 할 것은 이러한 행사는 다양하게 시도해 보다가 한두 가지만 채택하여 꾸준히 진행해야 그 효과가 배가 된다. 수시로 진행하는 행사용 포스터를 매장의 안과 바깥의 가장 많은 고객이 볼 수 있는 곳에 부착하여 늘 새로운 행사를 하고 있다는 것을 인지시켜서 고객의 방문을 유도해야 한다. 아울러 근무자들의 인사교육을 철저히 하여 우리 매장의 모든 근무자가 친절하다는 인식을 고객에게 심어준다면 이보다 더 나은 홍보는 없을 것이다.
본사지원 및 지도	3개월 차까지는 신규 오픈점 시스템에 의해서 매출활성화를 위한 판매데이터 분석과 그에 따른 대처를 모색하여 매출을 증대시키도록 도와주고 4개월 차부터는 정상적인 시스템에 의해서 중점적으로 지원한다.
발주	3개월 차까지 매장이 완성되었다면 4개월 차에서는 매장에 살을 부치는 단계이다. 이 시기는 상품에 대한 이해와 발주가 익숙해진 때이므로 일배 식품을 포함하여 냉동, 워크인 상품 등과 비식품까지 고객의 니드 상품을 구석구석 파고들어 발주를 하되 고객의 성향과 주머니 사정을 고려하여 발주한다. 예를 들어 1.5리터 물은 고저발주(잘 나가는 상품 등에 가장 비싼 상품과 가장 저렴한 상품을 발주)를 하여 가장 비싼 물과 가장 저렴한 물을 동시에 즐길 수 있도록 한다면 고객은 선택도 다양해지고 배려에 대한 신뢰도 생겨서 동반매출을 기대할 수 있다. 매출이 어느 정도 올라온 다음부터는 매우 더디게 매출이 올라가기 때문에 진열하는 데 큰 지장이 없는 선에서 세세한 매출도 신경을 써서 잘 나가지 않는 상품도 발주를 하고 매장에서 철수한 상품도 다시 발주를 하여 경쟁점과 비교하여 상품 다양성에서 우위에 있도록 한다면 반드시 고객이 구입할 것이다. 더불어 4개월쯤 되면 고객이 편의점에서 조금은 식상해질 때이므로 다양한 행사상품과 증정상품을 100% 활용하여 매달 새로운 즐거움을 줄 수 있도록 적극적으로 발주를 한다면 늘 새로운 매장에 방문하는 것과 같은 즐거움을 줄 수 있을 것이다.

진열	4개월 차는 시험 단계가 아니라 완성 단계이므로 회사 행사 상품이나 지역 특성에 맞는 특성화 상품을 적극 활용해야 한다. 모든 것이 자리 잡아 완벽한 매장의 모습을 보여야 하는 때이므로 매달 행사 상품이 바뀐다고 진열을 전체적으로 손을 보는 일은 업무의 효율성도 떨어지기 때문에 꾸준히 인기가 있거나 꼭 필요한 상품은 자리를 잡고 나머지 상품은 매달 유기적으로 적절하게 진열할 수 있도록 배치해야 한다. 고객이 쇼핑을 하면서 지루함을 느끼지 않도록 하기 위해서 동선의 시작과 끝 또는 쇼핑 전환 포인트처럼 고객의 동선이 머물 수 있는 자리는 이벤트 진열을 하여 매달 바뀌는 행사 상품을 적극적으로 활용할 수 있도록 매장 꾸미기를 게을리 하지 말아야 한다. 특히 지역 성향을 정확히 파악하여 판매 비중이 높거나 새롭게 시도해 볼 수 있는 상품이 있다면 특성화 진열을 강화해야 한다. 예를 들어 산이나 유원지 근처에 있는 경우 도시락이나 김밥 등을 강화하여 매출을 극대화해야 하고 배후민의 소비율에 비해 마트시설이 부족한 경우 야채, 청과류를 강화하여 고객의 소비율을 향상시켜야 한다.
공간활용 (진열 / 보관 / 동선)	매출이 어느 정도는 잡혀 가고 있는 시기이므로 이때부터는 대대적인 정리와 이동보다는 매출 안정화에 중점을 두어서 공간을 활용하도록 해야 한다. 그러므로 반드시 필요한 시설물이 아니면 철수하여 고객동선을 최우선으로 고려하여 매장을 생기 있고 청결하게 관리해야 한다.
재고관리	매출이 상승하는 시기이므로 매출을 향상시키는 노력에 집중해야 하기 때문에 재고관리에 소홀해질 수 있으나 재고관리도 효율적으로 해야 한다. 점주가 관리대장을 직접 정리하는 것이 가장 정확하지만 근무자 관리 측면에서는 일부분을 맡겨서 조사하게 하는 것도 근무자 활용과 운영측면에서 훨씬 수월하고 이득이 많다. 그리고 그 결과물은 근무자들이 수시로 볼 수 있게끔 하여 늘 근무자들도 점포의 상황을 공유할 수 있도록 한다.
매입관리	일반적으로 편의점에서 판매하는 종량제봉투나 자점매입 상품(막걸리 등)은 본사와 관계없이 점주가 구매하여야 하는 상품이므로 데이터가 누락되지 않도록 매입 처리를 철저히 해야 하고 보통 한 달에도 수십 건의 상품이 판매가격이 바뀌므로 가격변화가 있을 때 즉시 바꾸어주지 않으면 운영자의 손실로 돌아오기 때문에 상품판매가격이 변한 것은 데이터적으로 제때 업데이트해야 불필요한 손실을 줄일 수 있다.
근무자관리	4개월 차는 근무체계도 잡히고 업무가 숙달되는 시기이므로 매장업무의 효율을 높이고 매출을 증진시키기 위해서 회식 등을 마련하여 근무자들 간 유대감을 형성하도록 한다.
매가 변경	매가 변경의 목적이 매출 증대에 따른 수익률 향상에 있기 때문에 정상적인 이익률과 매출이 나온다면 할 필요는 없다. 굳이 해야 한다면 경쟁점과의 경합에서 좀 더 우위를 차지하고자 하는 경우와 매출이 정체되어 있을 때 시행한다. 전자의 경우는 강경합 지역에서 경쟁점과 비교하여 경합에서 우위를 점할 수 있는 상품을 면밀히 따져서 선정하여야 하고 한번 낮춘 다음에는 다시 올릴 땐 가격저항과 그에 따른 고객 이탈이 생길 수 있고 경쟁점과의 과도한 경쟁만 불러올 수 있으므로 적절한 시기와 적절한 금액을 정하여 신중히 하되 점차 매출변화와 이익률을 잘 관찰해야 좋은 무기가 될 수도 있다. 후자의 경우는 매출을 올리고자 다양한 노력을 했는데도 불구하고 눈에 띄는 결과가 나오지 않을 때 최후의 수단으로 해야지 그렇지 않으면 오히려 수익률이 더 낮아져서 회복하는데 더 고전할 수 있다. 가령 소주를 매가 인하한다면 안주류가 함께 팔려야하는데 동반매출은 발생하지 않고 소주만 팔린다면 이익률만 더 낮아질 수 있고 너무 많은 상품을 낮추면 매가관리도 어려워지고 고객의 요구만 늘어날 수 있기 때문에 품목을 다양하게 선정하여 낮추기보다는 지역적 특성을 파악한 후 전략적인 품목을 선정하여 고객입장에서는 저렴하게 구입할 수 있는 기회를 제공하고 운영자의 입장에서는 동반구매를 유도하여 매출을 상승시킬 수 있어야 한다. 그러므로 매가변경은 점주가 독단적으로 시행하기보다는 지역현황을 면밀히 분석한 후 본사 직원과 협의하여 진행하는 것이 바람직하다.

매가 변경 조정	경쟁점과의 경합에서 우위에 점하여 목적을 달성하였더라도 급격한 조정은 지양하고 판매량이 적어 고객 불만을 최소화 할 수 있는 상품만하는 것이 낫다. 또한 변경 전과 비교하여 급격한 이익률의 변화로 수익이 감소하더라도 2~3개월은 꾸준히 시행하여야 정확한 판단을 할 수 있다. 그럼에도 불구하고 매출상승으로 인한 수익이 증가하지 않는다면 적절한 시점에 판매량이 많지 않은 품목위주로 고객 불만을 최소화 하여 가격을 조정하는 것이 낫다.
기타 업무	담당 세무사나 본사 담당직원과 상의하여 금년에 발생한 매출에 대해 내년에 납부해야 할 종합소득세나 주민세, 부가가치세, 분기별 신고 납부하는 각종사회보험 등의 지출을 예상하여 전반적인 수익과 지출에 따른 절세나 절감할 수 있는 방안을 준비해야 한다.

5) 4개월차(정상적 매출이 발생하지 않을 때)

서비스	내방 객수가 정체되어 있기 때문에 최대한 객단가를 높일 수 있는 전략과 입소문에 의한 단골 고객 확보전략을 세워서 서비스의 질을 높여야 한다. 매달 진행하는 할인행사나 증정행사 상품은 고객이 가장 보기 쉬운 곳에 진열하고 고객이 해당 제품을 구입했을 때 바로 드릴 수 있도록 해야 한다. 자칫 고객이 무심코 지나갈 수 있기 때문에 매장에서 알아서 챙겨주면 백 마디 말을 건네는 것보다 효과가 좋을 것이다. 행사상품이나 증정상품을 활용하여 구입을 유도하고 자주 오는 고객에 대한 서비스는 말할 것도 없고 처음 오는 손님이나 자주 오지 않던 손님에게도 사은품을 증정하여 고객과 친밀감을 형성하여 다시 방문할 수 있게끔 해야 한다. 연세가 드신 고객은 직접 상품을 골라주는 서비스를 시행하고 어린 아이들에게는 그들의 눈높이에 맞추어 대화를 하는 다가가는 서비스를 해야 한다. 매출이 부진할수록 서비스는 더욱 신경을 써서 고객의 인심을 얻는다면 고객은 반드시 늘어난다.
홍보	3, 4개월이 지났는데도 불구하고 매출이 정체되어 있다면 물리적인 홍보가 덜 된 것은 아니기 때문에 서비스 홍보가 이루어져야 한다. 매장에 방문하는 고객이 서비스에 만족하여 또 오게끔 하고 다른 사람들에게도 전달하여 방문객이 늘어나게 하는 것이다. 조금 힘들더라도 몸으로 부딪치는 서비스가 입소문도 빨라지고 고객이 느낄 수 있는 감동도 커질 수 있기 때문에 단골 고객을 확보할 수 있는 최고의 홍보이다. 이러한 고객과의 소통은 근무자들이 잘 해주면 좋지만 점주가 직접 하는 것과는 다르므로 최대한 오랜 시간 동안 근무를 하면서 고객과 직접 대화를 하며 접객을 해야 한다.
본사지원 및 지도	모든 영업시스템과 전반적인 판매 틀을 재점검하여 어떤 방향으로 매장을 운영하는 것이 나은지 다양한 행사를 지원하여 매출이 빠른 시일 내에 올라오도록 도와 줄 것이다.
발주	4개월 차인데도 예상매출에 훨씬 못 미치는 매출이 나오면 점주는 사실 손을 놓고 싶은 심정이 들 것이다. 그러므로 이 때는 더 인내심을 갖고 발주를 해야 한다. 4개월 차이지만 1개월 차에서 하는 것처럼 편법이 없고 정직하게 발주를 하는 것이다. 앞에서 언급했듯이 배후의 가망고객이 우리 매장에 모두 방문해 보려면 최소 6개월은 걸린다. 이때는 가끔 나가는 상품도 소홀히 하지 말고 다양하게 준비를 해야 한다. 매출이 정체되어 있고 당장 매출이 늘지 않는 상황에서 이러기는 쉽지 않겠지만 유제품류나 즉석조리식품(김밥, 샌드위치, 우유 등)의 경우는 어느 정도 상품폐기도 감수하면서 상품 구색을 꾸준히 갖추어 6개월 차까지만 해보자. 아마 새로운 목표가 생길 것이다.

분위기 전환	3개월까지는 매출을 올리는 준비 과정이라면 4개월 차부터는 매출이 조금씩 올라가야 한다. 그러나 3개월까지 열심히 준비했는데도 불구하고 매출의 변화가 보이지 않으면 사기가 꺾일 수도 있지만 이럴 때일수록 심기일전하여 새롭게 분위기를 바꿔줄 필요가 있다. 가령 매장 내외부의 진열 위치를 바꾸어 쇼핑동선을 바꾸어 본다든지 차분한 음악보다는 신나는 음악을 선곡하여 매장에 생기가 돌게 분위기를 바꾸어 본다. 매장 외부에도 스피커를 연결하거나 외부 공간을 활용하여 분위기를 바꾸어 바깥에서도 생기가 돌게 변화를 준다. 매장의 출입문은 자주 열어주어 고객이 출입하기가 쉽게 도와주면 그냥 지나치다가도 들어오게 된다. 이처럼 처음 오픈하는 마음으로 새로 시작하는 분위기를 만들어 보자.
진열	비교적 방문객이 많지 않기 때문에 상품의 다양성은 유지하되 최대한 소비율을 높일 수 있는 부분에 초점을 맞추어 진열을 해야 한다. 매장이 좁으면 최대한 고객 쇼핑동선을 확보하면서 진열하되 잘 나가는 상품은 가장 고르기 좋은 자리에 진열하고 잘 나가지 않는 상품이라고 바로 철수 하지 말고 비슷한 종류의 상품끼리 모아 쇼핑하는 데 분산되지 않게 진열하자. 매장이 넓으면 고객이 매장에 들어올 때 고객의 시선이 한 곳에 모이게 포인트를 주도록 하자. 예를 들어 가장 눈에 띄는 진열대를 근사하게 하여 시선을 모으든지 소품을 이용하여 고객의 눈을 즐겁게 하여 매장에 활기를 불어 넣자. 매출이 부진한 매장이 너무 넓어서 고객의 온기가 적으면 방문하는 고객도 덩달아 썰렁함을 느낄 수 있기 때문이다. 그리고 고객이 이동하는 전환 포인트는 디자인 진열을 하여 잠시 시선을 고정시킬 수 있도록 하자. 예를 들어 이동하는 전환점마다 다른 매장에서는 볼 수 없는 특화진열코너를 만들든지 행사상품이나 증정품으로 강렬하게 진열하여 시선을 고정시켜서 보통의 매장에서는 보기 힘든 상품들을 진열하게 한다. 특히 신상품이 나오면 즉각적으로 도입하여 포인트를 주어 진열하는 것이다. 그러나 이렇게 진열만으로 매출을 올릴 수 있는 것이 아니고 인내를 갖고 적극적인 서비스와 함께 병행되어야만 이러한 진열도 빛을 보게 된다.
공간활용	모든 것은 고객을 위한 공간으로 바꾸어야 한다. 매장 여건에 따라 다르겠지만 좁은 매장은 최대한 다양한 상품을 쉽게 구입할 수 있도록 진열을 바꾸어 서비스공간도 줄여 고객이 쓰레기를 버리거나 온수통을 이용하는 시간에도 상품을 접할 수 있도록 한다. 넓은 매장은 상품의 다양성 외에 고객이 흥미를 느낄 수 있는 공간을 만들거나 고객의 쉼터나 고객이 활용할 수 있는 공간을 최대한 확보하여 바꾸어야 한다. 더불어 우리 점포만이 특화 할 수 있는 시설(베이커리특화, 문구특화, 생활밀착형, 카페음료시설 등)이 있다면 본사와 협의하여 우리점포만의 색깔을 만들어 가자.
재고관리	매출이 오르지 않을 때일수록 뒤로 새어나가는 것을 최대한 줄여야 하기 때문에 모든 재고관리는 점주가 직접 점검하여 잘 못된 부분이 있으면 반드시 점검하여 시정조치 하여 한 치의 오차도 없도록 하여야 한다.
매입관리	일반적으로 편의점에서 판매하는 종량제봉투나 자점매입상품(막걸리등)은 본사와 관계없이 점주가 구매하여야 하는 상품이므로 데이터가 누락되지 않도록 매입처리를 철저히 해야 한다. 보통 한 달에도 수십 건의 상품이 판매가격이 바뀌므로 가격변화가 있을 때 즉시 바꾸어 주지 않으면 운영자의 손실로 돌아오기 때문에 상품판매 가격이 변한 것은 반영해야 불필요한 손실을 줄일 수 있다.
근무자관리	매출이 부진하여 매장에만 너무 열중한 나머지 근무자 관리에 소홀하게 되어 근무자의 문제로 어려워진다면 운영하는 데 더 의욕이 꺾일 수 있으므로 근무자와 마음을 열고 대화를 자주하는 노력도 게을리해서는 안 된다.

매가변경	매가변경을 하는 것은 다른 상품과 연계하여 동반 매출상승을 유도하여 매출증대에 따른 수익률 향상에 목적이 있다. 일반적으로 매가변경을 하는 상품 중에 매가변경으로 해당상품의 매출증대만 기대 할 수 있는 품목이 있고 다른 상품과 연계하여 동반 상승하는 상품이 있다. 이러한 것은 지역별 소비수준에 따라 차이가 매우 크게 나타난다. 소비수준이 낮은 지역은 대체로 매가변경을 한 상품만을 구입하는 경향이 많기 때문에 동반 상승이 적어서 이익률만 낮아지는 역효과가 나타나고 소비수준이 높은 지역은 굳이 하지 않더라도 가격저항이 거의 없으므로 하지 않는 편이 나은 경우가 있다. 따라서 매가변경이 가장 적합한 지역은 이들 중간에 있는 소비층에서 시행하는 것이 가장 적절하다. 특히 해당 매장이 매출부진으로 인해 시행한다면 매출특징을 먼저 살펴야 하는데 경쟁점이 있어서 매출이 부진한 건지 경쟁점과 관계없이 배후의 소비력이 약해서 부진한지 파악한 후 매가변경을 해야 한다. 매가변경 후 얼마 되지 않아 가격을 다시 올린다면 고객의 신뢰가 떨어지기 때문에 처음부터 목적을 정확히 갖고 인하금액, 인하품목, 인하기간을 어떻게 할지를 파악한 후에 상황에 따라 대처해 나가야 한다.
매가변경조정	매가변경 후 2개월이 지나도록 해당상품의 매출이 상승하지 않거나 연계상품의 판매 증가가 없다면 적절한 시기에 가격을 조정하는 것이 바람직하다. 가령 매출 변화 없이 이익률이 2% 이상 낮아진다면 매가변경 대상상품 종류를 줄여서 탄력적으로 운용한다.
비용절감	여름철이나 겨울철은 냉난방비 사용을 체계적으로 한다면 비용을 절감할 수 있다. 또한 분리수거를 철저히 한다면 종량제 봉투지출을 줄일 수 있고 음료 스트롱이나 냅킨, 나무젓가락은 가장 많이 사용하는 용도품이므로 카운터 내에 비치하여 필요할 때마다 사용하여 고객이 무분별하게 사용하지 않도록 한다면 상당한 비용을 절감할 수 있다. 이렇게 비용을 줄이려고 노력한다면 최소 20~30만원은 절감할 수 있지만 점주 혼자의 의지만으로 가능한 것이 아니므로 근무자 모두가 비용절감을 공감하고 실천할 수 있도록 하는 노력은 점주의 몫이다.
기타 고객 확보	전략적인 상품 배달 업무를 병행하여 경쟁고객(젊은 여성, 노년층 등)을 확보한다든지 단일상품(빵, 삼각 김밥, 샌드위치, 우유, 음료수 등)을 대량 구매할 수 있는 단체(근처 교회나 회사, 학원 등)에 방문하여 영업을 하는 것도 하나의 방법이다.
매장구조변경	단순히 상품진열의 위치를 바꾸는 것이 아니라 완전히 새로운 매장으로 만들어 본다. 6개월 이상 매장운영에만 매진하여 모든 것을 다했는데도 안 된다면 매장구조의 변화로 매출에 조금이라도 긍정적인 부분이 있다면 과감하게 바꾸어 본다. 매장 여건에 따라 테라스 공간을 확보한다든지 매장면적을 넓혀서 활용도를 높일 수 있다면 시간이 걸리더라도 적극적으로 시행해야 한다.
기타업무	점포운영이 어려울수록 포스조작 업무 등과 수익에 따른 지출을 철저히 파악하여 불필요한 지출을 줄이도록 해야 한다.

미니형 점포 운영방안

　미니형 매장은 경쟁력이 떨어지지만 최근에는 점포개발 환경의 어려움으로 매장 면적이 좁은 점포들이 늘고 있다. 이렇게 경쟁점이 있는데도 불구하고 미니형 점포를 입점하는 경우는 경쟁점의 판매데이터를 통한 적정 수요에 대한 확신이 있기 때문이지만 경쟁점이 없는 지역에 입점하는 경우는 수요에 대한 정확한 데이터를 예측할 수는 없지만 독점률에 따른 매출의 안정성이 높기 때문이다. 그래서 미니형 매장은 이러한 특수성이 높기 때문에 오픈 후 어느 부분에 중점을 두고 운영하는 것이 가장 효율적인지 경쟁점이 있을 때와 없을 때를 나누어 정리해 보았다.

구분	경쟁점이 있을 때	경쟁점이 없을 때
오픈 초기 (1개월)	일반적으로 고객은 미니형 점포에는 상품의 다양성이 부족하다는 선입관이 있으므로 상품진열을 최대한 많이 하도록 초점(경쟁점과 비교하여 최소 90%선까지는 맞춘다)을 맞춘다. 또한 경쟁점에서 배후민이 잘 구매하는 필수 상품을 파악하여 더 적극적으로 갖추고 그외 상품은 최대한 상품을 다양화하면서 보기 쉽게 디자인 진열을 한다. 실제로 경쟁점이 있는 지역에 오픈을 하면 초기에는 구매하고자 하는 상품이 없거나 진열상 문제로 찾고자 하는 상품을 찾기가 어려워 발길을 돌리는 고객이 많기 때문에 이들을 그냥 돌려보내기보다는 적극적인 맨투맨서비스로 고객의 불평이나 원하는 상품이 있으면 적극적으로 반영하여야 한다.	일반적으로 경쟁점이 없는 지역의 미니형 점포에서는 고객이 상품의 다양성이 부족하더라도 대체상품을 구매하는 경향이 있지만 이에 안주하여 고객의 요구사항을 즉시 반영하지 않는다면 두 번 방문할 것을 한 번밖에 방문하지 않기 때문에 매출을 더욱 증대시키기 위해서는 경쟁점이 있는 때와 마찬가지로 맨투맨 서비스로 고객이 불평하는 사항은 즉시 시정하고 원하는 상품은 적극적으로 반영하여야 한다. 주의해야 할 것은 경쟁점이 없으므로 쇼핑 동선의 불편함보다는 찾고자 하는 상품이 없거나 결품이 생길 때의 불만이 높기 때문에 쇼핑동선이나 외관에 치중하기보다는 상품을 다양하고 풍성하게 갖추는 것이 더 중요하다.
오픈 중기 (2개월)	이시기는 최대한 다양한 상품을 유지하면서 이익률을 높이고 매장 영업의 효율화를 극대화하는 데 있다. 일반적으로 면적이 협소하면 매출상승에 한계가 있으므로 고객의 성향과 판매데이터를 분석하여 비교적 저가의 상품 중 매출에 영향을 덜 미치는 것은 과감하게 최소화하고 고가의 고마진 상품구성을 강화해야 한다. 편의점의 행사상품과 고객이 가장 필요로 하는 상품을 중점적으로 선별하여 적극적으로 공략한다. 특히 비인기 상품 중에 교차진열이 가능한 상품은 신상품이나 연관 상품과 교차진열하고 고객쇼핑동선을 극대화하기 위해 유도진열을 완성해야 한다.	이시기는 옆에서 보는 것과 마찬가지로 이익률을 높이고 신상품이나 행사상품을 잘 선정하여 매장 영업의 효율화를 극대화 하는 데 있다. 경쟁점이 없으므로 상품의 다양성을 줄여서 무조건 상품을 쌓아두기보다는 중점 상품군과 그렇지 않은 상품을 가려내어 매장을 세련되게 진열하도록 한다. 아울러 편의점의 전략상품은 적극적으로 진열하여 편의점 본래의 모습을 보여주도록 하자. 수요에 대한 정확한 데이터를 예측할 수 없으므로 점주는 방문하는 고객 한 명이라도 고객이 불편해 한 점이 있으면 시정하고 필요로 하는 상품이 있으면 즉시 반영하여 한 분 한 분을 최상의 서비스로 맞이해야 한다.

구분	경쟁점이 있을 때	경쟁점이 없을 때
오픈 말기 (3개월)	이시기는 고객의 만족도를 높이면서 인지율을 높여 고정고객을 확보하며 경쟁점의 고정고객을 최대한 많이 유치하는 데 초점을 맞춘다. 점포 내부의 진열공간의 완성도를 높이면서 외부의 진열이나 활용공간을 확보하여 고객이 우리 점포를 봤을 때 눈에 잘 들어오면서 친근함을 느낄 수 있도록 점포외적인 부분을 강화한다. 가령 멀리서도 점포가 시야에 잘 들어올 수 있게 간판이나 매장의 밝기, 파라솔 설치, 외부에 음악이 나오는 스피커를 연결하여 고객의 귀와 시선을 끌 수 있게 분위기를 바꾸어주는 것도 괜찮다. 그 동안 발행한 고객카드나 제휴카드의 활용성을 부가시켜서 경쟁점으로부터 한 명이라도 더 유치할 수 있도록 하자.	이 시기는 잘 나가는 상품과 그렇지 않은 상품은 가려내어 효율적으로 운영해야 한다. 가령 거의 팔리지 않는 상품의 진열은 줄이고 잘 나가는 상품 위주로 진열을 보강하여 매출을 증대시킨다. 외부 진열공간의 완성도를 높이면서 점포의 외적인 부분을 강화하여 바깥도 경쟁력을 높여준다. 경쟁점이 없으므로 공공 서비스 업무를 소홀히 할 수 있으나 공간이 필요 없는 공공대행 수납 업무나, 프리페이드 등 업무를 늘려서 멀티 편의점으로서의 기능을 최대한 활용한다면 고객의 발길은 더욱 늘어날 것이다.

베이커리 특화 매장 운영방안

편의점에 포장되어 입고되는 제품이 아니고 베이커리 전문점처럼 직접 빵을 조리하여 판매하기 때문에 매출이 높지 않을 경우 업무량에 비해 효율도 떨어져서 365일 빠짐없이 굽는 것은 쉬운 일이 아니다.

그렇기 때문에 간혹 꾸준히 운영하지 않고 방치하여 자리만 차지하는 경우가 있으므로 처음부터 매장여건, 지역경쟁 정도, 예상매출에 따른 효율성, 점주의 운영의지 등을 따져 본 후에 최적의 조합으로 매장을 완성하여 운영할 때 최고의 경쟁력이 될 수 있다. 일반적으로 면적이 18평 이상인 매장에서 일 평균 방문객수가 500명을 넘지 않을 때 별도로 베이커리를 굽는 근무자를 추가로 구하지 않아도 되므로 가장 효율적으로 운영할 수 있다.

베이커리는 발효가 필요하지 않은 제품, 1차 발효만 하는 제품, 1, 2 차 발효를 해야 하는 제품으로 나눌 수 있으며 매출과 입지에 따라 가장 적절한 운영방안을 모색하여 최고의 효율로 매출을 극대화하자.

예상일일 평균매출	적합한 지역과 운영방안	권장제품
130만원 전후	고매출 지역이 아니므로 매출대비 담배 등의 저 마진 제품의 판매비중이 높은 지역은 피하는 것이 좋다. 일일 평균 방문객 수가 300명 정도로 본다면 베이커리시설을 운영하여 일평균 3만5천 원 이상 판매할 경우 매출 시너지 효과가 높고 가장 효율적인 운영을 기대할 수 있다. 베이커리 진열대에 한 번 세팅하는 데 3시간 정도 걸리므로 근무자가 교육을 받은 후 얼마든지 제품을 만들면서 판매활동을 할 수 있으므로 근무자 1명이면 충분히 운영이 가능하다. 예상 방문객 수가 적을 경우 전반적인 매장의 분위기가 썰렁할 수 있기 때문에 오후에는 간단히 베이커리를 세팅하면서 빵 향기를 내면 매장의 분위기를 상승시킬 수 있다. 예를 들어 파이류나 쿠키 종류는 보관 상태에 따라 판매가능시간이 길고 발효 없이 간단히 굽기만 하면 되므로 많은 시간을 들여 굽지 않아도 베이커리 향이 가득하고 생기 있는 매장으로 만들 수 있다.	일 매출이 낮은 지역은 쿠키, 도넛처럼 유통기간이 긴 상품과, 단팥, 소보로 등과 같이 대중적이며 판매가가 낮은 제품 위주로 운영하기를 권한다.
160만원 전후	오전 시간대 방문자가 몰리는 상주형보다는 거주형, 혼재형에서 효율적으로 운영할 수 있다. 일일 평균 방문객 수가 400명 정도로 본다면 베이커리시설을 운영하여 일평균 5만 원 이상 판매할 경우 매출 시너지 효과가 높고 가장 효율적인 운영을 기대할 수 있다. 위와 마찬가지로 근무자 1명이면 충분히 운영이 가능하지만 5만 원대 이상 팔기 위해서는 세팅시간이 늘어나든지 좀 더 바빠야 하기 때문에 빵굽는 시간대를 조절하거나 고객이 많은 지역이라면 근무자의 업무에 대한 부담을 줄여주기 위해 주요상품입고 시간을 분산하여 운영하기를 권장한다.	어느 정도 수요가 있는 지역이므로 판매비중이 높은 품목을 중점적으로 준비하고 고가의 파이류도 다양하게 준비하기를 권한다.
190만원 전후	소비율이 낮아 방문객 수가 많은 유동형 지역은 피하는 것이 좋다. 일 매출이 190만 원 전후일 때 일일 평균 방문 횟수가 500명 정도로 본다면 베이커리시설을 운영할 경우 일 평균 7만 원 이상 판매할 경우 매출 시너지 효과가 높고 가장 효율적인 운영을 기대할 수 있다. 이런 지역은 제품의 만족도가 높고 수요가 많은 지역이므로 제품이 떨어지지 않도록 1차 진열할 때 인기제품 위주로 준비하고 쿠키나 파이류처럼 발효가 필요 없는 제품은 2차 진열을 구분하여 준비하면 더욱 많이 진열할 수 있다. 예상보다 판매비중이 높을 경우 오후 시간대는 쿠키나 파이류 같이 발효가 필요 없어 조리과정이 간편한 제품을 준비하여 고객의 수요를 충족시킨다.	방문객 수가 많기 때문에 다양성에 중점을 두기보다 판매비중이 높은 품목을 중점적으로 준비하되 발효가 필요하지 않아 제품준비가 빠른 파이류나 도넛을 강화하여 진열한다.

✎ **주의 사항**

베이커리제품을 직접 만들어 판매운영하기 위해서는 식품위생법상의 각종 법규를 준수해야 한다. 특히 베이커리 전문점이 주변에 있거나 베이커리 판매비중이 높을 때 각종 민원의 대상이 될 수 있으므로 항상 베이커리 진열대 주변을 청결히 하고 제품을 굽고, 포장, 판매하는 모든 근무자가 보건 위생증을 발급받도록 해야 한다.

그 외 운영시 참고할 사항

점포를 운영하다 보면 크고 작은 민원은 생기기 마련이므로 이런 민원에 정면으로 대처하기보다는 경험과 노하우가 있는 본사직원과 협의한 후 점주가 고객의 입장에서 시정할 수 있도록 대처한다. 극히 일부 지역을 제외하고는 꾸준히 방문할 수 있는 고객이므로 적극적으로 대처해서 우리 고객으로 확보할 수 있도록 하자.

각종민원	대처방법
근무자 서비스 불평 민원	상황에 따라 본사직원이 1차적으로 대처한 후 고객이 점주와 대화하기를 원할 경우 주로 고객의 이야기를 들으며 고객의 입장에서 이해를 하고 반드시 시정할 것을 약속한다.
테이블, 각종시설물의 돌출 민원	해당 지자체에서 자발적으로 단속하는 경우는 드물기 때문에 민원이 제기되면 즉시 시정하여 노력하는 모습을 보여 준다.대체로 시간이 흐르면 민원이 줄어들기 때문에 차츰 상황에 따라 대처한다.
소음민원	보통 거주형에서 야간에 테이블에서 술을 마시면서 나는 소음으로 인해 민원이 발생하므로 고객의 의견을 수렴하여 야간에는 테이블을 치웠다가 상황에 따라 대처한다.
간판 등의 불빛 민원	간판 등 회사 시설물에 대한 이해를 구하고 불빛으로 인한 피해를 최소화 할 수 있도록 간판 밝기를 조절하거나 민원인의 불편함을 해소할 수 있도록 불빛이 들어오는 문에 커튼을 설치한다든지 하여 적극적으로 대처한다.
주변 청소상태 민원	청소상태는 점포의 매출향상을 위해서라도 시정해야 할 부분이므로 민원인의 요구를 들어 즉시 시정하도록 하고 환경미화원이나 공공근로자에게 친절히 하여 주변의 정리 정돈에 각별히 신경 쓰도록 한다.
판매가격 민원	먼저 고객의 입장에서 높은 제품가격에 대한 공감을 하고 다른 대체상품이나 판매가격에 대한 시정할 수 있는지 여부를 확인하여 최대한 고객에게 이해시키도록 노력한다.
제품불량에 의한 민원	반드시 고객의 연락처와 상품을 회수하여 점주가 직접 상품공급업체와 통화하여 제품에 대한 불만족을 이해하고 고객이 더 이상 민원을 제기하지 않도록 점주가 제품회사를 상대로 적극적인 상담을 하여 고객의 불편했던 점에 대해 업체가 직접 고객에게 연락하여 시정할 수 있도록 한다.
유통기한 경과상품 판매 민원	반드시 고객의 연락처와 상품을 회수하여 점주가 직접 연락하여 제품 관리에 대한 사과를 하며 필요시 소정의 의료비를 드릴 수 있도록 한다. 간혹 의료비로 무리한 금액을 요구하는 경우는 이를 노리는 사기꾼이 아닌 이상 본사직원과 협의하여 적극적인 성의를 보이면 해결된다.

운영력 향상을 위한 노력

앞서 언급했듯이 운영력 평가는 점주가 체계적으로 점포를 운영하는 데 있어 회사에서 지원하는 일종의 평가시정 시스템이다. 아래의 항목들은 매출과 직결되는 것들이므로 어느 일정 기간만 잘 하면 되는 것이 아니라 점주 스스로 끊임없이 노력하는 자세가 필요하다.

서비스	근무자가 의무감과 책임감을 갖고 본사의 매뉴얼을 숙지하며 실행하도록 교육(점주의 솔선수범하는 자세로 꾸준한 관찰과 관심 요망)시켜야 한다.
청결	매장 안팎에서 고객이 불편하고 불쾌감이 없도록 시식대, 쓰레기통, 오픈 쇼케이스, 출입문, 카운터, 진열대, 외부 휴게공간 등을 청결히 해야 한다.
진열대 상품 진열	유통기한이 짧은 상품일수록 앞쪽에 진열하고 볼륨감 있게 끝선에 맞추어 진열한다.
발주진열	신상품, 다양한 상품 효율적이고 적극적인 발주를 하며 고객이 자주 찾거나 인기 있는 상품군은 신속하고 강렬한 인상을 심어주도록 디자인 진열, 포인트 진열한다(특정 위치에 눈에 띄게 집중 진열).
상품 정리	상품들이 입고되면 최대한 고객이 쇼핑하는 데 불편함이 없도록 정리한 후에 상품을 진열한다.
고객의견청취	고객요구 사항이나 클레임이 있으면 신속하게 처리하여 잘 못된 건 바로 시정하는 의지를 보여 준다.
협조	근무자 미비사항, 점내 미비사항 등은 즉각 본사직원과 협의하여 신속하게 해결하도록 한다.
신뢰	회사에 대한 믿음과 신뢰를 갖고 원칙에 충실해야 운영에 집중할 수 있다.
주인의식	항상 주인의식을 갖고 고객에 친절하고 회사에 당당한 마음을 갖고 점포를 운영한다.

근무자 관련 업무 및 점주 숙지사항

　근무자와 면접 시 일반적인 질문을 하면서 추가적으로 점검해야 할 것들을 정리한 것이고 점주도 매장에서 해야 할 일들을 게을리 하면 예상 밖의 일들이 생길 수 있으므로 최소한 숙지해야 할 상황들을 정리하였다.

1) 근무자 면접

구분	내용
초보 점주임을 티내지 말기	점주의 부족한 듯한 모습을 보이거나 유경험자에게 의지하는 듯한 행동은 삼가하고 여유 있는 자세로 면접을 봐야 긴장을 하고 근무를 할 것이다.
근무자 존중하기	19세에서 60세까지 다양한 연령대의 근무자를 상대하면서 공통적으로 점주가 가져야 하는 마음은 그들을 존중하는 것이다. 그들을 존중하고 이해한다면 고객에게 함부로 하지 못할 것이다.
책임감 강조	근무자와 면접을 하면서 꼭 빠지지 않고 강조해야 할 것은 근무자가 맡은 시간에 대한 책임감이다. 그들이 다른 곳에서는 어떤 식으로 일 해왔던지 관계없이 우리 점포에 온 이상은 우리점포에서는 책임감을 갖고 일해야 한다는 것을 강조한다. 처음부터 이런 점에서 거부감이 있는 사람은 채용해봐야 나중에 꼭 그러한 일로 문제를 일으키는 경우가 많기 때문이다.
근무자 유대강화	한 점포의 점주는 한 사람이지만 근무자는 6명이다. 불행히도 이 6명이 차례로 교대를 하면서 근무를 하기 때문에 어느 한 명이라도 문제가 생기면 다른 근무자도 힘들고 점주도 힘들어 진다. 그래서 근무를 하는 동안은 가족적인 분위기로 책임질 수 있도록 하는 것이 중요하다.
다음 근무자 구할 때까지 근무하기	한 근무자를 새로 구할 때 길게는 1개 월이 넘게 걸리는 경우도 많다. 그러므로 근무자들이 그만 두게 되더라도 최소한 1개 월 전에 얘기하게 하여 다음 근무자를 구하여 인수인계를 철저히 할 수 있도록 해야 한다.이런 부분을 면접 보면서 강조하지 않으면 의외로 고전하는 경우가 생길 수 있으므로 반드시 강조해야 한다.
근무시간 외 스케줄 파악	근무자 개개인의 사생활까지 파악할 필요는 없지만 최소한 근무하는 시간 외나 다른 요일에는 무엇을 하는지 파악해 놓아야 도움을 요청할 일이 있을 때 바로 처리 할 수 있을 것이다.
내게 맞는 근무자 구하기	나이가 적든지 혹은 나이가 많든지 아무리 착실해 보여도 나와 잘 맞을 거 같지 않는 사람은 한 번 더 생각해 보자. 나이가 너무 적어서 대화가 잘 안되거나 반대로 너무 나이가 많아 근무자로서 대하기가 불편한 점이 있다면 천천히 다른 사람을 찾아보자. 너무 근무자에게 맞추려다 스트레스를 받는 것 보다는 낫다.

2) 근무자 숙지사항

① 근무시간 15분 전 도착 인수, 인계하기

② 인수 인계시 착오가 있을 땐 반드시 점주에게 전화할 것

③ 맡은 시간은 책임지기

④ 결근생길 땐 수 일전에 얘기하기

⑤ 각자 근무시간 과실은 각자 책임지기

⑥ 불필요한 포스 조작 금지

⑦ 매장 정리 잘하기

3) 근무자 인계하기 30분 전과 인수하고 30분 후에 반드시 점검해야 할 일(보완)

구분	근무인계하기 30분 전에 할일	인수하고 30분 안에 할일
정리/점검	다음 근무자 오기 전 곤돌라 상품(과자, 라면 등) 워킹쿨러 상품(음료수, 물, 주류 등) 등을 채운다.	제일먼저 오픈 쇼케이스 식품(유제품, 소시지, 도시락, 김밥 등)과 냉동식품들의 위생 및 유통기한을 점검한다.
포스나 주변업무 점검	인수인계 30분 전에 포스시재 사전 점검하기, 잔돈이나 부족한 용도품이 있으면 점장에게 보고하여 다음 근무자가 원활히 근무할 수 있게 한다.	포스나 오픈쇼케이스, 리치인, 컵아이스, 냉온방기 등 시설물의 작동 상태 점검한다. 특히 여름에 냉동고가 작동하지 않아 상품을 폐기해야 하는 경우도 생기므로 더욱 주의해서 점검해야 한다.
전달사항	전 근무자에게 전달받은 사항과 근무시간에 있었던 특이사항(점주 지시사항, 택배업무, 베터리 충전, 반품 관련업무 등)을 점검하여 전달한다.	전달 받은 사항을 점검하기
청소	매장내부(포스주변 정리, 쓰레기통 정리)와 외부 청소한다.	기본적인 상품진열 및 정리 정돈하기

4) 점주 숙지사항

점주로서의 품위를 유지	10대에서 60대까지 다양한 연령대의 근무자를 상대해야 하므로 점주로서 적절한 품위를 유지하면서 근무자들의 눈높이에 맞게 상대해야 운영하기가 수월하다.
과도한 관심은 보이지 말기	근무자가 알아서 잘 하는 사람이면 괜찮지만 보통은 사적으로 많이 친해지면 업무를 지도하는 데 불편할 수 있다.
경험 있는 근무자에게 의지하는 듯한 모습을 비추지 말기	초보 창업자가 흔히 겪는 일 중에 편의점 경력이 풍부하거나 사회경험이 많은 근무자와 일을 하다 보면 점주를 우습게 보거나 잘 속이는 경우가 있다. 이런 사람들에게 초보점주로서의 빈틈을 보여주면 의외의 결과들이 생길 수 있다. 특히 포스조작이나 기타 운영적인 부분의 궁금사항이 있어도 회사관계자에게 물어봐야지 절대 근무자에게 물어보거나 맡기지 말아야 한다.
근무자가 할 일과 점주가 할 일을 명확히 구분하여 주기	근무자와 같이 매장에 있는 경우 상품들이 들어오면 상황에 따라 다를 수 있지만 되도록 근무자가 해야 할 부분까지 점주가 하지 말고 고객을 접객하는데 더 신경을 써야 고객이 만족할 수 있고 점주가 자리를 비워도 매장이 별 문제없이 돌아갈 수 있다.
근무자에게 늘 점포를 관찰하고 있음을 인지시키기	근무자들에게 전 근무자가 실수한 것이라든지 잘 한 것이 있다면 얘기를 하여 점포에서 벌어지는 상황은 점주가 모두 알고 대처를 하고 있다는 것을 인지시켜주면 근무자들이 다른 생각 없이 긴장을 하고 근무를 할 것이다.
매일 인수인계사항, 업무지시사항 점검	점주가 출근을 하면 근무자가 인수인계를 잘 하고 있는지 인계서류철 등을 점검하여 점주가 늘 확인하는 모습을 보여 근무자들이 실수하는 일이 없도록 한다.
수시로 상품재고를 파악하는 모습 보여주기	재고대장을 만들어 점주가 수시로 점검하는 모습을 보여주어야 근무자들이 실수를 줄이거나 혹시 있을지 모르는 사고를 예방할 수 있다.
불필요한 오해를 일으키는 행동에 경각심 주기	근무자가 필요이상으로 포스를 조작하거나 CCTV를 살펴보거나 금고를 불필요하게 자주 열어 보는 행위를 하면 반드시 지적하여 필요한 건 점주한테 요구하도록 교육시켜야 혹시 있을지 모르는 일을 막을 수 있다.
각자 근무 시간대 해야 할 일을 명확히 구분하여 주기	시간대마다 상품이 다르고 근무자의 성향이 다르므로 근무자에게 맞는 업무를 맡겨서 자기가 해야 할 일을 명확히 인지시켜야 근무자끼리 불필요한 오해나 시기를 줄일 수 있다.
주변인(상인, 부동산중 개업소, 건물관리인 등) 과 친분 쌓기	점포가 좋은 인상을 고객에게 보여주기 위해서는 매장에서는 근무자들이 친절해야 하고 바깥에서는 점주가 주변인들과 친분을 잘 유지해야 고객이 방문하고 싶어질 것이다.
영업 외 활동	점포의 매출을 위한 노력 외에 모범사례 점포나 반대로 운영에 어려움이 있는 점포를 방문하여 다양한 사례를 보고 느껴서 매장업무에 집중할 수 있도록 하자. 이렇게 활동하기 위해 반드시 점주의 신분을 밝혀야 하므로 명함을 만들어서 활동하기를 권한다.
본사 영업담당직원과 친분 쌓기	담당직원과의 유대감이 좋아야 업무지원을 요청할 일이 있을 때나 어려운 일이 생겼을 때 더욱 빨리 처리될 수 있다.

사회보험 및 기초세무업무

1) 4대 보험

구분	국민연금	건강보험	고용보험	산재보험
취지	국민의 노령, 장애, 사망에 대하여 연금급여를 실시함으로서 국민의 생활안정과 복지증진에 이바지 할 것을 목적으로 함	국민의 질병, 부상에 대한 예방. 진단. 치료. 재활과 출산. 사망 및 건강증지에 대하여 보험급여를 실시함으로서 국민보건을 향상시키고 사회보장을 증진할 것을 목적으로 함	근로자의 실업, 고용유지, 산업재해 등을 위해 보험급여를 실시함으로서 근로자의 생활안정과 복지증진에 이바지 할 것을 목적으로 함	
적용 사업장	1명 이상의 근로자를 사용하는 사업장	상시 근로자 1인 이상	상시 근로자 수 1인 이상	
월부과소득 상한선	368만원(등급 없음)	6,579만원(등급 없음)	상한선 없음	
보험료 부담	사용자와 근로자가 각 1/2씩 부담	사용자와 근로자가 각 1/2씩 부담	실업급여는 사업주와 근로자가 각 $\frac{1}{2}$씩 부담. 기타 사업은 사업주가 전액부담	사업주가 전액부담
납부 방법	월납	월납	월납(건설업 및 벌목업은 연납 또는 분납)	
담당 기관	국민연금공단	국민건강보험공단	근로복지공단 (고용노동부 고용센터)	근로복지공단
납부 의무자	사용자	사용자	사업주	사업주
징수	2011년 1월 1일부터 4대 보험료 징수업무를 국민건강보험공단이 함			

2) 4대 보험 분담 요율

구분		사업주	종업원	합계	납기
국민연금		4.50%	4.50%	9.00%	다음달 10일
건강보험		2.82%	2.82%	%	다음달 10일
건강보험	고용보험 실업급여(사업주와 근로자가 1/2부담)	1.35~1.95%		1.35~1.95%	3/31, 5/15, 8/15, 11/15
	고용안정 사업	0.15%		0.15%	
	직업능력 개발	0.10%		0.10%	150인 미만 기업
산재보험	소매업 (사업주 전액부담)	0.60% (업종에 따라 요율이 차등 적용됨)	-	0.60%	3/15, 5/15, 8/15, 11/15
임금채권부담금	5인 미만	0.02%		0.02%	5인 이상 0.04%
합계					

3) 지급조서 제출의무 ^{2006년부터 적용}

가. 저소득근로자에게 근로 장려금 지급하기 위한 근거(최대 80만원)

저소득근로자(모두충족)

 - 18세 미만 자녀를 2인 이상 부양

 - 부부합산 연 소득 1700만원 미만

 - 무주택근로자

 - 부동산, 예금재산가액이 1억 미만 인자

나. 지급조서 제출대상 포함된 자영업자와 일용근로자의 소득파악

 - 재고 과세 인프라 구축

다. 소득파악범위 확대를 통해 4대 보험 징수

 - 각종 복지재원배분의 형평성재고

4) 종합소득세

종합소득세는 일반사업자가 1년 간 각종 소득을 합산하여 산출한 소득에 대한 소득세를 말한다. 소득세법상 소득 중 퇴직소득, 양도소득, 산림소득, 근로소득, 일시 재산소득, 기타소득은 종합소득이라 하는데 개별 소득별로 분리 과세하지 아니하고 합산하여 종합과세 함을 원칙으로 하며 누진세율 구조로 되어있어 소득이 많을수록 더 높은 세율을 적용한다.

가. 종합소득세율

구분		세율	누진공제액
세율	8%	1200만 원 이하	0
	17%	1200만 원 초과~4600만 원 이하	1,080,000
	26%	4600만 원 초과 ~8800만 원 이하	5,220,000
	35%	8800만 원 초과	14,900,000
신고 납부	중간예납	11월 10일(전년도 종합소득세 납부금액의 1/2)	
	확정신고	5월31일(전년도1~12월분)	
대 상 자	전사업자	비용처리영수증준비(차량유지비, 사업과 관련한 대출이자, 복리후생비, 접대비, 보험료 등의 영수증으로서 증빙이 있는 경우)	
	전사업자	개인연금저축납입증명서, 연금저축납입증명서, 국민연금납입증명서 준비	
	전년도 근로소득이 있는자	전년도 근로소득원천영수증준비	
	부동산소득, 배당소득, 이자소득, 다른 사업소득, 기타소득, 연금소득이 있는 사업자	종합소득세와 합산되는 소득자료로 사업소득과 합산하여 신고	

나. 종합소득세 신고관련 준비 서류

구분	준비서류	기간	내용	비고
4월중 팩스나 우편 의뢰	사업주 신용카드 상세내역	전년도 1~12월	카드사별 통화 후 신용카드 상세내용 팩스나 우편의뢰	월별 합계금액만 나온 소득공제용 서류가 아닌 월별 상세내역
	사업주 휴대폰 요금 납부내역	전년도 1~12월	해당 통신사 통화 후 요금 납부내역 팩스의뢰(1장 짜리임)	
	매장 전화, 인터넷 요금 납부내역	전년도 1~12월	매장 전화로 한국통신(100번) 통화 후 월별 요금납부내역 1장짜리로 팩스의뢰	
	연금저축, 노란우산공제 소득공제 서류	전년도 분	해당은행, 기관 통화 후 팩스의뢰	우편으로 받은 서류가 있으면 그 서류도 가능함
점주 직접 준비 서류	각종 간이 영수증 및 일반영수증	전년도 1~12월	식당 영수증의 경우 식대 30,000원 이내의 것만	
	사업자 지출증빙 영수증	전년도 1~12월	해당기관 (국세청, 세무서)인터넷상에서 출력	
	기부금 영수증	전년도 분	해당기관에 의뢰 후 제출	
	이자 지급 내역서	전년도 분	해당 은행이나 기관에 월별 또는 분기별 지급된 이자에 대한 내역서 요구	매장 개점을 위해 개점 시기에 받은 사업주 명의의 대출이나 사업중 사업자 대출로 받은 대출금에 대한 이자이어야 함
	차량 구매 및 유지관련 서류	전년도 분	매장 개점 이후 사업주 명의로 차량 구입 시 매매계약서 사본 제출 / 취, 등록세, 자동차보험 관련 서류 준비	유류비는 신용카드로 주유시 별도의 영수증은 준비 안하여도 신용카드 상세내역에 나옴.
	건강보험료 납부 내역	전년도 분	건강보험 납부 내역으로 보통은 4,5월 중 점포나 집으로 소득공제용 서류 발송함	2011년도 분부터 일반자영업자 건강보험 납부금액도 소득공제 추가 됨
	기타 매장 운영과 관련된 증빙 서류	전년도 분	각종 공과금(면허세, 도로사용, 수도, 정화조, 휴게음식점, 자판기사업관련 비용) 고용, 산재보험료 납부 영수증 등	과태료, 소득세, 부가세영수증 등은 제외. 고용, 산재보험 공단(☎1588-0075)

5) 부가가치세

부가가치세는 재화와 용역의 가치가 부가되는 단계마다 부과하는 세금으로 최종소비자가 부담하는 간접세로 생산, 유통되는 모든 단계에서 이에 참여한 각 기업(사업자)이 추가 창출한 가치에 대해 과세하는 조세이다.

가. 부가가치세 신고/납부

구분		제1기		제2기	
		신고할 사항	신고기간	신고할 사항	신고기간
예정신고 (법인)		1.1~3.31까지의 사업실적	4.1~4.25	7.1~9.30까지의 사업실적	10.1~10.25
확정신고	개인	1.1~6.30까지의 사업실적	7.1~7.25	7.1~12.31까지의 사업실적	다음해 1.1~1.25
	법인	4.1~6.30까지의 사업실적	7.1~7.25	10.1~12.31까지의 사업실적	다음해 1.1~1.25

나. 부가가치세 예정고지/납부
(1) 취지 및 목적: 개인 사업자의 신고에 대한 번거로움 및 경비 절감
(2) 납부세액: 직전 과세기간 납부 세액의 1/2고지 및 납부
　　　　　　　직전 과세기간 공급가액 또는 납부 세액의 1/3이하 시
　　　　　　　신고납부 가능
(3) 예정신고를 해야 하는 경우: 신규사업자, 직전 과세기간에 환급을 받은 경우, 무실적인 경우

6) 주민세

주민세는 해당 지방자치단체의 구성원으로서 지방자치단체에 주소를 둔 개인과 사업소를 둔 사업주에게 부과하는 지방세이다.

내용	지방세	부과	세율	신고/납부
균등분	개인 균등분	개인 세대주	10,000원 이내	8월 16일 ~8월 31일
		소재지 개인사업자	50,000원 이내	
	법인 균등분	법인	50,000~500,000원	
재산분		연면적 330㎡ 초과사업장	㎡당 250원 부과	7월 1일 ~7월 31일

7) 부가세환급금

매출세액에서 매입세액을 뺀 금액으로 결정된다. 매출보다 매입세액이 많을 때 이미 납부받은 부가가치세를 다시 돌려주는 것을 부가가치세 환급이라고 한다. 따라서 부가가치세는 매출세액(매출액×세율)이 매입세액(매입액×세율)보다 더 많을 때만 내게 되며 매입세액이 매출세액보다 더 많아서 부가가치세를 납부할 필요가 없는 경우 확정신고 후 30일 이내에 부가가치세를 환급받는다.

점포관련 서류관리

구분	내용
점주수첩 작성	점포의 현황들 모든 상황을 점주수첩에 메모하여 매일 점검하는 습관을 들여야 업무가 밀리지 않고 체계적으로 점포를 관리 할 수 있다.
각종서류철 보관	점포에서 매입 매출과 관련된 서류는 한 곳에 정리해야 재고 누락으로 인한 손실을 줄일 수 있다.
영수증 및 각종증빙서류 보관	매년 종합소득세 신고 납부할 때 영수증 등 각종 증빙서류를 평소에 정리하여 보관해야 원활히 납부할 수 있다.
근무자의 이력서 등 보관	모든 근무자를 채용할 경우 이력서와 주민등록등본, 신분증 사본은 반드시 받아 두어 근무자의 신원을 명확히 파악하여 만에 하나 생길지 모르는 일에 대비할 수 있다.
근로계약서 작성 보관	근로기준법에 따라 모든 근무자는 면접 후 업무를 시작하기 전에 반드시 작성하여 보관해 둔다.
임금대장 작성 보관	임금 지불에 대한 근거 자료이므로 모든 근무자의 인적사항과 함께 반드시 기록하여야 한다.

편의점 사건/사고 예방

아무리 근무자에게 강조해도 마음먹고 사기 치려고 들어오는 사기꾼을 당해내기는 어렵다. 이들은 몇 날 며칠을 관찰하다가 타깃이 된 점포에서 특정근무자를 상대로 저지르기 때문에 절대로 우발적인 범죄를 저지르지 않는다. 특히 오픈 한 후 1년 이내의 점포들이 주 타깃이기 때문에 새로운 근무자에 대한 교육을 철저히 하고 평소에 아래의 사항을 철저히 점검한다면 예방할 수 있을 것이다.

1) 금고가 있는 사무실 문은 항상 닫아 두어야 한다. 특히 혼자 근무하는 매장에서 근무자가 바쁠 때 더욱 철저히 지켜야 한다.

2) 포스기의 금고보관을 철저히 하여 만 원권은 적정액만큼만 둔다. 특히 포스기의 돈이 잘 보이는 매장일수록 철저히 지켜야 한다.

3) 현금 받아 레지에 넣거나, 카드결제를 하기 전까지는 문화상품권, 담배^{보루판매, 수표 수취 시} 등의 상품을 절대로 건네지 말아야 한다.

4) 점주 지인이라고 사칭하고 접근하면 무조건 경계하고 점주에 전화하여^{통화가 안 되면 슈퍼바이저에게 통화할 것} 통화가 되기 전까지는 절대 행동을 취하지 말아야 한다.

5) 바쁜 시간 때 수표 결제 요구할 때 신분증 확인과 수표조회는 더욱 철저히 해야 한다. 이들은 대부분 바쁜 시간대를 노리기 때문이다.

6) 계산대 주변의 바깥이 비치는 곳엔 불필요한 포스터, 상품진열은 지양해야 한다. 매장이 밝고 내부가 훤히 보이는 곳이 사고도 적다.

7) 필요이상으로 매장 음악 볼륨을 높이지 말아야 한다. 고객의 움직임을 관찰하는 데 산만해질 수 있다.

8) 손님이 들어오면 하던 일을 멈추고 반드시 카운터에 자리를 지켜야 한다.

9) 카운터 상판은 항상 아래로 닫아 두어야 한다.

10) 아무리 바빠도 손님이 들어오면 인사 철저히 하여 근무자가 고객에게 근무자가 고객이 매장 내에 들어 온 것을 인지시켜야 한다. 특히 근무자가 근무외적인 행동을 하고 있을 땐 즉시 중단해야 한다.

11) 손님을 앞에 두고 카운터에서 이동해야 할 일이 생길 때 포스기는 잠그고 이동해야 한다.

12) 매일 매일 특이사항은 반드시 다음 근무자에게 알려 주도록 할 것

■
편의점 사건사례
■

♣ 사례 1

시간대   봄 주말 오후3~6
타깃   젊은 여성근무자
대상   도로변 오픈 6개월 차 편의점
피해물품   문화상품권
근무자 실수   돈을 받기 전에 문화상품권을 건넨 점. 카운터를 비우기 전 레지
　　　　　　를 닫지 않은 점

〈내용〉

젊은 여성근무자가 열심히 청소를 하고 있는데 한 젊고 단정해 보이는 남성이 차를 세운 채 점내에 들어온다. 이 남성은 잠시 바깥을 쳐다보며 근무자 시선을 이동시키고 말을 건다.

남성 : 아가씨 여기 문화상품권 팔죠?

근무자 : 그럼요. 편의점엔 다 팔아요 라며 친절히 대답한다.

남성 : 아가씨(지갑을 꺼내며 카드까지 뺀 채 친절히 말한다)! 문화상품권 최대한 많이 필요한데 얼마나 있어요?(잠시 차량을 쳐다보며 근무자시선을 분산시킨다)

근무자 : 네, 잠시 만요(친절히 레지를 다 뒤지며 문화상품권을 꺼내 손님에게 건 낸다).

남성 : 저 다 주시고요 혹시 주스 혼합해서 넣어줄 수 있나요(남성은 태연하게 카드를 지갑 속에서 뺀 채 카드를 근무자 앞에 더 가까이 두며 미안한척한다…).

근무자 : 예(문화상품권을 카운터에 두고 냉장고에 가서 주스를 바구니에 담는다).

그 사이에 손님은 사라진다….

♣ 사례 2

시간대	가장 바쁜 점심시간 대
타깃	계산이 서투른 근무자
대상	사무실이 많은 오피스가 편의점
피해물품	담배, 현금
근무자 실수	받은 금액 즉시 고지하지 않은 점

〈내용〉

젊은 남성근무자가 열심히 카운터에서 계산중이다. 손님이 여러 팀이
밀려있다.

남성 : 담배 좀 많이 있나요?(수표를 여러 장을 들며)

근무자 : 네. 얼마나 드릴까요?

남성 : 던힐 10보루···(근무자를 정신없게 만들며 담배를 주문한다)

근무자 : 옆 손님 먼저 계산해드려도 될까요?(진땀을 흘리며 남성에게
　　　　묻는다)

남성 : 천천히 하세요(굉장히 여유 있게 말한다).

근무자 : 손님 더 필요한 담배 있나요?(손님은 계속 들어온다)

남성 : 그거면 되고요, 계산해 주세요(수표를 건넨다).

근무자 : 네 조회를 하고 도와드리겠습니다(천천히 조회를 한다. 손님
　　　　이 줄을 선 채있다).

근무자 : 손님 죄송한데 이분들 먼저 계산해도 될까요?(조회하느라 진
　　　　땀을 흘리며)

남성 : 그러세요.

근무자 : 감사합니다(손님계산을 다한다. 다시 수표조회를 하고 금액
　　　　을 확인한다).

근무자 : 손님 40만 원 주신 거 맞죠?

남성 : 아니요.50만 원 일 텐데···.(바쁜척한다)

근무자 : (당황하고 있는 사이 손님은 계속 들어온다)

어쩔 수 없이 손해보고 계산한다.

♣ 사례 3

시간대   심야시간
타깃   마음 약한 젊은 근무자
대상   오픈 10개 월차 대로변 편의점
피해물품   현금
근무자 실수   어떠한 경우에도 돈을 주지말기, 점주에게 전화하기

〈내용〉
인적이 드문 심야 시간대에 한 중년 남성이 다급히 점내에 들어온다.

근무자 : (인사할 시간도 없이….)
중년남성 : 학생 정말 정말 미안한데…(식은땀을 흘리며…다급히)
근무자 : 네(조금 당황하며)
중년남성 : 다른 게 아니라. 요 앞에서 회식 중에 차가 견인됐어. 그런
          데 집에 아이가 아파서 급히 가야 하는데 지금 가진 현찰이
          만원밖에 없어서… 12만 원만 빌려주게. 내가 아침에 갚을
          게(지갑까지 꺼내며 신분증을 보인다)
근무자 : 글쎄요…(조금 머뭇거린다)
중년남성 : 제발 부탁하네. 아이가 아파서 지급 당장 가야하는데 현금
          인출도 안되고 내가 지갑 다 맡길 테니까… 좀…(조금 울
          먹이며)
근무자 : 네, 그럼 이따가 주세요(정신없이 레지에서 12만 원을 꺼내
        어 준다).
중년남성 : 고맙네. 내 이 은혜 잊지 않을게… (지갑을 맡기려는 척
          한다)
근무자 : 됐습니다. 꼭 갖다 주세요.(조금 뿌듯해하며)

중년남성은 급히 가고 근무자는 그제야 조금 이상해 한다.

♣ 사례 4

〈내용〉
심야에 사람들이 꾸준히 들어온다. 한 젊은 남성이 요플레를 사고 나간다. 1시간 후 근무자가 점주에게 전화한다.

근무자 : 점주님 잠깐 오셔야겠는데요.
점주 : 왜?(잠결에 받는다)
근무자 : 아까 손님이 요플레를 사갔는데 며칠 지난 거네요.(미안하게)
점주 : 그럴 수 있니? 며칠씩이나(화를 내며)
근무자 : 손님이 점주님 찾고 난리예요…배도 아프다고….
점주 : 우리가게에서 산 게 확실해?(혹시 사기꾼일까 싶어 묻는다)점내에서
       먹었니?
근무자 : 네(정신없어하며 대답한다)
점주 : (우리 잘못이라고 확신하고 가게로 간다)
점주 : 손님 괜찮으세요(사무실로 들어가서 조용히 얘기한다)?
젊은 남자 : 어떻게 이럴 수 있나요? 며칠씩 지난 걸 팔고….어떻게 하실거예요?
점주 : 어떻게 해드릴까요?(남성이 그리 단정하게 생기지 않아서 조금 이상
       해했지만 어쩔 수 없이 묻는다)
젊은 남자 : 나도 삼촌도 편의점을 했는데 이럴 때 손님이 신고 해서 벌금 맞
            았어요.…
점주 : 한 5만 원이면 될까요?(조심히 묻는다)
젊은 남자 : 어이없어한다.
점주 : 10만 원에 합시다. 더 이상은 나도 장사가 안 돼서 힘들어요.
젊은 남자 : 알았어요.(양보하는 척하며 사라진다)
점주 : 정말 여기서 먹은 거 봤니?(상기된 표정으로)
근무자 : 아니요. 여기서 먹은 건 못 본 것 같아요(자신 없는 표정으로).
점주는 그제서야 손님한테 당한 것을 직감한다.

♣ 사례 5

시간대 한가한 오후 시간
타깃 착해보이는 젊은 여성근무자
대상 오픈한지 3개월 차 이면도로에 한가한 편의점
피해물품 문화상품권
근무자 실수 문화상품권을 돈을 받기도 전에 건네는 것

〈내용〉
외진 편의점에 손님이 뜸한 시간대 단정해 보이는 젊은 남성이 소포봉투를 들고 들어온다.

근무자 : 어서 오세요.
젊은 남자 : 문화상품권 있죠?(지갑부터 꺼낸다)
근무자 : 그럼요(친절히 대답한다)얼마나 드릴까요?
젊은 남자 : 만 원권 9장하고…
근무자 : 봉투도 드릴까요?
젊은 남자 : 네. 주세요. 소포에 넣어서 보낼 꺼라….(손님이 문화상품권
　　　　　　을 직접 잘 담아 봉투에 넣는다.)여기 현금지급기 있죠?(태연
　　　　　　하게)
근무자 : 네 저기 안쪽에요.
젊은 남자 : 네(인출기에 갔다 온다). 카드가 안 되네. 근처에 우리은행 있
　　　　　　나요?
근무자 : 네 저 아래 쪽으로 가시면 있어요.
젊은 남자 : 그래요. 제가 다녀 올 테니 소포에 테이프로 잘 부쳐주세요.
　　　　　　곧 올게요.
근무자 : 네(일체의 의심 없이 테이프로 소포를 봉하고 다음 근무자에게
　　　　　　이 상황을 인계한다).

몇 시간이 지났는데도 손님은 오지 않았고 이상해서 소포를 뜯어 보았지만 소포 안에 헌책과 문화상품권 봉투만 있고 손님이 넣은 상품권은 없었다.

♣ 사례 6

시간대 야간 한적한 시간에 물건정리를 하고 있을 때
타깃 혼자 매장정리를 하는 근무자
대상 모든 편의점
피해물품 담배, 현금
근무자 실수 정확한 결제를 확인하지 않고 당황한 점

〈내용〉
한 10여 명의 남성들이 매장에 들어온다.

남성 : (바쁜척하며)담배….등 8보루 주세요. (카드를 꺼내며)카드로
　　　계산해 주세요.
근무자 : 네.(정신없이 담배를 비닐에 담는다)
남성 : 결제 됐죠?
근무자 : 안 된 거 같은데요.…
남성 : 무슨 소리예요(굉장히 바쁘고 짜증난다는 표정을 지으며 핸드
　　　폰에 결제 메시지 온 걸 보여주며 주변의 친구들도 한 마디씩
　　　거들어 근무자를 당황하게 한다).
근무자 : 아네.…(당황하여 메시지를 정확히 보지 못하며 보내고 난
　　　후에 결제조회를 해보지만 이미 늦었다)

♣ 사례 7

시간대　근무자 교대를 하며 포스기를 점검하는 시간 대
타깃　여학생이나 나이가 어린 근무자
대상　모든 편의점
피해물품　현금
근무자 실수　고객의 강력한 요구에 정확히 확인하지 않은 점

〈내용〉

모자를 쓰고 바쁜척하며 매장에 들어온다.

남성 : (바쁜척하며 1000원 짜리 껌을 골라 카운터에 10,000원을 올려
　　　 둔다)
근무자 : (인수인계를 하는 데 정신이 없어 거스름돈에 대한 고지를
　　　　하지 않고 1,000원 권 4장과 5,000원 권 1장을 건넨다)
남성 : (잔돈을 보지 않고 돌아서면서 잔돈을 확인하는 모양으로 손목
　　　 근처에 돈을 숨기고 근무자에게 잔돈이 틀리다고 따진다)
　　　 5,000원이 아니라 1,000원 권을 줬잖아요.
근무자 : (당황하며 시재점검을 해보며)그럴 리가 없는데…
남성 : (바쁘다고 하며)일단 거슬러 주세요. (처방전을 보여주며)요 앞
　　　 약국에 다녀올게요.
근무자 : 그러세요. 시재점검 해볼 테니 조금 이따가 오세요(그러나
　　　　시재점검을 해보니 이상 없었고 고객은 오지 않았다).